왕릉,
왜
그곳인가?

왕릉, 왜 그곳 인가?

朝鮮

왕릉 조성 경위를 통해 본 조선 왕릉 비사

황용선 지음

M&B

　왕릉! 듣기만 해도 가슴이 설레는 곳이다. 그러면서 절로 옷깃이 여며지게 하는 곳이다.

　조선 왕릉은 단순히 왕과 왕비들의 무덤만 있는 공간이 아니다. 역사와 왕조의 정통성을 상징하는 영역이며, 왕실의 존엄과도 직결된 곳이다.

　누구 말대로 왕릉이 위치한 곳은 산도 아니고 들도 아니다. 속계(俗界)인 듯도 하고, 영계(靈界)인 듯도 하다. 그래서 조선 왕릉은 화려하면서도 단아하고 은은한 기품이 있다.

　2009년 조선 왕릉이 유네스코 세계문화유산으로 등재된 것을 계기로, 처음으로 학인(學人)들과 함께 조선 왕릉을 모두 돌아보는 기회를 가졌다. 그 후 다시 순회한 시간이 본고(本稿)를 잉태하는 계기가 되었다. 그때 '대체 이곳은 얼마나 좋은 자리이기에 왕릉지로 택지된 것일까? 누가 이곳으로 정했고, 그러기까지 어떤 곡절이 있었으며, 또 누구의 책임으로 조성되었을까? 풍수적으로는 최고의 명당자리겠지?'라는 궁금증이 생겼다.

다양한 자료를 토대로 보면, 조선조는 유교 정신을 기조로 나라가 경영되었지만, 국상(國喪)의 상례(喪禮)는 여러 사례에서 불교 의례를 따랐고, 능지 선정에서는 풍수적 판단과 평가의 기준이 있었음이 나타난다. 임금이 승하하면 후사로 즉위한 왕의 첫 임무는 선왕의 국상을 치르는 일이다. 그중에서도 중히 여겼던 것이 능지를 택지하는 것이었다. 다수의 지관이 풍수적으로 길흉 여부를 판단한 여러 후보지 중에서, 대신들의 의견을 수렴해 능지를 최종 확정지었다. 따라서 왕릉은 당대 풍수들이 택지한 곳인 만큼 의심할 바 없는 최고의 명당일 것이다. 그렇다면 나라와 왕실은 대대손손이 창성해야 하는데, 어찌 영고성쇠(榮枯盛衰)했을까?를 생각하면서, 능지를 찾고 정하는 과정과 조성 경위를 알아보고 싶은 호기심에 필자는 관련 자료를 접하기 시작했다.

　　송나라 주문공(朱文公)의 글에 '장사(葬事) 지낸다는 것은 보관한다는 것이니, 반드시 정성과 공경하는 마음을 다해야 한다. 옛사람들은 무덤을 쓸 때 반드시 좋은 자리를 골라 점을 쳐 결정하였다.'라는 대목을 보면, 사람은 살아서는 물론 죽어서도 좋은 자리로 가야 한다는 것이다.

　　흔히들 사람들은 좋은 자리로 가기 위해 갖고 있는 모든 권력과 금력, 위력과 세력을 동원하는 것을 볼 수 있는데, 하물며 한 나라의 임금에 무덤 자리를 두고는 어떠했겠는가. 온갖 방법을 동원해서 좋은 자리에 능을 쓰려 했던 것은, 결국 나라의 천 년 사직을 위한 방책 중 하나였을 것이다. 그러나 왕권과 신권의 대립에 의해서, 또는 정파 간의 정치적 야욕에 의해서 능지가 택정됨이 많았음에 탄식하지 않을 수 없었다.

　　능에 대해 세분화한다면 분야가 매우 방대하다. 능의 위치, 능의 조성 과정, 능의 형식과 시대적 변화, 능에 설치된 의물(儀物)들과 의미, 의물에 새겨진 조각과 문양, 예술적 가치, 왕릉 제향 시의 제복과 절차, 심지어 바닥에 깔린 돌의 의미 등 무궁무진하다. 그럼에도 불구하고 분야별로 다양한 연구 자료와 책자가 나와 있어, 관심 분야에 쉽게 접할 수 있음은 참으로 다행이다.

하지만 본고에서는 왕릉의 자리가 어떻게 결정되었으며, 그곳에 위치하기까지의 과정에 대해서만 치중했다.

왕이 생전에 자신의 신후지지(身後之地)를 만들어 놓은 경우, 만들어 놓았는데 그곳으로 가지 못한 경우, 이미 능이 조성되었는데 훗날 풍수적으로 좋지 않다 해서 천릉(遷陵)한 경우, 오히려 천릉한 자리에 후대 왕이 묻힌 경우, 남의 묘를 이장시키고 그곳에 능을 조성한 경우도 허다했다.

조선 왕릉 중 천릉 사례는 10여 차례 있었다. 여러 경우에서 그 사유가 정치적 동기였으며, 그때마다 표면적으로는 여지없이 풍수적으로 불길하다는 이유를 들었다. 심지어 시기와 질투심에서 천릉을 하거나, 정적을 압살하려는 의도가 있기도 했다.

이렇듯 왕릉은 지금 그곳에 조용히 자리하지만 엄청난 역사와 사연을 갈무리하고 있는 곳이다.

조선조의 왕릉은 모두 42기이다. 그중에서 2기(齊陵, 厚陵)는 북한에 있다. 여기에 기술된 것은 직접 답사했던 왕릉 40기와, 연산군·광해군묘, 그리고 북한에 있어 답사는 못했지만 자료에 의거하여 정종의 후릉을 포함하였다.

다시 강조하지만 본고는 능이 조성되기까지의 과정에 초점을 두었기에, 왕릉의 신비함을 이해하는 데는 어림도 없다. 36년의 공직을 마치고 시간적 여유가 있어 평소 관심을 가졌던 분야의 현장과 관련 자료를 접하고 기술하면서, 이것을 한곳에 모아 보려는 생각에서 감히 용기를 냈다. 역사와 관련된 공부를 제대로 못한 천학비재(天學非才)로서 몹시 망설임이 있었음을 고백하며, 내용 중 잘못된 곳과 오류를 지적해 주시면 꾸준히 수정하고 배워 나갈 생각이다.

끝으로 여러 자료를 제공해 주신 문화재청 궁능유적본부와 국립문화재연구소를 비롯한 경기도 고양시, 구리시, 여주시, 파주시, 경북 성주군 당국에 감사드리고, 본고를 책으로 만들어 주신 도서출판 청어람 서경석 대표님과 편집진에게도 감사드린다. 함께 왕릉 답사 시 촬영한 사진을 제공해 주신 정재안 님과 왕릉에 대한 관심을 일깨워 주신 동호회원 분들께도 감사드린다.

그리고 본고가 작성되기까지 답사에 동반해 주고, 원고 교정 등 끊임없는 지원과 격려를 해 준 아내 한상화 님과 가족들에게 고마움을 전한다.

2021년(신축년) 3월에

심학산 백련당(白蓮堂)에서 **황용선**

책에 들어가기에 앞서 미리 알아 두면 도움이 될 것들을 정리했다. 상례(喪禮)와 풍수에 관련한 내용에는 상용하지 않는 용어가 많고, 특히 『조선왕조실록』 인용 때는 한자로 함축된 용어가 더 많다. 아래에서 미처 언급치 못한 것은 뜻풀이와 주석으로 설명하였다.

호칭에 있어 승하한 왕이나 왕비를 호칭할 때 시호(諡號)를 올리기 전까지는 대행(大行)이라는 칭호를 써서, 왕은 대행왕(大行王), 왕비는 대행왕비(大行王妃)라 칭한다. 승하한 왕이나 왕비의 공덕을 찬양하기 위해 추증하는 호(號)를 시호라 하고, 종묘에 신위를 모실 때 붙이는 호를 묘호(廟號)라 한다. 우리는 묘호로 왕을 호칭한다. 능의 명칭은 능호(陵號)라 한다.

조선조 왕실의 묘제는 피장자 신분과 지위에 따라 호칭이 달라진다. 능(陵)은 왕과 왕비의 무덤을 말하며, 원(園)은 왕의 사친이나 세자, 세자빈 등의 무덤을, 묘(墓)는 대군이나 공주, 옹주, 후궁 등의 무덤을 칭한다. 추존왕의 경우는 추존과 동시에 묘나 원에서 능이 된다. 의묘(懿墓 : 의경세자)에서 경릉(敬陵 : 덕종)으로 진봉됨이 그 예이다.

조선조 태조에서 순종에 이르기까지 왕위에 오른 왕 27명(연산군·광해군 포함)과 왕비 40명(거창군부인·문성군부인 포함), 생전 왕위에 오르지 못했으나 사후 왕으로 추존된 왕(5명)과 왕비 등 모두 32명의 왕과 45명의 왕비 77위가 조선 왕릉 42기와 2묘(연산군·광해군묘)에 안장되었다.

왕릉의 택지(擇地)는 '능역은 도성에서 10리 이상 100리 이내의 구역에 만들어야 한다.'는 기준으로 조성되었다. 그러나 예외도 있었다.

왕릉의 조성 형식은 기본적으로 봉분의 형식에 따라 단릉(單陵), 쌍릉(雙陵), 합장릉(合葬陵), 동원이강릉(同原異岡陵), 동원상하릉(同原上下陵), 삼연릉(三連陵) 등 여섯 가지의 형태로 구분한다.

단릉은 왕과 왕비의 능을 별개의 위치에 각각 독립적으로 한 위(位)만을 안장한 능이다. 조선 왕릉 42기 중 건원릉을 비롯해 15기이다.

쌍릉은 왕과 왕비의 능을 각각의 봉분으로 한 언덕 같은 공간에 우왕좌비(右王左妃)의 형태로 안장한 능이다. 왕릉 42기 중 9기이다.

합장릉은 왕과 왕비의 능을 하나의 봉분에 합장한 형태로 안장한 능을 말한다. 왕릉 42기 중 8기이고, 영릉(英陵)이 처음이다.

동원이강릉의 강(岡)은 낮은 산등성이를 뜻하고, 원(原)은 높고 넓직한 언덕을 뜻한다. 한 능호(陵號) 아래 정자각을 중심으로 왕과 왕비의 능을 한 줄기의 용맥에서 나뉜 다른 줄기의 언덕에 별도의 봉분으로 단릉처럼 안장한 능이다. 왕릉 42기 중 7기이다.

동원상하릉은 왕과 왕비의 능을 같은 언덕에 상하로 왕상비하(王上妃下)의 형태로 안장한 능이다. 왕릉 42기 중 2기이다.

삼연릉은 왕과 원비, 계비를 하나의 곡장 안에 나란히 세 봉분으로 안장한 능을 말한다. 우왕좌비(右王左妃)의 원칙에 따라 왕을 맨 우측에 두었다. 42기 중 경릉(景陵)이 유일하다.

국상(國喪)이 발생하면 효율적·조직적으로 치르기 위해 임시 기구를 만들어 분야별로 수행하고 장례가 끝나면 해체되었다. 시대별로 규모나 명칭에서 조금씩 차이가 있었다. 대략 빈전도감(殯殿都監), 국장도감(國葬都監), 산릉도감(山陵都監)의 체제로 나눠 운영하며 장례를 진행했다. 각 도감의 책임자는 제조(提調)라 칭하고, 판서급에서 임명했고, 삼도감을 총괄하는 사람은 총호사(摠護士)라 하여 정승급에서 임명했다. 장례의 기간은 5개월로 정해졌으나 여러 사유에 따라 당겨지거나 늦춰지기도 했다.

빈전도감은 시신을 안치하는 빈전 마련과 죽은 사람에 대한 습(襲), 염(殮), 성복(成服) 등 상례와 제례 의식을 담당한다.

국장도감은 장례를 주관하고, 시호(諡號), 묘호(廟號), 능호(陵號)를 정하며, 의전, 재정을 비롯한 상례에 소요되는 도구와 부장품 및 시책(諡冊), 애책(哀冊) 등을 제작한다.

산릉도감은 능지 선정과 산릉을 조성하고 관련 토목 공사와 정자각(丁字閣), 비각(碑閣)의 신축을 비롯한 능에 설치되는 의물(儀物) 준비와, 능 주변의 수목 정비 등을 담당한다. 조선 초기에는 조묘도감(造墓都監)이라고도 했다.

방향을 가리키는 것은 좌향(坐向)이라 하여 24개 방향으로 나누어 표기되고, 좌(坐)는 뒤, 향(向)은 앞쪽을 바라보는 방향을 말한다. 주로 풍수에서 사용되는 용어이다. 따라서 자방(子方 : 북쪽)을 뒤로하고 오방(午方 : 남쪽)을 향하는 것을 자좌오향(子坐午向 : 남향)이라 한다.

시간의 표기 방법은 몇 가지가 있다. '12시' 시진(時辰)의 방법과 '24시' 시진(時辰)의 방법이다. '12시' 시진은 하루 24시간을 정시(正時)를 기준하여 2시간 간격으로 나누어 12간지(干支) 순서의 명칭에 따라 지칭하는 것이다. 예를 들어 정시 기준이므로 23시부터 01시까지를 자시(子時), 01시부터 03시까지를 축시(丑時)로 하여 마지막 21시부터 23시까지를 해시(亥時)로 칭한다. 다음 '24시' 시진은 하루 24시간을 정시의 30분을 기준하여 1시간 간격으로 나누어 24방향 순서의 명칭에 따라 지칭한 것이다. 예를 들면 정시 30분을 기준하므로 23시 30분부터 0시 30분까지를 자시(子時), 0시 30분부터 01시 30분까지를 계시(癸時), 01시 30분부터 02시 30분까지를 축시(丑時)로 하여 마지막 22시 30분부터 23시 30분까지를 임시(壬時)로 칭한다.

또 다른 방법으로 때(時)를 알리는 것으로 하루를 일출(日出)에서 일몰(日沒)까지를 주(晝), 일모(日暮 : 일몰 후 어두워질 때까지 약 30분, 혼(昏)이라고도 한다)에서 여명(黎明=夜明 : 해 뜨기 전 하늘이 훤해지는 시기)까지를 밤(夜)으로 정하고, 주야는 각기 5등분으로 나눴다. 주는 조(朝), 옹(禺), 중(中), 포(晡), 석(夕)으로 나누고, 야는 초경(初更), 이경(二更), 삼경(三更), 사경(四更), 오경(五更)으로 나눴다. 계절마다 주야의 길이가 다르므로 1경(更) 간의 시간 간격에 조금씩 차이가 있다. 실록에서는 시간 표기 방법을 따로 명기하지는 않았으나 3가지 표기를 혼용하고 있다.

왕이나 왕비가 죽는 것은 훙서(薨逝), 훙거(薨去), 또는 승하(昇遐)라 한다. 한편 본고에 기술된 날짜는 실록에 의거하여 음력(陰曆)이고, 다만 1896년 이후는 실록에서도 양력(陽曆)을 따랐으므로 양력으로 기술하였다.

| 차례 |

무학대사가 점지했다는 신후지지

건원릉(建元陵, 태조)

건원릉(建元陵)은 부패한 고려를 무너트리고 새로운 왕조 조선을 개국한 태조(太祖) 이성계(李成桂, 1335~1408)의 능으로 단릉(單陵)이다.

건원릉이 외형적으로 다른 능과 비교되는 것은, 다른 왕릉은 능호(陵號)가 한 자(一 字)인데 유일하게 두 자(二 字)라는 것과, 봉분의 능상에 잔디 대신 고향인 함흥에서 가져와 심었다는 억새가 자라는 것이다.

태조 이성계는 1335년(고려 충숙왕 후 4년) 10월 11일 회령부 영흥(지금의 함경남도 영흥) 흑석리에서 이자춘의 둘째 아들(최씨 부인과는 첫째)로 태어났다. 이성계는 영웅 기질이 있었고, 유년기부터 말을 잘 타고 활을 잘 쏘았으며, 변방의 장수가 된 후에는 전쟁에서 한 번도 패한 적이 없는 용맹한 장수였다. 나중에는 고려의 제일 높은 벼슬 중에 하나인 수문하시중(守門下侍中)을 지냈다.

당시 신진 사대부들의 세력을 기반으로 역성혁명(易姓革命)[1]을 일으키면서, 고려의 마지막 왕인 공양왕(恭讓王)에게 선위(禪位 : 임금의 자리를 물려줌) 받는 형태로 하여, 1392년 7월 17일 개경 수창궁에서 즉위했다.

처음에는 민심의 동요를 우려하여 국호(國號)를 그대로 두었다가 이듬해인 1393년 2월 국호를 조선(朝鮮)으로 고치면서 새로운 왕조를 열었다. 조선은 그렇게 500여 년 동안 이어졌다.

태조는 개국 6년 2개월만인 1398년 9월 자식들이 벌이는 권력 다툼에 권력의 무상함을 느껴, 둘째 아들인 정종에게 왕위를 물려주고 고향인 함흥으로 갔다.

8년 만에 다시 한양으로 돌아온 후 창덕궁 광연루 아래 별전 수강궁에서 지내다가 1408년(태종 8년) 5월 24일 승하했다. 이때 나이는 74세였다.

태조는 슬하에 모두 8남 5녀를 두었는데 원비 신의왕후(神懿王后) 한씨와의 소생이 6남 2녀이고, 계비인 신덕왕후(神德王后) 강씨와의 소생이 2남 1녀, 그리고 두 후궁으로부터 2녀를 두었다.

---

1) 역성혁명(易姓革命) : 타성(他姓)에 의해 왕조가 바뀌는 것을 말한다. 하늘의 명령으로 혁신한다는 의미로, 민심을 잃은 통치자를 물리적 힘으로 다른 왕조로 교체하는 것이다.

태조가 승하한 날, 『태종실록』에는 '이날 새벽 담(痰)이 성하여 부축해 일어나 소합향원(蘇合香元)²⁾을 자시고, 임금이 달려와 청심원(淸心元)을 드렸으나 이를 삼키지 못하고 눈을 감았다.'라고 기록하고 있다.

태종은 불교를 싫어했던 임금이었지만, 아버지 태조가 위중하여 죽음을 목전에 두자 부처님 앞에 꿇어 앉아 머리를 조아리고, 팔뚝에 향을 올리고 태우는 불교 의식 중의 하나인 연비의식(燃臂儀式)³⁾을 행했다. 살이 타는 냄새가 궁궐에 진동할 정도였다고 한다. 정성이 통해서였는지 며칠간 차도가 있었지만 결국 승하한 것이다.

1408년(태종 8년) 5월 27일 태조가 승하한 지 3일째 되는 날, 태종은 영의정부사 하륜(河崙), 좌정승 성석린(成石璘), 우정승 이무(李茂), 한산부원군 조영무(趙英茂)를 사도감(빈전도감, 국장도감, 조묘도감, 재도감)의 도제조로 삼아 치상(治喪 : 초상을 치르는 일)을 담당하게 했다. 그리고 하륜으로 하여금 산릉 자리를 찾게 하였다.

1408년(태종 8년) 6월 12일 판한성부사 유한우와 전 서운정(書雲正 : 천문 기후 등을 맡아보는 관청인 서운관의 간부 관원) 이양달 등이 원평(原平 : 지금의 파주 지방)의 봉성(蓬城)에 길지를 얻었다 해서, 영의정 하륜을 보내서 보게 했다. 그가 돌아와 봉성 땅은 쓸 수가 없고, 해풍(海豊)⁴⁾의 행주(幸州 　　　　　　 땅이 능지로 합당하다고 보고하니, 이에 태종은 단숨에 "다시 다른 곳으로 택하라." 한다.

태종의 입장에서는 새 왕조를 개국하고 수도도 개성에서 한양으로 천도를 했는데, 개성의 해풍에 아무리 좋은 길지가 있다 하더라도, 다시 개성 근처에 아버지의 능을 둔다는 것을 용납할 수 없었을 것이다. 그 외에 개성은 아직까지 새 왕

---

2) 소합향원(蘇合香元) : 한의학 용어로서 기(氣)로 생긴 여러 가지 증상에 쓰이는 한의학 처방이다. 기담(氣痰), 기통(氣痛) 등의 증세를 다스린다고 한다.

3) 연비의식(燃臂儀式) : 신체 일부를 태우는 의식으로, 불가에서 승려가 되기 위해 치르는 의식 중 하나로, 팔에 초의 심지나 향을 올려놓고 태우며 깨달음을 얻기 위해 육신의 고통을 감내한다는 의미를 담고 있다. 사가에서도 부모가 몹시 아파 회복을 기원할 때 이러한 의식을 갖는다.

4) 해풍(海豊) : 해풍은 지금의 개성 인근 지역으로 신라 경덕왕 때부터 덕수현(德水縣)으로 부르다가, 조선 시대에는 풍덕군, 개성부 등으로 개칭되었고, 일제 시대에 개풍군으로 고쳐졌다.

조에 대한 불만 세력이 많았던 것도 이유였을 것이다. 그래서 일언지하에 가부 논의도 없이 다른 곳으로 택하도록 한 것으로 생각된다.

좀처럼 만족스런 능지를 찾지 못하고 보름쯤 지났을 때, 마침 검교 참찬의정부사(檢校 參贊議政府事 : 조선 초기 의정부 정2품의 벼슬 이름) 김인귀(金仁貴)가 하륜에게 말하기를 "내가 사는 검암(儉巖)에 길지가 있다." 하여, 하륜이 일관(日官)[5]들과 함께 가서 보니 과연 좋았다. 하륜은 이곳을 태종에게 보고하고 단숨에 승낙을 얻어 냈다. 태조의 능지가 의외로 쉽게 양주의 검암산으로 택정된 것이다. 태조가 승하한 지 34일만이다.

곧바로 조묘도감 제조(造墓都監提調) 박자청(朴子靑)에게 지시하여 충청도, 황해도, 강원도 등 근도에서 6천 명의 군사와 장정들을 징발하여 7월 그믐날을 기하여 능을 조성하는 역사를 시작하게 하였다.

그런데 야사에 따르면, 태조는 이미 정릉(貞陵)에 수릉을 마련했지만 태종이 자신을 계모 곁에 묻어 줄 것 같지 않았는지 '내가 죽으면 고향인 함흥에 묻어 달라.'는 유교가 있었다 하기도 한다. 혹은 검암 땅은 남재(南在 : 이성계를 도운 개국 공신이며, 남은(南誾)의 형)가 정해 놓은 신후지지(身後之地 : 죽기 전에 미리 잡아 두는 묏자리)였는데, 태조에게 양보했다는 얘기도 전해 온다. 그런가 하면 태조가 권력 다툼하는 자식들이 보기 싫어 정종에게 양위하고, 무학대사와 함께 회암사로 가는 중에 무학이 태조의 신후지지를 양주 검암산에 정했다는 이야기도 전해진다. 그러나 안타깝게도 실록이나 기타 자료 등에서, 능지가 결정되기까지 필수적 절차라 할 수 있는 지관들의 풍수적인 길흉 판단의 보고 과정은 물론, 능지를 찾기 위한 각방의 노력과 기록이 보이질 않는다.

『태조실록』에 의하면 태조는 일찍이 재위 4년(1395년 3월 4일)에 '과주(果州 : 지

---

5) 일관(日官) : 본래 천문과 점성을 담당하는 사람들이었으나, 나중에는 기상 관측을 비롯하여 궁에서 행사가 있을 때 길일(吉日)을 잡는 일을 했다. 후에 상지관(相地官)이라 불리기도 했으며, 지관(地官) 또는 지사(地師)로도 불리었다.

금의 서울 서초구, 동작구, 경기도 과천시, 안양시 일원)에 거둥(擧動 : 임금의 나들이)하여 수릉 자리를 살폈다.'는 기록이 있다. 이날 정도전(鄭道傳)이 "천만세 향수하시기를 바라고 있는데, 오늘날 능 자리를 물색하오니 신들은 슬픔을 이기지 못하옵니다."라며 눈물을 흘렸다. 이에 태조는 "편안한 날에 미리 정하려고 하는 것인데 어찌하여 우는가?"라고 했다. 그해 7월 11일에는 정도전, 남재, 남은 등에게 명하여, 광주에 가서 자신의 수릉 터를 살피게 하는 등 광주와 과천 등지에서 수릉지(壽陵地)[6]를 살피게 한 바가 있었다.

그러다 1396년(태조 5년) 8월 13일 신덕왕후가 갑자기 승하하자, 안암동과 행주 등에 직접 거둥하여 능지를 찾다가, 도성 안 취현방(聚賢坊 : 지금의 서울 정동)에 신덕왕후의 능지를 정하고, 능을 조영하면서 왕후의 봉분 우측에 자신이 묻힐 자리를 마련하기도 했다.

사실 정릉(貞陵)을 조영할 당시 신덕왕후 강씨 봉분 오른편에 태조의 수릉(壽陵)을 만들었느냐는, 추정만 있을 뿐 명확한 기록은 안 보인다.

다만 『태조실록』에서 1396년(태조 5년) 9월 28일 '전라도에서 수릉에 쓰일 개석(蓋石 : 무덤의 구덩이를 덮는 판으로 된 넓적한 돌)을 운반하다가 넘어져서 손발이 부러지는 등 인부 89명이 다치는 사건이 일어났다.'는 기록과, 11월 19일에는 '태평관에 거둥하여 사신을 연회하고 수릉에 갔다.'는 기록이 있고, 12월 24일에도 '수릉에 거둥하였다.'라는 기록으로 보아, 자신의 수릉지를 정릉 신덕왕후 옆에 마련했던 것으로 보여진다. 하지만 이때 봉분도 조성하여 쌍릉처럼 조영해 놓았는지는 확신할 수 없다.

1408년(태종 8년) 7월 26일 산릉의 기일이 가까웠음에도 불구하고, 능실을 만들면서 석실(石室)과 회격(灰隔)으로 의견이 갈렸다. 옛 풍습을 따르는 사람들은 석실로 하자 하고, 가례(家禮)를 중히 여기는 사람들은 회격으로 하자 하며, 서로 주

---

6) 수릉지(壽陵地) : 임금이 죽기 전에 미리 자신이 들어갈 무덤(假墓)을 만들어 놓는 것으로, 이를 왕실에서는 수릉(壽陵)이라 하고 민간에서는 수당(壽堂)이라고 하였다. 수릉지는 수릉을 만들 곳을 이르는 말이다. 이를 통틀어 이르는 말로 터만 잡아 놓은 곳을 신후지지(身後之地)라고도 이른다.

장이 분분하여 정하지 못하고 있을 때 태종이 석실로 하도록 결론을 냈다.

그리고 며칠 후 태종은 태조의 백일재(百日齋)를 흥덕사에서 베풀었는가 하면, 산릉의 재궁(齋宮)[7]에 개경사(開慶寺)라는 이름까지 내려 주었다. 조선조에 들어와 억불 숭유(抑佛崇儒 : 불교를 억제하고 유교를 숭상함) 정책을 가장 강력하게 추진하던 태종이 태조의 장례 절차에 불교 의례를 가미하여 시행했음은 주목할 일이다.

아울러 1408년(태종 8년) 8월 7일에는 태상왕의 시호를 정하면서 묘호(廟號)[8]는 태조(太祖)로 정했다. 새로운 나라를 개국한 임금은 언제나 태조로 정했기에, 예조에서 올린 그대로 정한 것이다. 그리고 능호는 건원릉(健元陵)이라 했지만 능호를 정하기까지 과정은 실록이나 기타 자료에서도 찾는데 한계가 있었다.

1408년(태종 8년) 9월 7일에는 임금이 백관을 거느리고 빈전에서 견전례(遣奠禮)[9]를 행한 후 영구를 받들어 발인하는데 종친과 백관이 인도하였다.

그리고 1408년(태종 8년) 9월 9일 자시(子時 : 밤 12시경)에 임금이 영구를 받들어 현궁(玄宮 : 왕이나 왕비의 관을 묻는 광중(壙中)을 일컫는 말)에 봉안하면서 조선을 건국한 태조 이성계는 양주 땅 검암산 아래 계좌정향(癸坐丁向 : 정남에서 서쪽으로 15°)[10] 자리 건원릉에 묻혔다.

---

7) 재궁(齋宮) : 무덤이나 사당 옆에 제사를 지내기 위해 지은 집을 말하며, 재실(齋室)이라고도 한다. 그러나 임금의 시신을 모시는 관(棺)도 재궁(梓宮)이라 하기 때문에 혼동할 우려가 있다.

8) 묘호(廟號) : 왕이 승하한 뒤에 생전의 공덕을 기리고, 종묘에 신위를 봉안하면서 이름 대신 붙이는 호칭으로 조(祖)와 종(宗)이 있다. 이를 정하는 데는 나름의 기준으로 정한다.

9) 견전례(遣奠禮) : 견전(遣奠)이라고도 하며, 발인을 할 때 영구를 옮기면서 문 앞에서 지내는 제사를 말하는 것이다. 발인제(發靷祭)라고도 한다.

10) 계좌정향(癸坐丁向) : 좌향(坐向)을 말하는 것으로, 집터나 묏자리의 방향을 가리키는 것이다. 집터나 묏자리의 등진 방위에서 정면에 보이는 방향을 말한다. 여기서 집의 경우 좌(坐)는 집의 뒤쪽이고, 향(向)은 집의 앞쪽을 말하며, 묘의 경우 좌(坐)는 혈 자리의 뒤쪽을 말하는 것이고, 향(向)은 혈 자리에서 앞쪽을 바라보는 방향이다. 계좌정향(癸坐丁向)은 정남향에서 약 15° 서쪽의 방향을 이른다. 향(向)은 15° 각도를 기준으로 정북(正北) 쪽에서 시작하여 24개(子, 癸, 丑, 艮, 寅, 甲, 卯, 乙, 辰, 巽, 巳, 丙, 午, 丁, 未, 坤, 申, 庚, 酉, 辛, 戌, 乾, 亥, 壬)의 향으로 나뉘고, 다시 세분화하여 60개의 향으로 나뉜다.

태종은 아버지 태조의 유교대로 함흥에 능지를 두지 못했으나, 함흥의 흙과 억새를 가져와 능의 봉분을 만들었다고 전해진다. 지금도 봉분 위에는 함흥에서 가져온 갈대가 피고 있다. 실록에서는 '건원릉은 능 위에만 북녘의 잔디(北莎)를 썼고, 병풍석 이하에는 다른 곳의 잔디를 썼다.'고 기록하고 있다.

건원릉 조성 과정에서 다른 능과 비교되고 차이나는 것이 있다. 우선 능호(陵號)다. 다른 능의 능호는 모두가 외자(一字)인데, 유독 건원릉만은 두 자(二字)다.

다음으로 태종은 스스로 강한 억불 정책을 쓰면서도, 태조의 장례 절차 중 일부 불교 의식을 따랐고, 연관된 일련의 결정을 직접 했다는 것이다. 마지막으로 능지 결정 과정이다. 실록이나 다른 자료에서 보면 태종은 신하들이 길지라고 보고하는 자리는 검토의 여지도 없이 다른 자리를 물색하라고 하고는, 하륜에 의해 처음으로 보고되는 검암 땅에 대해서는 고민 없이 즉시 능지로 결정했던 것이다.

첫째, 능호가 두 자인 것은, 우선 건원릉의 건원(健元)이라는 뜻을 살펴봐야 한다. '처음으로 시작하여 형통한다(乾元者始而亨者也).'는 의미와 '만물에 의지하여 시작한다(乾元萬物資始).'는 의미다. 이것은 나라를 개국한 태조가 나라의 도읍을 처음 세웠다는 의미의 원(元)과, 쉬지 않고 운행되는 하늘의 도를 상징하는 건(乾=健)을 써 건원릉이라 한 것으로, 주역에서 인용된 것으로 알려진다.

둘째, 태종은 불교를 혹세무민(惑世誣民 : 세상을 어지럽히고 백성을 속임)하는 종교라고 하여 전국의 수천 개 사찰 중 242개만을 남겨 놓고 혁파할 만큼 불교를 싫어했다. 그럼에도 불구하고 산릉의 개경사(開慶寺)에 노비 150명과 전답 300결(結)[11]을 내리는가 하면, 불교 의식의 절차로 태조의 장례를 진행한 것은, 태종 자신도 이러한 결정과 진행에 부담이 있었던 것 같다. 실록에서 태종은 "불씨(佛氏 : 석가모니를 이르는 말)의 그른 것을 내 어찌 알지 못하냐마는, 이것을 하는 것은 부

---

11) 결(結) : 농토의 면적 단위로 시대나 농지의 등급에 따라 1결의 면적이 달랐다. 조선 초기에는 1결이 약 1만㎡(3천 평) 정도였다.

건원릉 전경

왕(父王)의 대사를 당해 시비를 따질 겨를이 없어서이다.”라고, 지신사(知申事 : 도
승지의 전 명칭) 황희(黃喜)에게 변명을 하고 있다. 사실 조선 시대에 들어와 신진
사대부들의 강한 주장에 억불 숭유 정책을 내세웠지만, 태조는 정도전의 척불을
전적으로 받아들이지 않았고, 무학 같은 고승과 깊은 교류가 있었다. 생일에는 승
려를 불러『금강경(金剛經)』을 읽게 하는 등 개인적으로 불교와 함께한 인물이었
다. 한편 왕자의 난을 일으키고 형제까지 죽여 가며 왕위에 등극한 태종이지만
아버지의 죽음 이후에도 아버지 뜻을 거스르고 싶지 않아서인지 자신의 본심은
아니더라도 아버지의 뜻을 좇아 불교 의식 일부를 따른 것으로 보여진다. 사실
삼국 시대부터 1천 년 이상 이 땅을 지배했던 불교의 흔적을 지운다는 것이 그리
쉽겠는가.

　셋째, 능지를 양주 검암 땅으로 결정한 것이다. 우선 태조의 능지로 거론될 수
있는 곳은 세 곳이었다. 한 곳은 신덕왕후 곁에 수릉으로 마련되었던 자리이다.
다른 한 곳은 야사에서 전해 오듯 태조 스스로 죽으면 고향에 묻어 달라고 유언을 했다는 곳 함흥이다. 그리고 검암이다.

먼저 수릉지는 태조가 자리를 마련해 놓았지만, 태종은 친모인 신의왕후를 생각해 인정하기 싫었을 것이다. 그보다 이복동생인 방석을 자신이 죽였는데, 아버지를 그 계모 곁에 장사한다는 것은 꿈에도 상상할 수 없을 것이다. 하륜이 처음 보고했던 해풍은 위에서도 잠시 언급했지만 태종이 왕권을 차지하기 위해, 개성에서 벌어진 여러 사건을 떨치기 위해 천도까지 했는데, 개성 부근 해풍 땅에 능지를 조성한다는 것은 생각조차 싫었을 것이다. 함흥 역시 매년 몇 번을 왕래하며 제를 올리거나 배알(拜謁)한다는 것은 더더욱 어려운 일일 터였다. 그렇지만 태조가 아주 오래전부터 자신의 능지를 찾으려 했던 점을 태종이 모르지 않았을 것이다. 거기다 아버지 태조가 검암에 신후지지를 잡은 바 있었다는 것도 어쩌면 알고 있었을 것이다. 이때 마침 하륜이 검암 땅을 언급하자 자연스럽게 받아들인 것으로 짐작된다.

여기서 검암 땅의 자리는 과연 누가 잡았을까? 『태종실록』에는 하륜이 잡은 것으로 기록하고 있으나, 학자들 간에는 '하륜은 중국의 풍수학자 호순신(胡舜申)의 『지리신법(地理新法)』[12]의 술법을 따르는 이기론풍수(理氣論風水)[13]를 배운 사람이고, 이 술법은 주위 산세를 중요시하지 않는다. 그러나 주위 산세를 중요시하는 우리나라 형기풍수(形氣風水)를 기반으로 택정된 건원릉의 능지는, 무학이 잡았다는 것이 논리상 맞다.'는 주장을 내세우기도 한다. 당시 태종은 불교를 가까이하

---

12) 호순신(胡舜申)의 『지리신법(地理新法)』: 호순신은 중국 송나라 때 풍수가이고, 『지리신법』은 호순신이 여러 풍수 서적을 참고하여 요긴한 내용만 간추려 저술한 책이다. 조선 초기 계룡으로 천도 계획을 중지시킨 이론적 근거를 제공한 책이면서, 조선 시대 풍수지리 지침서 역할을 하기도 했다. 그러나 조선 중기 때 박상의(국풍)는 『지리신법』을 '멸만경(滅蠻經)'이라고 하며 책의 진위와 가치를 부정한 바도 있으나 오히려 조선조에서 지리 관련 고시 과목에 포함되기도 했다.

13) 이기론풍수(理氣論風水)와 형기풍수(形氣風水): 이기론풍수(이기풍수)는 방위와 시간 등의 음양오행 작용을 살펴 길흉화복을 논하는 이론으로, 나경패철(佩鐵: 나침반)이란 도구로 혈을 찾고, 형기풍수(형기론풍수)는 산과 물 등 용혈사수(龍穴砂水) 즉 자연의 모양을 보고, 길지를 찾는 이론이다. 서로 다른 이론이지만, 형기는 외형 형상인 체(體)이고, 이기는 작용인 용(用)이므로 풍수학자들은 별개일 수가 없다고 보고 있다.

지 않았고, 특히 무학을 싫어해서 아버지 능지를 무학이 잡았다는 것을 공식화하기 싫었던 것이라고 주장하기도 한다. 필자도 이 논리에 감히 동의한다.

건원릉에 장사를 지낸 지 20일이 지난 후 중국 명나라 황제의 사신이 태조의 상사를 조문하며 칙서를 가지고 도착했다. 하루는 이들이 양주 회암사에 다녀오면서 건원릉을 들렀다. 이때 능침의 산세를 보고 "어찌 이와 같은 천작(天作 : 하늘의 조화로 만들어짐)의 땅이 있는가? 반드시 인위적으로 만든 산일 것이다." 하면서 탄미했다고 한다. 명나라 사신이 얼마나 풍수에 조예가 있었는지는 모르지만, 이렇게 범인의 눈에도 좋아 보이는 곳일 만큼 건원릉은 조선을 개국한 국조(國祖)의 위용과 함께 조선조 500년을 잇는 명당 터인 것으로 전해진다.

풍수가들은 건원릉의 형국을 마치 용이 하늘로 날아오르는 형상이라 하여 '청룡등천형(靑龍登天形)'이라 부르기도 한다.

봉분의 억새는 보존을 위해 매년 한식 때만 청완예초의(靑薍刈草儀)[14] 의례를 최근에 와서 치르고 있다.

한편 고종(1899년, 광무 3년) 때 태조는 대한제국의 태조고황제(太祖高皇帝)로 추존된다.

---

14) 청완예초의(靑薍刈草儀) : 억새풀을 깎는 의식을 뜻하는 것으로, 청완(靑薍)은 억새풀을 말하며, 예초(刈草)는 풀을 깎는 행위를 말한다.

태종에 의해 강제 이장된 능

정릉(貞陵, 태조 계비 신덕왕후)

정릉(貞陵)은 태조 이성계의 둘째 부인으로 조선 개국을 도왔고 개국 후에도 막강한 영향력을 행사한 신덕왕후(神德王后, ?~1396)[15] 강씨(康氏)의 능으로 단릉이다.

정릉은 조선조 최초로 조영된 능이었으며, 또한 최초로 천장(遷葬)[16]된 능이고, 민묘(民墓)로 격하되었다가 260년 만에 겨우 다시 능으로 봉해졌다.

처음에 정릉은 지금의 서울 중구 정동인 취현방(聚賢坊)[17] 북쪽 언덕에 있었으나, 1408년 태조가 승하하자 곧바로 태종이 도성 안에는 능묘를 둘 수 없다는 명분으로 1409년(태종 9년) 2월 23일 지금의 장소로 천장되었다.

신덕왕후 강씨의 본관은 곡산(谷山)이며, 상산부원군(象山府院君) 강윤성의 딸이다. 태조가 즉위하자 현비(顯妃)에 책봉되었다. 당시 고려 시대에는 일부다처제가 허용되어 개경의 부인을 경처(京妻)라 하고, 고향에 있는 부인은 향처(鄉妻)라 했었는데, 강씨는 이성계가 개경에서 살 때 경처였다. 태조의 즉위 후 태조의 원비가 되는 향처 한씨(신의왕후(神懿王后))는 이미 세상을 떠났으므로, 신덕왕후는 자연히 조선조 최초의 왕비가 되었다. 슬하에 모두 2남 1녀를 두었다.

신덕왕후의 출생 년도는 명확치 않다.

신덕왕후는 1396년(태조 5년) 8월 13일 판내시부사 이득분(李得芬)의 집에서 승하했다.

신덕왕후는 승하하기 며칠 전 병세가 위독하자 피접(避接 : 앓는 사람이 다른 곳으

---

15) 신덕왕후(神德王后) : 태조 이성계의 둘째 부인으로 조선 개국을 도왔고, 조선 최초의 왕비이다. 태종 때는 후궁으로 강등되고 능도 천릉됐다. 아들(방석)이 세자로 책봉되었으나 왕자의 난(1398년) 때 살해되었다. 여러 자료에 신덕왕후 출생 년도가 미상(?~1396)으로 되어 있다. 1356년(1356~1396)으로 된 자료도 있는데, 이를 뒷받침하는 명확한 자료가 없는 것이 아쉽다.

16) 천장(遷葬) ; 무덤을 다른 곳으로 옮기는 깃을 말하는데, 전뇨(遷墓) 또는 이장(移葬)이라고도 한다. 여기에서는 이미 조영된 능을 여러 가지 이유로 다른 곳으로 옮기는 행위를 말한다.

17) 취현방(聚賢坊) : 방(坊)은 조선 초기 한성부의 행정 구역 단위 명칭이다. 『조선왕조실록』에는 능지의 위치를 취현방으로 기록하고 있으나, 일부 다른 문헌에는 황화방(皇華坊)으로 기록하고 있다. 취현방과 황화방은 서로 인접한 지역인데, 행정 구역 조정으로 취현방이 황화방에 통폐합되어 능지가 황화방으로 기록된 듯하다.

로 자리를 옮겨서 요양함) 차 이득분의 집으로 거처를 옮겼지만, 병을 이기지 못하고 세상을 떠났다.

태조는 신덕왕후가 승하하자 이틀 뒤인 8월 15일 직접 능지를 물색하기 위해 백의(白衣 : 상중에 입는 흰옷) 백관(白冠)으로 안암동(지금의 고려대학교 인근)에 거둥하여 능지를 살폈지만 마음에 들지 않아 했다.

8월 20일에도 태조는 직접 행주에 거둥해 능지를 살폈으나, 길지 여부를 놓고 지관들이 서로 좋은 터니 나쁜 터니 다투는 바람에 결정을 내리지 못했다. 이에 태조는 크게 화를 내며 지관들을 매질하도록 명을 내린 바도 있다.

그 이튿날 태조는 다시 안암동 쪽으로 거둥하여 능지를 잡고 토질을 확인하기 위해 땅을 파게 했으나, 그곳에서 물이 솟으므로 땅 파는 것을 중지케 했다.

결국 태조는 신덕왕후가 승하한 지 10일 후인 8월 23일 취현방에 직접 거둥하여 능지를 결정한다. 9월 28일에는 존호를 신덕왕후라 하고, 능호는 정릉이라고 했다.

태조는 능을 조성하면서 신덕왕후 강씨 봉분 우측에 훗날 자신이 묻힐 자리까지 마련하는 등 자신과 영원히 함께할 유택 조영 현장에 수시로 나가 보면서, 산릉 조성에 온갖 정성을 다했다.

이리하여 왕후가 승하한 지 5달이 지난 1397년(태조 7년) 1월 3일 신덕왕후를 취현방 북녘 언덕에 장사를 지냈다.

태조는 신덕왕후를 잊지 못해 수시로 정릉에 거둥을 했고, 또 능의 동쪽에는 왕후의 명복을 비는 흥천사(興天寺)를 세우고, 경복궁 인안전(仁安殿)에 그 혼백과 영정을 봉안하는 등 모든 제행이 극진하였다. 하지만 1408년 5월 태조가 승하하면서 상황이 크게 달라졌다.

이에 앞서 1406년(태종 6년) 4월 7일, 태종은 아버지 태조가 공들여 조성한 정릉의 능역이 너무 넓다며 능 주위 백 보까지 백성의 거주를 허락했다. 이때는 태조가 태상왕으로 생존해 있을 때인데도 이러한 조치를 한 것이다.

능역의 좋은 땅은 세력이 있는 집안에서 점령했다. 심지어 태조가 그렇게도 아껐던 좌의정 하륜(河崙)마저도 눈치 안 보고 선점을 하는 지경이었다. 당시 태조는 태상왕이긴 했지만 이미 권력으로부터 멀어진 위치에 있었던 것 같다. 천리마도 힘 떨어지면 느린 말이 앞지른다는 말이 새삼 와닿으며 권력의 무상함을 절감케 한다.

한편, 태조가 승하한 이듬해인 1409년(태종 9년) 2월에 태종은 의정부에 명하여 정릉을 도성 밖으로 옮기는 문제에 대해 논의하게 했다. 태종의 의중을 알아차린 의정부에서 "옛 제왕의 능묘가 모두 도성(都城) 밖에 있는데 지금 정릉이 성안에 있는 것은 적당치 못하고, 또 사신이 묵는 관사에 가까우니 밖으로 옮기도록 하소서."라고 상언(上言 : 신하 또는 백성이 임금에게 글을 올리는 것)하니, 태종은 이러한 의정부 건의에 따르는 형식을 취하면서 천릉을 명한다.

뒤에서 본 정릉

그리하여 정릉은 도성 안에 있다는 이유만으로 결국 도성 밖 사을한(양주군 남사아리) 산기슭으로 천장된다.

그런데 중요한 것은 천장을 하면서 천릉지를 고르거나, 정릉 조성 시 거론되었던 장소 등에 대해 의논하는 일 없이 하필이면 도성의 북쪽 산기슭으로 이장을 한 것이다.

그리고 천장 과정에서도 천장을 담당하는 기구 설치 또는 천장지는 어떻게 잡았는가? 능지로서의 길지(吉地) 여부나, 천장의 길일(吉日)을 가리는 검토는 있었는가? 또한 형식이 천장이라지만 과연 천장에 합당한 예우를 갖춘 천장이었는가? 하는 의문이 생긴다.

또 천장이라면 무덤뿐 아니라 설치되었던 정자각을 비롯한 각종 의물도 함께 이전해야 하는데, 그러한 흔적을 문서나 자료 등에서 전혀 찾아볼 수 없다. 정릉은 그렇게 사실상 평범한 민묘처럼 이장된 것이다. 그것은 신덕왕후를 후궁으로 강등하고, 능도 묘로 격하하여 천장을 했기 때문이다. 말이 천장이지 유기나 다름없는 행위였다.

심지어 같은 해 4월 태평관의 북루(北樓)를 지을 때 정릉의 정자각을 헐어 그 목재와 석재들을 가져다 사용하였다. 이듬해 1410년 8월에는 청계천 광통교(廣通橋)의 흙다리가 비만 오면 무너져 백성들이 빠져 죽는 일들이 벌어지자 광통교를 돌다리로 만들자는 의견이 나왔다. 태종은 이를 허락하면서 정릉을 이장할 때 땅속에 매립했던 석물들을 파내어 다리를 만들도록 했다.

사용하지 않는 무덤의 의물들은 매몰하게 마련인데, 묻었던 것을 일부러 꺼내어 백성들이 밟고 다니도록 한 것이다. 이렇듯 태종은 죽은 계모에 대해 상상할 수 없는 패덕을 저질렀다.

정릉을 양주 사을한으로 옮긴 뒤에는 제례와 능제(陵祭)도 조석전(朝夕奠 : 아침 저녁으로 영전에 지내는 제사)과 삭망제(朔望祭 : 매달 초하루 보름날에 지내는 제사)를 없애고, 매년 중월(仲月 : 2월과 8월)과 이름 있는 날에만 제사를 지내도록 하였다. 그나마도 세종조에 이르러서는 족친(族親)이 제사를 지내도록 함으로써, 조정에서는 거의 잊혀졌다. 그리고 종묘에도 부묘되지 않아 결국은 주인 없는 무덤으로 방치된다.

이렇게 완전히 방치되었던 정릉은 1581년(선조 14년) 11월에 율곡 이이(李珥)가 나서서 "태조와 같이 모셔야 할 분인데 아무 까닭 없이 제사하지 않는 것은 윤기(倫紀 : 윤리와 기강)에 관계되니, 마땅히 존숭(尊崇)하는 행사가 있어야 할 것입니다."라고 하며 비로소 신덕왕후의 복위를 거론했다. 신덕왕후의 복위 논의가 일어나기까지 무려 170여 년이 흘렀으며, 당시에 조정은 신덕왕후의 능이 어디 있는지조차 모르고 있었다.

드디어 예관을 시켜 먼저 능을 찾게 할 때 문관 이창(李昌)이 신덕왕후의 외손족(外孫族)으로, 마침 조정에서 벼슬을 하고 있었다. 예조에서 그를 데리고 능이 있을 만한 곳을 찾아 아차산 안팎을 두루 답사했으나 찾지 못했다. 그러던 중 변계량(卞季良)의 『춘정집(春亭集)』[18]에서 정릉을 이장할 때 작성한 축문에 '국도동북(國都東北 : 도성의 동북 방향)'이라는 문구가 있어 이를 근거로 도성 북쪽 산 밑 마을에 가서 찾으니, 과연 경좌갑향(庚坐甲向 : 정동에서 북쪽으로 15°)의 한 묘가 산골짝 사이에 피폐한 채로 방치되어 있었다. 겨우 묘는 찾았지만 조정의 공론을 모으지 못해 곧바로 존숭 절차는 실행치 못했다.

1581년(선조 14년) 11월 옥당(玉堂)[19]에서 정식으로 신덕왕후를 복위시키는 일에 대해 계청(啓請 : 임금에게 아룀)했으나 선조는 윤허하지 않았다. 이듬해 6월에도 삼사(三司)가 정릉의 일을 다시 거론하자 직제학 김우옹(金宇顒)이 제후는 두 적통이 없는 법이니 같이 합부할 수 없다고 주장하며, 별묘를 세울 것을 말했으나 결국 흐지부지되고 말았다. 다시 12월에 양사(兩司)에서 '건원릉 비문에도 둘째 왕비로 올라가 있고, 이치를 제자리로 찾게 하기 위한 기회이니만큼 빨리 두 릉를

---

18) 『춘정집(春亭集)』: 조선 초 문신 변계량(卞季良)의 시문집으로 세종 때 간행되었으나, 훗날 순조 때 복간한 것이 현재까지 전해진다.

19) 옥당(玉堂): 홍문관을 말하며, 궁중의 경서나 문서 등을 관리하고, 임금의 자문에 응하는 일을 맡아보는 기관을 일컫는다.

찾도록 윤허해 달라.'고 청해도 선조는 "결코 할 수 없다. 번거롭게 하지 말라."고 했다. 무려 31차례에 걸쳐 지속적으로 건의해도 선조는 특별한 이유 없이 계속 거부하였다. 그렇게 3년을 다투다가 겨우 한식날에 한 번 제사 지내는 것만 허락하였다.

그러다가 정릉이 천장된 지 260년이 지난 1669년(현종 10년)에 이르러 송시열이 현종(顯宗)에게 "신덕왕후 강씨는 태조의 왕비입니다. … 태조께서 추념하기를 매우 간절히 하여, 언제나 정릉에 재 올리는 종소리를 들은 뒤에 수라를 들여오라고 하셨다니 이것으로 태조의 심정을 알 수 있습니다. 지금은 능이 매몰되어 제릉(齊陵 : 태조의 정비(正妃) 신의왕후(神懿王后) 한씨의 능)에 미치지 못하고, 또 태묘에 배향되지도 않았습니다."라는 이유를 들어 신덕왕후를 종묘에 배향하고, 능도 다른 능처럼 만들어야 한다고 상소를 올렸다.

이에 현종은 "천천히 다시 생각하고 의논하겠다." 하며, 처음에는 상당히 미온적이다가 대신들이 지속적으로 아뢰고, 또 유생들이 상소하니 "나의 의견을 버리고 경들의 의견을 따르겠으니 아뢴 대로 시행하라." 함으로써, 마침내 이 상소가 받아들여졌다. 현종의 분부가 내려지자 모든 대소 신료가 기뻐했다.

드디어 1669년(현종 10년) 1월 23일 재실과 정자각의 건립을 윤허하면서 왕후의 능으로서 지위를 회복하게 되었다.

이때에 정릉의 안산 근처에 옛 무덤 8기가 있었는데, 그중 하나의 표석에 신혜공주(愼惠公主)라고 쓰여 있었다. 영의정 정태화(鄭太和)가 "무안대군 방번(芳蕃 : 신덕왕후 첫째 아들)의 누이 같다." 하여, 현종이 그대로 두게 하라 했다. 아울러 왕릉 내 가까운 곳에 상민(常民)들이 장사 지냈을 리가 없으며, 방번의 형제들 묘가 어디에 있는지 몰랐는데 이것이 아닌가 하므로 모두 그대로 두게 하므로, 능역 내에 다른 묘가 존재하는 특이한 경우이다.

그해 8월 5일에는 태묘(太廟 : 종묘의 정전으로 왕과 왕비의 위패를 모시는 사당을 칭함)에 부묘(祔廟 : 왕과 왕비의 신주를 종묘에 봉안하는 것)하게 되었다. 천장된 지는 260년만이고 승하한 지는 실로 273년 만의 일이었다.

신덕왕후가 승하한 지 꼭 273년이 되는 1669년(현종 10년) 8월 13일 이렇게 능으로 다시 봉(封)하고 기신제(忌晨祭 : 매년 기일(忌日)에 지내는 제사)를 거행했다. 『현종실록』은 '모든 사람들이 기뻐 눈물을 흘렸다.'고, 기록하고 있다. 제사를 지내던 이날 정릉 일대에는 많은 소낙비가 쏟아졌는데, 백성들은 신덕왕후의 원한을 씻는 비라고 하여 세원지우(洗寃之雨 : 원통함을 씻어 주는 비)라 했다. 그만큼 백성들도 신덕왕후의 억울함과 원통함에 대해 마음을 같이한 것이다.

이리하여 지금의 정릉은 태종에 의해 천장된 지 260년이 지난 후 현종에 의해 복권되면서, 산골짜기 사이에 피폐한 고총에서 현재와 같이 능으로 재조성된 것이다.

그리고 정릉이 있던 취현방은 현재 정동(貞洞)으로 불리고 있다. 또 하나 주목할 점이 있다. 조선 왕릉은 도성을 기준으로 대부분 동쪽과 남쪽, 서쪽에 위치해 있다. 일부 동북쪽과 서북쪽에 조성되기도 했지만, 오로지 정릉만이 가장 북쪽으로 치우쳐 자리해 있다는 것이 비교된다.

한편 신덕왕후는 1899년(광무 3년) 태조고황제의 추존과 함께 신덕고황후(神德高皇后)로 추존된다.

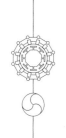

262년 만에 칭종된 왕의 능
후릉(厚陵, 정종, 정안왕후)

후릉(厚陵)은 조선조 제2대 임금 정종(定宗, 1357~1419)과 그의 원비 정안왕후(定安王后, 1355~1412) 김씨의 능으로, 조선 왕릉 중에서 최초의 쌍릉(雙陵)이다.

조선 왕릉 42기 중에서 40기는 남한에 있고 2기는 북한에 있는데, 그 2기는 태조의 원비 신의왕후의 제릉(齊陵)과 정종과 정안왕후의 능 후릉이다.

역성혁명에 의해서 새로이 조선이 건국되었고 차기 대통을 승계할 후계 싸움의 소용돌이 속에서, 태조의 후계자로 신덕왕후 강씨의 소생 의안대군 방석(芳碩)이 지목되었다. 그러자 정안대군(李芳遠)이 자신을 따르던 무리들과 함께 강씨 소생 이복동생들을 무참히 죽이는 왕자의 난(1398년)이 일어났다. 자식들 간 서로 죽이고 죽는 참상을 보고 태조 이성계는 영안대군(定宗)에게 양위하고 함흥으로 떠났다. 정종은 비록 왕위에 등극은 했으나 모든 실권은 이방원에게 있었고 마음대로 정사를 펴지도 못했다. 정종은 재위 2년 만에 동생 방원에게 양위하고 승하하기까지 19년을 상왕으로서 조용히 유희하며 지냈다.

1412년(태종 12년) 6월 25일 정종의 적비(嫡妃 : 정실부인)인 정안왕후가 지병이 악화되어 인덕궁(仁德宮 : 조선 개국 후 태종이 한양에 건축했던 궁)에서 승하했다. 이때 나이는 58세였고, 슬하에 자손은 없었다.

정안왕후의 본관은 경주이고, 문하시중(門下侍中 : 고려조 최고의 관직)으로 증직(贈職 : 죽은 뒤에 품계와 벼슬을 높여 주는 것)된 김천서(金天瑞)의 딸이다. 왕자의 난으로 죽은 의안대군(李芳碩) 대신 영안대군이 세자가 되자 세자빈에 책봉되었고, 정종이 즉위하면서 왕비가 되었다. 정안왕후는 유순한 성품이었고 검소했다. 후궁이 낳은 왕자나 옹주들에게도 사랑을 아끼지 않은 어진 왕비로 알려져 있다. 정종이 실권이 없는 왕임을 알고 빨리 왕세자 정안대군(太宗)에게 양위하도록 권했다고도 전해 온다.

태종은 즉시 사도감을 설치하여 각각 제조들을 임명하고 상례를 준비토록 하면서, 종묘에 대비가 승하했음을 고했다.

곧바로 대행대비(大行大妃)[20]의 능지를 해풍군 백마산(황해도 개풍군 흥교면 흥교리) 동쪽 기슭에 정하고, 각 지역에서 3천 명을 차출하여 대행대비의 산릉 조성 작업을 시작했다. 하지만 언제, 어떻게, 누구의 추천에 따라 백마산으로 능지가 택정되었는지에 대해서는 실록이나 자료상에 보이지 않는다. 다만 무학이 점지한 터가 건원릉, 정종 능, 이색의 조모 묘, 원천석 묘, 조말생의 집터, 권람의 집터 등이 있다는 내용의 논문이 있어 정안왕후 능 조성 경위를 유추할 수 있었다. 정안왕후 승하 시기(1412년)와 무학의 열반(涅槃 : 승려의 죽음을 이름) 시기(1405년)에 차이가 있으나 무학과 정종의 각별했던 관계로 보아 정종 재위 시 신후지지로 정해 놓았을 가능성은 있다고 보여진다. 건원릉의 경우도 무학 열반 3년 후에 조성된 것이 이를 뒷받침한다.

그렇지만 당시 정안왕후는 대비(大妃)로서 왕실의 최고 어른이었다. 그러한 대비가 승하했음에도 능지 선정 과정의 구체적 절차가 기록에 나타나지 않아 아쉽고, 더욱이 태종은 정종의 후사(後嗣)로 왕위를 계승 받았음에도, 상복(喪服)을 입는 것에서 신하들이 "후사가 된 자는 아들이 되는 것이니, 아들의 도리로 복을 입어야 하고, 비록 중국 제도에 따라서 날[日]로 달[月]을 바꾸더라도 마땅히 본국 예전 풍속에 따라 소복으로 27일을 입어야 한다."는 건의에도 불구하고, 7일 만에 벗었다는 것도 쉽사리 이해되지 않는다.

능지가 조성되는 동안 7월 20일에 정안왕후라는 시호가 정해졌고, 능호는 후릉(厚陵)이라 정해진다.

그 무렵 전국적으로 태풍이 몰아쳐 돌탑이 무너지고, 소나무가 뽑히는 등의 피해가 속출했다. 바다에서는 고기잡이배들이 침몰하여 104명이나 죽는 사건까지 일어난다.

온 나라가 태풍의 피해가 큰 가운데 1412년(태종 12년) 8월 4일에는 정안왕후의

---

20) 대행대비(大行大妃) : 대행(大行)이라는 호칭은 왕이나 왕비가 승하했을 때 시호(諡號)를 올리기 전에 높여 부르는 칭호이다. 왕이 승하했을 경우 시호를 올리기 전까지 대행대왕(大行大王)으로, 왕비의 경우는 대행왕비(大行王妃)로 칭했다. 여기에서 대행대비는 대비가 승하하여 시호를 올리기 전의 칭호이다.

발인제를 지낸다. 그리고 4일 후인 8월 8일에 해풍 백마산 능지에 계좌정향(癸坐丁向 : 정남에서 서쪽으로 15°)으로 장사를 지낸다.

　태종은 장사 후에 잔여 능역 공사가 많이 남아 있었지만, 봉분 조성을 마치자마자 산릉 조성 책임자들만 남기고, 부역을 했던 역군들을 즉시 집으로 보내 풍재를 복구하는 일에 전념하도록 하기도 했다.

　정종은 정안왕후가 후릉에 묻힌 후 7년 지난 1419년(세종 1년) 9월 26일 인덕궁 정침에서 향년 63세의 일기로 승하한다. 즉위 2년 만에 태종에게 양위하고 상왕이 되어 정치와 거리를 둔 채 사냥과 연회 등으로 소일하며 일생을 조용하고 편안하게 지내다 세상을 떠났다.

　정종은 고려 공민왕 6년(1357년) 함흥 귀주동에서 태조와 신의왕후의 둘째 아들로 태어났다. 아버지 태조를 도와 전장에서 많은 활약을 했고, 조선 개국 후에는 영안대군에 책봉되었다. 1398년 제1차 왕자의 난이 끝난 후 왕세자가 되었으며, 태조의 양위로 임금이 되었다. 1년 후 동생 이방원을 왕세자로 삼았고, 다시 1년 만에 이방원에게 양위하고 상왕으로 물러났다. 10명의 후궁들로부터 15남 8녀를 두었다.

　세종은 정종이 승하한 다음 날인 9월 27일 판한성부사 맹사성(孟思誠) 등을 국장도감의 제조로, 전 도총제 여칭(呂稱) 등을 산릉도감의 제조에 임명하여 상례를 진행케 했다. 그리고 세종은 편전에 모인 대신들에게 정종의 상례를 치르는 데 산릉 행렬 절차나 의식을 불교 의식으로 하는 것이 좋겠다는 의견을 냈다. 예문관 대제학 변계량(卞季良)은 겸용하는 것도 좋다고 하였다. 예조 판서 허조(許稠)가 옳지 않다는 의견을 냈지만, 결국 상례는 불교 의례를 가미한 의식으로 진행하도록 했다.

　1419년(세종 1년) 12월 2일에 정종은 공정온인순효대왕(恭靖溫仁順孝大王)이란 시호를 받고 정안왕후가 묻힌 후릉(厚陵)에 나란히 안장된다. 그러나 묘호는 정하지 못했다.

그래서 공정왕(恭靖王)으로 불리다 262년이 지난 1681년(숙종 7년) 12월 7일에 이르러서야 정종(定宗)이라는 묘호가 올려졌다.

예종(睿宗) 때 '공정대왕은 종묘사직에 죄를 짓지 아니했는데 어찌 묘호가 없는가? 지금이라도 묘호를 올리는 것이 당연하다.' 하며, 안종(安宗)이란 묘호를 올렸는데도 일컫지 않았는데, 그에 대한 이유가 명확하지 않은 것을 『연려실기술』[21]에서는 『월정만필(月汀漫筆)』[22]에 실려 있다고 기록하고 있다. 『예종실록』(1469년 9월 25일)에서도 예종이 삼정승을 비롯해 정창손, 신숙주, 구치관 등에게 "공정대왕은 대통을 이은 임금이시니 칭종(稱宗 : 묘호를 정하는 것)을 하고자 하는데 어떠한가?"라고 의견을 물으니, 신숙주가 "대통을 이으셨기 때문에 칭종하는 것이 마땅하나, 태종께서 선위를 받으셨는데도 칭종치 않았고, 세종조(世宗朝)에서도 칭종치 않은 까닭을 모르겠습니다. 당시에 반박하는 의논이 있었기에 그런 것 아니겠습니까? 정인지(鄭麟趾)가 태종조의 일을 직접 보았는데, 청컨대 사람을 시켜서 물어 보게 하고, 또 공정대왕과 태종의 실록(實錄)을 상고하소서."라고 하면서, 신숙주는 정인지에게 미뤘다. 정인지에게 물으니 "그때 칭종하지 않은 데에는 반드시 뜻이 있을 것입니다." 하며 역시 묘호가 올려지지 않은 사유를 모르겠다며 직답을 피했다. 그러면서 빗대어 당시 정종의 왕자인 첫째 아들 의평군(義平君)과 둘째 아들 순평군(順平君)에게 봉군(封君 : 군으로 봉하는 것)은 했어도, 특별한 직책을 내리지 않은 것으로 태종의 뜻을 짐작해야 할 것이라며, 한결같이 명확한 이유를 말하지 않았다.

---

21) 『연려실기술(燃藜室記述)』: 조선 후기 정조 때 학자 이긍익(李肯翊, 1736~1806)이 지은 조선 시대의 역사서다. 연려실(燃藜室)은 이긍익의 호(號)이다. 400여 가지에 달하는 야사에서 조선 태조 이래 현종까지의 중요한 역사적 자료를 수집, 분류하고 원문을 그대로 기록하였다. 『조선왕조실록』이나 『승정원일기』 등은 나라에서 편찬한 책인데 반해, 『연려실기술』은 개인이 편찬하였다는 데서 차이가 있고, 조선 시대 개인이 남긴 최고의 기록물로 평가되고 있다. 또한 술이부작(述而不作)이라 해서 필요한 자료를 열거하여, 독자의 이해를 도울 뿐 저자의 견해를 거의 밝히지 않고, 객관적 입장을 유지하며 공정한 필치로 엮은 것이 특징이다.

22) 『월정만필(月汀漫筆)』: 선조 때 윤근수(尹根壽)가 지은 수필 형식의 책이며, 저작 연대는 확실치 않다. 중국의 고사(故事) 및 명인의 일화, 시화, 풍수, 야사, 필법, 인물 등을 수록한 책이다. 월정(月汀)은 윤근수의 호(號)이고, 윤두수의 아우이다.

또한 『성종실록』에 의하면 1475년(성종 6년) 1월 15일 공정대왕의 아들 무림군 (茂林君)이 상서(上書 : 임금에게 올리는 글)하기를 "예종대왕께서 기축년(1469년)에 묘호를 희종(熙宗)[23]이라 일컫고, 세조대왕과 더불어 동시에 부묘(祔廟 : 왕과 왕비 의 신주를 종묘에 봉안하는 것)하도록 하셨는데 갑자기 승하하시어 성상께서 왕위에 오르신 지가 이제 7년이 이르도록 시행치 않으니 민망합니다."라 했으나, 성종은 무슨 이유에서인지 비답(批答 : 신하가 올린 상소에 대해 임금이 상주문 말미에 적는 가 부의 대답)을 내리지 않고, 상서를 묵살해 버리면서 역시 정종의 칭종은 또 흐지부 지되었다. 1515년(중종 10년) 8월에도 다시 거론되는 듯하다가 그쳤다.

그러다가 1681년(숙종 7년) 5월부터 다시 묘호가 거론되다가, 9월에 "열성(列聖) 에게는 모두 묘호(廟號)가 있는데, 더구나 공정대왕의 위대한 공과 성대한 덕으로 아름다운 칭호가 지금까지 빠뜨려졌으니, 어찌 국가의 큰 잘못이 아니겠는가? 묘 호를 추가하여 올리는 것은 조금도 불가한 것이 없으니, 해조(該曹)로 하여금 즉 시 거행하도록 하라."는 숙종의 명이 내려지자 정종으로 묘호가 올려진 것이다.

한편 1419년(세종 1년) 12월 27일 대행상왕의 재궁(梓宮)[24]을 발인하고, 모화 루(慕華樓)에서 노제를 지낸 후 대행상왕의 영가는 능소로 향했다. 상왕의 재 궁은 임진강을 건너 1420년(세종 2년) 1월 2일 능소에 이르렀고, 다음 날인 1월 3일 정종은 유명(遺命)에 따라 후릉의 정안왕후가 잠들어 있는 우측 계좌정향 (癸坐丁向 : 정남에서 서쪽으로 15°)으로 안장을 마친다.

여기에서 짚어 볼 것이 몇 가지 있다. 첫째, 정종은 무엇 때문에 동생인 정안군

---

23) 희종(熙宗) : 『연려실기술』에서는 예종 때 인종(仁宗)으로 칭종(稱宗)을 했는데도 일컬어지지 않았다 고 기록하고 있고, 『성종실록』에서는 무림군은 희종(熙宗)이라 칭했다. 곧 묘호의 칭호가 안종과 희종 으로 달리 칭종되고 있는 것이다. 안종과 희종 중 어느 것이 옳은지 명확한 자료는 찾지 못했으나, 실 록에 정종의 추존 관련 기사에서는 안종이라는 기록은 보이지 않는다. 아마도 안종은 희종의 기록 과 정에서의 오기가 아닐까?라는 유추를 한다.

24) 재궁(梓宮) : 임금의 관을 말하는 것으로 가래나무로 만들기 때문에 쓰이는 말이다.

을 '왕세제'로 봉하지 않고 '왕세자'로 하였는가? 둘째, 태종은 왜 정종과 정안왕후의 능지를 개성 땅으로 정했는가? 셋째, 태종은 정종에게 선위를 받았음에도 선왕의 묘호를 왜 올리지 않았는가?이다.

먼저 왕세자(王世子)는 왕위를 이어받을 왕의 아들을 뜻하고, 왕세제(王世弟)는 왕위를 이어받을 왕의 동생을 뜻한다. 조선조에서 반정(反正) 말고 형이 동생에게 선위(禪位) 형식으로 왕위가 승계되는 예가 세 번 있었다. 정종(定宗)과 인종(仁宗)과 경종(景宗)이 그 예이다.

1400년(정종 2년) 2월 4일 정종은 동생 정안군을 왕세자로 삼는다. 이때 한 대신이 "동모제(同母弟 : 같은 어머니를 둔 동생)를 세자로 삼는 일은 없으니 왕태제(王太弟 : 왕의 뒤를 이을 동생)로 삼으소서."라고 진언했다. 그럼에도 불구하고 정종은 "나는 직접 이 아우를 아들로 삼겠다."고 했다. 그리고 이후 정종조에서 정안군에 대한 기록은 모두 왕세자로 기록하고 있다. 동생으로 후사를 정할 때는 '왕태제'라는 칭호가 있음에도, 정종은 굳이 '왕세자'라는 위호를 왜 고집했는지 의도가 궁금하다. 본래 임금 자리는 자신의 것이 아니었기 때문에, 태조가 태상왕으로 생존해 있을 때로서 아버지 태조의 위치에서 고려된 것이라고 주장하는 학자도 있으나, 선뜻 공감이 되지 않는다. 또 정종 승하 때 태종은 아들로서 세종은 손자로서 상복(喪服)을 입었다.

그리고 태종은 생전에 자신의 수릉을 마련할 만큼 죽어서 가는 자리를 중요하게 생각한 인물이다. 태조의 능지를 정할 때 영의정 하륜의 개성 해풍 땅 건의는 거두절미하고 안 된다고 했다. 그러나 정종과 정안왕후의 후릉을 정할 때는 해풍 땅으로 거침없이 정했다. 후릉의 능지 선정 과정과 능지의 풍수적 길지 여부에 대한 판단 과정도 없었다는 것은 차치해 두고라도 태조 때는 절대 안 된다고 했던 태종이 정종에 대해선 어찌하여 그 먼 곳에 능지를 정하도록 했는가? 그곳은 무학이 이미 점지해 준 곳이라는 것을 알고 있었지 않았을까?

아울러 태종은 개국 과정에서나 왕자의 난에서나 형제들 중 유일하게 자기편이 되었던 정종으로부터 양위를 받았다. 그리고 무려 19년이나 상왕으로 극진히 대했다. 함께 사냥도 다녔고, 사냥을 마친 후에는 태종 자신의 수릉지도 같이 돌아볼 만큼 돈독한 우애를 과시하기도 했다. 정종의 승하 시에는 세종에게 최고의 예우로 장례를 치르도록 분부를 할 만큼 각별했다. 그럼에도 정종에게 묘호를 올리지 않은 이유가 무엇인지 의문을 갖게 한다.

일부 학자는 그 이유를 정종이 태종을 '왕세제'가 아닌 '왕세자'로 삼았기 때문이라고 주장하기도 한다. 또 세종은 명나라에 시호를 청하면서는 정종을 백부(伯父 : 큰아버지)로서, 전 국왕(前 國王)이 아닌 전 권서국사(權署國事)로 올렸기 때문이라는 것이다. 권서국사는 임시로 나랏일을 맡아 관리하는 사람을 지칭한다. 그래서 명나라에서도 전 권서국사로 내려 보냈다는 것이다. 그랬기에 정종은 묘호가 없이 명나라에서 내린 시호 공정왕으로 불렸다는 것이다. 하지만 권서국사로 올리는 예는 비단 정종뿐 아니라 이후 문종, 단종, 세조, 성종, 중종 등 많은 왕이 중국의 왕위 계승 승인 전에는 모두 권서국사로 불리웠으므로, 이유가 되지 못한다고 생각된다.

그런데 1419년(세종 1년) 11월 29일 세종은 "대행상왕(大行上王)의 능호·묘호·시호를 의논하여 아뢰어라. 내 생각으로는 다만 명나라 황제가 하사하는 시호만을

후릉 동측 석물 전경

쓰는 것이 옳다고 생각한다.”라며, 묘호는 정할 필요가 없다는 의미의 하교가 있었다. 이는 세종의 뜻이라기보다는 태종의 뜻으로 봐야 할 것이다.

당시 무슨 이유에서인지 묘호를 올리지 않은 것이 태종의 의도였다면, 태종은 상왕인 정종을 왕으로 인정하지 않았다는 것인가? 정말 궁금한 것은 이러한 사실을 당대 최고의 정객인 정창손, 신숙주, 구치관 등을 비롯한 삼정승 등 대소 신료들이 모를 리 없건만 이들이 “묘호를 올리지 않은 사유를 모르겠다.”고 하며, 답을 회피하고 뒤로 빠졌던 이유 또한 아리송하다. 필유곡절이라, 분명 까닭이 있을진대 말이다.

정종의 묘호 문제가 또 다시 본격 거론된 시점인 1681년(숙종 7년) 6월 14일 『숙종실록』에는 지춘추(知春秋)[25], 조사석(趙師錫) 등이 공정대왕(恭靖大王)의 묘호와 관련하여 강화(江華)에 가서 실록을 상고하고 왔다. 그 글에는 예종 원년에 종호(宗號)를 올리는 것을 의논하게 하였는데, 정인지(鄭麟趾)가 대답하기를 “애초에 종(宗)으로 일컫지 않은 것은 반드시 뜻이 있었을 것입니다.” 하자 마침내 정지되었다가, 성종 때 다시 의논하도록 명하니, 예조 판서(禮曹判書)가 대답하기를 “태종의 깊으신 뜻은 다른 사람이 감히 억측(臆測)하여 의논할 것이 아닙니다. 세종 때에 한 번도 의논한 적이 없었으니, 어찌 태종의 본뜻을 깊이 안 때문이 아니겠습니까?”라고 했다. 그리고 중종 때 이장손(李長孫) 등이 다시 상소하기를, ‘예종 때 일찍이 공정대왕(恭靖大王)께 묘호를 더하는 일을 조정에 내려 의논하게 하니, 곧 희종(熙宗)이라고 묘호를 정하고, 장차 세조(世祖)의 부묘(祔廟)할 때를 기다렸다가, 아울러 거행하도록 하였었는데 도로 정지하였고, 세종·세조·성종 때에는 모두 할 만한 시기였는데, 아울러 거행하지 아니하였으니, 지금 어떻게 할 수 있겠는가?’ 하고, 마침내 그 상소를 그만두었습니다. 그러니 윤근수(尹根壽)의 기록에 “시호(諡號)를 안종(安宗)이라고 하였다는 말은 나타난 것이 없습니다.”라는 기

---

25) 지춘추(知春秋) : 지춘추관사(知春秋館事)의 줄인 말로 지관사(知館事) 또는 지춘추(知春秋)라고 한다. 조선 시대 각종 기록을 관장하던 기관인 춘추관(春秋館)의 관직으로, 춘추관의 가장 우두머리 영춘추관사(領春秋館事 : 정1품)는 영의정이 겸직하고, 지춘추관사는 춘추관의 정2품 관직이다.

록을 보면, 『월정만필』에 기록된 '안종(安宗)'이라는 묘호는 '희종(熙宗)'의 잘못된 기록인 듯하고, 묘호를 올려 칭종(稱宗)치 않음은 태종만의 다른 뜻이 있었을 것이라는 생각이 든다.

한 가지 이유가 됨직한 것을 유추한다면, 정종은 후사를 세울 때 "나는 직접 이 아우로 아들을 삼겠다."고 한 바가 있다. 중국에서의 사례도 있고, 신하들의 건의도 있어서 '왕태제'라고 칭할 수 있었다. 모든 정사를 맡기다시피 하여 실권을 쥐고 있는 동생인데도, 마치 자식인 것처럼 굳이 '왕세자'로 삼겠다고 했던 정종의 의도와, 이를 받아들이는 태종의 생각에서 표출은 되지 않았지만 충돌이 있었을 것으로 추측된다.

그리고 세종 때 지은 『용비어천가(龍飛御天歌)』[26] 중 '해동육룡(海東六龍)이 나라샤 일마다 천복이시니'라는 가사(歌詞)에서도 나타나듯이, 육룡(六龍)에 정종이 제외된 것을 보면, 여기에서 해답을 찾아야 할 듯하다. 즉 태종은 정종을 과도기의 관리자 이상으로 여기지 않았고, 왕통이 태조에서 자신으로 이어졌음을 보여 주기 위함이었던 것으로 여겨진다. 또한 후릉의 능지를 도성에서 멀리 떨어진 개성 땅 해풍으로 정한 것도 결국 이와 무관치 않다는 생각이 든다.

---

26) 『용비어천가(龍飛御天歌)』: 세종대왕이 훈민정음을 창제한 뒤 최초로 한글로 지어진 가사(歌詞)로, 조선 왕조의 창업을 기리고, 조상들의 성덕을 칭송하는 등 왕조의 정당성과 태평성대를 읊은 가사이다. 여기에 나오는 육룡(六龍)은 목조(穆祖), 익조(翼祖), 도조(度祖), 환조(桓祖), 태조(太祖), 태종(太宗)을 이르는 것이다.

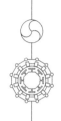

왕릉 최초 수릉지에 조성된 능

헌릉(獻陵, 태종, 원경왕후)

헌릉(獻陵)은 조선조 제3대 임금인 태종(太宗, 1367~1422)과 원경왕후(元敬王后, 1365~1420) 민씨의 능으로 쌍릉(雙陵)이다.

쌍릉은 동원쌍봉릉(同原雙封陵)으로 불리기도 한다. 헌릉은 조선조 왕릉 중에서 크고 웅장한 규모의 능 중 하나이며, 조선 시대 대표적인 쌍릉의 능제(陵制)를 보여 준다.

태종은 태조와 신의왕후 한씨의 다섯째 아들로서 정종에 이어 1400년 조선의 세 번째 왕위에 올랐다. 1405년에는 개경에서 한양으로 천도하여 조선 왕조의 기틀을 확고하게 다잡고, 많은 치적과 함께 왕권을 강화한 인물이다.

태종은 17년 10개월(1400~1418년)간 임금으로 재위한 후 세종에게 양위하고 상왕으로 물러났다. 상왕으로 물러난 후에도 병권(兵權)은 장악하고 있었으며, 국정을 감독하는 실질적 제왕의 역할을 하였다.

『태종실록』에 의하면 태종은 양위 이전에 자신이 들어갈 수릉(壽陵)을 마련했다. 재위 시절인 1415년(태종 15년) 11월 15일 좌의정 하륜(河崙)에게 명하여 경기도 광주 지역에 수릉 자리를 찾아보게 하였다. 이는 그가 수릉지로 광주 쪽을 마음에 두었다는 뜻이고, 광주 쪽으로 사냥을 자주 다녔기 때문인 것으로 여겨진다.

그리고 하륜이 지신사(知申事) 유사눌(柳思訥)과 함께 광주 땅을 보고 돌아와서 "광주 대모산(大母山) 남쪽에 좋은 자리를 보았습니다."라고 보고한다. 광주 쪽에 마음을 두고 있는 태종의 뜻을 간파한 두 사람의 의도된 보고였다.

그 이듬해 10월 7일 『태종실록』에 '태종이 상왕과 광주 위요성(慰要城)[27]에서 사냥을 하고 수릉을 돌아본 후 다음 날에 환궁하였다.'라는 기록을 보더라도 이미 수릉의 입지는 택정되었고, 수릉도 일정 형태는 조성되었음을 짐작하게 한다.

또한 태종이 세종에게 양위한 후인 1420년(세종 2년) 1월 13일 『세종실록』에는 '상왕이 광주 고을 서쪽 대모산에 행차하여 수릉을 보았다. 수릉지에 이른 상왕

---

27) 위요성(慰要城) : 광주의 위요성이 지금의 어느 곳인지는 명확히는 알 수 없으나, 학자들은 지금의 하남 이성산(二聖山)의 이성산성(二聖山城)일 것으로 짐작하고 있다.

헌릉 전경

은 말에서 내려 이리저리 바라보면서 오랫동안 탄식하고 돌아왔다.'라는 기록도
보인다. 이렇게 태종은 행차 때나 사냥을 한 후에도 수시로 수릉을 돌아보았고,
기회가 있을 때마다 수릉으로 거둥을 했으며, 그때마다 수릉지에 대해 만족해 했
다는 기록이 보인다.

아울러, 헌릉이 위치한 곳은 풍수적으로 이른바 회룡고조형(回龍顧祖形)[28] 이라
불리는 명당 터로 전해 온다.

1420년(세종 2년) 7월 10일 원경왕후가 수강궁(壽康宮 : 세종이 태종을 위해 지금의

---

28) 회룡고조형(回龍顧祖形) : 풍수 용어로 주룡이 감싸고 돌아 조종산을 안산으로 취하고 맺는 혈을 말
한다. 일반적으로 혈은 조종산을 뒤에 두고 맺는데, 회룡고조혈은 기세가 웅장한 조산을 바라보기 때
문에 안산이 높고 험해도 좋다고 보고 있다. 안산이 바로 부모나 할아버지가 된다고 보기 때문이다.
그만큼 용이 크고 힘차게 변화했다는 것으로, 발복(發福 : 운이 틔고 복이 들어온다는 의미)이 크다는
것이다.

창경궁 동쪽에 지은 궁, 성종 때 중건하여 창경궁이라 했다.) 별전에서 태종이 지켜보는 가운데 승하하니, 이때 나이 56세였다. 원경왕후 민씨는 여흥부원군 민제(閔霽)의 딸로 1365년(고려 공민왕 14년) 7월 11일 개경에서 태어났다.

18살인 1382년에 이방원과 가례를 올렸으며, 1400년 이방원이 왕위에 오르자 왕비가 되었다. 슬하에는 4남 4녀를 두었다.

원경왕후는 태종과 사이가 아주 나빴다고 전해 온다. 왕권 강화책으로 없는 죄를 만들어 친정 동생 넷을 모두 죽인 태종에 대한 한과 상심이 얼마나 컸겠는가. 거기다 큰아들 양녕대군의 폐위 과정을 지켜본 원경왕후는 병환이 깊어져 다시는 일어나지 못한 것으로 전해진다.

세종은 즉시 좌의정 박은(朴訔)과 우의정 이원(李原)을 국장도감 도제조(國葬都監 都提調)로 삼고, 산릉도감(山陵都監) 제조를 건원릉을 조영(造營)한 박자청(朴子靑)에게 맡겨 산릉 조성에 관한 일을 진행케 했다. 태종이 이미 수릉지를 정해 놓았기 때문에 능지 선정에는 문제가 없었다.

그런데 다음 날 태종은 세종에게 사람을 보내며 이렇게 이른다. '능침 곁에 중의 집(僧堂)을 세우는 것은, 우리 왕조에서도 역시 개경사, 연경사가 있으니 이제 대비의 능침에도 지을지 가부를 묻고, 창건함이 마땅하다면 그 이유를 묻고, 불가하다면 불가 이유를 물어라. 만일 창건함이 옳다 하면 그 비용은 내가 저축함이 있어 나라를 번거롭게 하지 않으리라.'라고 하도록 일렀다. 이 말은 능역에 절을 세우라고 한 것인지? 말라고 한 것인지? 애매하지만, 세웠으면 좋겠다는 의지가 녹아 있었다.

이에 세종은 신하들에게 "불씨(佛氏 : 석가모니를 이르는 말)의 거짓은 내가 알지 못함이 아니라 다만 능소에 모신 후에 빈 골짜기가 쓸쓸한 즉, 곁에 깨끗한 중을 불러 모아 두면 위로하는 도리가 있지 않을까?" 하고, "이것은 차마 내가 못 견디는 바이다." 하며, 대신들의 의중을 떠보는 말을 하자, 어느 대신은 개경사, 연경사의 예를 따라 조그맣게 짓자 하고, 어느 대신은 반대하므로 이 소식을 들은 태종은 세종의 입장을 고려하여, 한 발 물러서서 짓지 않기로 한다.

그러나 며칠 후 세종은 "대비께서 성령(誠寧 : 태종의 넷째 아들로 일찍(14살) 세상을 떠남)을 위해 승당을 짓고자 하시거늘 불가하다고 했으나, 효자는 그 어미가 죽어도 죽은 것으로 여기지 않는다 하니, 비록 불도를 믿지 않더라도 모후의 원하시는 일을 이루어 드려야 하지 않겠는가." 하며, 헌릉의 능침 곁에도 승당(僧堂)을 짓기로 한다.

세종의 지극한 효심을 보면서, 불교가 조선조 초기에는 정치적 동기로 억압 대상이었지만 백성들 사이에서는 여전히 융성했었으며, 그것은 태조나 태종이 불교를 대하는 몇몇의 행적 등에서도 나타난다.

1420년(세종 2년) 8월 10일의 『세종실록』에는 상왕 태종은 낙천정(樂天亭)에 거둥하여, 산릉도감 제조와 당초 수릉 자리를 잡은 지관 이양달을 불러, 장례일을 잡도록 할 정도로 산릉역사(山陵役事)에 깊은 관심을 보였다. 천광(穿壙 : 시체를 묻는 구덩이를 파는 것)하는 날에는 선지(宣旨 : 임금의 전교)로 이르기를 "조금 동쪽으로 하고 그의 오른편은 비워 두어서 나의 백세(百歲 : 사람의 죽음을 높이는 말) 뒤에 쓰게 하라."고 했다. 바로 우허제(右虛制)[29]다. 조선 왕릉 최초의 우허제인 것이다.

그리고 인산(因山 : 왕이나 왕비를 비롯한 왕세자 등의 장례를 지내는 것)일이 가까워져 오자 한강을 건너는 마전도(麻田渡＝麻田浦)에 배를 만들어 다리(浮橋)를 놓게 했다.

그러면서도 태종은 "양녕은 산릉에 따라가지 못하도록 하라." 이른다. 양녕은 일찍이 세자(世子)가 되었는데, 덕이 못 미치고 행실이 부실하여 세자 되기가 마땅치 않다 하여, 태종은 세자를 폐하고 경기도 이천(利川) 지방에 거주토록 한 바 있다. 그렇지만 모후의 장례에 자식의 참여는 당연함에도, 아버지 태종이 이를 막아 맏아들 양녕대군은 산릉의 모든 의례에서 제외됐다. 그러나 장례 후, 세종의 배려로 양녕대군은 헌릉을 배알할 기회를 갖는다.

1420년(세종 2년) 8월 25일에는 예조에서 대행대비의 시호를 원경(元敬)으로, 능

---

29) 우허제(右虛制) : 허우제(虛右制)라고도 한다. 이는 왕비가 먼저 죽어 능을 조성한 경우, 오른쪽(정면에서 능을 바라볼 때는 왼쪽)을 왕의 무덤 자리로 비워 두는 것을 뜻한다.

호(陵號)는 헌릉(獻陵)으로 올리니 그대로 따랐다. 이렇듯 태종이 미리 수릉지를 정해 놓은지라 장례 절차는 쉽게 진행되었다. 원경왕후는 승하한 지 3개월만인 1420년(세종 2년) 9월 17일 천전(遷奠 : 발인하기 위해 영구를 옮길 때 지내는 제사)을 거행하고, 광주 대모산 아래 건좌손향(乾坐巽向 : 동남향)에 재궁을 받들어서 현궁(玄宮 : 왕이나 왕비의 관을 묻는 광중(壙中)을 일컫는 말)에 내리면서 장례가 끝난다.

조선조에서는 인산(因山)일을 5개월로 하도록 했으나, 앞당겨 하기도 하고 미루는 경우도 있었다. 원경왕후의 경우는 태종이 수릉을 마련하므로『주자가례(朱子家禮)』[30]에 따라 3개월 만에 장례가 행해졌다.

태종은 승하한 원경왕후에 대한 상례를 유학의 예법에 따르게 하였고, 불사(佛事)는 하지 않는 등 검약하게 하였다. 능 옆에 사찰을 건축하지 못하게 하다가 나중에는 승당(僧堂)을 지었으나, 가까운 신하들에게는 "내가 건원릉(健元陵)과 제릉(齊陵)에 사찰을 건축한 것은 태조의 뜻을 이루어 드린 것이다. 그러나 내 맘에 드는 일은 아니다."라고 했는데, 이것만 보더라도 조선 초기 국시(國是 : 국가의 이념이나 국가 정책의 기본 방침)라 할 수 있는 억불 숭유(抑佛崇儒) 정책도 미처 착근되지는 않았던 듯하다.

세종도 태종이 승하한 후, 태종의 후궁이었던 신빈 신씨(信嬪辛氏)가 태종을 위해 금자(金字)로 법화경(法華經)을 등사한다 하자 "나는 본래부터 옳지 못한 것으로 아나 그 원함이 정중하여 중지시킬 수가 없다." 하면서, 불경을 쓰도록 종이를 내린 바 있다.

태종은 왕위를 세종에게 넘긴 뒤에도 사냥을 즐기면서 섭정을 했으나 1422년(세종 4년) 4월 22일 병석에 누워 일어나지 못했다. 세종은 각 명산에 여러 사람을 풀어 기도를 드리게 하고 사형수를 제외한 모든 죄인을 석방하면서 아버지의 회복을 기원했다. 병세기 더해시사 아무리 상왕이라 해도 궁궐에서는 임종을 할 수

---

30)『주자가례(朱子家禮)』: 주자(朱子)가 유가(儒家)의 예법, 즉 사례(四禮 : 冠, 婚, 喪, 祭)에 대해 상세하게 기술한 책이다.

없는 왕실의 법도 때문에 태종은 거처를 옮겼고, 결국 1422년(세종 4년) 5월 10일 연화방(蓮花坊) 신궁(新宮)에서 승하했다.

태종은 이성계의 향처인 한씨(신의왕후) 사이에서 다섯째 아들로 함흥 귀주동(歸州洞)에서 태어났다. 아버지를 도와 조선 개국에 큰 공을 세웠고, 태조가 등극한 후 정안대군(靖安大君)에 봉해졌다. 그 후 왕자의 난을 통해 실권을 장악한 정안대군 이방원(李芳遠)은 1400년(정종 2년) 2월 세자로 책봉되었고, 그해 11월 수창궁에서 정종으로부터 전위를 받아 보위에 올랐다.

태종은 조선 왕조의 기틀을 잡고 국가 체제를 굳건히 한 임금으로서 17년 10개월간 재위하였다. 세종에게 양위한 후 상왕으로 4년간 섭정하다가 향년 56세에 승하했다. 자녀는 조선의 역대 임금 중에서 가장 많은 12남 17녀로 모두 29명이었다. 원경왕후에게서 4남 4녀를 두었으며, 9명의 후궁들로부터는 8남 13녀를 두었다.

위에서 본 헌릉

태종이 승하하자 세종은 즉시 곡산부원군 연사종(延嗣宗)을 비롯한 의정부참찬 변계량(卞季良)과 이조참판 원숙(元肅) 등에게 빈전도감, 청평부원군 이백강(李伯剛)에게 산릉도감, 좌의정 이원(李原)과 우의정 정탁(鄭擢)을 국장도감의 도제조로 임명하여 장례의 절차를 진행케 했다. 또 건원릉과 원경왕후 때 헌릉의 조성을 맡았던 박자청에게 산릉도감(山陵都監) 제조를 맡게 한 후 산릉 작업을 진행하게 했다.

때가 여름으로 접어드는지라 더위와 습기로 산릉에 필요한 채석을 하는 사람들 사이에 병자들이 속출했다. 때문에 병사(病舍)를 따로 짓고 의술에 정통한 승려들로 하여금 치료케 하기도 했다.

이때 태종의 후궁이었던 신빈 신씨(信嬪辛氏)와 의빈 권씨(懿嬪權氏) 등은 머리를 깎고 여승이 되었으며, 다른 후궁들도 머리를 깎고 조석으로 불공을 드렸다.

1422년(세종 4년) 8월 8일에는 예조에서 묘호를 태종(太宗)으로 올리니 그대로 따랐다. 아울러 능호는 태종이 이미 헌릉을 천광할 때 "나의 백세 뒤에 쓰겠다."며 동쪽을 비우라 했기에 따로 정하지 않았다.

그런데 『세종실록』에는 원경왕후가 승하해 능에 절을 두고자 하는 것을 대신들과 논의할 때 이미 태종의 묘호가 거론된 바가 있었다.

2년 전인 1420년(세종 2년) 7월 17일 원경왕후가 승하하고, 태종이 능에 절을 두고자 대신들과 의논하면서 세종은 "절을 두려는 것은 불도를 좋아함이 아니고, 건원릉과 제릉에도 다 있고, 사대부들도 부모를 위해서 재사(齋舍)를 두거늘, 부왕 만세(萬歲) 후에는 마땅히 태종(太宗)이 되실 것인즉 조석전에 올리는 것을 내 어찌 감히 폐하리요." 하였고, 영의정 유정현 등이 "상왕 만세 후에는 반드시 태종이 되실 것인즉……."이라고 했다. 이렇게 생전에 태종으로 불리는 것을 볼 때 묘호는 죽은 후에 정해지는 것인데, 특이하게도 생존 시에 이미 묘호가 검토됐거나 거론되었던 것으로 보인다.

『세종실록』에 의하면 1422년(세종 4년) 8월 20일 능 조성 과정에서 산릉(山陵)의 광(壙 : 시체를 묻기 위해 판 구덩이)을 열어 보니, 광 동쪽 모퉁이에서 물이 나왔다는 것을 보고 받고 임금이 크게 놀라 지신사 김익정(金益精)에게 가 보게 하였더니, 그것은 오랜 비로 인해 스며든 것으로 며칠 안 돼 물기가 없어져 산릉 작업은 계속되었다고 기록하고 있다.

9월 4일에는 재궁을 받들고 수강궁 문을 나와 유거[31]에 태우고 의장(儀仗 : 왕이나 높은 사람이 행차할 때 위엄을 보이기 위해 격식을 갖추어 세우는 병장기(兵仗器))이 앞을 인도하고, 임금은 종친들을 거느리고 울면서 궁문을 나와 소연(素輦 : 작은 가마)을 타고 뒤따랐다. 백관들은 도보로 흥인문(興仁門)을 통해 나와 따르는데 곡하는 소리가 진동을 했다.

마전포(麻田浦)에서 배를 잇대어 매고 그 위에 널빤지를 깔아서 만든 다리인 부교(浮橋)를 건넌 장례 일행은 산릉에 이르러 재궁을 장전(帳殿 : 임금이 쉴 수 있도록 임시로 만들어 놓은 자리)에 안치했다.

그 이틀 후인 1422년(세종 4년) 9월 6일 장례를 지낼 때는 태종이 선지(宣旨)한 대로 미리 정해 놓은 원경왕후 능 옆 건좌손향(乾坐巽向 : 동남향)에 봉분을 따로 만들고 난간으로 연결하면서 장례를 마쳤다. 이렇게 태종은 수릉지에 안장됐다.

원경왕후 입장에서는 태종이 왕위에 오르기까지 많은 도움을 주었음에도, 왕권을 확립한다는 미명하에 친정이 멸문지화를 당했고, 자식 문제로 갈등과 불화가 깊었지만, 죽어서는 태종과 나란히 있게 되었다. 헌릉은 조선 왕릉 중에서 가장 위엄의 기세와 장엄함이 드러난 능으로 평가되고 있다.

한편 태종이 승하하면서 기적 같은 일이 발생했다. 태종이 승하하기 직전 전국적으로 가뭄이 심했다. 5월임에도 비가 내리지 않아 기근(饑饉)이 들어 조정에서는 창고의 곡식을 풀어 구휼을 하는 지경이었다. 태종은 승하하기 전까지도 가뭄이 걱정되어 말하기를 "지금 가뭄이 심하니 내가 죽은 뒤에 아는 것이 있다면 반드시 이날에는 비가 오도록 하겠다."라고 했다. 그리고 곧 승하했는데 기적처럼

---

31) 유거(柳車) : 장사 지낼 때 재궁을 실어 끌게 한 큰 수레로 소가 끌었다. 세종 때부터는 없애고 상여를 사용했다.

과연 그날에 비가 내렸다. 그리고 매년 제사 날만 되면 반드시 비가 오므로, 세상에서는 이를 '태종우'라 했다. 『연려실기술』에서는 이러한 사실이 『조야첨재(朝野僉載)』[32]에 실려 있음을 기록하고 있다.

그런데 장례가 끝나자마자 장례 절차의 잘못이 있었다 하여 국장도감 제조인 호조 판서 신호(申浩)와 공조참판 이천(李蒇), 판내시부사 김용기(金龍奇)가 의금부에 하옥되었다. 그 연유는 재궁이 산릉에 나갈 때는 머리를 남쪽으로 돌렸었지만, 현궁(玄宮)에 들어갈 때는 북쪽으로 머리를 돌려야 하는데, 그대로 남쪽으로 머리를 둔 채 현궁에 모셨다는 것이다. 나중에 잘못된 것을 알고 다시 북쪽으로 돌려 봉안하였으나 주의 깊지 못했던 죄를 물은 것이다.

---

32) 『조야첨재(朝野僉載)』 : 숙종 때 편찬된 책으로 편자는 미상이고, 필사본이 규장각에 소장되어 있다. 조선 시대의 야사(野史) 중심 책으로, 역대 임금별, 연대순으로 숙종 때까지만 기록되어 있다.

조선 왕조를 100년 연장시켰다는 능

영릉(英陵, 세종, 소헌왕후)

영릉(英陵)은 조선의 임금 중에서 가장 선정을 펼친 것으로 꼽히는 제4대 왕 세종(世宗, 1397~1450)과 그의 비(妃) 소헌왕후(昭憲王后, 1395~1446) 심씨의 능으로, 조선 최초의 합장릉(合葬陵)이다.

영릉은 1446년 처음 조성할 때는 헌릉(獻陵) 서쪽에 있었는데, 그로부터 23년 뒤인 1469년(예종 1년) 3월 지금의 곳으로 천장되었다.

처음 조영된 영릉지는 세종이 생전에 택지해 놓은 자리였다. 1446년(세종 28년) 3월에 소헌왕후가 승하하자 미리 수릉지로 택지해 놓았던 곳에 안장을 하였다. 그리고 1450년(세종 32년) 2월에 세종이 승하하여 소헌왕후 오른쪽에 안장되었다.

1442년『세종실록』에 의하면 세종은 헌릉의 보수(補修)할 곳을 살피며 자신의 수릉지(壽陵地)를 찾도록 명한다. 1444년(세종 26년) 7월 17일에는 헌릉의 서쪽에 있는 혈(穴)[33]자리를 보토(補土)하게 하였으니, 이는 장차 자신의 수릉으로 삼기 위한 것이었다.

1444년 9월 26일에도 동궁이 헌릉의 별제(別祭 : 명절이나 특별한 날을 정해 지내는 제사)를 대행하고 수릉 자리를 살펴보았다는 기록이 있고, 10월 4일에는 안평대군과 임영대군에게 수릉 터를 살피게 한 것을 보면, 효심 깊은 세종이 부모 곁에 묻히기 위해 헌릉 인근에 능지를 정했음을 알 수 있다.

그러나 세조 때에 이르러 영릉이 풍수적으로 길지가 못 된다는 의논이 대두되면서 처음으로 천릉이 거론되었다. 그걸 두고 갑론을박하다가 세조가 갑자기 승하하자 영릉을 천장하는 문제는 보류된다. 결국 1469년(예종 1년) 3월 6일 여흥 땅

---

33) 혈(穴) : 여기서 혈이라 함은 능역에서 봉분을 조성하여 묻힐 곳을 의미하는 것이다. 그러나 풍수에서 말하는 혈(穴)이란 용과 함께 가장 중요한 곳이다. 혈은 주룡으로부터 공급 받는 생기가 모여 있는 곳으로, 용이 물을 만나 더 이상 나가지 못하면서 땅의 생기인 지기(地氣)가 모이고 엉킨 곳을 말하는데, 혈지(穴地), 혈판(穴坂)이라고도 한다. 음택의 경우 시신을 매장하는 장소이며, 양택의 경우는 건물이 들어서는 곳이다. 그만큼 혈은 풍수에서 가장 중요한 개념이자 궁극적 목적이다. 그리고 풍수마다 주장하는 혈의 규모가 다르다. 혈의 형상은 계란 같아 좌우상하의 크기가 8~13m라고 말하는 사람도 있고, 3~5m라고 말하는 사람도 있고, 2~2.5m라고 말하는 사람 등 모두 다르다. 서로 자기가 옳다고 주장하며, 발복 기간도 혈의 크기에 따라 다르다는 주장이다. 혈의 규모, 발복 기간 모두 실제로 계량될 수 없는 것이어서인지 천인천색(千人千色)이다.

(경기도 여주)에 천릉하여 지금의 자리에 세종과 소헌황후를 합장하여 최초의 합장릉이 되었다.

소헌왕후는 1446년(세종 28년) 3월 24일 수양대군 집에서 승하했다. 소헌왕후 심씨는 청천부원군 심온(沈溫)의 딸이다. 1408년(태종 8년) 충녕대군(忠寧大君)과 혼인한 후 충녕대군이 1418년 즉위하자 왕비가 되어 28년 만에 승하하니 이때 나이가 52세였다. 자녀는 문종과 세조를 포함하여 모두 8남 2녀를 두었다.

소헌왕후가 승하하기 며칠 전인 3월 15일 『세종실록』에는 왕후의 병환이 더욱 악화되자 조속한 회복을 위해 세종은 승려(僧侶) 80명과 함께 기도를 올렸다. 세자(世子)가 팔뚝에 향을 올리고 태우는 연비의식(燃臂儀式)을 치렀고, 여러 대군(大君)들도 서로 번갈아 가며 연비의식을 치렀다고 기록하고 있다. 팔뚝 위에 향불을 태우는 고통을 감내하며 어머니의 병이 낫기를 간절히 기원하였지만 결국 소헌왕후는 승하하고 만다.

왕후가 승하하자 세종은 날씨를 감안하여 당일로 빈청도감을 설치하고 정인지 등을 제조로 삼아 예장 절차에 들어갔다. 다음 날엔 국장도감과 산릉도감을 설치하고 영의정 황희, 우의정 하연 등을 각 도감의 도제조로 명하면서 장례를 총괄하게 한다.

태조의 상례에서는 사도감을 설치했고, 태종의 상례에서는 삼도감을 설치했었는데, 이후부터는 삼도감을 설치하는 것으로 정하였다.

아울러 세종은 자신의 산릉지로 택정해 놓은 곳에 소헌왕후의 능지를 정하도록 명한다. 그러나 그곳은 물길(물이 흐르는 곳)이 있고, 물길은 풍수적으로 불길한 곳이라고 음양가들이 만류하였으나 "다른 곳에 복지(福地)를 얻는 것이 선영 곁에 장사하는 것만 하겠는가? 화복(禍福)의 설(說)은 근심할 것이 아니다. 나도 마땅히 같이 장사하되 무덤은 같이하고 실(室)은 다르게 만들라."고 하교하며 부모의 곁에 묻히는 걸 고집하였다.

세종은 이어 예조에 명하기를 "영릉을 봉분은 같이하고 광중(壙中)은 달리하며 석물(石物) 등은 두 광중의 예로 하라."고 명했다. 수릉지로 정했던 헌릉 우측 언덕 동궁이실(同宮異室)의 석실을 조성해서 동실은 소헌왕후가 사용하고 서실은 장차 자신이 사용하려는 것으로, 세종 스스로 합장할 뜻을 비쳤던 것이다.

이어서 의정부에서는 대행왕비의 시호를 소헌(昭憲), 효순(孝順), 효선(孝宣)으로 올리니, 세종은 소헌으로 정했다.

1446년 3월 30일에는 서운관(書雲觀 : 천문(天文), 기상(氣像), 역수(曆數) 등의 일을 맡아보는 관청)에서 소헌왕후의 장례일을 5개월이 되는 7월의 7일과 19일로 정하여 올렸다. 그러나 7일은 주상(主上 : 임금을 달리 이르는 말)에게 해(害)가 있고, 19일은 호자(呼子)[34]의 날임에도, 7월에는 이 두 날 외에 다른 날은 쓸 만한 날이 없다 했다. "7일은 주상께 해(害)가 있어 사용치 못한다면 19일을 사용하는 것이 무방할 것입니다."라고 아뢰고, 이를 유의손(柳義孫), 황수신(黃守身) 등이 거드니 이순지(李純之)와 풍수학을 하는 고중안(高仲安)이 두 날 모두 쓸 수가 없다고 하자, 세종은 "5개월 만에 장사하는 것은 어길 수 없다(태종이 군상(君上)에서 사서인(士庶人)에 이르기까지 장례 기일을 넘겨 장사를 못하게 한 것을 이름). 나는 7일로 결정하려 하나 이것은 대사이니 창졸히 결단할 수 없다. 의논해서 아뢰라."고 했다.

장례일이 확정되지 않자 1446년 6월 13일 세종은 하연(河演), 황보인(皇甫仁), 김종서(金宗瑞), 정분(鄭苯) 등을 불러 장례일을 의논하니, 신하들이 연일 비가 내려 강물이 창일하므로 장례일을 8월로 하자는 의견이 비등했으나 "비 때문에 기일을 넘길 수 없다." 하며, 세종은 "7월 1일로 정하겠으니 기일에 미치도록 준비하라." 하면서 장례일을 결정했다. 또 "백성들이 산릉역사에 참여하면서 다치거나 병을 얻는 자가 없도록 하라."고 당부하였지만 나중에 장례일을 다시 7월 19일로 변경하여 정했다.

1446년(세종 28년) 7월 16일 발인제를 마치고, 소헌왕후의 재궁을 실은 영기는 산릉으로 향한다. 중랑천과 청계천이 합쳐져 한강으로 나아가는 살곶이다리(箭串橋)에 이르니, 큰바람 치고 물이 다리 위까지 넘쳐나 건널 수 없어 다시 되돌려 낙

---

34) 호자(呼子) : 풍수학에서 금기일(禁忌日)로 인정하는 날을 말한다.

천정(樂天亭 : 지금의 서울 성동구 자양동에 위치했던 정자)에 영가를 머물게 한다. 다음 날 7월 17일은 비가 개고 바람이 그쳤으나 강물은 여전히 창일하므로, 살곶이 다리를 건너지 못하고 있는데, 세종이 사람을 보내와 "비록 배를 타고 물을 건너는 것이 마땅하지 못하지만 당력(唐曆 : 중국의 역서(曆書))에 이런 금기가 없으니 배로 강을 건너는 것이 어떻겠는가." 하여, 재궁은 마침내 배를 타고 삼전도(三田渡)를 건너 능소(陵所)에 무난히 이르렀다. 7월 19일에 세종이 미리 잡아 둔 자리에 장사를 지냈는데, 세종의 명령에 따라 세종이 들어갈 서쪽은 놔두고 소헌왕후는 동쪽 현궁에 장사 지냈다. 그리고 능호를 영릉(英陵)이라 하였다.

그로부터 4년이 지난 1450년(세종 32년) 2월 17일 세종은 소헌왕후가 낳은 8번째 왕자인 영응대군(永膺大君) 집 동별궁(東別宮)에서 승하한다.

세종은 1397년(태조 6년) 태종의 셋째 아들로 태어났고, 1418년(태종 18년) 6월에 세자로 책봉되었다가, 태종의 선위로 그해 8월 10일 21세의 나이로 백관의 조하를 받으며 경복궁 근정전에서 즉위했다. 재위 기간은 31년 6개월이다.

세종은 훈민정음을 창제하고, 과학 기술을 발전시켰으며, 4군(四郡) 6진(六鎭)을 개척하여 국토를 확장하는 등 조선 역사상 가장 훌륭하고 찬란한 민족 문화를 꽃피운 성군(聖君)으로 칭송된다.

그런가 하면 사랑하던 아들 광평대군과 평원대군을 내리 잃으며 심약해진 세종은 그 아픔을 견디기 위해 불교에 의지하였다. 성균관 유생들의 반대에도 무릅쓰고, 『월인천강지곡(月印千江之曲)』과 『석보상절(釋譜詳節)』[35] 같은 불교 가사 책자를 간행하기도 했다.

세종은 평소 소갈증(당뇨)을 앓았고, 눈병과 다리, 등에 생긴 부종 등 다양한 질병에 시달리다가 승하했다. 이때의 나이는 53세였다. 자녀는 소헌왕후에게서 8남 2녀를 두고, 5명의 후궁으로부터 10남 2녀를 두어, 모두 18남 4녀를 두었다.

---

35) 『월인천강지곡(月印千江之曲)』, 『석보상절(釋譜詳節)』 : 세종 때 왕명으로 지어진 불교를 찬양하고 석가의 공덕을 찬송한 가사(歌詞)로, 『용비어천가』와 함께 훈민정음으로 표기된 가장 오래된 가사로 전한다.

위에서 본 영릉

　빈전은 승하 장소인 영응대군의 집에 설치했다. 영의정 하연(河演), 좌의정 황
보인(皇甫仁), 우의정 남지(南智)를 비롯한 각 대신들이 빈전을 수강궁이나 경복궁
동궁 자선당으로 옮기자는 의견이 분분했다. 세자가 "장소가 좁은 폐단은 작은
일이고, 빈전(殯殿)을 옮기는 일은 큰일이다." 하여 그대로 두기로 했다. 궁 밖에서
죽은 사람은 궁으로 들어올 수가 없다는 것을 잘 아는 대신들이 새 임금의 의중
을 떠보는 소리였을 것이다. 그리고 3일과 칠칠일(七七日 : 49일)에 수륙재(水陸齋
: 불교에서 물과 육지를 헤매는 영혼을 달래고 위로하는 의식)를 행하고, 소상(小祥)은 물
론 소상 후에도 불사(佛事)를 행하는 등, 모든 상례의 의식은 불교 의식으로 행하
는 것으로 하였다.

　그리고 세종 승하 5일째인 2월 22일에는 세자가 면복(冕服 : 면류관과 곤룡포를 이

르는 말) 차림으로 대행대왕의 시신 앞에서 유명(遺命)을 받고 빈전(殯殿) 문밖에서 즉위하니 이가 곧 문종(文宗)이다.

1450년(문종 즉위년) 3월 10일에는 의정부와 육조(六曹)에서 시호(諡號)와 묘호(廟號)를 지어 올렸는데 묘호는 세종(世宗)이라 했다. 그러나 며칠 후 정인지 등이 묘호를 덕행을 나타내는 문종(文宗)으로 고치는 것을 청했으나 임금이 이를 허락지 않았다.

능지는 미리 만들어 놓은 영릉의 소헌왕후 옆자리로 정했다.

5월 27일에는 세종이 승하한 지 100일이 되어 백일재(百日齋)를 진관사에서 베풀었다. 1450년 6월 6일에는 발인을 하고 재궁(梓宮)은 삼전도를 건너 마련된 영악청(靈幄廳)[36]에 안치했다. 6월 11일에는 간시(艮時 : 오전 3시경)로 현궁에 내리는 길한 때를 택했는데, 대신들이 너무 이르다 하여 시간 변경을 요청한다. 문종이 망설이니 산릉도감 제조 이정녕(李正寧)이 '사람은 낳는 때가 길하면 팔자가 좋고, 장사하는 때가 길하면 자손이 창성한다.'는 것이 술가(術家 : 점술을 하는 사람)의 주장이니 그대로 하는 것이 좋다고 강력히 주장하자, 그대로 하기로 하였다.

1450년 6월 12일 새벽 백관이 지켜보는 가운데 간시(艮時 : 오전 3시경)에 재궁이 내려지고, 임금은 상장을 짚고 곡을 했다. 이리하여 세종은 영릉의 소헌왕후 옆 서쪽에 마련된 수실(壽室 : 살아 있을 때 미리 만들어 놓은 무덤)에 묻혔다. 세종이 승하한 지 2년 후, 문종은 1452년 2월 영릉에 비석을 세웠고, 세조는 1458년(세조 4년) 6월 영릉의 일부 사토가 다시 무너져 좌의정 강맹경, 우찬성 황수신 등에게 명해 영릉을 보수케 한 바 있다.

옥에도 티가 있듯이 현군(賢君) 세종이 행한 조치 중 도리(道理)에서 이해 안 되는 부분이 있다.

하나는 후릉(厚陵) 편에서 언급했듯이 아버지 태종의 의중에 맞춰 의도적으로

---

36) 영악청(靈幄廳) : 재궁이나 영위를 모셔 놓기 위해 꾸민 건물이나 임시로 꾸민 장막 같은 시설로, 영악전(靈握殿)이라고도 한다.

정종의 묘호를 정하지 않은 것이다. 다른 하나는 태종의 윤기(倫紀)에 어긋난 행위에 대해 바로잡지 않은 것이다.

신덕왕후는 할아버지 태조와 함께한 왕후였다. 유기나 다름없는 처사인 천릉은 태종이 행하였지만, 세종조에서 기신제(忌神祭 : 매년 기일에 지내는 제사)마저도 끊었다는 것은, 성군의 치세와는 동떨어진 것이라는 생각이 든다. 이 생각은 물론 필자와 같은 평범한 사람들의 생각일 수도 있다.

무릇 왕통과 왕권이라는 것을 지키고 유지하기 위해서는 때로 부모 형제도 무자비하게 떨쳐야 할 때가 있으므로 성군으로 칭송되는 세종 역시 계조모인 신덕왕후나 백부인 정종에 대한 마땅한 조치를 할 수가 없었다고 보아야 할 것인가?

세종이 승하하고 17년이 지났다. 세조의 맏아들 의경세자가 죽고, 뒤를 이어 세자로 책봉된 해양대군(睿宗)의 부인이 죽으니, 민심이 흉흉해지면서 영릉(英陵)이 풍수적으로 좋지 않다는 논의가 일었다. 거슬러 올라가 보면 재위 2년 3개월 만에 문종은 39세로 승하했고, 세조가 조카와 동생을 죽인 일도 무관하지 않은 것으로 회자되었다. 1467년 4월 5일 세조는 신숙주(申叔舟), 구치관(具致寬), 한명회(韓明澮) 등에게 영릉을 개장(改葬 : 다시 장사를 지내는 것)할 것을 의논하게 했다.

이렇게 천장(遷葬) 문제가 신중히 진행되다가 세조가 승하한 것이다.

1468년(예종 즉위년) 12월 1일 예종이 다시 아버지 세조의 뜻을 이어받아 상당군 한명회, 예조 판서 임원준(任元濬), 한성 부윤 서거정(徐居正)에게 영릉 산세의 길흉을 의논케 했다.

예종이 영릉을 천장할 뜻을 내비친 이날은 바로 세조가 승하해 광릉에 장사를 마친 3일 뒤였다. 그만큼 예종의 의지도 강했을 것으로 보이나, 실은 대비 정희왕후와 한명회의 의지였을 것으로 짐작된다.

같은 해 12월 24일에는 영릉을 천장할 땅을 살펴보고 복명하는 사람들에게 술자리를 베풀기도 할 만큼 예종은 본격적으로 천릉 작업을 굳혀 나갔다.

12월 26일에는 호조 판서 노사신(盧思愼), 예조 판서 임원준, 한성 부윤 서거정 등이 조선조 최초의 정식 절차에 따라 천릉[37]할 땅을 정하고 복명했다. 그다음 날인 12월 27일에는 정인지, 정창손, 신숙주, 한명회, 홍윤성, 김질을 비롯한 육조참판 이상의 대신 및 승지들과 상지관(相地官)[38] 안효례 등을 불러 천릉지에 대해 의논을 했다. 이리하여 천장할 곳을 여흥(지금의 경기도 여주)에 있는 목은(牧隱) 이색(李穡)의 손자이자 세조 때 대제학(大提學)을 지낸 이계전(李季甸)의 분묘로 정한다.

이때 천장 대상지로는 세 곳이 거론되었는데, 여흥 땅 외에 다른 두 곳은 여주 강금산(剛金山)과 용인 금령산(金嶺山) 자락이었으나 결국 여흥 땅으로 결정된 것이다. 여흥은 도성에서 100리가 넘어 안 된다는 일부 반대 의견도 있었으나 예종의 의지는 확고했다. 묘지와 관련된 용어(用語) 중에 늑장(勒葬 : 남의 땅이나 남의 동네 근처에 억지로 장사를 지냄)이란 말이 있다. 이는 권세가 있는 자가 약한 자의 묘지 또는 소유지에서 길지를 발견했을 때, 소유자의 허락 없이 강제적으로 점유하거나 탈취하는 것을 말한다. 이 경우는 허락이 있었다지만 분명히 늑장에 속하는 처사가 아닐까?라는 생각을 할 수 있을 것 같다 .

한편 영릉의 천장지로 정해진 곳은 세종 때 직제학, 세조 때 영중추원사(領中樞院事 : 정1품)를 지낸 이계전(李季甸)의 묘역이었다는 주장과, 세조 때 우의정을 지낸 이인손(李仁孫)의 묘역이었다는 주장이 여러 자료에서 나뉘고 있다. 영릉의 천장과 이인손에 얽혀 전해 오는 말이 너무나도 유명해서인가 보다. 하지만 『예종실록』(1468년 12월 27일)에 의하면 영릉의 천장지는 이계전의 묘역이다. 다만 이인

---

37) 조선조 최초의 천릉 : 영릉(英陵)은 정식적인 절차와 예우에 따라 천릉이 진행되었다는 점에서 조선조 최초의 천릉으로 일컫는다. 사실은 1409년(태종 9년) 정릉(貞陵 : 신덕왕후)의 천릉이 최초의 천릉이다. 당시 태종은 정릉(신덕왕후)을 도성 안에 있다 하여 강제로 내쫓다시피 천장을 했다. 어쩌면 정릉은 천릉이라기보다는 강제로 파냈다는 표현이 옳을 듯하다. 또한 왕위를 잇는 임금들이 태조와 신의왕후의 자손이었으므로 의도적으로 신덕왕후의 존재는 무시되었던 것이다.

38) 상지관(相地官) : 상지(相地)를 하는 관원이라는 의미로, 지관을 가리키는 말이다. 상지관이란 말은 세종 때부터 등장한다. 조선 시대 관상감의 벼슬로 대궐의 건물을 짓거나 왕릉지를 택지할 때 지세, 풍수 등 포괄적으로 지형을 살피고 형세를 관찰하며 길흉을 감정하는 업무를 담당했다. 조선 초기에는 일관(日官)으로 불리기도 했다.

손의 묘는 이계전의 묘소 근처에 있었을 뿐이다. 즉 이인손의 묘가 풍수적으로 능원(陵園)[39]의 청룡(靑龍) 북쪽에 있어 부득이 천장을 하게 된 것이다. 실록에 명확히 이계전의 묘역이라 기록되어 전해 오고 있음에도, 이인손의 묘로 주장하는 사람이 적지 않아 많은 사람에게 혼돈을 주고 있다.

이것은 아마도 이계전의 묘 인근에 위치한 이인손의 묘도 천장을 해야 하므로, 당시 예종이 이인손의 아들인 평안도 관찰사 이극배(李克培)에게 '경의 부모 무덤이 천장하게 되었으니 속히 돌아오라.'는 내용의 급한 서신을 통해 부른 바가 있었기 때문이 아닌가 싶다.

이렇게 천장지가 결정된 그다음 날인 12월 28일 정인지, 구치관, 노사신, 최항, 심회, 서거정 등을 천릉도감 제조로 삼고 여러 가지 일을 나누어 맡게 했다. 천릉을 거론한 지 불과 28일 만에 택지와 함께 천릉도감을 만드는 등 급속하게 천릉이 추진되었다. 이리하여 이계전은 과거 공신이었음에도 그의 묘가 왕릉으로 택지되니, 자신의 묘는 물론 주변 문중의 묘까지 모두 이전을 해야 하는 처지가 되었다.

이때는 시기적으로 세조가 승하해 국장을 치른 지 얼마 안 되었을 때였다. 세조의 능지 선정에도 양주 정흠지의 묘를 이전케 하고, 그 자리에 세조의 장례를 지냈다. 대체 어떤 운명의 조화로 예종은 아버지와 할아버지를 모두 남의 묘를 이전시키고 그 자리에 장례를 지내게 된 것일까.

이계전은 세종 때 도승지를 지냈는가 하면, 세종이 승하한 후에는 『세종실록』 편찬에도 참여할 만큼 세종과 인연이 깊다. 그런데 죽어서 세종에게 자신의 묘를 내주어야 하는 운명은 무엇이며, 또한 자신의 신하였던 사람의 묘로 들어가야 했던 세종은 과연 이계전과는 무슨 인연이란 말인가.

이계전은 단종 때 수양대군을 도와 계유정난(癸酉靖難)[40]에 참여하여 정난공신

---

39) 능원(陵園) : 원릉(園陵)이라고도 한다. 왕이나 왕비의 무덤을 능(陵)이라 하고, 왕세자나 왕세자빈 같은 왕족의 무덤을 원(園)이라 하는데 이를 통틀어 이르는 말이다.

40) 계유정난(癸酉靖難) : 계유년(1453년)에 수양대군과 그 수하들이 단종의 왕위를 빼앗기 위해 황보인, 김종서, 안평대군 등 정적들을 모두 죽이고 실권을 장악한 사건을 말한다.

(靖難功臣 : 계유정난에 참여했던 사람들에게 내린 칭호)에 녹훈된다. 단종을 퇴위시키고 세조가 보위를 잇는데도 기여하여 좌익공신(佐翼功臣 : 조선 세조 1년(1455)에 세조 즉위에 공을 세운 44명에게 내린 칭호)에도 녹훈된다. 사육신의 한 사람인 이개(李塏)는 이계전의 숙부가 되고, 생육신 중에 한 사람인 매월당(梅月堂) 김시습(金時習)은 이계전의 제자였다. 어디 그뿐인가. 이계전은 영릉의 천장지를 정하는데 참여했고 천릉도감을 맡은 서거정의 이종사촌 형이기도 한다. 묘하게 얽힌 운명적 인연의 사슬이다.

이 인연의 사슬이 뒤틀리기 시작한 것은 사람이 죽어서 땅에 묻히면 살은 썩어 흙으로 돌아가지만 뼈에서 발하는 정기(精氣)가 동기감응(同氣感應)으로, 자손들의 길흉화복(吉凶禍福)과 관계된다는 풍수 사상에서 기인된 것이고, 결국은 왕실의 번성과 흥륭을 기대하는 욕심에서 나온 것 아니겠는가.

또 왕실과 이인손과의 인연도 기이하다. 영릉 천장 결정 불과 몇 달 전 세조가 승하하자 처음에는 광주에 있는 이인손의 아버지 이지직(李之直 : 고려 말 조선 초의 문신)의 묘 터가 광릉지로 강력히 거론되었다. 마지막 단계에서 풍양의 정흠지 묘 터로 결정되면서 이장의 처지를 겨우 면하긴 했으나, 아들 이인손은 영릉의 천장으로 이장을 해야 했다. 묘로 연결되는 왕실과의 달갑지 않은 인연이다.

이리하여 이계전은 장례 지낸지 11년 만에 여주 점동면으로 이장하고, 이인손은 장례 지낸지 6년 만에 지금의 능서면으로 이장을 한다. 그런데 여기에서 수수께끼 같은 일이 일어난다.

이인손의 묘를 옮긴 후에 일어난 일이었다. 풍수적으로 좋은 묘 자리를 썼다 해도 한 사람의 큰 인물이 발복(發福)하기도 쉽지 않다고 하는데, 그의 아들 5형제가 모두 고관대작이 된다. 첫째는 영의정, 둘째는 예조 판서, 셋째는 예조 판서, 넷째는 좌찬성, 다섯째는 좌의정에 올랐다.

이 발복이 이인손의 묏자리 음덕이라고 한다면, 과연 이장하기 전의 자리 때문일까? 아니면 이장한 자리 때문일까? 이장을 한 자리가 더 길지였나 보다. 이를 두고 어떤 풍수는 이장한 묘 터로 찾아가 발복을 하게끔 한 이장 전의 묘 터가 더 좋은 터라고 말하기도 한다. 그러나 결과에 맞추는 말일 것 같은 생각이 든다.

한편, 『예종실록』에 의하면 1469년(예종 1년) 2월 천장을 위해 영릉을 파묘하니 현궁은 물기가 없었고, 재궁과 복어(服御 : 임금이 입는 의복)도 새것과 같았다고 기록하고 있다.

인간은 물론 모든 것이 땅에 묻히면 자연스럽게 소멸의 과정을 거치는 법인데, 무려 19년이나 땅속에 묻혀 있었음에도 재궁과 의복 등이 새것과 같았다고 하는 것으로 보아 풍수들 말대로 구영릉지가 길지는 아니었던 것 같다.

이렇게 하여 1469년(예종 1년) 3월 6일 세종과 소헌왕후를 여흥의 북성산 아래 자좌오향(子坐午向 : 정남향) 자리 새 능으로 옮겨 안장한 것이 지금의 영릉이다.

영릉 터는 천하 명당으로 평가받는 곳이다. 풍수가들은 비봉포란형(飛鳳抱卵形 : 봉황이 알을 품고 있는 형상), 회룡고조형(回龍顧祖形 : 용이 자기가 출발한 조종산을 바라보는 형상), 모란반개형(牧丹半開形 : 모란꽃이 반쯤 핀 것 같은 형상)이라며 풍수적으로 좋다는 이름은 모두 갖다 붙이고 있다.

산세는 북성산에서 떨어져 나온 작은 산맥인 안산(案山)들이 마치 신하가 왕을 향해 엎드린 형상이라는 것이다. 이 자리로 천장을 하여 조선 왕조가 100년은 더 연장됐다는 영릉가백년(英陵加百年)이란 설도 퍼졌다고 한다. 어쨌든 세종은 우리 후손들에게 한글을 물려주셨으니 그것만으로도 천하 명당에 잠들 자격이 충분하지 않겠는가.

72년을 구천에서 돌다 잠든 능

현릉(顯陵, 문종, 현덕왕후)

현릉(顯陵)은 조선 제5대 임금인 문종(文宗, 1414~1452)과 그의 비 현덕왕후(顯德王后, 1418~1441) 권씨의 능으로, 동원이강릉(同原異岡陵)이다.

조선 초기 능의 조영 형식이 단릉과 쌍릉, 그리고 합장릉의 형태에서 동원이강릉의 형태로 바뀌는데 현릉은 1513년(중종 8년) 현덕왕후의 소릉(昭陵)을 천릉하면서 동원이강릉의 형태가 되었다. 이는 시기적으로 광릉에 이어 두 번째이다.

동남측 언덕 서측에 위치한 이곳에 먼저 문종의 능이 병풍석으로 조성되었고, 동측 언덕에 병풍석 없이 난간석으로 조성된 것이 현덕왕후의 능이다. 현덕왕후의 능은 원래 안산에 있었는데 세조에 의해 폐릉(廢陵)된 후, 종종 때 추복(追復 : 빼앗은 위호(位號)를 뒤에 다시 회복시켜 줌)되어 안산에서 72년 만에 지금의 자리로 천릉되었다.

문종은 1414년(태종 14년) 충녕대군의 장자로 태어났다. 1418년 충녕이 즉위한 후 1421년(세종 3년)에 세자가 되었으며, 1442년(세종 24년)부터는 세종을 대신해 대리청정(代理聽政)[41]을 하기도 했다. 왕위에 오른 것은 1450년으로, 세자에 책봉된 지 29년 만이다. 조선조에서 두 번째로 긴 기간을 세자로 있었다. 1450년 보위에 오른 후에는 세종의 치세를 이어받아 나라를 안정시켰으나, 워낙 병약한 데다가 과중한 업무에 건강이 악화되어 일찍 승하하였다.

1441년(세종 23년) 7월 23일 왕세자빈 권씨가 경복궁 동궁 자선당에서 단종을 낳고, 이튿날인 7월 24일 산후병으로 세상을 떠났다. 이때 나이가 24세였다.

세자빈은 화산부원군 권전(權專)의 딸로 1418년(태종 18년) 3월에 태어났고, 14세에 세자빈에 책봉되었다가 문종이 왕위에 오른 후 왕후로 추봉되었다.

---

41) 대리청정(代理聽政) : 군주가 직접 통치하지 않고, 군주를 대신하여 정사를 보는 행위를 청정(聽政)이라 하는데, 수렴청정과 대리청정으로 나뉜다. 대리청정은 세자의 나이가 성년에 이르렀을 때 왕이 자신을 대신하여 중대사를 제외한 정치 권력의 일부를 담당케 하는 것이다. 미리 정치 교육을 시키는 행위이다. 수렴청정은 왕이 나이가 어리거나 정치적 경험이 없을 때 왕실의 제일 어른인 대비가 왕을 대신하여 정무를 보는 것을 말한다.

세자빈 권씨는 세자(문종)의 세 번째 세자빈이다. 최초의 세자빈은 휘빈 김씨였는데, 세자가 좋아하지 않아서 사랑을 얻기 위한 방술(方術 : 방법과 기술)을 사용하다가 발각되어 쫓겨났다. 그다음이 순빈 봉씨인데 행동이 거칠 뿐 아니라 늘 술에 취해 있었고, 여종과 동성애를 하는 등 행실이 나빠 세종이 세자빈을 폐하여 내쫓았다. 그리고 마침 세자의 자식을 임신한 권씨를 후궁에서 세자빈으로 삼은 것이다.

세자빈 권씨가 단종을 낳으니 원손을 본 세종은 "세자가 이미 장년이 되었는데도 후사가 없어 매우 염려했는데 이제 적손이 생겨 마음이 기쁘다."며 좋아했다. 그리고 바로 대사면을 단행할 만큼 원손의 탄생을 기뻐했다.

그런데 이날 모든 신하가 모인 근정전에서 대사면을 단행하는 교지를 도승지가 읽어 내려가는 도중에, 단상 위 커다란 촛대가 바닥으로 떨어지는 일이 벌어졌다. 세종이 빨리 치우라고 명하니, 다 치운 후 교지 읽기를 마쳤다. 이것이 불길한 전조였는지 그다음 날인 7월 24일 안타깝게도 세자빈이 산후병으로 세상을 떠났다. 세종은 즉시 염빈도감(斂殯都監 : 염습과 빈전에 관한 일을 맡아보는 임시 관청)을 설치하여 장례 절차를 관장케 했다.

그러면서 특별히 전교하기를 "장례는 원경왕후(태종비)보다는 내리고, 정소공주(貞昭公主 : 세종의 장녀로 13살에 요절)보다는 1등을 더하게 하라."고 하면서, 며느리의 죽음을 애석해 하며 예우에 각별함을 보였다.

한편 세자빈의 장지를 정함에 있어, 지금까지는 태조부터 태종에 이르기까지 모든 왕들은 미리 수릉지를 정했거나 점지해 두는 등, 사후를 대비했기에 산릉을 정하는 절차가 쉬웠으나 세자나 세자빈의 경우는 그러한 대비가 없었기에 어려움이 따랐다.

『세종실록』에 의하면 1441년(세종 23년) 8월 25일 세자빈 권씨의 장지가 안산 땅(지금의 경기도 안산시)으로 정해진다. 수양대군이 터를 잡았다는 자료도 있고 안평대군이 잡았다는 기록도 있으나 어떤 절차에 의해서 안산 땅 바닷가로 택정되었는가에 대해서는 실록에서 찾지 못했다.

때마침 전농시(典農寺 : 나라에서 제사를 지낼 때 쓸 곡식을 맡아보던 기관)의 종(奴) 목효지(睦孝智)[42]가 세자빈 장지에 문제가 있다는 글을 임금에게 올리길 "안산의 고읍(古邑) 땅을 보니 산의 내룡(來龍 : 풍수지리에서 종산(宗山)에서 뻗어 내려 온 산줄기를 말함)이 얕고 약하며, 길을 내느라 끊어진 곳이 10군데나 됩니다. 신서에 '장성을 쌓느라 산을 끊어서 진나라가 망했고, 지맥을 끊어서 수나라가 망했다.'고 했습니다." 하면서, "장지로 정한 안산 땅은 흉한 땅……."이라고 하였다.

세종은 이 내용을 보고 우의정 신개(申槪)와 풍수학 제조 성원군 이정령(李正寧)을 비롯한 예조 판서와 도승지 등에게 명하여 상소문에 대해 의논케 했다. 그리고 왕세자빈의 무덤 혈을 살피게 하면서 다시 길지(吉地)를 찾아보라 하였다.

이 지시를 받은 대신들이 목효지를 만났으나 그는 주장을 굽히지 않았다. 대신들은 돌아와 목효지의 말은 믿을 것이 못 된다고 하니, 세종은 "효지의 말은 나도 믿지 않으나, 다만 그 땅이 바다에 가까워서 파도 소리가 들릴까 염려된다."고 하며, 다른 길지를 찾아보라고 했다.

다음 날인 8월 27일 예조 판서 민의생과 도승지 조서강 등이 목효지를 만나 '이 산은 비록 고현에 있으나 그 주산의 혈은 온전한 땅이니 써서 무엇이 해로운가?' 하니, 목효지가 대답을 못했다고 아뢰었다. 이에 세종이 "내가 마땅히 이 땅을 쓸 것이다." 하면서 "효지의 말은 비록 취한 바 없으나, 상서해서 극진하게 진술했으니 마음만은 취할 만하다." 하였다. 이렇게 당초대로 묘소지가 정해졌다.

---

[42] 목효지(睦孝智) : 실록에 자주 등장하는 목효지는 『세종실록』(세종 23년 8월 25일)에는 전농시의 종(奴)이라고 기록하고 있으나, 다른 자료에서는 종이 아니고 스님이라는 기록도 있고, 또 다른 자료에는 문종 승하 당시(1452년) 지관이 목효지였는데, 잘못으로 노비에 예속되었다는 기록도 있다. 그러나 이는 세자빈 죽음의 시기(1441년)와 연계가 어렵다. 또한 1452년 문종 승하 당시에는 능지 선정을 영릉(천장 이전의 구(舊)영릉을 말함) 도국 안에 정하려 하자, 그곳이 능지로서 길지가 못 된다고 다시 목효지는 단종에게 비밀 서간을 올리기도 했다. 따라서 목효지는 현재의 신분은 노비이나, 세자빈과 임금의 능지 선정에 의견 개신늘 할 정도의 과거 왕실과 관련한 길·흉지를 판단하는 위치에 있었던 사람으로 짐작된다. 한편 단종 3년 2월 금성대군의 집에서 사연(射宴 : 무사들을 모아서 활을 쏘는 내기를 하면서 벌이는 잔치)을 여는 사건으로 참여자들인 종친과 대신들의 고신을 거두거나 유배시키는 사건이 있었는데, 어떤 연유인지는 몰라도 이 사건과 관여됐다 하여 목효지는 전농시의 종의 위치에서 변방의 관노로 보내졌다. 이를 보더라도 단순한 종의 신분은 아닌 듯하다. 하지만 세조는 왕이 되자마자 자신의 비밀을 알고 있는 목효지를 처형시킨다.

9월 7일엔 왕세자빈 권씨의 시호가 현덕(顯德)이라 정해졌고, 9월 16일에 발인제를 마친 현덕빈의 영여(靈輿)는 드디어 안산으로 떠나는데, 도성 사람들이 울지 않는 이가 없었다. 그리고 9월 21일 현덕빈을 바다가 굽어보이는 곳 안산 땅 계좌정향(癸坐丁向 : 정남에서 서쪽으로 15°)에 장사 지냈다.

여기에서 짚어 볼 점은, 목효지는 전농시의 종이었는데 종이 감히 세자빈의 장지에 대해 임금에게 글을 올린 것이다. 이것은 놀라운 일이다. 그로 인해 세종은 장혈(葬穴)을 다시 찾아보라고까지 했으니 더더욱 그러하다. 결과적으로 목효지의 말을 취하지는 않았으나 세종은 장례를 잘 마친 것에 대해 매우 만족해했다. 그런 후 상신들이 목효지에 대해 치죄 요구를 하였으나 세종은 전혀 문제 삼지 않았다. 그것은 당시의 언로가 매우 개방적이었다는 것을 가늠케 하며, 백성들에 대한 세종의 사랑과 덕치(德治)가 매우 두터웠음을 짐작케 한다.

세종이 승하하고 1450년 문종이 즉위하자 현덕빈을 추숭하여 현덕왕후로 하고, 중국 당(唐)태종 이세민의 능호와 같은 소릉(昭陵)으로 능호를 정했다. 또한 문종은 현덕왕후가 승하한 후 후비(后妃)를 두지 않았다. 현덕왕후에 대한 문종의 사랑이 몹시 각별했음을 느끼게 하는 대목이다. 현덕왕후는 1452년 단종이 즉위하자 문종과 함께 종묘에 봉안되었다.

한편 조선의 5대 임금인 문종은 1452년(문종 2년) 5월 14일 유시(酉時 : 오후 6시경)에 경복궁 강녕전에서 승하하였다(※『연려실기술』에서는 승하 장소가 천추전(千秋殿)으로 기록됨). 재위 기간은 2년 3개월이고, 자녀는 현덕왕후에게서 1남 1녀, 후궁에게서 1녀를 두어 모두 1남 2녀를 두었다. 종기와 화종이 심해진 것이 원인이었으며, 이때 나이는 39세였다.

조선조 최초 적장자로 왕위를 계승한 인물이며, 재위 기간 중 유일하게 왕비가 없었던 임금이기도 하다.

문종이 병환으로 갑자기 승하하니 수릉을 만들지 못한 데다 단종이 어리다 보니 능역 조영도 원만치 못했다.

단종은 황보인, 김종서, 좌찬성 정분, 병조 판서 민신(閔伸), 이조 판서 이사철(李思哲) 등을 산릉도감과 국장도감의 제조로 삼아 장사를 관장케 했다. 5월 20일에는 수양대군과 황보인, 김종서 등에게 명하여 영릉(세종, 천장하기 전의 구(舊)영릉을 말함)에 가서 능 자리를 보도록 했다.

5월 23일 이들이 능 자리인 이목동(梨木洞 : 배나무골) 건좌손향(乾坐巽向 : 동남향) 자리를 살피고 돌아와 "영릉의 안에 있으나 산등성이 하나가 빙 둘러 따로 도국이 되어 좋고, 조종(祖宗)의 능침 옆이니 그대로 쓰는 것이 편합니다." 하였다. 며칠 후 다시 수양대군(世祖)이 의정부 당상들을 비롯한 풍수학 제조와 함께 가서 산릉을 보토하는 것을 살폈다.

그런데 6월 5일에는 느닷없이 전농시의 종 목효지가 다시 비밀리에 서간으로 "그곳은 정룡(正龍)[43] 정혈(正穴)이 아닙니다."라고 단종에게 아뢰었다. 단종은 서간을 도승지 강맹경(姜孟卿)에게 보이며 살펴보도록 했다. 이에 황보인, 김종서, 정분 등이 목효지를 불러 질문해 보겠다고 아뢰니 단종이 그리하도록 했다.

이튿날 대신들이 목효지를 불러 "지금 네가 새 능을 불가하다 하니, 네가 말한 길지는 어디에 있는가?"라고 물으니 목효지는 "마전현(麻田縣) 북쪽의 계좌정향(癸坐丁向 : 정남에서 서쪽으로 15°) 혈(穴)과 장단현(長湍縣) 북쪽의 임좌병향(壬坐丙向 : 정남에서 동쪽으로 15°)[44]의 혈은 건원릉보다 낫습니다." 하니 이를 받아 주지 않았음은 물론, 불경하다 하여 목효지를 먼 시골의 아전에 예속시켰다. 하지만 몇 달

---

43) 정룡(正龍) : 혈(穴)을 결지하는 용(龍 : 풍수에서는 산을 용이라 함)을 구분할 때 정룡(正龍)과 방룡(傍龍)으로 나뉘는데, 이는 용의 호종(護從 : 보호하고 따름) 관계를 따져서 구분한다. 다시 말해 정룡은 보호를 받는 용이고, 방룡은 보호를 해 주는 용이다. 풍수에서 혈은 기본적으로 장풍(藏風 : 바람을 가림)의 조건이 갖추어진 곳에 결지된다. 따라서 혈을 찾을 때는 방룡의 보호를 받아 장풍의 조건을 갖춘 정룡을 찾아야 하는 것이다. 정룡은 혈을 맺고 방룡은 정룡과 혈을 보호하는 것이다.

44) 장단현(長湍縣) 북쪽의 임좌병향(壬坐丙向) : 『단종실록』 1452년 6월 6일에 원문에는 임좌정향(壬坐丁向)으로 기록한 후 다시 임좌병향(壬坐丙向)으로 교정〈長湍縣北壬坐(丁) 校〔丙〕向穴〉하였음에도, 번역을 할 때 임좌정향(존재할 수 없는 좌향)으로 잘못 번역되었으므로, 필자가 실록의 원본대로 임좌병향으로 하였다.

후 다시 석방시켰는데, 석방한 것은 무슨 연유인지 모를 일이다. 하지만 종의 신분으로 목숨을 걸고 진언하는 기개가 대단하다.

이어서 1452년(단종 즉위년) 6월 17일에는 의정부에서 대행대왕의 시호를 올리면서 묘호는 문종(文宗)이라 하고, 능호는 현릉(顯陵)이라 정했다.

능지가 정해지면서 1452년 7월 17일 처음 잡은 산릉지의 장혈(葬穴 : 시신을 묻을 무덤의 구덩이)에 광중을 파니 물이 솟아나, 수양대군은 혈을 고쳐 잡도록 청했다. 7월 24일에는 정인지 등이 영릉의 서혈(西穴 : 서쪽의 혈)이 길하다 하여 살펴본 후 서혈을 파 보니 돌이 있었다. 산릉 조성을 멈추고 다시 수양대군과 안평대군, 황보인, 김종서 등과 풍수학 낭관에게 명하여 건원릉에 가서 동혈(東穴 : 동쪽의 혈)을 살펴보게 했다.

그리고 7월 25일에 수양대군은 다른 대신들과 더불어 임금에게 "건원릉의 좌혈(左穴)이 능실(陵室)을 만들 만하므로 9월 1일과 17일에 장삿날로 점을 쳤는데, 초1일을 쓰고자 합니다." 하였다. 아무 반대 의견 없이 모두 그대로 따랐다.

당시 수양대군이 문종의 장사 문제에 대해 가부를 독단했다. 산릉의 혈을 정하는 문제나 현궁을 내리는 날짜를 정하는 문제도, 먼저 수양의 동의가 있어야만 했다.

이때 산릉도감의 장무직(掌務職 : 도감의 실무를 맡고 제조를 돕는 직)에 있는 이현로가 수양에게 친절하지 아니하자, 수양은 그의 태도가 거만하고 안평과 가깝게 지냈다는 이유를 들어 매질을 하는 등 수양이 모든 것을 전횡했던 것이다.

8월 3일에는 수양대군 주관하에 안평대군, 황보인, 김종서, 정인지 등이 건원릉의 동혈에 가서 산릉지를 정했다. 문종의 능지를 수양대군이 정한 것이다.

여러 자료에서는 풍수에 능한 수양대군이 역풍수(逆風水)[45]로 흉지를 길지라 하

---

45) 역풍수(逆風水) : 역풍수란 문자 그대로 '풍수를 역으로 이용해 뜻을 이룬다.'는 것으로, 보통 이해 관계자가 풍수의 원리를 거슬리게 적용하여 당사자에게 불리하게 하면서, 자신에게 유리하도록 하는 것이다. 역풍수는 풍수에 정통해서 그것을 이용해 자신의 목적을 달성하려 하는 것이다. 여러 자료에서 보면 세조는 풍수에 능했으며, 역풍수를 이용해 왕이 됐다는 설도 있다.

여 바닷가에 현덕빈의 묘 자리를 잡았듯, 문종의 능지도 흉지를 잡은 것이라는 기록도 보인다. 얼핏 보기에는 건원릉과 비슷해 명당으로 보이나, 건원릉은 생룡으로 발복의 대 명당이지만, 현릉은 그렇지 않은 곳이라는 것이다.

즉시 능역 공사는 진행되었고, 역군들에게는 술과 안주를 내리면서 공역을 서둘렀다. 그리고 8월 28일에는 발인제를 올린 후 영여(靈輿 : 시신을 싣는 가마)는 능지로 떠나고, 그 뒤로 종친과 문무백관들이 따랐다. 산릉에 도착한 영여는 길유궁(吉帷宮 : 영구(靈柩)를 광중으로 옮길 때 혼백(魂帛)을 모시기 위해 임시로 가설하는 장막(帳幕))에 안치했다. 그리고 1452년 9월 1일 축시(丑時 : 오전 2시경)에 검암산 건원릉 아래쪽 계좌정향(癸坐丁向)에 장사를 지냈다.

이리하여 문종의 장사는 능지 선정부터 장례의 절차까지 수양대군의 주장하에 진행됐다.

한편 문종보다 11년 먼저 승하한 현덕왕후는 이때까지도 안산 땅에 그대로 있었다. 이미 현덕왕후는 세자빈에서 왕후로 추존되었고, 세자빈 묘도 소릉(昭陵)으로 진봉된 상태이다. 문종 역시 후비가 없어 장차 함께 안장할 대상도 없는 상황인데, 현릉의 능지 택정 과정과 조성 과정에서 현덕왕후와의 합장이나, 소릉의 천릉이 전혀 거론되지 않았다. 선왕들의 사례로 보아 모두 왕과 왕비가 함께 안장되었음에도, 합장의 소견을 누구도 일체 개진하지 않았음이 의아스럽다. 그것은 아마도 문종과 현덕왕후 장례의 실제 주관자였던 수양대군의 의도였을 수 있다는 생각도 해 볼 법하다. 설사 당시 합장의 의견 제시가 있었다 해도 실록에서 그런 내용의 기록이 없다면, 『문종실록』의 편찬 완료 시기가 세조 1년이라는 점, 실록 편찬 책임자의 면모가 정인지, 정창손이라는 점에서 무관치 않을 것이라는 생각이 강해진다.

다시 5년이 흘렀다. 이 5년의 기간 중에 수양대군은 정난(政亂)을 일으켜 조정의 실권을 잡은 후, 단종의 왕위를 찬탈하는 일이 있었고, 그 무도함에 대항하여 단종을 다시 복위시키려는 사건이 발생했다. 그 후유증이 이미 17년 전에 죽어 바닷가에 조용히 묻혀 있는 현덕왕후에게 미친다.

그것은 1457년(세조 3년) 성삼문이 주도했던 단종 복위를 도모한 사건으로, 의정부에서 "현덕왕후 권씨의 어미와 그 동생 권자신(權自愼)이 모반하다가 주살을 당하였는데, 그 아비 권전(權專)을 이미 서인(庶人)으로 만들었으며, 또 노산군이 종사에 죄를 지어 이미 군으로 강봉하였으나 그 어미는 아직도 명위(名位)를 보전하고 있으므로 마땅하지 않으니, 청컨대 폐(廢)하여서 서인으로 만들어 개장(改葬 : 다시 장사를 지내는 것)하소서."라고 주청하니, 세조는 의정부의 청을 받아들이는 형식으로 이미 승하한 현덕왕후까지 폐위시키고 종묘에서 신주를 철거하고, 서인(庶人)으로 만들었다.

그와 관련된 야사가 있다. 세조는 매일 밤 현덕왕후의 혼령 때문에 잠을 이루지 못했다. 어느 날 세조의 꿈에 현덕왕후가 나와 "네가 죄 없는 내 자식을 죽였으니 나 또한 네 자식을 죽이겠다." 하여, 세조가 놀라 일어나니 갑자기 세자가 죽었다는 기별이 오므로, 이것이 빌미가 되어 세조는 현덕왕후의 능을 파헤치고 시신은 바닷가에 버렸다고 전해 온다.

세조가 단종을 죽이니 단종의 모후 현덕왕후가 세조의 아들 의경세자를 죽게 했다는 것이다. 그러나 실록에 보면 의경세자가 죽은 것은 1457년 9월 2일이고, 단종이 죽은 것은 10월 21일이다. 아마도 야사는 세조가 단종의 왕위를 빼앗은 것에 대해 인과응보나 권선징악을 강하게 시사(示唆)하기 위해 다소 사실과 다르게 전해지는 것은 아닌가? 하는 생각을 해 본다.

어쨌든 세조는 소릉(昭陵)을 파고 형수의 시신을 꺼내 내동댕이치는 만행도 마다하지 않았다. 아들의 죽음에 분노가 치밀어 올라 분별력을 잃은 처사이다. 이렇게 현덕왕후의 시신은 무려 34일간이나 노천에 버려졌다가 평민의 예로 물가에 옮겨 묻히는 수난을 당하기도 했다. 도대체 17년 전에 죽은 사람이 역모와 무슨 상관이 있다고, 묘를 파헤치고 시신을 내동댕이치는가? 통분할 일이 아닌가? 할아버지인 태종이 서모(庶母)의 능인 정릉을 파헤쳐 천장시키더니 그의 손자인 세조는 형수의 능을 파헤치는 대변고가 벌어진 것이다.

이후 성종 때(1478년 4월) 유생(儒生) 남효온(南孝溫)이 현덕왕후 위호의 추복(追

현덕왕후 능(앞에는 문종 능)

復)을 청하는 상소를 올렸다. '뜻밖의 사건으로 소릉(昭陵 : 현덕왕후를 칭함)이 폐위를 당했는데, 하늘에 계신 문종(文宗)의 혼령께서 홀로 어찌 기꺼이 춘하추동 제사 받기를 즐겨 하시겠습니까? 소릉의 폐위는 인심에도 합당치 않고, 천심에도 합당치 않습니다. 다시 종묘에 모셔야 합니다. 마땅히 존호도 추복하고 예장해야 할 것입니다. 과거 세조께서 예종께 훈계하실 때 "나는 어려움을 당했으나 너는 태평함을 당할 것이다. 만약 내가 한 일에 국한되어 형편과 경우에 따라서 융통성 있게 처리할 줄 모르면, 나의 뜻을 따르는 바가 아니다."라고 하신 바 있습니다. 따라서 전하께서 이 말을 채택하시면 천재(天災)가 사라질 뿐 아니라 신(神)과 인(人)이 화합하고 천지가 안정될 것입니다.' 하며, 현덕왕후의 추복을 청했다. 성종이 이 상소를 승성원에 내려 보내니 당시 도승지 임사홍은 남효온의 상소를 옳지 못하다 했고, 현덕왕후를 폐위시킬 때 앞장서 참여했던 한명회, 정창손, 서거정 등이 "신하로서 할 말이 아니며, 채택할 수 없다."면서 오히려 죄 줄 것을 청하여, 남효온은 귀양을 가게 되었다.

결국 연산군 때는 이 상소가 빌미가 되어 이미 죽은 남효온은 역적으로 몰리고, 끝내 묘를 파내 시체의 목을 베이는 참화를 당하기도 했다. 따지고 보면 성종 입장에서는 이 모두가 할아버지가 저지른 일들이니 쉽게 응낙할 수 없었을 것이다. 당시 추복을 반대했던 사람들 역시도 세조의 처결에 가담 또는 동조했던 인물들이기 때문에 추복에 동의할 수가 없었으리라 본다. 이후 연산군 때 다시 김일손 등이 "소릉 묘주를 추복하여 문종에게 배위하게 하면 종묘에 다행일 것입니다." 하여, 소를 올린 바 있으나 역시 받아들이지 않았다.

그 후 34년이 지난 1512년(중종 7년) 11월 22일에 검토관(檢討官)[46] 소세양(蘇世讓)에서 시작하여, 11월 25일에는 영의정 유순정 등이, 다시 대사헌 이자건(李自建) 등이, 그리고 부제학 이자화(李自華) 등이 지속적으로 현덕왕후의 추복을 상소하므로, 중종이 직접 "실록을 상고하고 성종조에 이러한 논의가 있었다 하니 아울러 상고해 보라."며 소릉(昭陵)의 추복을 의논할 것을 전교한 바 있다. 1513년(중종 8년) 3월 3일 또다시 우의정 송일(宋軼), 대사헌 남곤 등이 소릉의 추복을 건의함에 중종이 드디어 받아들인다. 결국 3월 12일 의정부에 전교하면서, 현덕왕후는 복위되었고 신주는 다시 종묘에 봉안되게 되었다.

추복의 상소가 시작되고 이 건의가 수용되기까지 시간적으로는 4개월이 걸렸다. 또 삼사에서 주축이 되어 무려 53번의 상소가 있었다. 그럼에도 중종은 윤허하지 않다가 54번째 드디어 성희안, 유순, 노공필에게 추복하는 일을 의논해 아뢰라는 전교를 내린다. 53전 54기라는 진기록과 함께 어렵게 소릉의 추복이 이루어진 것이다.

이날의 『중종실록』에는 '선왕(세조)이 능(昭陵 : 현덕왕후)을 파헤친 것은 선왕의 본뜻이 아니라 당시 대신들의 그릇된 청에 못 이겨 그리된 것임을 알았다.'고, 중종은 증조할아버지 세조의 행위를 감싸고 있다.

이와 함께 바닷가에 있던 무덤도 우의정 송일(宋軼)을 산릉 총호사(山陵 摠護使)

---

46) 검토관(檢討官) : 경연청에 속한 정6품의 관직으로 왕에게 경전과 역사, 그리고 현실 정치에 적용하여 토론을 맡아보는 자리이다.

로 삼아 개장을 담당케 했다. 이들은 "현릉의 청룡 줄기 인좌신향(寅坐申向 : 정서에서 남쪽으로 30°)이 천장할 땅으로 합당합니다."라고 아뢰니, 중종은 "심히 합당하다." 하므로, 1513년(중종 8년) 4월 21일 현덕왕후를 현릉 동쪽 언덕 인좌신향 자리에 천장하여 안장했다.

비운의 현덕왕후는 죽어서도 시대의 소용돌이마다 폐위와 개장, 시신의 노천 방치와 평민장 등 갖은 수모를 당하다가 이후 추복과 천장 등의 힘든 과정을 거쳐 72년 만에 겨우 지아비 곁으로 자리 잡아 지금의 현릉에 안장된 것이다.

이에 사나운 시동생 때문에 형언 못할 모진 수난을 겪고, 곁으로 돌아온 현덕왕후를 문종은 어떻게 위로를 했을지 궁금하다.

한편 현릉 능역에 설치된 의물(儀物)에서 홍살문의 위치는 향어로(香御路)[47]가 시작되는 앞에 있어야 하는데 다른 능과 달리 향어로가 시작되는 뒤쪽에 올려져 있음이 비교된다.

---

47) 향어로(香御路) : 왕릉의 제향 공간이 시작되는 홍살문(紅箭門)에서 정자각에 이르는 박석이 깔린 길을 말한다. 신이 다니는 길이라 하여, 신도(神道) 또는 신로(神路)라고도 한다. 향어로는 향로(香路)와 어로(御路)로 구분되는데, 통틀어 '향어로'라고 한다. 일제 때에는 참도(參道)로 불리기도 했다. 참도는 참배길이라는 의미도 있지만, 일본에서는 신사(神社)에 이르는 길을 참도라 한다. 지금은 그 용어를 사용치 않고 있다. 조선 왕릉의 향어로는 일반적으로 홍살문에서부터, 혹은 홍살문에서 1보(一步) 내외 떨어진 곳부터 시작되고 있다. 하지만 현릉(顯陵)은 향어로가 시작되고 3보(三步) 뒤쪽에 홍살문이 위치하고 있다. 반면 숭릉(崇陵), 홍릉(弘陵), 융릉(隆陵), 건릉(健陵), 홍릉(洪陵)의 경우는 무슨 이유에서인지 홍살문에서 3~6보 떨어진 곳부터 향어로가 시작되고 있다. 그런가 하면 유일하게 광릉(光陵)은 향어로가 없다.

몰래 묻힌 무덤에서 진봉된 능

장릉(莊陵, 단종)

장릉(莊陵)은 조선조 제6대 임금인 비운의 왕 단종(端宗, 1441~1457)의 능으로 단릉(單陵)이다.

단종의 장릉은 처음부터 이곳에 능으로 조성되지 않았다. 귀양지인 영월에서 단종이 승하하자 엄흥도라는 인물이 몰래 산속에 매장했다. 그 후 240년이 흐른 숙종 때에 이르러 몰래 매장했던 이 묘가 능으로 승격된 것이다.

역사적으로 보면, 세조는 영월로 유배를 보낸 단종에게 사약을 내린 후 그 시신을 동강가에 버린 것도 모자라 아무도 거두지 못하게 한다. 그러나 영월 호장 엄흥도가 목숨 걸고 몰래 시신을 수습하여 산속에 매장한다. 그렇게 세월이 흘러 60년이 지난 중종 때에 이르러 매장된 무덤의 실체가 밝혀지고, 다시 180년이 지난 숙종 때에 이르러서야 단종(端宗)이라는 묘호가 내려진다. 또 능호가 장릉(莊陵)으로 추상(追上)되면서 지금의 모습을 갖추게 되었다. 추상되기 전까지는 일명 노릉(魯陵)으로 불리었다.

단종은 1441년(세종 23년) 7월 23일 문종이 세자 시절 배필로 맞은 세자빈 권씨 사이에서 태어났다. 그러나 세자빈 권씨가 단종을 낳자마자 세상을 떠나 어머니 품에 한 번 안겨 보지도 못하고 세종의 후궁인 혜빈 양씨의 손에서 자란다.

1448년(세종 30년) 왕세손에 책봉되었으며, 2년 후 1450년 문종이 즉위하면서 왕세자에 책봉된다. 그리고 2년 뒤 1452년에는 문종이 승하하여 12세의 어린 나이로 조선의 제6대 임금이 되었다.

그러나 호시탐탐 보위를 노리는 숙부 수양대군의 겁박에 보위를 이어 가지 못한다. 재위 3년 2개월 만인 1455년 6월 수양대군에게 왕위를 물려주고 상왕이 되어 물러난다. 그러나 여러 가지 정치적 사건에 휘말리며 결국 애달픈 삶을 마감하고 만다.

사실 단종이 양위를 하게 된 것은 모신(謀臣 : 모사(謀事)에 뛰어난 신하) 권람(權擥)으로부터 시작해 정인지 등의 논의에 의해 이루어진 것이다. 『세조실록』을 보면 단종이 대보(大寶)를 세조에게 넘기려 하니 세조는 엎드려 눈물을 흘리며 완강히 사양했다고 기록되어 있다. 그러나 『연려실기술』에 의하면 '단종이 대보를 세조에게 주려 할 때 대보(옥새)를 들고 있던 예방승지 성삼문이 옥새를 안고 울음을 터트리니, 세조는 머리를 들어 빤히 그 모습을 바라보았다.'라고 기록하고 있다. 이렇게 해서 왕위를 넘겨준 단종은 상왕이 되어 창덕궁으로 거처를 옮긴다.

그 후 성삼문, 박팽년, 유응부 등 사육신이 중심이 되어 단종 복위 운동을 벌였으나 실패하였고, 1457년(세조 3년) 6월 단종은 노산군으로 강봉(降封)되어 강원도 영월 청령포로 귀양을 가게 된다.

1457년(세조 3년) 6월 22일 『세조실록』에 의하면, 귀양지 영월로 떠나면서 전송 나온 환관에게 "성삼문의 역모를 나도 알고 있었으나 아뢰지 못하였다. 이것이 나의 죄이다."라 하였다며, 단종이 스스로 죄를 실토한 걸로 기록하고 있으니, 이는 단종의 처결을 합리화하기 위한 승자의 기록 아니겠는가?

단종을 영월 청령포로 유배를 보내 놓고도 마음을 놓지 못한 세조는 결국 사약을 내린다. 사약을 가지고 온 금부도사 왕방연은 단종 앞에 엎드려 감히 나서지 못할 때 단종을 모시던 통인(通引 : 관아에서 잔심부름을 하는 이속)이 노끈을 단종의 목에 걸어 잡아당기니 그대로 절명했다고 전해진다. 1457년(세조 3년) 10월 21일 단종은 이렇게 참혹한 모습으로 비극적 죽음을 맞는다. 이때 단종의 나이는 17세였다. 단종을 죽인 통인은 미처 방문을 나가기도 전에 아홉 구멍에서 피를 흘리며 즉사했다고 전해져 온다.

그런데 이날의 『세조실록』은 "노산군이 스스로 목매어 죽으니 예로써 장사 지냈다."고 기록하고 있다.

이렇듯 단종이 어떻게 승하했는지 여러 가지 얘기가 전해 오고 있다. 어느 기록에는 '사약을 마시고 승하했다.'고 하고, 다른 기록에는 '활줄에 긴 노끈을 이어서 창문 구멍으로 끈을 잡아당겼다.'고 하고, 『세조실록』1457년(세조 3년) 10월 21일 기사에서는 '노산군이 스스로 목매 돌아가므로 예로써 장사를 지냈다.'고 기록하고 있는데, 『연려실기술』에서는 실록의 내용을 가지고 간악하고 아첨하는 자들의 붓장난이라며 『세조실록』의 기록 내용이 사실이 아니라고 묘사하고 있다.

단종에게 사약이 내려지기 전, 금성대군이 단종 복위를 거사했다가 발각되어 세조에게 죽임을 당하게 되었다. 마지막으로 금부도사가 금성대군에게 임금이

계신 서쪽을 향해 절을 하게 하였으나 "우리 임금은 영월에 계시다." 하며, 영월 쪽을 향해 통곡하며 사배를 올린 후 죽었다고 하는 것은 유명한 일화다.

『연려실기술』에서는, 정인지가 백관을 대동하고 노산군을 제거해야 한다고 주청(奏請)한 것이 시발이 되어, 결국 단종은 죽음에 이르고 말았다. 그리하여 지금까지도 인심은 정인지의 처신에 대해 분개하고 있다. 그래서 단종을 죽게 한 죄를 논하자면, '정인지가 으뜸이고 신숙주가 그다음이다.'라고, 『죽창한화(竹窓閑話)』[48]에 실려 있다고 기록하고 있다.

어쨌든 세조가 단종을 죽인 직접적인 이유는 또 있었다. 세조는 조카로부터 왕위를 찬탈한 후 매일 밤이면 형수인 현덕왕후 혼령의 괴롭힘에 시달렸다고 한다. 뿐만 아니라 의경세자, 심지어 정희왕후와 의숙공주까지도 영적인 괴롭힘을 당했다는 것이다.

혼령의 저주는 계속되었고, 평소 유약했던 의경세자가 병이 들어 백방으로 약을 썼으나 결국 나이 스물에 요절한다. 의경세자를 끔찍이도 사랑했던 세조는 그 죽음이 현덕왕후의 혼령 때문이라고 하여, 마침내 현덕왕후의 유골을 파서 바닷가에 내버리는 일이 벌어진 것이다. 그러고는 그 미움이 단종에게까지 이어져 결국 사사하게 된 것이다.

이렇게 죽어간 단종의 시신은 동강가에 버려졌다. 세조는 죄인의 시신에 손을 대는 자는 삼족을 멸할 것이라고 엄명을 내린다. 때문에 강가에 버려진 지 몇 달이 되어도 아무도 시신을 거두지 못했다. 그런데 호장(戶長) 엄흥도(嚴興道)가 야음을 틈타 몰래 시신을 거둬 영월 북쪽 동을지(冬乙旨)라는 곳에 장사를 지낸다.

이때 엄흥도의 가족들은 화가 미칠까 두려워하며 말렸는데 엄흥도는 "옳은 일을 하고 해를 당하는 것은 내가 달게 생각하는 바다." 하였다고 『병자록(丙子錄)』[49]에 기록되어 있다. 그런가 하면 노산군이 영월에서 죽으매 관과 엄습을 갖

---

48) 『죽창한화(竹窓閑話)』: 조선 중기 이덕형(李德泂 : 1566~1645, 본관 한산, 호 죽창, 시호 충숙, 인조 때 형조 판서)이 지은 명현들의 일화를 기록한 잡록이다.

49) 『병자록(丙子錄)』: 조선조 인조 때 나만갑(羅萬甲)이 지은 책이며, 병자호란 당시의 난중일기로, 삼전도의 치욕적인 내용을 기록한 책이다.

추지 못하고 다만 거적으로 초빈(草殯)[50]을 하였는데, 하루는 젊은 중이 와서 슬피 울고 며칠을 묵다가 시체를 지고 도망하였다, 혹은 불태웠다, 혹은 강물에 던졌다 하여 지금의 무덤은 빈탕이요 가짜라 하니 어떤 것이 옳은지 알 수 없다는 글이 『송와잡기(松窩雜記)』[51]에 실려 있음을 『연려실기술』에서 기록하고 있다.

또한 세조는 1458년(세조 4년) 7월 단종의 태봉(胎峰 : 왕의 태실)마저 철거해 버렸다. 조선 왕실에서는 산릉 조성과 더불어 태어난 왕자의 태반을 묻는 태실의 조성도 중요한 의례이다. 소위 장태(藏胎 : 출산 후에 배출된 태를 일정한 장소에 묻는 것. 매태(埋胎)라고도 한다)의 의례가 있었다. 태(胎)는 태아에게 생명을 부여한 근원으로 여겨 태를 절대 함부로 다루지 않고 소중히 여겼다.

계층마다 다르긴 하지만 특히 왕실에서는 태를 봉안하는 것에 별도의 의식을 행했으며, 길지를 선정해 봉안하고 표석까지 설치했다. 심지어 태실을 수호하는 군사도 배치할 만큼 중히 여겼다. 단종의 태봉과 금성대군의 태실(胎室)은 성주(星州)에 있었는데, 세조에 의해 파헤쳐진 것이다.

경상북도 성주 선석산에는 세종의 왕자들인 대군(大君)과 군(君), 모두 18명과 단종의 태실이 함께 있었다. 그런데 예조에서 '이곳에는 주상의 태실과 여러 대군의 태실이 같이 있는데, 함께 있어서는 안 될 난신 이유(李瑜 : 금성대군)의 태실도 있으니, 철거하는 것이 마땅하다.'라며 세조에게 고했다. 이에 따라 세조는 단종과 금성대군의 태봉과 태실, 그리고 단종 복위 사건에 가담했던 다른 왕자들의 태실을 모두 파내고, 비석은 땅에 묻어 버렸다. 이 당시 단종의 태봉은 문종(文宗) 때 법림산(法林山)으로 옮겼으므로 옮긴 태봉을 철거한 것이다.

우리나라와 서양은 나이를 세는 방법이 다르다. 서양보다 우리나라의 나이가

---

50) 초빈(草殯) : 사정에 의해 장사를 치르지 못할 때 밖에 관을 놓고 이엉 등으로 둘러 눈비를 가릴 수 있도록 덮어 두는 것을 뜻한다.

51) 『송와잡기(松窩雜記)』 : 송와(松窩)는 이희의 호로서 한산 이씨이며, 목은(牧隱) 이색의 후손으로 조선 중기의 학자이다. 좌승지, 직제학, 관찰사 등을 지낸 인물로 청백리에 오르기도 했다. 저자가 듣고, 보고, 생각나는 것을 기록한 책이다.

성주 선석산 세종의 왕자들 태실

한 살 많다. 서양은 출생한 날을 기준하여 나이를 세지만, 우리나라는 어머니 배 속에 있는 태아를 생명체로 인정하여, 태아 때부터 나이를 세기 때문에 한 살이 많은 것이다. 이렇듯 태를 소중히 여기는 문화에서 태봉(胎峰)과 태실(胎室)[52]을 파 헤쳐 철거하고, 멸실시킨다는 것은 강상(綱常)의 도를 벗어나는 패륜적 행위이며 폭거인 것이다.

　이후 단종에 대해 언급하는 것 자체를 금기시하다가, 중종 때 와서야 비로소 노

---

52) 태봉(胎峰)과 태실(胎室) : 왕실에서 왕세자를 비롯한 왕자와 왕손, 그리고 공주 등을 출산하면 그 태 (胎)를 봉안했었는데, 봉안하던 곳을 태실이라 한다. 이는 살아서 무병장수하는 동기 감응과 다음에 잉태하는 태아에 부정 타는 것을 막기 위한 것이었다. 태실에 봉안한 사람들 중에 나중에 왕위에 오 른 왕자의 태실을 태봉이라 한다.

산군의 묘를 찾으라는 전교가 있었다.

『중종실록』에 보면 1516년(중종 11년) 11월 22일 임금이 "노산군의 묘를 찾아 수축하도록 하라."는 전교가 내려진다. 그해 12월에는 우승지 신상(申鏛)이 "노산군의 묘가 영월 서쪽 5리길 되는 산 능선에 있는데, 높이가 2자쯤 되고 여러 총총한 무덤들은 돌을 옆에 늘어놓았는데, 이 묘(墓)만은 없다고 합니다. 고을 사람들이 군왕의 묘라 했고, 어린아이들도 모두 알고 있었습니다."라는 복명 내용으로 보아, 이때서야 비로소 묘로서 제 모습을 갖추게 된 것으로 보여진다.

그 후 『선조실록』에는 1576년(선조 9년) 5월 15일 노산군의 묘에 관원을 보내 제사를 지냈다는 기록이 보인다. 또 1581년(선조 14년) 여름에는 강원감사 정철의 장계(狀啓 : 외방에 나가 있는 신하가 중요한 일을 왕에게 보고하거나 청하는 문서)로 말미암아 왕자 묘의 예에 준해 묘를 봉하고 표석을 세웠으며, 승지를 보내 치제하였다는 기록도 있다.

『현종실록』에는 1660년(현종 1년) 12월 1일 강원 감사가 노비 약간 명을 노산군의 묘지기로 차출했으면 한다는 기록도 보인다. 1681년(숙종 7년)에 노산대군으로 추봉되었고, 드디어 1698년(숙종 24년) 11월 6일 노산대군의 시호를 다시 추상(追上 : 임금이나 왕비가 죽은 뒤에 존호를 올리는 것)하면서, 묘호를 단종(端宗)이라 하였으며, 능호는 장릉(莊陵)이라 정하였다. 묘호를 처음에는 예조에서 희(僖)로 할 것을 아뢰었으나, 숙종이 단(端)으로 바꾸었다. 이때 단종비도 함께 시호는 정순(定順), 능호는 사릉(思陵)으로 정해진다. 또한 11월 24일 장릉과 사릉을 조성할 때 숙종의 명으로 능 위의 석물은 후릉(정종)의 예를 따르도록 했다. 그래서 두 능은 난간석이나 병풍석 등이 생략된 채 단출하게 조영된 것으로 전해진다. 하지만 후릉은 학술보고서 및 사진을 통해 병풍석이 설치되고 기타 석물들이 다양함을 알 수 있다. 능의 규모는 따랐으나 석물 제도는 따른 것으로 보이지 않는다.

이렇게 능으로 모습이 갖춰지기까지의 과정은 다른 능과 커다란 차이가 있다. 엄흥도가 몰래 매장한 곳, 소위 암장한 곳이 능이 되었으니 말이다. 능의 좌향은 신좌을향(辛坐乙向 : 정동에서 남쪽으로 15°)이다.

뒤에서 본 장릉

한편 단종의 모후인 현덕왕후는 소릉(昭陵)에서 개장되어 노천에 버려진 후 겨우 평민장으로 다시 묻히는 등 가진 수모를 당하다가, 1513년(중종 8년) 문종의 곁으로 돌아왔고 신주는 종묘에 봉안되었다. 그러나 현덕왕후의 아버지이자 단종의 외할아버지인 권전과 현덕왕후의 동생이자 단종의 외삼촌이었던 권자신은 180여 년 동안이나 신원(伸寃 : 억울한 일을 풀어버림)이 회복되지 못했다. 그 이듬해에 이르러서야 두 사람의 관작(官爵)도 추복되었다.

그리고 단종의 장사를 지냈던 충신 엄흥도에게는 당시 직책이 호장에 불과했지만 공조 참의로 증직되었다. 영조 때에 이르러서는 종2품으로 증직되었고, 그 뒤 다시 공조 판서로 증직함과 동시에 충의공(忠毅公)이란 시호를 내렸다.

시누이 문중 땅에 묻혔다 177년 만에 추복된 능

사릉(思陵, 단종비 정순왕후)

사릉(思陵)은 조선조 제6대 임금 단종의 비(妃) 정순왕후(定順王后, 1440~1521) 송씨의 능으로 단릉(單陵)이다.

사릉 역시 처음부터 이곳에 능으로 조성된 것이 아니었다. 서인(庶人)의 묘(墓)에서 높여진 것으로, 정순왕후도 단종과 함께 추복되면서 능이 되었다.

정순왕후가 궁에서 쫓겨나 홀로 살다가 세상을 뜨자 단종의 누이 경혜공주의 시집인 정씨(鄭氏) 문중 묘역에 묻혔다. 그때 묻힌 묘가 바로 지금의 능이다. 그래서 다른 능에 비해 규모 면에서 단출하다. 그리고 특별하고도 파란만장한 연유가 있기는 하지만 지아비와 가장 멀리 떨어져 있는 능이기도 하다.

정순왕후는 본관은 여산(礪山)이고, 여량부원군 송현수(宋玹壽)의 딸로 1454년(단종 2년) 1월 22일 나이 16살에 왕비가 된다.

정순왕후는 단종보다 한 살이 많으며, 최초로 직접 임금에게 시집온 사람이다. 정순왕후가 단종비가 되는 데는 아마 고모의 도움이 있지 않았나 싶다. 세종과 소헌왕후 사이의 여덟 번째 왕자인 영응대군(永膺大君)의 부인이 바로 정순왕후의 고모이기 때문이다. 이는 곧 친정 쪽으로는 고모이지만 시집 쪽으로는 숙모가 되므로, 단종비 간택을 하는데 있어서 아마도 고모의 역할이 크지 않았을까 짐작이 된다.

1455년 단종이 세조에게 왕위를 찬탈당하고 상왕으로 물러나 있을 때는 정순왕후가 왕대비가 되었지만, 단종의 복위를 시도한 사육신 사건이 벌어지자 단종이 노산군으로 강봉되면서 대비인 정순왕후도 부인으로 강등된다.

단종이 영월로 유배를 떠나자 정순왕후도 궁을 나와 동대문 밖에 초가를 짓고 시녀와 염색 일을 하며 생계를 이어갔다. 평생 단종만을 그리면서 애달픈 생을 보낸 그녀가 매일 뒷산에 올라 영월 쪽을 향해 절하며 통곡을 하면, 미을의 여인들도 모두 함께 통곡을 했다고 한다. 그래서 이 뒷산의 봉우리를 동쪽에 계신 단종을 바라본다는 뜻으로 동망봉(東望峰)이라 부른다. 지금은 그 자리에 동망정(東望亭)이 세워져 있다.

정순왕후는 1521년(중종 16년) 6월 4일 82세를 일기로 승하했다. 단종이 영월로 유배를 떠나면서 남편과 생이별을 한 후 자식도 없이 긴 세월을 가난과 눈물로 비참하게 지내다가 세상을 떠났다.

세조가 정업원 근처에 초가집도 지어 주고 곡식도 주었으나, 모두 거부했다.

동대문 밖 숭인동 초가집에 살면서 평생 흰옷만 입었고 고기와 생선은 절대로 먹지 않고 지냈다. 조선조 왕비 중에서 가장 쓸쓸히 승하한 비운의 왕비이기도 하다.

하지만 진정한 복수는 더 오래 살아남는 것이라고 했던가? 정순왕후는 궁에서 나와 승하하기까지 65년간 자신을 폐비로 만든 시숙부인 세조의 죽음과 세조 후손으로 임금(예종, 성종, 연산군)을 지낸 사람들의 영고성쇠(榮枯盛衰)와 죽음을 지켜보았다. 그렇지만 단종의 죽음을 통한하며 65년을 보낸 여인의 한(恨)을 생각하면 가슴부터 먹먹해진다.

이렇게 천추의 한을 품은 채 외롭게 승하했지만, 이때는 추복이 되지 않은 시기였으므로 마땅히 묻힐 곳조차 없었다. 결국 단종의 누이인 경혜공주가 출가한 해주 정씨 사가의 묘역에 쓸쓸히 묻혔고, 제사도 해주 정씨 집안에서 지냈다.

단종의 누이 경혜공주의 남편 정종(鄭悰) 또한 역모죄로 단종의 죽음과 함께 관비가 되는 신세가 되었는데, 훗날 정희왕후의 하교로 정종은 난신(亂臣)의 명단에서 빠지게 된다. 그리하여 경혜공주의 아들 정미수(鄭眉壽)는 성종의 각별한 보살핌 속에 과거에 응시할 수 있었고 관직에도 나아갈 수 있었다. 조정 중신들이 정미수의 파직을 수차례 간했는데, 성종의 강력한 보호 덕에 무사할 수 있었고, 세월과 함께 정미수는 중종반정의 공신이 되어 외숙모인 정순왕후를 지성으로 보살폈다고 한다. 정미수는 또한 후손들에게 정순왕후의 신위를 정성껏 모시도록 유언을 할 만큼 극진했다. 그러한 연유로 정순왕후의 묘역 관리는 물론 제사도 해주 정씨 집안에서 지내게 된 것이다.

사실 성종이 정미수에게 특히 각별함을 가졌던 것은 정희왕후의 배려가 있었기 때문이다. 계속해서 대간들이 정미수의 서용(敍用 : 죄를 지었던 사람을 벼슬자리에 등용하는 것)을 반대하자 정희왕후는 대신들에게 '대간들이 정미수의 등용을 반대하나 세조께서 예종에게 "공주의 아들을 내가 등용하려 하나 아직 나이가 어려 하지 못하니, 뒤에 등용을 반대하는 사람이 있더라도 반드시 서용하라."고 하셨다. 나는 정미수를 비호하는 것이 아니라 세조의 유교에 따르는 것이다.'라고 하자, 이때부터 대신들도 정미수의 등용을 반대하지 않았다. 계속해서 정희왕후는 송씨(정순왕후를 말함)가 친정의 친속들이 의식(衣食)을 공급하여 살아가는데 불편이 없어야 한다고 챙기기도 했다.

『중종실록』에 의하면 1521년(중종 16년) 6월 6일 정순왕후가 승하한 다음 날 "노산부인 송씨의 상례는 대군(大君) 부인의 예에 의하도록 하라."는 중종의 전교가 있었지만, 남의 가문 묘역 한쪽 구석에 초라하게 묻힐 수밖에 없었다. 이때만 해도 단종이 복위되기 전이니 그나마 대군 부인의 예우를 받은 것만 해도 파격적이었다. 그러면서 노산군의 부인 송씨는 세상에서 잊혀져 갔다.

그러다가 1610년(광해군 2년) 7월 25일 『광해군일기』 기록을 보면 예조 판서 이정귀(李廷龜)가 광해군에게 아뢰었다. "노산군 부인의 묘는 양주 풍양에 있는데, 나무꾼과 소 먹이는 자들이 마음대로 들어가고 향화가 단절되어 자손이 있는 천민만도 못하다는 생각이 미침에 측은하여 자신도 모르게 눈물이 납니다. 옛부터 제왕은 혁명을 당한 전대의 임금일지라도 모두 향사(享祀)하는 전례(典禮)를 높이 베풀었으니, 숭의전(崇義殿)[53]이 바로 그것입니다. 따라서 특별히 몇 칸의 사우(祠宇 : 선조(先朝) 혹은 선현(先賢)의 신주나 영정을 모셔 두고 제향을 행하는 집)를 건립하여, 노산군과 함께 신주를 모시고 매년 한식과 두 기일(忌日)에 관원을 보내 치제(致祭 : 나라에서 왕족이나 대신 또는 나라를 위해 죽은 사람에게 제문과 제물을 갖추어 지내 주는 제사(祭祀))하며, 묘소가 있는 곳에는 묘소를 잘 북돋고 항상 수호하게 하

---

53) 숭의전(崇義殿) : 1397년 태조의 명으로 묘(廟)를 세워 고려 태조를 비롯하여 7왕의 신위를 모셔 놓고 제사를 지내는 곳이다. 숭의전에서는 고려의 충신 정몽주를 비롯해 15명을 함께 제사 지내고 있다. 문종 때 중건했고, 경기도 연천군 미산면에 있다. 참고로 평양의 숭령전(崇靈殿)은 단군과 고구려 시조를, 숭인전(崇仁殿)은 기자(箕子)를, 경주 숭덕전(崇德殿)은 신라 시조를, 충남 직산의 숭렬전(崇烈殿)은 백제의 시조에게 제사를 지내는 곳이다.

사릉 전경

고, 네 명절과 두 기일에는 본관 수령이 제물을 정갈하게 준비하여 직접 제사를 지내게 하소서." 하니, 광해군이 이를 윤허한다. 정순왕후는 승하한 지 89년이 지나고, 노산군이 눈을 감은 지는 153년이 지나서야 비로소 대군 부인의 예로 노산군과 함께 제사를 받을 수 있었다.

그런데 1674년(현종 15년) 1월 2일 응교 이선(李選)이 임금에게 주청하기를, 노산군의 부인 묘소에 수묘군(守墓軍) 및 제전(祭田)을 지급하고 또 사당을 세워 여염 사이에 섞여 있지 않게 할 것을 청했는데, 현종이 이를 허락하지 않은 바도 있다. 이것으로 볼 때 그 당시 사우를 짓지는 않았고, 다만 광해군 이후부터는 본관 수령을 통해 제사만 지낸 것으로 여겨진다.

그러다가 1698년(숙종 24년) 11월 6일에 이르러서야 단종과 함께 추복되면서, 정순왕후라는 시호와 사릉(思陵)이라는 능호가 내려진 것이었다.

그때까지 정순왕후의 신위는 당시의 참판 정중휘(鄭重徽)의 사가에 있었다. 이는 위에서도 언급했듯이 단종의 누이 경혜공주의 아들인 정미수의 유언에 따라 정중휘에 이르기까지 무려 7대에 걸쳐 정순왕후의 신위를 모시고 있었던 것이다.

왕과 왕비가 승하하면 으레 왕실은 물론 전 조정이 합심하여 장례를 치렀다. 상지관들을 총동원하여 풍수적으로 합당한 능지를 선정해 능역을 조성해 왔다. 그런데 조선 왕조의 모든 군왕(君王)과 왕비(王妃) 중에서 유독 단종과 단종비 정순왕후만이 암장한 무덤 상태거나 묻힐 땅이 없어서 남의 땅을 빌려 쓴 무덤 그대로 능이 되었다. 이 두 사람은 생전에도 비운의 생을 살았는데, 승하 후까지도 몰대우를 받은 것이다.

조선조는 그동안 왕릉의 능역에 사가의 묘를 두지 않았거늘, 유일하게 사릉에만 남겨져 있다. 이는 숙종 때 추복되면서 사가의 무덤을 이전하지 않고 조성되었기 때문이다. 당시 사릉을 위해 정씨 문중 선대 묘를 옮겨야 한다는 의논도 있었으나 제릉(齊陵 : 태조의 정비 신의왕후의 능)의 구총과, 정릉(貞陵)의 공주 묘[54]를 예로 들어 숙종이 허락하자 그대로 두게 했다. 다만 석물들만 매몰케 하였다. 능의 좌향은 계좌정향(癸坐丁向 : 정남에서 서쪽으로 15°)이다.

한편 이렇게 추복이 되어 단종과 정순왕후의 신주를 종묘에 모시는 날 저녁에 큰 바람이 불었는데, 마침 세조의 실(室)의 제상(祭床)이 심하게 흔들려, 제상에 까는 유둔(油芚 : 두꺼운 기름종이)이 찢어지는 일이 발생했다. 이는 수백 년 동안 억울

---

54) 정릉(貞陵)의 공주 묘 : 『조선왕조실록』 1669년(현종 10년) 4월 23일에 의하면 정릉 근처의 옛 무덤의 처리에 대하여 논의를 하면서 대신들이 "정릉 근처에 8기의 옛 무덤이 있는데, 그 표석에 신혜공주(愼惠公主)라고 쓰여 있고, … 왕릉 내 멀지 않은 곳에 상민이 장사 지냈을 리 없고, 그 나머지 묘도 반드시 보통 사람의 묘가 아닐 것."이라는 보고에 현종이 이에 따르면서 정릉 주변의 사가 묘를 그대로 두었다는 기록을 토대로 숙종도 이를 허락하여 그대로 두었다. 그러나 혹자는 신혜공주는 존재하지 않았다는 기록도 있으나 여기에서는 실록의 내용을 근거한 것이므로 존재 유무의 다툼은 별론으로 한다.

뒤에서 본 사릉

하고 원통하게 맺혔던 기운을 풀어 비로소 제자리를 찾는 절차에 이런 변고가 있었다고, 『간재만록(艮齋漫錄)』과 『회은집(晦隱集)』[55]에 실려 있음이 『연려실기술』에 기록되어 있다. 참으로 하늘의 뜻은 헤아릴 수가 없는 것이다.

그리고 추복이 된 후 달포가 지난 1698년(숙종 24년) 12월 28일 예조에서 '왕후의 부모는 작위를 봉하는 것이 법도(法度)인데 정순왕후의 부 송현수는 당초에 죄를 입었으나, 다시 용서한다는 명이 없어 거행할 수가 없습니다.'라고 보고하자, 숙종은 송현수에게 복관(復官 : 물러났던 관직에 다시 돌아오도록 함)을 명했다. 그러

---

55)『간재만록(艮齋漫錄)』과 『회은집(晦隱集)』: 『간재만록(艮齋漫錄)』은 숙종 때 문신 최규서(崔奎瑞)가 지은 책으로, 관직에서 겪은 상황이나 인물 등에 대해 기록하였다. 『회은집(晦隱集)』은 숙종 때 남구만의 아들 남학명(南鶴鳴)이 지은 책으로, 우리나라의 예(禮)와 장례(葬禮) 제도, 풍수지리와 지명에 대해 전해 오는 글과 시문 등이 실려 있다.

면서 성향(姓鄕 : 시조(始祖)가 난 곳)인 여산군(礪山郡)도 부(府)로 승격시켰다.

능 조성과는 무관한 일이지만 단종이 승하하고 정순왕후가 노비 신세가 되자 자색이 뛰어난 정순왕후를 신숙주가 탐내어 첩으로 삼으려 했다는 세간의 얘기가 있었다. 『연려실기술』은 『파수편(破睡篇)』[56]을 인용하여 '신숙주가 공신으로서 노산군의 비를 자신의 여종으로 삼았다고 한강(寒岡) 정구(鄭逑)[57]가 말했다.'라고 기술하고 있다. 『파수편』에 나온다는 것을 빗댄 이야기이니 명확한 사실이 아닐 수도 있겠다. 그러나 그다음 기록에 다시 『월정만필(月汀漫筆)』을 인용하여 '노산의 비 송씨가 관비가 되니, 신숙주가 공신 비로 삼아 받으려 하였으나, 세조가 그의 청을 듣지 아니하였다.'라는 기록이 있음을 볼 때, 아마도 이를 토대로 파생된 이야기가 아닌가 싶다. 그렇다면 당시 신숙주의 의도가 정말로 자색이 탐이 나서 그리하려 했는지, 아니면 섬기던 임금을 생각해 보호 차원에서 그리했는지는 모르지만, 확실한 근거가 없고 뚜렷한 서증도 없는 말들이다. 이는 신숙주가 절개를 버리고 영달을 취한 변절자라 하여, 쉽게 변하는 '녹두나물'을 '숙주나물'이라는 표현을 쓴 것처럼, 신숙주를 상대적으로 폄하하려 한 측의 말이었을 것이라 여겨진다. 신숙주는 문종과 단종을 배신하였다고 지금까지도 비판의 대상이 되고 있으나, 세종부터 성종까지 무려 여섯 임금을 섬겼고, 『국조오례의』나 『동국통감』을 편찬하는데 기여하여, 학문적 영향력이 컸음은 인정받고 있다.

---

56) 『파수편(破睡篇)』 : 작자 미상의 야담집인 『청구야담(靑邱野談)』의 일부를 뽑아서 엮은 것으로, 『청구야담』이 전사되는 과정에서 축소되거나 그 일부를 뽑아서 서명(書名)을 달리 붙이는데 '파수편'이 그것 중에 하나인 것으로 전해지고 있다. 편자나 편찬 연대는 밝혀지지 않았으며, 이 책의 원본은 일본 '도요문고'에 소장되어 있는 것으로 알려져 있다.

57) 한강(寒岡) 정구(鄭逑) : 조선 중기 문신으로서 본관은 청주이고 호는 한강이다. 퇴계 이황과 남명 조식의 문하이다. 강원관찰사와 형조참판, 대사헌을 지낸 인물이다.

신하의 조상 묘 터에 묻힌 늑장 능

광릉(光陵, 세조, 정희왕후)

광릉(光陵)은 조선조 7대 임금인 세조(世祖, 1417~1468)와 그의 비(妃) 정희왕후(貞熹王后, 1418~1483) 윤씨(尹氏)의 능이다.

광릉은 조선조 최초로 조성된 동원이강(同原異岡) 형식의 능으로 정자각을 중심으로 좌측의 능이 세조의 능이고, 우측의 능이 정희왕후의 능이다. 세조의 능은 신하의 조상 묘를 이장시키고 그 자리에 조성된 능이다.

세조는 세종의 둘째 아들로 소헌왕후의 소생이다. 1417년(태종 17년) 9월 29일 태어났다. 처음에는 진평(晉平)대군으로 봉했는데 무엇 때문인지 뒤에 함평(咸平)대군으로 고쳤다가 다시 진양(晉陽)대군으로 고쳤으며, 다시 고친 것이 수양(首陽)대군이다.

수양이라는 인물은 권력에 대한 야심이 컸고, 1455년에는 어린 조카를 밀어내고 왕위를 찬탈까지 했다. 거기다 단종(端宗) 복위 사건이 일어나자, 아버지 세종과 형님 문종이 아끼던 수많은 충신을 무자비하게 처단했을 뿐만 아니라, 조카를 비롯해 친동생들까지 죽였다.

그런 세조였지만 한때는 단종으로부터 왕위를 빼앗은 죄책감에 몹시 괴로워하기도 했다. 그러다 큰아들 의경세자가 요절하니 이는 형수의 저주 때문이라며 현덕왕후의 능까지 파헤치고, 관을 꺼내 내팽개쳤을 뿐만 아니라 귀양 보낸 조카 단종까지 죽이는 패륜도 불사한다.

그런가 하면 세조를 전혀 다른 인물로 평하는 자료도 있다. 서거정의 『필원잡기(筆苑雜記)』[58]에서는 세조를 '하늘이 낳은 호매(豪邁 : 성격이 호탕하고 인품이 뛰어남)한 인물이었다.', '성질이 공손하고 검소하였다.'라고 기록하고 있다. 서거정은 세조와 사은사(謝恩使 : 조선 시대에 임금이 중국의 황제에게 사은의 뜻을 전하기 위하여 보내던 사절)로 연경을 함께 다녀온 인연이 있고, 이 책을 편찬할 시기가 세조의 손자인 성종 때인 것을 보면, 개인적 친분과 살아 있는 권력 앞에 직필하기는 결코 쉽지 않았던 듯 보인다.

---

58) 『필원잡기(筆苑雜記)』: 서거정이 조야의 한담을 소재로 서술한 수필집으로 1487년에 편찬되었다.

물론 세조는 조선 시대 법전의 기준이 된 『경국대전(經國大典)』 편찬 작업, 각종 제도 정비와 관직 체계를 바꾸면서 왕권 강화를 이루고, 국방력을 신장시켜 중앙 집권 체제를 확립하는 등 조선의 기틀을 다진 인물임에는 틀림없다. 그러나 어린 조카에게 왕위를 빼앗고, 동생들과 신하들을 죽이는 등의 포악한 행위들은 가려질 수가 없는 것이다.

어쨌든 세조는 조선의 국시가 되는 유교 윤리(儒敎 倫理)에 어긋나는 방법으로 왕좌에 등극했다. 그 때문인지 세조는 유교보다 불교를 더 가까이했고, 아예 사상적 기반으로 삼고자 했다. 말년에 피부병으로 고생이 심했는데, 오대산과 속리산 등에 있는 전국 유명 사찰을 찾아 불공을 드리며 신병을 치료하려 했던 것도 그런 연유로 볼 수 있다.

세조는 죽음을 예감하고 왕위를 예종에게 전위(傳位)한 뒤, 다음 날인 1468년 (예종 즉위년) 9월 8일 수강궁 정침에서 승하한다. 향년 52세였고, 4남 1녀를 두었으며, 재위 기간은 13년 3개월이었다.

예종은 신숙주, 한명회를 비롯하여 좌의정 박원형(朴元亨) 등을 국장도감 제조로, 영의정 이준(李浚)과 우의정 김질(金礩), 한성 부윤 서거정(徐居正) 등을 산릉도감 제조로 삼는 등 장례 담당 기관의 담당자들을 임명하면서 장지를 의논하였다.

1468년(예종 즉위년) 9월 13일 정인지 등이 세종이 있는 영릉(英陵)에 가서 장지를 보고 돌아와 영릉 근방에는 쓸 만한 땅이 없다고 보고하니, 예종은 "다시 가서 살펴보면서 높은 곳은 피하라." 한다. 종친과 신하는 여러 곳을 나누어 살피었다.

9월 18일 종친들은 광주 이지직(李之直)의 분영(墳塋)이 능침에 적당하다고 돌아와 보고한다. 영의정 이준(李浚) 등은 풍양 지역을 살피고 와 보고하기를 "풍양에 정흠지(鄭欽之 : 정창손의 부)의 분영이 산 모양이 기이하고 빼어나서 능침으로 매우 합당합니다."라고 보고했다. 예종은 신숙주에게 상지관을 데리고 가 다시 살펴보라 이른다.

다음 날 신숙주가 풍양의 산세를 보고 돌아와 아뢰는데 "상지관들이 모두 말하기를 이지직의 분영보다 정흠지의 분영이 매우 좋다고 하는데, 다만 한 사람이 주혈(主穴 : 풍수지리상 정기(精氣)가 모인 곳)이 기울어진 것이 흠이라고 합니다."라고 아뢴다. 그러면서 "상지관들을 나누어 열흘을 기한으로 각각 본 땅을 아뢰게 한 뒤 의논하소서." 하니, 예종은 그 의견을 받아들여 상지관을 나누어 보내 열흘 동안 경기 지역에 더 나은 곳을 찾게 했다.

1468년(예종 즉위년) 9월 24일 예종은 대행대왕의 시호를 빨리 정하도록 하면서, 묘호는 세조(世祖)로 하고, 능호는 태릉(泰陵 : 나중에 光陵으로 바뀜)으로 명한다.

보통 시호를 비롯하여 묘호와 능호는 대신들이 의논하여 세 가지의 안(案)을 올리면, 임금은 대신들과 상의하여 그중에서 정하게 마련이다. 그런데 예종은 "대행대왕께서 나라를 다시 일으킨 공덕이 있으니, 묘호를 세조로 하라."고 명했다. 이에 정인지가 나서서 "윗대 조종에 세종이 있기 때문에 감히 의논하지 못했다." 고 하자, 다시 예종은 "한(漢)나라 때에도 세조가 있고, 또 세종도 있었는데, 세조로 함이 어찌 거리낌이 있겠는가?" 하며 강한 의지를 내비쳤다.

도대체 할아버지의 묘호가 세종인데 아버지의 묘호를 세조로 정하려는 예종의 생각은 무엇이었을까? 이때 예종은 즉위한 지 보름밖에 되지 않았다. 이즈음엔 정희왕후(世祖妃)가 수렴청정을 할 때다. 그렇다면 그것은 예종의 의지라기보다는 필연코 한명회의 의사가 강력하게 작용했을 것으로 보인다.

예종은 그리 강하고 고집스런 성격의 인물이 아니다. 예종은 훗날 병조 판서를 지내고 이시애의 난을 평정하여 백성들의 영웅이 된 남이장군(南怡將軍)을 유자광의 고변(告變)만으로, 잔인무도하게 거열형(車裂刑)[59]에 처한 후 7일 동안 저잣거리에 목을 매달게 한 바 있다. 남이장군은 어머니가 태종의 딸 정선공주이므로 태종의 외손자가 되고, 사가로 치면 대고모의 아들로 예종과는 가까운 연척(緣戚)이 되기도 한다. 이러한 처결 행태를 보면 과거 황보인과 김종서를 비롯해 친동생까지 단숨에 처단한 아버지 세조의 포악한 성격을 닮아서 그런 것이리고도 할 수 있겠다.

---

59) 거열형(車裂刑) : 참혹한 고문 뒤에 죄인의 다리를 각각 다른 수레에 묶고, 그 수레를 반대 방향으로 끌어서 사지를 찢어 죽이는 가혹한 형벌이다.

그러나 이 또한 당시의 정치적 역학 관계로 보아 정희왕후와 한명회의 생각이 일치하지 않고서는 가당치도 않은 일이다. 따라서 묘호와 관련한 모든 것은 한명회의 입김이 절대적으로 작용한 결과라고 봄이 옳을 듯하다.

한편 정인지는 "정흠지의 무덤 밑에 유견(兪堅)의 무덤이 있는데, 신의 소견으로는 그곳이 매우 좋아 보입니다." 하니, 예종은 신숙주에게 다시 살펴보라고 한다. 신숙주가 다녀와서 "유견의 무덤을 보니 쓸 수가 없고, 정흠지의 무덤이 능침으로 합당합니다." 하자, 예종은 종친과 재추(宰樞 : 재상들과 2품 이상의 벼슬을 한 사람들을 아우르는 말)들에게 의논해 결정하겠다고 했다.

이어 상지관들에게 열흘의 말미를 준 10월 1일에, 종친은 물론 전 대신들을 들게 한 후에, 도승지 권감(權瑊)으로 하여금 상지관 하나하나를 불러서 물었다. 정흠지의 묘 자리가 과연 능지로서 적당한지 여부를 묻는 이 자리에는 종친과 재추는 물론 정인지, 한명회, 신숙주, 구치관 등을 비롯한 삼정승과 각 판서와 삼사의 수장들까지 다 모였다. 이곳에는 정흠지의 아들 봉원군 정창손(鄭昌孫)까지 참여했다. 아무리 능침을 정하는 자리라 하더라도 자신의 아버지 묘를 대상으로 논하는 자리인 만큼, 기피할 수도 있겠으나 정창손은 임금의 명이니 참여치 않을 수가 없었다. 예종이 "정흠지의 묏자리에 대해 산세의 길흉을 숨김없이 아뢰라." 하니, 상지관 안효례(安孝禮)와 예빈시정(禮賓寺正)[60] 최호원(崔灝元)은 "산세가 능침(陵寢)에 적당하나 주혈이 기울어져 보토를 해야 쓸 수 있습니다."라고 보고하고, 상지관 조수종(曹守宗)은 "백호 안에 작은 언덕을 없애면 더욱 좋습니다." 하였다. 그러나 안효례 등은 "있어도 무방합니다." 했다. 이에 예종은 내심 정흠지(鄭欽之)의 분영(墳塋)으로 정하고 다음 날 친히 풍양으로 거둥하니, 백관은 모두 최복(衰服 : 상중에 입는 상복) 차림으로 따랐다.

정흠지의 분영에 이르러 종친 및 재추(宰樞)들과 길흉을 의논하니, 영성군(寧城

---

60) 예빈시정(禮賓寺正) : 예빈시(禮賓寺)는 빈객이나 종실과 재신(宰臣)들의 음식물 공급이나 연회 등을 관장하는 기관으로, 정(正)은 예빈시의 수장을 말한다. 호조 판서가 겸하기도 한다.

君) 최항(崔恒)은 "산세는 좋으나 명당이 비뚤어졌다."고 하고, 보덕(輔德 : 세자를 가르치던 관직) 최사로(崔士老)는 "명당이라 할 수 없어 능침에 적합지 않다."고 말했다.

예종이 최호원에게도 능침의 합당 여부를 다시 물었다. 이에 최호원은 전에 한 말과 달리 능침에 합당치 못하다고 고한다. 예종은 전에 말한 것과 다르므로 다시 반복하여 되묻는다. "일전에는 적당하다고 했는데, 어찌 이제 와서는 합당치 않다고 하는가?" 하니, 최호원이 억지로 변명하기를 그만두지 않자 결국 남의 촉탁을 들은 것이라 하여, 예종은 의금부에 명하여 최호원을 추국한다. 이익에 따라 행동을 하면 원망이 많다고 했는데, 최호원은 정창손 집안의 압력과 회유에 주장을 바꾼 것으로 비쳐져 임금의 원망을 사게 된 것이다. 그에 반해 일관되게 소신을 피력한 안효례에게는 이조에 명하여 당상관으로 직급을 올려 준다.

당시는 조상 묘 모시는 것을 목숨만큼이나 중히 여기는 시대인데, 하물며 당대에 영의정까지 지낸 최고의 권력가 정창손이 부모의 묘소를 호락호락 양보했겠는가? 틀림없이 관계된 관리들이나 상지관들에게 모종의 압력이 없지는 않았을 것으로 유추된다. 예종도 그리 생각하여 처음부터 좋지 않다고 한 최사로는 놔두고, 말을 바꾼 최호원을 추국한 것이리라. 하지만 능지가 결정되면서 닷새만에 석방됐다.

1468년(예종 즉위년) 10월 4일 예종은 정흠지의 묏자리를 능지로 정하고, 호조에 전지(傳旨 : 승정원을 통해 전달되는 임금의 명령)하여, 봉원군 정창손(蓬原君 鄭昌孫)에게 조부모, 부모, 동생의 무덤을 옮기는데 필요한 관과 관곽을 비롯해, 유둔(油芚 : 두꺼운 기름종이)과 종이, 그리고 쌀과 콩 100석을 내리고 이장에 필요한 인력으로 병사 50명을 뽑아 주었다. 또 그 주변에 있던 유견(兪堅)과 그의 부모처자 무덤을 옮기는데 필요한 병사를 지원하였다.

그리고 그날로 하현궁(下玄宮 : 임금의 관(棺)을 현궁에 내려놓던 일)하는 날을 11월 28일로 택일하였다.

하현궁하는 날을 잡는데 있어서 천자(天子)는 7개월 만에, 제후(諸侯)는 5개월 만에 장사하는 제도가 있어, 이에 따르면 세조가 9월에 승하했으므로 명년 2월에 장사하는 것이 옳지만 종친과 대신들이 "2월 안에는 길일이 없고, 11월 28일이 대길일입니다." 한다. 예종이 "혹 그다음은 없는가?" 하니, 정인지가 아뢰기를 "경태황제(景泰皇帝 : 명나라 7대 황제)는 5개월 만에 장사하였고, 천순황제(天順皇帝 : 명나라 8대 황제)는 3개월 만에 장사하였는데 길일을 썼습니다. 비록 옛 제도에는 합당하지 않더라도 산운(山運)이 명년에 맞지 않으니, 길일을 쓰지 않을 수 없습니다." 하므로 11월 28일로 정한 것이다.

세조의 장례 절차가 진행됨에 따라 정창손은 조부모를 비롯한 그의 부모와 동생들의 무덤을 그리 멀지 않은 같은 양주 땅으로 옮겼다. 유견과 그 부모처자의 묘도 옮겨졌음은 물론이다.

1468년 11월 18일 예종은 산릉의 역사 때문에 백성들에게 피해가 크게 미칠까 염려하여 환관을 보내 살펴보게 함과 동시에 대비(정희왕후)와 임금이 머물 초가를 각 3칸씩 짓도록 한다.

이리하여 1468년 11월 24일 축시(丑時 : 오전 2시경)에 발인하고, 동대문 밖에서 노제를 지낸 후 영여가 능지에 도착한다. 그리고 1468년 11월 28일 축시에 풍양현(豊壤縣) 주엽산 아래 직동(直洞)의 자좌오향(子坐午向 : 정남향) 능지에 하현궁하여 장사를 마치고, 능호(陵號)를 광릉(光陵)이라 하였다.

세조는 평소 유명(遺命)하기를 "죽으면 속이 썩어야 하니 석실과 석곽은 마련하지 말라."고 했으나, 신숙주와 구치관 등이 안에는 석실을 쓰고, 밖에는 석난간을 설치하여 석양, 석마 등의 의물들은 모두 예전대로 하도록 건의했다. 하지만 예종은 유명대로 하도록 했다.

그 후 1471년(성종 2년) 7월에 광릉의 사토가 무너지니, 당시 산릉의 역사를 감독했던 자들을 모두 파직시키거나 강등하는 일이 있었다. 1478년(성종 9년) 7월에는 분묘를 넓게 하고 황토를 더 쌓기도 하였다.

세조가 승하한 지 14년 후인 1483년(성종 14년) 3월 30일 신병 치료차 온양으로 갔던 대왕대비 정희왕후는 병세가 급격히 나빠져 그곳에서 승하했다. 향년 66세였다. 세조와의 사이에서 2남 1녀를 두었는데 장자는 의경세자이고 둘째가 예종이다.

정희왕후 윤씨는 본관은 파평이고 윤번(尹璠)의 딸이다. 11세인 1428년에 세조와 가례를 올렸고, 세조가 등극한 1455년에 왕비로 책봉되었다.

정희왕후는 대담하고 결단력이 있는 사람이었다. 예종이 세상을 떠나면서 의경세자(덕종으로 추존)의 장자인 16세 월산군이 왕위에 오를 차례에 해당되었으나, 정희왕후는 차례를 건너뛰어 3살 어린 동생이자 한명회의 사위인 13살 자을산군(성종)이 왕위를 잇게 한다. 어린 왕을 내세워 세조 때부터 함께해 온 공신들을 등에 업고 수렴청정을 하고자 했던 것으로 보인다. 그만큼 야심도 크고 권력욕이 강했던 인물로 전해진다.

1483년(성종 14년) 4월 1일 성종은 곧바로 영의정 정창손(鄭昌孫), 좌의정 윤필상(尹弼商), 우의정 홍응(洪應)을 각각 국장도감, 빈전도감, 산릉도감의 도제조로 삼았다. 그리고 영돈녕부사 윤호(尹壕), 좌찬성 서거정, 우찬성 허종(許琮) 등에게 명하여 광릉 부근의 땅을 살펴 길흉을 판단토록 했다.

아울러 대행대비의 상례는 소헌왕후(세종비)와 공혜왕후(성종원비)의 사례를 참

정희왕후 능

고하여 시행토록 했다. 1483년(성종 14년) 4월 9일 산릉의 길지를 광릉의 동쪽 약 2백 보(步)가 되는 곳에서 찾아 임금에게 보고하므로, 성종은 길지를 얻은 것을 몹시 기뻐했다.

정희왕후의 빈전은 온양에서 올라온 즉시 영순군(永順君 : 세종의 손자로 광평대군의 아들)의 집에 차려졌다. 성 밖에서 죽은 사람은 성안에 빈소를 차리지 못하는 관습이 있었기 때문이다. 세종이나 소헌왕후의 경우도, 궁성 밖인 영응대군과 수양대군 집에서 승하하므로, 빈소(殯所 : 장례를 지낼 때까지 관을 놓아두는 곳)를 궁에 차리지 못했던 것이다.

우찬성 허종은 과거 하륜이 성 밖에서 죽었는데, 태종의 명으로 성안으로 들여 빈소를 차린 예를 들어, 경복궁에 빈전을 마련하기를 청했다. 그러나 성종이 허락하지 않았다.

이런 가운데 국장을 책임지고 지휘하는 영의정 정창손을 비롯한 대신들은 산릉의 규모를 광릉(세조)과 크게 차이가 나지 않게 해야 한다고 보고한다.

정창손은 이러한 보고를 하면서 자신의 선친 묘는 물론이고, 조부모와 동생의 묘까지 억지로 이전을 했어야 했던 지난 일 때문에 아마 마음이 편치 않았을 것이다.

1483년(성종 14년) 6월 3일 자시(子時 : 밤 12시경)에 정희왕후의 재궁을 발인하고, 1483년 6월 12일 인시(寅時 : 오전 4시경)에 광릉 동혈 축좌미향(丑坐未向 : 남서향, 정남에서 서쪽으로 30°)에 장사 지냈다. 능호는 세조와 함께 광릉이라 했다.

그리고 세조의 제사는 구(舊)정자각에서 행했고, 정희왕후는 가설(假設)된 정자각에서 행한 후, 3년 뒤엔 중앙에 정자각을 다시 지어 함께 제사를 지냈다. 앞서 존재했던 두 정자각은 중앙 정자각을 지으면서 당연히 철거되었다. 광릉은 석곽을 쓰지 않은 점이나, 규모면에서 조선 왕릉 조성의 모범으로 손꼽는다.

한편 능역이 시작되는 홍살문(紅箭門)은 제향 공간이 시작되고 신성한 지역임을 알리는 문이다. 홍살문에서 정자각에 이르는 박석이 깔린 길을 향어로(香御路)

향어로가 보이는 광릉 정자각(1917년 촬영)

라 한다. 그런데 조선 왕릉 중에 오로지 광릉에는 이 향어로가 없다는 것이 다른 능과 비교된다. 여러 자료에서 보면 광릉에 향어로가 처음부터 없었던 것이 아니다. 2014년 발표된 연구 논문에서는 다른 능과 같이 존재했었는데, 훼손된 것으로 기록한다. 발표 논문에 게재된 1917년에 촬영된 사진과, 1930년 간행된 광릉지(光陵誌)의 제향시 제관의 위치 그림에서 정자각 앞의 향어로가 있는 것으로 표기도 되었다는 발표였다. 그렇다면 광릉의 향어로는 시기적으로 일제 말에 훼손된 것으로 보아야 할 것이다. 학자들의 연구가 계속 진행되고 훼손 시기와 사유가 밝혀져 하루 빨리 복원되기를 염원해 본다.

조선조 최초 추존왕 능

경릉(敬陵, 추존왕 덕종, 소혜왕후)

경릉(敬陵)은 제9대 성종의 아버지 추존왕(追尊王)[61] 덕종(德宗(의경세자),
1438~1457)과 인수대비(仁粹大妃)로 불리는 소혜왕후(昭惠王后, 1437~1504) 한씨 능
으로, 동원이강형의 능이다.

이 능은 처음에는 세자묘(懿敬墓)로 조성되었다가, 13년이 지난 1470년(성종 1년)
에 의경세자가 덕종(德宗)으로 추존(의경세자 → 의경왕 → 회간왕 → 덕종)되면서 능
이 된 것이다. 덕종은 조선조 최초로 추존된 왕(追尊王)이다. 덕종의 능도 남의 묘
를 이장시키고 그 자리에 조성된 능이다.

보통 능의 배치는 우상좌하(右上左下 : 좌측보다 우측이 윗자리라는 의미=우왕좌비)
의 기준에 따라, 왕은 오른쪽에 비는 왼쪽에 배치하는 것이 원칙인데, 경릉은 왕
비를 오른쪽에 왕을 왼쪽에 배치한 것이 다른 왕릉과 다르다.

배치뿐만 아니라, 덕종의 능은 아무리 묘에서 능이 되었다 해도, 소혜왕후의 능
과 비교해 규모나 형태면에서 너무나 차이가 난다. 추존 당시나 소혜왕후 능 조
성 시 의물의 설치가 좀 더 보강되었어야 함에도 그러지 못했다. 다른 추존왕의
능인 장릉(章陵 : 원종), 융릉(隆陵 : 장조), 수릉(綏陵 : 문조)과도 비교될 수 없을 만큼
초라하다.

의경세자(懿敬世子)는 1457년(세조 3년) 9월 2일 경복궁 정실에서 세상을 떠났다.
의경세자는 세조의 맏아들로서 한확(韓確)의 딸 한씨와 혼인하여 월산대군(月山大
君)과 훗날 성종이 되는 자을산군(者乙山君)을 낳았다.

의경세자는 처음엔 도원군(桃源君)으로 책봉되었다가, 세조가 단종을 끌어내리
고 왕위에 오르면서 1455년 왕세자가 되었으나, 왕위에 오르지 못하고 20세 나이
에 요절한다. 단종과는 사촌지간이다.

단종보다 3살 많은 의경세자는 예절이 바르고 학문을 좋아하며 글씨를 잘 썼
다. 그러니 심성이 유약하여 아버지 세조가 사촌 동생인 단종으로부터 왕위를 빼

---

61) 추존왕(追尊王) : 생전에는 왕위에 오르지 못했으나, 죽은 후에 자식이 왕이 되면서 추숭되어 왕이 된
사람이다. 조선조에서 추존왕은 모두 5명(덕종(德宗), 원종(元宗), 진종(眞宗), 장조(莊祖), 문조(文祖))
이다.

앗고, 선대왕들이 아끼던 신하들까지 무참히 죽이는 모습에 늘 마음 아파했다.

의경세자는 어느 순간 득병하여 몸져눕는다. 매일 밤 꿈에 큰어머니인 현덕왕후의 혼령이 나타나면서 병은 더 깊어져 갔다. 왕실에서는 정성을 다해 치료를 하고 완치를 위해 온갖 방법을 다 동원하였지만, 애석하게도 젊은 나이에 세상을 떠난다.

세조는 이 모든 것이 현덕왕후의 저주 때문이라 여겨 분노가 하늘을 찌른다. 노산군으로 강봉하여 영월로 유배시킨 단종을 죽이는 계기가 됐고, 종묘에 모셔진 현덕왕후 신주도 철거해 버린다. 뿐만 아니라 현덕왕후가 묻혀 있는 소릉을 파헤쳐 시신은 바닷가에 팽개쳐 버리기도 한다.

1457년(세조 3년) 9월 5일 세조는 한성 부윤(漢城府尹) 이순지(李純之)와 세자좌필선(世子左弼善 : 왕세자의 교육을 담당하던 서연관의 4품에 해당하는 관리) 임원준(任元濬) 등에게 명하여, 양주 대방동(지금의 서울 노원구 일원)으로 가서 왕세자의 묏자리를 상지(相地 : 풍수지리에서 땅의 생김새를 보고 길흉을 판단하는 일)케 했으며, 다음 날에는 광주, 과천 등지로 가서 상지케 했다.

9월 8일에는 좌의정 정창손, 우의정 강맹경(姜孟卿), 좌찬성 신숙주, 우찬성 황수신, 이조 판서 한명회 등을 조계청(朝啓廳 : 대신들이 임금에게 정무를 보고하던 청사)으로 불러 이순지 등이 살펴본 산형도(山形圖 : 산의 형상을 그린 그림)를 가지고 왕세자의 묘지를 의논한다. 9월 10일에는 정인지, 강맹경, 신숙주, 한명회 등을 비롯하여 풍수학을 하는 노목(魯穆), 안효례(安孝禮) 등에게 명하여 한강나루 남쪽에 가서 왕세자의 묘지를 상지케 했다.

강맹경이 돌아와 보고하기를 "한강나루 한 곳이 쓸 만합니다." 하니, 정인지가 "이 산은 물을 따라 달리니 쓸 수가 없습니다." 하였다.

노목과 안효례도 정인지의 말과 같았다. 풍수를 잘 아는 세조는 "내일 날이 개면 친히 거둥하여 자세히 볼 테니 경들은 나를 따르라."고 했다. 이 와중에도 영의정 정인지, 좌의정 정창손, 좌찬성 신숙주, 이조 판서 한명회 등은 "노산군은 편히 살게 할 수 없고, 금성대군은 골육으로 볼 수 없어 빨리 죽여야 한다."고 세조에게 간(諫)하고 있었다.

9월 12일에는 세조가 한강을 건너 사평원(沙平院)[62] 동쪽 언덕에 말을 세우고 강맹경이 말한 땅을 살피고 "결코 쓸 수가 없는 땅이구나." 하면서, "정인지, 신숙주, 한명회 등에게는 헌릉으로, 강맹경, 황수신, 구치관, 임원준 등에게는 건원릉으로 가서 세자의 묘지를 상지케 하라." 하고 환궁하였다.

정인지 등이 건원릉 일대를 즉시 다녀와서 "양릉(兩陵 : 건원릉과 현릉을 말함) 부근에는 묘를 쓸 만한 곳이 없습니다." 했고, 풍수학을 하는 안효례가 "전일에 과천 청계산 기슭에 쓸 만한 곳이 있었습니다." 하니 세조는 "내일 마땅히 가 보겠다." 하였다.

다음 날 직접 과천과 인덕원 동쪽에 산세를 살피며, "그 규모가 자못 아름답다."고 하면서도, 다시 정인지, 신숙주, 한명회 등에게 상지관들과 묘 터를 상지케 했다. 이렇게 한 달 보름 동안 광주, 고양, 양주, 미원, 교하, 원평, 용인, 금천, 풍양, 장단, 임진 등 수십 곳을 상지케 했으나 마땅한 곳을 찾지 못했다.

그러던 차에 원평(原平 : 지금의 파주 지방) 땅에 장지(葬地)를 정하고 역사(役事)를 시작했으나, 1457년(세조 3년) 10월 11일에는 우의정 강맹경 등이 "원평에 정한 묘지는 그 광기(壙基)[63]가 협소하여 결코 쓸 수 없습니다." 하니 세조는 즉시 역사를 정지하도록 하면서 다시 장지를 찾았다.

그리고 이틀 후인 10월 13일 다시 강맹경(姜孟卿)이 "고양(高陽) 고을 동쪽에 있는 도총제(都摠制) 정역(鄭易)[64]의 분묘를 보니, 그 산이 쓸 만하였습니다." 하였다.

---

62) 사평원(沙平院) : 한강 사평나루 인근에 공무 여행자에게 숙식을 제공하던 시설로, 삼남 지방으로 연결되는 양재역이 있었다. 그 흔적을 찾을 수 없으나 지금의 서울 강남·서초구의 신사·반포 부근으로 전해진다.

63) 광기(壙基) : 죽은 이를 묻기 위해 파는 구덩이의 자리를 뜻하나, 여기서는 묘역 전체를 말한다.

64) 정역(鄭易) :
㉮ 조선 초기 문신으로 대사간, 예조 판서, 형조 판서, 호조 판서, 대제학 역임 후 좌찬성에 올랐다. 본관은 해주이고 효령대군의 장인이다.
㉯ 많은 자료를 볼 때 鄭易을 '정역'으로 칭하는 자료도 있고, '정이'로 칭하는 자료도 있는데, '易'은 '바꾼다', '새롭다'는 의미일 때는 '역'으로 읽고, '쉽다', '편안하다'는 의미일 때는 '이'로 읽는다. 『조선왕

역시 다음 날 세조가 직접 고양현에 거둥하여 정역의 분묘를 관람하고, 임원준, 안효례, 노목, 방문중(房文仲) 등으로 하여금 향배(向背)를 점쳐서 정하게 하였다. 또 정창손, 강맹경, 신숙주, 황수신 등에게 명하여 산봉우리에 올라 살피게 했다.

이때 모두 터가 좋음을 칭찬했다. 이에 세조도 안산(案山)의 기슭에 올라 산세를 관찰하는데, 지관 방문중이 순산순수지세(順山順水之勢)⁶⁵)를 진달하니 세조가 결심하면서, 드디어 의경세자의 묘 터가 정역의 분묘로 결정되었다.

이렇듯 풍수에 대한 믿음과 신뢰가 강한 세조는 아들의 묘 터를 잡기 위해, 역대 가장 많은 곳을 상지케 함은 물론, 남의 묘를 빼앗으면서까지 명당 터에 매달렸다.

그만큼 세조는 왕세자의 안타까운 죽음에 대한 충격이 컸고, 조카로부터 왕위를 빼앗은데 대한 부담도 있던 터라 왕실의 안정을 위해 풍수적 욕망이 분출된 것이었다.

특히 세조는 오래전부터 풍수와 인연이 컸다. 아버지 세종과 어머니 소헌왕후의 국장을 지켜봤고, 형님인 문종의 능을 조성하는 모든 결정권도 행사했던 바가 있었다. 때문에 풍수에 대한 믿음이 각별했고, 명당 터에 대한 집착이 컸다. 심지어 문종의 능지를 선정할 때 역풍수(逆風水)를 사용했다는 말이 있을 만큼 풍수 지식이 뛰어난 세조였다. 문종비 현덕왕후(당시 세자빈)의 장지도 안산 땅 바닷가로 수양대군이 잡았다는 설도 있었고, 수양의 의도를 알아차린 목효지가 안산 땅을 반대하는 상소도 있었으나 묵살 당한 바 있다. 훗날 결국 세조가 자신의 비밀을 알고 있다 하여, 목효지를 죽인 것도 역풍수와 무관한 것 같지 않다.

조실록』에는 '이'로 번역하고 있고, 다른 많은 자료에서는 '이' 또는 '역'으로 기록되어 있다. 그러나 해주 정씨 문중에서는 '역'으로 칭하고 있을 뿐 아니라, '역'으로 칭할 것을 권하고 있다. 따라서 비록 실록에서 '이'로 번역했다 하더라도, 선조를 칭하는 후손들의 의사를 따르는 것이 옳다고 보아 필자는 '역'으로 칭했다.

65) 순산순수지세(順山順水之勢) : 순산(順山)과 순수(順水)는 거스르지 않는 것을 말하는 것으로, 산과 물의 흐름이 자연스러운 것, 즉 산이 제대로 뻗어가고 물이 제대로 흘러가서 혈을 맺는 형상을 일컫는다.

한편 묘지를 이전해야만 하는 장본인 정역(鄭易)은 고려 말 이방원(太宗)과 과거에 함께 급제하여 개인적으로 매우 친밀한 관계이자 효령대군의 장인(丈人)이기도 했다. 효령대군이 누구인가? 바로 세조의 숙부(叔父)가 아닌가. 또한 정역의 손녀딸은 세조의 친동생인 영응대군(永膺大君)의 부인이다. 할아버지의 친구이며 동생의 처조부가 되는 것은 차치하더라도, 멀쩡히 생존해 있는 숙모의 친정아버지, 그러니까 숙부의 장인 무덤까지 이장을 시켜 가며 그 자리에 자신의 아들 묘를 쓰고자 하는 세조의 강권(强權)을 보면, 풍수지리에 대한 믿음과 신봉이 어느 정도인지를 짐작케 한다. 요절한 아들을 좋은 곳으로 보내고자 하는 아비의 집착이라고 이해하기에는 고개가 저어지지 않을 수 없다.

이 시기는 세조가 16년 전 죽은 형수(현덕왕후)의 능을 파헤친 패덕한 행위를 서슴지 않았던 때다. 도대체 자기 자식을 좋은 곳에 묻으려고 남의 묘까지 빼앗는 마음은 어떤 마음이며, 죽은 형수의 시신을 꺼내 내동댕이친 마음은 어떤 마음인가? 같은 사람의 마음이 처지에 따라 이렇게도 다를 수가 있는 것인가?

이렇게 정역의 무덤은 1425년 1월 26일 세상을 떠난 후 32년 만에 과천의 동쪽 금천 땅(지금의 서초동)으로 옮겨지고, 그 자리에 1457년(세조 3년) 11월 24일 의경세자를 간좌곤향(艮坐坤向 : 남서향)으로 장사 지내고 의묘(懿墓)라 하였다.

이리하여 조선조 최초로 조성된 세자의 묘이자, 지금의 서오릉 내에 첫 번째로 조성된 왕릉군 중 하나이다.

훗날 그의 동생 예종도 일찍 세상을 떠나는데 자손이 너무 어려서 보위를 잇지 못하자, 의경세자의 아들 자을산군이 임금이 되니, 그가 바로 조선조 제9대 임금인 성종이다. 비록 자신은 임금이 되지 못했지만, 아들이 임금이 되자 의경세자는 덕종으로 추존되며 능호도 의묘(懿墓)에서 경릉으로 승격되었다. 1470년(성종 1년) 1월 22일 처음에는 의경왕(懿敬王)으로 추존되었고, 다시 덕종으로 추존된 것은 1475년(성종 6년) 10월 9일이다.

그리고 성종 이후의 조선조 말까지 모든 왕은 의경의 자손으로 이어지는데 모든 것이 이 묏자리의 음덕이라는 얘기도 있다. 이때 경릉과 창릉 능역 내에 무려

42기의 새로 장사한 묘가 발생하여 철거시키면서 그 묘를 쓴 자손들을 잡아다 추국하는 일도 벌어졌다.

1457년 당시 '정역'의 묘는 지금의 서울 서초동으로 이장했으나, 1984년 그곳에 대법원과 검찰청 등 법조 단지가 들어서면서 신도비만 남겨 놓고, 경기도 여주 능서면으로 다시 이장을 하게 된다.

의경세자(추존왕 덕종)가 세상을 떠나고 47년 후인 1504년(연산군 10년) 4월 27일 파란만장한 삶을 살아온 소혜왕후(昭惠王后), 즉 인수대비(仁粹大妃) 한씨가 창덕궁 경춘전에서 승하했다. 이때 나이 67세였다. 슬하에는 2남 1녀를 두었는데, 바로 월산대군과 자을산군(성종), 명숙공주이다.

인수대비는 성품이 곧고 학식이 깊었다. 그리고 독실한 불교 신자였다. 세조의 큰며느리로 시집와 잠저(潛邸 : 정상적인 법통이 아닌 방법으로 추대된 사람이 왕위에 오르기 전에 살던 집)에서 살다가 세조가 등극하니 세자빈으로 책봉되어 궁에 들어와 살았다. 그런데 의경세자가 요절하는 바람에 해양대군에게 동궁을 넘겨주고 다시 궁 밖으로 나와 살았다.

그 후 12년이 지나 예종이 갑자기 승하하자 정희왕후와 한명회의 힘이 작용하면서 작은아들인 자을산군이 보위에 오르게 된다. 그에 따라 그녀는 다시 입궐하여 왕대비가 되었다. 왕비도 안하고 단숨에 왕대비가 된 것이다. 이때 예종비 안순왕후와의 서열(序列) 문제가 대두되었는데, 정희왕후의 "맏며느리가 서열이 높다."는 말 한마디로 정리됐다는 얘기도 전한다.

왕대비(인수대비)가 된 그녀는 며느리인 윤비(尹妃)를 폐비시켰고, 그 결과 손자인 폐비윤씨 아들 연산군에게 핍박과 냉대를 받다가 결국 머리에 받혀 승하하니 말년이 참 기구하였다. 『소문쇄록(謏聞瑣錄)』[66]에서는 인수대비가 연산군의 머리에 받혀 승하했다는 것을 이렇게 기록하고 있다. '연산이 엄·정 두 숙의를 박살내

---

66) 『소문쇄록(謏聞瑣錄)』 : 연산군 때 조신(曺伸)이 지은 문집으로 전해지며, 당시 지식인들과 유명인의 시화(詩畵), 전문(傳聞), 풍습 등을 기록한 책으로 알려져 있다. 편자가 활동했던 당대의 야사나 문학에 관련된 자료가 많이 수록되어 있다.

자 소혜왕후가 누워 계시다가 갑자기 일어나 "이들도 부왕의 후궁이다. 어찌 이럴 수 있느냐?"고 말하니, 연산이 머리로 왕후의 옥체를 받았다. 왕후께서 "흉악하구나." 하면서 쓰러져 누웠다.'고 기록되어 전해진다. 실록(『연산군일기』)에서는 보이지 않는다.

연산은 인수대비가 자신의 어머니를 폐위시키고 또 사약을 내려 죽였다고 믿고, 할머니에 대해 무척이나 깊은 원한과 증오심을 가지고 있었다.

심지어는 왕이나 왕비가 승하하면 애책문(哀冊文)[67]과 시책문(諡冊文 : 왕이나 왕비의 시호를 올리면서 생전의 덕행을 칭송하여 지은 글)을 임금이 직접 작성하여, 생전의 유지를 기리는 것이 상례인데 연산은 이러한 것들을 작성했다는 기록이 없다.

그런가 하면 할머니가 승하함에 대해 애석해 하기는커녕 하루라도 빨리 장사를 지내고 싶어 했다. 연산은 인수대비가 승하한 다음 날인 4월 28일에는 예조판서에게 상기(喪期) 단축의 전례를 묻는가 하면, 능지를 찾아보지도 않고 "지난날 세조께서 의경대왕을 장사 지내고 대행대비에게 말씀하시기를 능소(陵所)가 아름다운 곳이 있다. 너 역시 만세 뒤에 이곳에 장사 지낼 것이다." 하셨다며, 심복 임사홍에게 경릉(敬陵) 주변을 살펴 정하게 하는 전교를 내렸는데, 과연 그 당시에 세조나 정희왕후가 그 말을 했는지 기록을 찾지 못했다.

그런가 하면 "62일 안에 장사 지낼 수 있는가?", "중국에도 상기 단축 제도가 있는가?" 등의 주문을 한 것으로 보아, 한시라도 빨리 미운 할머니를 내보내려는 의도가 다분해 보였다. 연산군이 굳이 62일을 못 박아 말한 이유를 명확히 알 수는 없으나, 아마도 왕비의 발인은 3~5개월에 정하도록 하므로, 62일은 3개월 째가 되므로 이에 근거하여 계산된 수가 아닐까 생각된다.

또한 연산은 "대행대비께서 조정에 임하신지 오래이나 나리에 이렇다 하게 한 일이 없으며, 다만 자친(慈親)으로 섬겼을 뿐이다. 안순왕후(安順王后 : 예종의 계비

---

67) 애책문(哀冊文) : 왕이나 왕비의 죽음을 애도하여 지은 제문을 말하며, 발인제 또는 노전제(路奠祭 : 발인 때 문 앞에서 지내는 제)에 이를 낭독한다.

이며 인수대비의 손아래 동서)는 곧 대통이니 이에 준하여 할 수는 없다. 고로 의경세자보다는 높게 하고, 안순왕후보다는 좀 낮추어 한다면 매우 합당할 것이다." 라는 전교를 내린다. 할머니에 대한 예우가 꽤나 내키지 않았던 듯하다.

연산은 또 "대행대비 발인 때는 지송(祗送)[68]하는 것을 정지할 것이다."라는 전교를 내린다. 떠나는 할머니의 상여 자체도 보지 않겠다는 것이었다. 그런가 하면 재궁이 빈전에 있음에도 조회와 연회 때 풍악을 사용토록 하여 일부러 시끄럽게 했다.

연산은 자신의 어미를 죽게 한 사람이 할머니라고 믿었기에 할머니에 대한 저주와 미움이 지독했다. 때문에 왕이나 왕비의 발인은 본래 3~5개월의 기간 중에 정했는데, 결국 연산은 소위 역월지제(易月之制)[69]를 따랐다.

4월 29일에는 산릉을 살피고 돌아온 임사홍이 "경릉(敬陵)의 백호(白虎)에 계좌 정향(癸坐丁向 : 정남에서 서쪽으로 15°)의 산이 있는데, 옛 능과의 거리가 1백 30보(步)나 되어 매우 장지의 법에 맞습니다." 아뢰니, 연산은 임사홍에게 "장삿날을 택해서 아뢰라. 서인이라도 상사를 속히 하려면 하는 것인데, 속히 하지 못할 것이 있으랴?" 하였다. 그러자 좌의정 유순(柳洵)이 "예부터 상지관이 산릉을 가려 정한 뒤에는 정승과 예조 당상이나 관상감에서 꼭 다시 살피고서야 정했으니 다시 보기를 청합니다." 하니, 다시 연산은 "대비께서는 늘 '나는 경릉 곁에 장사하여야 한다.'고 했다. 유교가 그러하시고 지금 또 좋은 자리를 얻었으니 다시 볼 것이 없다. 두 능이 함께한 산으로 가니, 이것은 반드시 기약이 있어 그런 것이다." 고 했다. 그리고 다시 물었다. "대행대비의 칠제(七齋 : 사람이 죽고 49일째 되는 날에 지내는 제사를 일컬음)는 5월 17일인데 그전에 현궁에 모실 수 있느냐?" 이에 승지 박열(朴說) 같은 사람은 "인순왕후는 50일 만에 모셨습니다. 산릉의 여러 가지 일

---

68) 지송(祗送) : 임금과 모든 신하들이 승하한 임금이나 왕비의 영여(靈轝)를 공경하여 보냄을 뜻한다.

69) 역월지제(易月之制) : 한나라 문제(文帝)가 죽을 때 유언하기를 "삼년상을 하지 말고 날짜로 달을 대신하라." 하였으니, 말하자면 25일이 3년이 되는 것이다.

뒤에서 본 소혜왕후 능

을 다 갖추었다면, 17일 안에도 모실 수 있습니다."라고 하면서 부추기기도 했다.

다음 날에는 성복(成服)을 해야 하는데, 연산은 "대행대비는 친족으로는 조모이지만, 국모(國母)는 못하였으니 안순왕후와 같이 조모 상복을 입을 수 없다."고 버텼다. 상복마저도 입지 않겠다는 것이었다. 이에 우의정 허침(許琛)이 "어버이가 죽어 복을 입는데, 지위를 얻고 얻지 못함을 생각하겠습니까? 천한 사람이라면 삼년상 제도를 거행하지 않겠습니까?"라는 말에 부득불 성복을 하기는 했다.

그런가 하면 소혜왕후가 승하한 지 33일째가 되는 1504년(연산 10년) 5월 1일 재궁을 발인하는데, 영여가 산릉으로 향하는 모화관 앞 지송 대열에는 문무백관과 유생들, 그리고 백성들만 보일 뿐 오직 연산군만은 보이지 않았다.

이리하여 소혜왕후는 손자의 저주 속에 추존왕 덕종이 있는 경릉 오른쪽 언덕 계좌정향(癸坐丁向 : 정남에서 서쪽으로 15°)에 쓸쓸히 묻힌다.

한편 연산은 소혜왕후의 장례가 끝나자마자 그날로 세조와 소혜왕후가 아꼈던 훈구 대신들, 즉 죽은 지 17년이나 된 한명회, 정창손, 죽은 지 10년이 넘은 전 영의정 심회(沈澮) 등에게 생각만 해도 끔찍한 형벌을 내린다. 묘에서 시체를 꺼내 머리를 자르는 부관참시(剖棺斬屍)형과, 그 머리를 거리에 내걸라는 소위 효수(梟首)형의 명을 내린 것이다. 그다음 날에는 예조판서 이세좌(李世佐)에게 폐비윤씨의 사약을 가지고 갔다 하여, 의금부에 명하여 사지(四肢 : 손과 발)를 자르고 머리를 베어 거리에 매달라고 했다. 할머니에 대한 증오와 한(恨)이 하늘을 찔렀다. 계속해서 무자비한 인간 사냥이 시작됐다. 죽은 사람과 산 사람을 가리지 않고, 폐비윤씨 죽음과 연계된 사람은 모두 잔인하게 죽이면서 갑자사화(甲子士禍)의 서막이 올랐다. 이렇듯 경릉의 소혜왕후 능은 연산의 한풀이와 함께 조성된 능이다.

그런데 경릉은 다른 능과 비교할 때 특이점이 있다. 하나는 능의 배치에서 우왕좌비(右王左妃)의 기준과 달리 소혜왕후가 우측에 자리하여 비교되고 있다. 이를 두고 덕종은 세자의 신분으로 세상을 떠났고, 소혜왕후는 대왕대비의 신분에서 승하했기 때문이라는 주장이 있다. 그러나 무덤의 배치 기준은 음양의 논리이지 신분의 차이로 정해지는 것이 아니므로, 묻힐 당시의 신분 때문이라는 주장은 선뜻 동의되지 않는다.

조선 왕릉 42기 중에서 왕비가 우측에 배치된 능은 오직 경릉과 명릉의 인원왕후 능, 그리고 수릉(추존왕 익종 → 문조)뿐이다. 최근에 와서 창릉(昌陵)도 위치가 바뀌었다는 주장이 있으나 확실히 밝혀지지는 않은 상태다.

다만 명릉의 경우는 영조가, 수릉의 경우는 고종이 우왕좌비의 원칙을 알았음에도 의도적으로 우측에 배치했는데, 그 이유는 명릉과 수릉에서 다시 설명하고자 한다.

그리고 소혜왕후 능에는 망주석이 있는데, 덕종의 능에는 없다는 것이다. 사대부들도 세우는 것이 망주석이고, 아무리 추존왕이라 해도 왕의 능인데, 무슨 이유에서인지 덕종의 능에는 망주석도 없고 무인석도 없다. 애초에 세우지 않았는지 아니면 어느 시기에 분실되었는지는 특별히 규명된 것이 없다. 다만 또 다른 자료인 『춘관통고(春官通考)』[70]에 두 능(경릉, 공릉)에는 망주석을 설치하지 않은 것으로 되어 있다는 기록이 있는데, 그렇다면 조성 시부터 세우지 않은 이유는 무엇일까? 그것은 아마도 추존 시에 정희왕후가 "능의 안치가 오래되어 신도(新道)의 동요가 우려되니 능위에 잡물은 가설하지 말라."는 하교 때문은 아닐까?라는 생각을 해 본다.

다른 하나는 소혜왕후의 장례 기간이다. 소혜왕후의 장례는 승하한 지 33일 만에 지냈다. 4월 27일 승하했으므로 4월에 3일, 윤4월에 29일, 장례일인 5월 1일, 이렇게 33일이다. 그런데 옛말에 '상사(喪事)에는 윤달(閏月)은 계산하지 않는다.'는 말이 있다. 이에 따른 계산법으로 환산하면 소혜왕후의 장례는 4일 만에 지낸 것이 된다. 하지만 당시 이러한 논의 자체가 없었고, 역대의 경우도 이러한 계산법이 적용된 바는 없었다. 실제 33일이라는 기간도 조선 왕조의 국상에서 가장 단기의 장례 기간이었다는 또 하나의 진기록을 갖고 있는 능이기도 하다. 대한제국 마지막 황후인 순종비 순정효황후는 1966년에 승하하므로 장례 기간이 10일이라는 특별한 경우는 있었으나 이는 비교 대상은 아니다.

---

70) 『춘관통고(春官通考)』 : 정조 때(1788년) 당시 예조참의 유의양(柳義養)이 왕명을 받아 예조가 관장하는 『국조오례의』를 토대로, 각종 예제와 연혁을 비롯 모든 예의 실행 사례를 절도 있게 처리하기 위해 일목요연하게 정리해 놓은 책이다. 조선 초부터 정조 때까지 정리되었다.

남의 묘를 이장시키고 조성된 능

공릉(恭陵, 예종 원비 장순왕후)

공릉(恭陵)은 조선조의 제8대 임금인 예종(睿宗)의 원비 장순왕후(章順王后 : 1445~1461) 한씨 능으로 단릉(單陵)이다.

처음에 공릉은 세자빈(世子嬪) 묘로 조성되었다가, 1470년(성종 1년) 세자빈 장순빈(章順嬪)이 장순왕후로 추증되면서 능이 되었다. 공릉도 역시 남의 묘를 이장시키고 그곳에 조성된 능이다.

장순왕후는 당대 최고의 권력자인 한명회의 셋째 딸로, 1445년(세종 27년) 2월에 태어나 1460년(세조 6년) 16세에 세자빈으로 책봉되었다. 이때 세자인 해양대군(海陽大君)의 나이는 11세였다.

본래 해양대군은 세자가 아니었다. 세조는 맏아들 의경세자가 스무 살에 요절하자, 세자를 다시 책봉하게 되는데 서열로 봐서는 의경세자의 큰아들 월산대군이 1순위였지만, 나이가 겨우 4살로 너무 어려서 원손보다 4살이 많은 의경세자의 동생 해양대군을 세자로 책봉했다. 해양대군은 그러니까 월산대군의 삼촌이 되는 것이다.

여기서도 한명회는 보이지 않게 절대적인 역할을 했다. 세조가 한명회의 딸을 세자빈으로 간택한 것은, 계유정난(癸酉靖難)의 주역인 한명회를 사돈으로 맺어, 왕실을 든든하게 함과 동시에 후계 구도를 굳건히 하려는 의도였을 것이다.

1461년(세조 7년) 11월 30일 세자빈은 녹사(錄事 : 8~9품의 관서 행정을 맡은 서리) 안기(安耆)의 집에서 원손(元孫 : 왕세손으로 책봉되지 않은 왕세자의 맏아들) 인성군(仁城君 : 나중에 인성대군으로 추봉)을 낳았다. 세조는 기뻐서 한명회를 입궐하도록 하여 "천하에 어떤 일이 오늘의 기쁜 경사보다 더하겠는가?" 하며, 원손을 본 것을 기뻐했다.

그러면서 대역·모반죄와 불효죄, 강·절도죄를 제외한 지는 모두 면제한다는 교지를 내리고, 모든 종친과 재추들을 불러 술자리를 베풀 만큼 기뻐했다.

그러나 닷새 후인 1461년(세조 7년) 12월 5일 불행하고도 애석하게 세자빈이 산후병으로 세상을 뜨니 이때 나이 17세였다. 궁으로 들어온 지 1년 7개월만의 일이었다.

이러한 사실을 두고 야사로 전해 오기는 세조의 며느리인 세자빈(장순왕후로 추존)이 죽은 것이나, 손자인 인성군이 일찍 요절한 것도 세조에 대한 현덕왕후의 저주 때문이라고 했다.

이때는 단종 복위 운동으로 사육신 등이 처형된 지 이미 5년이 되었고, 단종이 승하한 지는 4년이 지난 시점인데도 백성들의 가슴에는 아직 통분(痛憤)이 가시지 않고 있었다. 왕실에 불행한 일이 생기기만 하면 안타까움보다는 모든 일을 조카를 죽인 잔혹한 임금 탓으로 돌리며 한을 삭였다.

세자빈이 죽은 이튿날인 12월 6일 세조는 대신들과 세자빈의 상례에 대하여 의논하는데, 좌찬성 황수신과 예조 판서 홍윤성 등이 "지난 현덕빈(顯德嬪)[71]"의 경우 상장(喪葬 : 장사를 지내는 일)의 여러 가지 일은 원경왕후(元敬王后 : 태종비)보다는 내리고, 정소공주(貞昭公主 : 세종의 장녀로 13살에 요절)보다는 1등급을 더 했는데, 이제 왕세자빈의 상장도 이 예에 의하도록 하소서." 하니 세조는 이에 따랐다.

그리고 은천군(銀川君) 이찬(李穳)에게 상례를 주관하게 하면서, 수원부사 민효열(閔孝悅)로 하여금 염빈(斂殯 : 죽은 사람의 시신을 염습하여 관에 넣어 안치하는 것)의 여러 가지 일을 맡겼는데 민효열이 세자빈의 외삼촌이었기 때문이다.

또한 세자빈의 빈소를 어느 곳에 차리는가에 대해 묻는 황수신(黃守身)에게 세조는 한명회의 뜻에 따르도록 했다.

당시의 관습으로 성 밖에서 죽은 사람은 성안에 들어올 수가 없었는데, 하물며 궁 밖에서 죽은 사람을 궁 안으로 들여올 수는 없었다.

현덕왕후(문종비)도 세자빈 시절에 승하했지만, 그때는 궁(자선당)에서 세상을 떠났으므로 당연히 궁에 빈소를 마련했다. 아무리 세자빈이라지만 궁 밖에서 죽었는데 궁에다 관을 들여 빈소를 차린다는 것은 안 될 일이었다. 다만 과거 성 밖에서 죽은 하륜을 태종이 성안으로 들어오게끔 한 특별한 사례가 있었을 뿐이다.

---

71) 현덕빈(顯德嬪) : 문종이 등극한 후에는 현덕왕후로 추존되었으나 승하할 당시는 세자빈으로서 현덕빈으로 칭했다. 단종의 모후이다.

그래서 황수신도 "안기의 집이 좁으니 자수궁이나 수성궁 중에서 택일하는 것이……" 하며 말꼬리를 내리고 눈치를 보며, "어찌 하오리까?"라고 물었던 것이고, 이런 관례를 잘 알고 있는 세조도 "한명회에게 물어보라."라고 할 만큼, 중신(重臣 : 중요한 관직에 있는 신하)의 배려 차원에서 해 본 소리일 것이다. 심지어 수양대군 집에서 승하한 소헌왕후와 영응대군 집에서 승하한 세종도 궁 안에 빈소를 못 차리고, 대군 집에 빈소를 차릴 만큼 상례가 엄격했다.

한명회는 당시 정승급의 정1품직인 도체찰사(都體察使)[72]직에 있었으나, 실권은 삼정승을 능가하는 권력을 가지고 있을 때였다. 하지만 한명회 역시 이를 잘 알고 있어 그냥 안기(安耆)의 집에 빈소를 차리도록 한다.

1461년(세조 7년) 12월 21일 세조는 하동부원군 정인지, 좌의정 신숙주, 좌찬성 황수신 등에게 고양현(高陽縣)에 가서 빈(嬪)의 장지를 상지케 하도록 명했다.

1462년(세조 8년) 1월 2일에는 정인지, 정창손 등에게 풍양에 가서 장지를 상지케 하고, 1월 4일에는 세조가 직접 고양에 거둥하여 장지를 물색했다. 이때는 정인지, 정창손, 신숙주, 권람, 한명회 등 당대의 최고 권력자들이 모두 어가(御駕)를 따랐다. 그리고 세조가 전지하기를 "이 산에는 쓸 수가 없다." 하고, 다시 정인지와 영의정 정창손을 비롯한 황수신과 계양군 이증(李璔) 등에게 "파주에 가서 강회백(姜淮伯 : 강희맹의 조부)의 어미 무덤을 상지하게 하라."고 명한 후 어가를 돌렸다.

그런데 갑자기 임금에게서 강회백 모(母)의 무덤 얘기가 어떻게 나왔는지 의문이 든다. 어느 자료에도 보이지는 않지만 세조가 어디서든, 누구에게서든, 강회백 모(母)의 묘가 풍수적으로 좋다는 것을 보고받지 않고서야 어찌 이리 꼭 집어서 그곳을 상지하도록 명할 수 있겠는가?

아마도 그의 묏자리가 좋으니 그곳으로 한 번 검토함이 좋을 듯하여, 그야말로

---

72) 도체찰사(都體察使) : 조선 시대 의정(議政)을 맡은 임시 관직으로, 왕의 명을 받아서 할당된 지역의 군정과 민정을 총괄했는데, 1개 도나 몇 개의 도를 관장했다. 품계에 따라 정1품은 도체찰사, 종1품은 체찰사, 정2품은 도순찰사라 했다.

공릉 전경

비선 조직을 통해 면밀한 사전 검토가 있었던지, 아니면 누구의 귀띔을 받았기에 공개적으로 집어서 상지토록 한 것이 아닐까 하는 유추는 지나친 것일까? 아마 여기에서도 한명회의 역할이 있었을 것으로 봄이 타당하다. 세조는 남의 묘를 빼앗는데 조금도 거리낌이 없었다. 자고로 조정이나 지배 계층들이 자신들에게 필요한 것을 추구하려 하는 것은 고금이 다를 바 없다.

다음 날인 1월 5일 계양군 이증(李璔)이 즉시 파주에 위치한 강회백 모(母)의 묘를 살피고 돌아와, "파주 박달산 하에 있는 강회백 어미의 무덤은 풍수에 쓸 만한 땅입니다."라고 복명한다. 이에 세조는 복명에 따라 일사천리로 파주 강회백 어미의 묘를 세자빈의 장지로 결정했다. 이어 1462년(세조 8년) 2월 4일에는 왕세자 빈에게 아름답고 유순하다는 의미의 장순(章順)이라는 시호를 내렸다.

이렇게 여말(麗末)과 조선조 초기의 문신 강회백의 모(母) 진주 하씨의 묘를 이장하게 하고, 그 자리에 세자빈의 묘 터를 잡아 1462년(세조 8년) 2월 21일 발인하여 2월 25일 파주 고려산 아래 술좌진향(戌座辰向 : 정동에서 남쪽으로 15°) 자리에 장사를 지냈다. 이날 『세조실록』에는 '장순빈(章順嬪)을 파주에 장사 지냈다.'라고 기록하고 있다.

그리고 불행하게도 장순빈이 낳은 인성대군도 3살 때 요절을 한다. 세조는 인성대군을 의경세자 묘역 동쪽에 장사 지냈다.

세조가 승하하고 예종이 즉위(1468년)했으나 1년 2개월 만에 승하한다. 이어 성종이 왕위에 올랐고 1470년(성종 1년) 1월 22일에는 수렴청정을 하는 대비가 의정부, 육조, 춘추관의 2품 이상이 빈청에 모여 장순빈(章順嬪)의 추존과 동시에 시호를 비롯한 묘호와 능호를 정하도록 명하므로, 이를 의논하여 올리니 성종은 "장순빈(章順嬪)의 시호는 장순왕후(章順王后)로 하고, 능호는 공릉(恭陵)으로 하라."고 하여 그대로 되었다.

그리고 3일 후에는 수렴청정을 하는 정희왕후가 "공릉은 지금 존호를 높였으니, 마땅히 그에 맞는 의물을 갖추어야 할 것이다. 다만 생각하건대 신도는 고요한 것을 숭상한다. 장순왕후 능의 안치(安置)가 오래 되었으므로 신도(神道)를 동요시킬 수 없으니, 능(陵) 위에 의상(儀象)의 잡물(雜物)을 가설하지 말라." 하여, 정자각을 비롯한 제향 공간만 설치하고, 일체의 의물(儀物)을 설치하지 않으므로 난간석, 병풍석, 망주석이 모두 생략된 능이 되었다. 이리하여 장순왕후의 공릉은 다른 능에 비해 아주 초라하다.

여기서 궁금한 것이 있다. 예종은 즉위 후 왜 즉시 장순빈을 추존하지 않았는가? 그리고 공릉에는 왜 망주석이 없는가? 공릉에는 왜 무인석이 없는가?이다.

조선 왕조에서 왕이나 왕후로 추존한 첫 사례로, 문종이 세자빈이던 현덕빈을 현덕왕후로 추존한 것은, 문종 등극 후 불과 넉 달여 만이다. 그런데 예종은 재위 시 장순빈을 추존하지 않았다. 예종 승하 후 성종이 즉위하면서 아버지 의경세자와 어머니 수빈 한씨를 덕종과 인수왕후로 추존하면서, 숙모인 장순빈도 함께 장순왕후로 추존을 한 것이다. 원비를 추존한 사례가 이미 있었음에도 예종이 장순빈을 추존치 못했거나 전혀 거론조차 되지 않았던 이유가 궁금하다.

또 모든 능에 있는 망주석이 왜 공릉에는 없는 것인가. 경릉(敬陵) 편에서도 잠시 언급했지만, 왕릉 중에서 망주석이 없는 능은 오직 경릉의 덕종 능과 공릉의 장순왕후 능뿐이다. 사대부들도 세우는 망주석인데 하필이면 왜 두 능만 없는 것일까?

이 두 능의 경우 덕종은 세자 신분에서, 장순왕후는 세자빈의 신분에서 일찍 요절했다는 것과 세상을 떠난 시기(의경세자 : 1457년, 장순빈 : 1461년)가 비슷하다는 것, 나중에 왕과 왕후로 추존됐다는 공통점만 있을 뿐이다.

『춘관통고(春官通考)』에서도 이 두 능에 망주석을 설치하지 않았다고 기록되어 있지만, 가장 가까운 시기에 세자빈에서 추존된 현릉의 현덕왕후 능이나 다른 추존 왕릉에는 모두 있고, 연산군묘나 광해군묘에도 있는 망주석이 두 능에만 없음을 볼 때, 설치하지 않을 만한 사유도 없는데 어찌하여 없는 것일까? 묘한 여운이 남는다.

또 하나는 석인(石人)[73]인데, 공릉 능상의 다른 능에는 다 조성되어 있는 무인석(武人石)이 없다. 문인석(文人石)만 있다. 망주석과 마찬가지로 경릉의 덕종 능에도 역시 무인석이 없다. 하지만 소혜왕후의 능에는 무인석이 있다. 덕종과 장순왕후의 공통점은 추존왕 추존왕후라는 것이다. 근거나 규정은 찾지 못했지만, 어느 자료에서는 무인석은 통치권의 상징이기 때문에 추존왕의 능에는 조성하지 않는다는 것이다. 하지만 조선 왕조 5명의 추존 왕 중에서 덕종(德宗), 진종(眞宗)의 능에는 없으나, 장릉(章陵), 융릉(隆陵), 수릉(綏陵)에는 조성되어 있다. 그리 본다면 통치권의 상징이며, 추존왕의 능에는 조성하지 않는다는 주장은 한결같지 않은 듯하다. 그리고 쌍릉이나 합장릉으로 조영된 장릉(章陵), 융릉(隆陵), 수릉(綏陵)은 말고라도, 세자빈에서 왕후로 추존된 현덕왕후(顯陵), 소혜왕후(敬陵), 단의왕후(惠陵)의 능에는 무인석이 조성되어 있다. 반면 왕비의 능 중에서는 공릉(恭陵) 외에도 정릉(貞陵), 사릉(思陵), 온릉(溫陵)에도 없다. 또한 간혹 권문세가의 묘에서도 무

---

[73] 석인(石人) : 무덤 앞에 세우는 돌로 만든 사람의 형상을 말하는데, 문인(文人) 모습의 문인석(文人石)과 무인(武人) 모습의 무인석(武人石)이 있다. 능을 수호하는 의미로 설치했다.

뒤에서 본 공릉

인석을 조성한 예로 본다면 왕릉에만 무인석을 설치하는 것은 아닌 것으로 보여지며, 통치권의 상징은 더더욱 아닌 듯하다. 다만 경릉과 공릉은 위에서도 언급했듯이 함께 추존되었는데, 추존 당시(성종 1년) 수렴청정을 하던 정희왕후가 "능 위에 의상(儀象)의 잡물은 가설하지 말라."는 전교에 따라 병풍석과 난간석은 물론 망주석이나 무인석도 설치하지 않은 것으로 보아야 할 것이다.

위차가 바뀌었다는 논쟁이 있는 능

창릉(昌陵, 예종, 계비 안순왕후)

창릉(昌陵)은 조선조 제8대 임금인 예종(睿宗, 1450~1469)과 계비 안순왕후(安順王后, 1445~1498) 한씨(韓氏)의 능이다.

창릉은 동원이강릉으로 왼쪽이 예종의 능이고 오른쪽이 안순왕후의 능이다. 서오릉 영역 내의 왕릉으로 조성된 두 번째 능이다.

예종은 세조의 둘째 아들로 1468년 9월 세조의 뒤를 이어 왕위에 오른 지 고작 1년 2개월 만인 1469년(예종 1년) 11월 28일 경복궁 자미당(紫薇堂)에서 승하한다. 예종은 형인 의경세자가 일찍 세상을 떠나면서 운명이 바뀌었다. 의경세자의 빈자리는 당연히 의경세자의 아들인 월산대군이 되는 것이 당연했지만, 월산은 고작 네 살배기 어린아이였던지라 의경세자의 동생인 해양대군이 세자가 되었다. 그리고 세조의 뒤를 이어 왕위에 오른 것이다.

세조는 힘으로 조카의 왕위를 찬탈한 후 왕권을 견고히 하기 위해 최측근인 한명회의 딸을 세자빈으로 책봉하여 권력 구도를 강화했다. 그러나 재위 14년이 되던 해인 1468년 세조는 자신의 죽음을 예감하고, 세자에게 양위를 하니 이가 바로 예종이다. 그렇지만 예종도 불과 1년여 만에 승하하고 만다. 이때 나이는 19세였다.

예종은 어렸지만 최선을 다해 정사에 몰두했다. 그러나 얼마 지나지 않아 건강이 급격히 나빠지기 시작한다. 예종이 건강에 이상 신호를 보인 것은 세자 시절로 거슬러 올라간다. 세조가 병환으로 쓰러지자 수라상을 보살피고 약을 먼저 맛보는 등, 밤낮으로 세조를 수발드느라 무리를 한 것이 결정적이었다. 거기다 세조의 죽음이 안겨 준 슬픔이 지나칠 정도로 심해 그만 건강을 해치고 만 것이었다. 그만큼 예종은 효성이 지극한 임금이었다.

예종은 아버지 세조의 국장을 치른 후 연이어 세종의 영릉을 대모산에서 여흥으로 천장하는 대역사를 치른다. 뿐만 아니라 경국대전의 마무리와 남이장군의 옥사를 처리하는 등 짧은 재위 기간에 겪은 격동의 시간이 만만하지 않았다.

게다가 아버지가 단종으로부터 왕위를 찬탈한 것에 대해 심적인 부담도 있었을 것이고, 의경세자가 요절하면서 갑자기 받게 된 보위가 결코 가볍지는 않았을 것이다.

민심이 천심이라고 백성들의 마음은 하늘의 뜻인지라, 저잣거리에서는 세조와 정희왕후 사이의 두 왕자인 의경세자와 해양대군(예종)이 갑자기 요절한 것도 세조의 피할 수 없는 업보라 했다. 이미 14년이 지난 일이었는데도 말이다.

예종이 갑자기 승하하고 주상자(主喪者 : 죽은 사람의 제전을 대표로 맡아보는 사람)를 정하지 못하고 있을 때, 정희왕후가 내관에게 명하여 원상(院相)⁷⁴⁾과 신숙주 및 도승지 권감(權瑊)을 들어오게 하였다. 뒤이어 한명회, 구치관 등이 들어오니 정희왕후는 "원자(元子)가 아직 어리고, 또 월산군(月山君)은 어려서부터 병에 걸렸으며, 자을산군(者乙山君)이 비록 어리기는 하나 세조께서 일찍이 그 도량을 칭찬했으니, 그로 하여금 주상(主喪)을 삼는 것이 어떤가?" 했다.

신숙주가 나서서 "진실로 마땅합니다." 하였다. 누구도 이의를 달지 못했다. 이는 대왕대비 정희왕후와 인수대비, 그리고 한명회가 사전에 밀약한 것이 아니고서는 있을 수가 없는 일이다.

승통(承統 : 왕위의 대를 잇는 것)에 대해서 언급하자면, 거슬러 올라가 의경세자가 갑자기 세상을 떠났을 때, 소위 세적승통(世嫡承統)⁷⁵⁾의 원칙에 따라 아들 월산대군이 세손이 되어 승통을 받아 보위를 잇는 것이 타당한 것이다. 그러나 나이가 어리다 하여 동생인 해양대군이 세자로 책봉되고 보위를 이었다. 이번에도 예종이 승하하면서 원자가 너무 어리다 하여 다시 의경세자의 아들에게 대통(大統)을 넘긴다면, 성장한 월산대군이 받아야 한다. 그러나 병약하다는 이유를 들어 다시 기준과 원칙에 어긋나게 어린 자을산군에게 왕위를 잇도록 한 것은, 정희왕후를 비롯한 한명회의 정치적 야욕으로 볼 수밖에 없는 것이다.

---

74) 원상(院相) : 국왕이 어리거나 정상적인 국정 수행이 어려울 때, 국정을 논의하기 위해 시임·원임의 덕망 있는 재상들로 임시로 구성된 관직으로, 삼정승을 원상으로 임명하는 것이 관례이다.

75) 세적승통(世嫡承統) : 사직의 안정을 위해 적장자가 왕위를 계승하는 것을 말한다. 적장자가 가계와 제사를 상속하는 것은 『주자가례』에서 시작되었다고 한다. 왕위의 계승도 왕비의 적장자가 계승하도록 했으나, 조선조에서는 적장자에 계승된 것은 모두 7명(문종, 단종, 연산군, 인종, 현종, 숙종, 경종)뿐이다. 이 중에서도 적장자로서 세손→세자→국왕의 순서를 밟은 왕은 단종과 숙종 2명뿐이다.

이리하여 예종이 승하한 뒤 10시간 만에 정희왕후의 뜻에 따라 둘째 조카인 자을산군이 즉위(成宗)하여 예종의 장사와 능의 조영을 주관하게 되었다.

1469년(성종 즉위년) 12월 1일 신숙주, 영의정 홍윤성, 하성군 정현조, 호조 판서 서거정 등을 국장도감 제조로 삼고, 창령군 조석문, 청천군 한백륜, 우의정 김국광 등을 산릉도감 제조로 삼아 종친들과 함께 능을 조성할 땅을 살피게 했다.

12월 12일 신숙주와 한명회가 의묘(懿墓 : 의경세자의 묘) 북쪽에 산릉이 될 만한 땅을 살피고 돌아와 복명하니, 다시 정인지, 홍윤성, 김질, 김국광 등에게 살펴보게 했다.

홍윤성이 돌아와 "이 땅은 의심할 만한 곳이 없습니다."라고 복명하니, 모든 대신들이 좋다고 하였다. 다만 정인지가 "이 산은 청룡이 높고 백호가 낮으니 그다지 적합하지는 않으나, 다만 서울에 가까운 점만 취할 뿐입니다." 하며 홀로 적합치 않다고 한다. 하지만 성종이 "여러 사람의 의견을 따르는 것이 옳다." 하여, 홍윤성이 말하는 지금의 곳으로 정하게 된다.

산릉을 조성하면서 예조에서는 산릉 곁의 가까운 고총은 즉시 철거하고 나머지는 봄을 기다려 철거하도록 하면서, 주인이 있는 분묘는 쌀 2석과 콩 1석, 당상관의 부모나 조부모 묘는 쌀과 콩 등 15석을 지급하고, 주인이 없는 묘는 경기관찰사로 하여금 인부를 주어서 옮겨 장사를 지내도록 하는 보상 기준을 정해 이장을 시켰다. 이때 이장한 무덤은 모두 900여 기에 이른다.

또 산릉도감에서는 산릉에 부역하는 군사가 현재 6천 명이나 추운 날씨를 감안하여 역군 1천 명을 증원해 줄 것을 청하여서 그리하도록 조치했다. 금정(金井 : 묘를 쓰기 위해 판 구덩이)을 열 때는 종친들과 관상감 제조 및 승지가 봉심(奉審 : 임금의 명으로 능의 이상 유무를 살피고 점검하는 일)을 했다.

1469년(성종 즉위년) 12월 18일에는 시호를 올리면서 묘호는 예종(睿宗), 능호는 창릉(昌陵)이라 정했다. 예종이라는 묘호는 세조의 묘호를 정할 때 거론되었던 것 중에 하나였다.

이에 앞서 1469년 12월 3일 『성종실록』에는 대왕대비(정희왕후)가 대행왕이 손수 쓴 종이를 보이면서 "대행대왕이 일찍이 말하기를 '내가 죽은 후에 마땅히 예

(睿)로서 시호를 삼아야 할 것이다.'라 했으므로, 지금 이로서 경들에게 보인다." 라고 했었는데, 이에 따라 시호를 예종으로 정한 것이다.

또한 서거정의 『필원잡기』에도 '일찍이 손수 책 거죽에 '예종'이라 쓰고, 또 말하기를, "죽은 뒤에 이 시호를 얻는다면 족하겠다." 하였으며, 몇 달 후 세상을 떠남에 여러 신하들이 그 뜻을 좇아 '예종'이라 시호를 올렸다.'라고 기록하고 있다.

마침내 이듬해인 1470년(성종 1년) 2월 3일 축시(丑時 : 오전 2시경)에 발인하고, 모화관(慕華館 : 조선 시대에 중국의 사신을 영접하던 곳)과 충훈부(忠勳府 : 조선 시대 나라에 공을 세운 공신 등을 예우하기 위해 세운 관청)에서 노제를 지낸 후 재궁을 산릉 아래 영악전(靈幄殿)에 봉안했다.

그리고 이틀 후인 2월 5일 갑시(甲時 : 새벽 5시경)에 재궁을 간좌곤향(艮坐坤向 : 남서향)으로 하현궁하면서 장사를 마치고, 능호는 창릉이라 했다. 아울러 이때 경릉과 창릉이 있다 하여, 고양현을 고양군으로 승격했다.

예종이 승하한 지 29년 후인 1498년(연산군 4년) 12월 23일 예종의 계비 안순왕후가 창경궁에서 승하했다. 이때 나이는 54세이다.

예종의 원비 장순왕후가 세자빈일 때 원손을 낳고 닷새 후에 산후병으로 승하해서, 2년 뒤 안순왕후가 예종의 계비가 되었다.

안순왕후 본관은 청주이며 청천부원군(淸川府院君) 한백륜(韓伯倫)의 딸이다. 1463년 동궁에 뽑혀 들어와 5품 소훈(昭訓)[76] 직품을 받고 세자의 후궁으로 있다가, 1468년 예종이 즉위한 후 왕비로 책봉되었다.

안순왕후는 2남 2녀를 낳았지만 1남 1녀만 생존했는데, 아들은 제안대군이고, 딸은 조선조 최고의 간신이라고 일컬어지는 임사홍(任士洪)의 며느리인 현숙공주이다.

예종이 승하하자 원자인 제안대군은 나이가 어려(당시 4세) 왕위를 계승하지 못하고, 정희왕후와 한명회의 정치적 결탁으로 사촌 형인 자을산군이 왕위에 오른

---

76) 소훈(昭訓) : 세자궁 내명부의 품계로, 세자의 후궁에게 내리는 품계로 종5품에 해당한다.

뒤에서 본 창릉

다. 안순왕후는 권세욕 강한 시어머니 정희왕후와 손위 동서인 소혜왕후(인수대
비) 사이에서 할 말도 못하고 가슴 깊은 곳에 응어리를 묻어 둔 채 힘겹게 여생을
보냈으리라.

　그러나 되짚어 보면 이 같은 관계는 원래대로 돌아간 것일 수도 있다. 세조의
첫째 아들 의경세자가 일찍 죽지 않았다면 애당초 월산대군이나 자을산군이 대
통을 이었을 것이다. 그러나 운명의 장난처럼 의경세자의 동생인 해양대군이 보
위를 잇게 되면서 예종이 되었지만 그 자리는 애당초 예종의 것이 아니라는 듯
일찍 세상을 뜬다. 그리하여 결국 의경세자의 둘째 아들 자을산군에게 대통이 이
어지게 되었으니 말이다.

　한편 안순왕후는 선왕의 왕비로서 인혜왕대비에 추숭된다. 의경세자의 추존으
로 수빈 한씨(소혜왕후)가 인수대비가 되어 있었으므로 서열 문제가 대두되었다.

　이때 왕실의 법칙을 적용하지 않고, 사가의 법칙에 따라 윗동서인 인수대비가
서열이 위인 것으로 정리됐다는 것은 경릉(敬陵) 편에서 언급한 바가 있다. 그만

큼 안순왕후는 자식의 왕위 자리는 물론 대비의 서열까지도 소혜왕후에 밀려 작고 초라한 삶을 살다간 왕후라 하겠다.

그런가 하면 아들 제안대군은 성종의 정통성에 위해가 된다 하여, 세종의 일곱 번째 아들 평원대군의 양자가 되면서 왕권으로부터 아주 멀어지기도 했다. 엄밀히 말하면 양자(養子)라기보다는 항렬(行列 : 같은 혈족에서 갈라져 나간 계통 사이의 대(代)수 관계를 나타내는 말)이 맞지 않아서, 봉사손(奉祀孫 : 제사를 받드는 자손)으로 보아야 할 것이다.

안순왕후가 승하하자 제안대군이 입을 상복에 대해 조정의 논의가 있었다. 이미 제안대군은 평원대군의 양자가 되었지만, 다른 왕자와 달리 친자인 제안대군과 현숙공주는 왕후의 천속지친(天屬之親 : 친부모와 친자녀 관계)이다. 따라서 군신의 예로서 행할 수는 없었고 『오례의(五禮儀)』[77]에 의해 졸곡 후 백의로 상제를 마치도록 했다.

1499년(연산 5년) 1월 2일에는 대행대비에 올리는 시호를 안순(安順)으로 하고, 능호를 별칭(別稱)하지 않을 것을 정했다.

이때에 정자각에서 제를 올리는 문제로 대신들 간의 의견이 대립됐다. 그것은 상례에 관한 제도에서, 제례(祭禮)[78]는 길례(吉禮)이고, 상례(喪禮)는 흉례(凶禮)이며, 또한 길례이든 흉례이든 제를 지낼 때는 정자각(丁字閣)[79]에서 지낸다. 따라서 예종이 먼저 승하하고 안순왕후가 승하하므로, 예종에게 지내는 길례와 안순왕후에게 지내는 3년간의 흉례를 같은 정자각에서 지낼 수 있는지와 없는지로 의

---

77) 『오례의(五禮儀)』: 『국조오례의(國朝五禮儀)』를 줄인 말로 불려지나, 세종 때 처음으로 편찬 작업이 시작될 때에 『오례의』라 했다가, 성종 때 완성되면서 『국조오례의』라 했다. 오례는 길례, 가례, 빈례, 군례, 흉례 등 다섯 가지의 예에 관한 의식 절차를 정한 것이다. 국가 의례의 규범이다.

78) 제례(祭禮) : 제례는 제사를 지내는 의례이고, 상례(喪禮)는 상사(喪事)에 관한 의례이며, 합제(合祭)는 제사를 함께 지내는 것을 말한다.

79) 정자각(丁字閣) : 왕릉 앞에 세운 건물로 곧 홍살문 앞에 정자(丁字) 모양으로 지은 집을 말하며, 왕릉에 제사를 지내기 위한 곳이다. 세종 때 처음 정자각이라는 명칭을 썼다.

견이 갈린 것이다.

한편에서는 헌릉(獻陵 : 태종, 원경왕후)과 영릉(英陵 : 세종, 소헌왕후)의 경우, 길례와 흉례를 정자각에서 함께 지낸 사례가 있으니, 비록 흉례라도 정자각에서 지내면 된다는 것이었다. 다른 한편에서는 헌릉과 영릉은 왕후의 상이 먼저고, 대왕의 상이 뒤에 있었으니 흉례로서 합제(合祭)한다 해도 그럴 수 있으나, 창릉은 왕후의 상이 뒤에 있게 됨으로 흉례를 써서 대왕에게 제사함은 불가하다는 것이었다.

그래서 합의를 이루어 낸 것이 '양릉에 각각 가(假)정자각을 설치하여 구릉(예종)의 제사에는 길례로, 신릉(안순왕후)의 제사에는 흉례로 하다가 3년 후에 가정자각은 헐고 정자각에서 합제'하는 것으로 했다. 대체로 예(禮)라는 것은 사람들이 만들어 낸 형식이다. 말투나 몸가짐으로 때로는 글로 자신의 의사를 상대방에게 나타내는 표현이고, 절차이고 질서이다. 또 그 시대의 생활 방식이다. 어떤 일이 있어도 이것은 되고, 저것은 안 된다는 것이 어디 있단 말인가. 서로가 자기들의 주장이 상대의 주장에 밀리지 않으려 하는 데서 오는 폐단일 뿐이다.

이리하여 1499년(연산 5년) 2월 14일 안순왕후의 재궁은 예종의 왼쪽 서남향 간좌곤향(艮坐坤向 : 남서향)에 하현궁하면서 장례를 마쳤다.

그런데 근래에 와서 창릉의 왕과 왕비 능 위치에 대해서 일부 논란이 있어, 언젠가는 규명이 되어야 할 듯하다.

왕과 왕비의 능은 우상좌하(右上左下)의 원칙, 서상동하(西上東下)의 원칙에 따라 왕이 우측, 왕비가 좌측에 위치하게 마련이다. 그럼에도 이 원칙에 맞지 않는 곳이 조선 왕릉 42곳 중에서 경릉(덕종, 소혜왕후), 명릉(숙종, 인현왕후, 인원왕후), 수릉(문조(文祖), 신정왕후) 세 곳으로 알려져 있다. 우상좌하(右上左下) 또는 우왕좌비(右王左妃)에 어긋나는 경릉과 수릉의 공통점은 모두 세자의 신분에서 일찍 요절하여 묘로 조성되었다가 추존되면서 능이 되었고, 추존된 왕비의 능이 뒤에 조성되었다는 점이다. 그렇다면 추존왕이기 때문인가?라고 생각할 수 있다. 그러나 다른 추존왕의 능인 장릉(章陵 : 원종), 영릉(永陵 : 진종), 융릉(隆陵 : 장조)의 경우는 이 원칙에 어긋나지 않는다.

창릉 전경

　명릉의 경우는 숙종과 제1계비 인현왕후의 쌍릉이 먼저 조영되었고, 뒤에 영조 때 제2계비 인원왕후 능을 조성하면서 '왼쪽, 오른쪽에 구애될 필요가 없다.'며 영조의 묵인하에 원칙에 어긋나게 조성한 바가 있다. 또한 수릉의 경우는 고종이 신정왕후를 장사하면서 우측이 상석임을 알면서 일부러 그리 조성했다.

　그런데 창릉도 설치된 석물 등의 형태와 양식이 이 원칙에 배치된 것으로, 서쪽이 안순왕후일 가능성이 있다는 논문이 발표된 바 있다.

　현재까지의 모든 자료나 서적에서는 밝혀지지 않았지만, 이 논문에서는 봉분 앞에 묻혀 있는 지석이나 정자각 터 등의 발굴로 밝힐 수 있다고 논문에서 주장한다.

　이러한 주장은 『선조실록』에서도 보인다. 1606년(선조 39년) 6월 17일 『선조실록』에서 우의정 심희수(沈喜壽), 관상감 제조 홍진(洪進), 예조 판서 황진(黃璡) 등이 창릉을 다녀와서 왕과 왕후의 위차(位次)가 불분명하다고 보고하는 내용을 기록하고 있다. 당시 창릉의 봉분이 일부 비로 무너져서 이를 봉심하고 돌아온 대신들의 보고 내용은 이러하다.

"왕후의 능이 서쪽 언덕 위에 있어서 서쪽을 상(上)으로 삼는 제도에 어긋나고 있습니다. 그리고 살펴보건대 양릉(兩陵)의 위에 모두 사대석(莎臺石)이 설치되어 있지 않고 그 나머지 의물(儀物)과 제구(諸具)도 가감이 없이 똑같아서 밖에서 살펴보면 대왕과 왕후의 구별이 없습니다. 본 능에 소속된 연노(年老)하고 일을 잘 아는 하인들의 말에 의하면 모두들 서릉(西陵)이 왕후의 원릉(園陵)이라고 하고, 신들 가운데도 누차 제관(祭官)에 차임되어 왕래한 사람이 있기도 한데 그들도 서릉이 왕후의 능위(陵位)라는 것을 익히 들었다고 합니다. 그리고 우리나라의 산릉 가운데는 동서의 위차(位次)를 바꾼 곳이 많이 있어 이 능만 그런 것은 아니니 의심할 필요는 없을 것 같습니다. … 능위의 중대한 일을 익히 강론하지 않을 수 없습니다. 해조로 하여금 선조(先朝)의 실록(實錄)을 상고해 내게 하는 것이 어떻겠습니까?" 하니, 선조가 윤허한다고 한 바 있다.

그러나 이후에 흐지부지되어, 이와 관련된 규명이나 정리된 자료는 보이지 않는다. 그리고 우의정 심희수 등 대신들의 보고 내용 중에서 '위차가 바뀐 곳이 많이 있다.'는 말은 잘못된 것으로 여겨진다. 선조 때까지는 경릉에서만 위차가 틀렸을 뿐이기 때문이다.

어쨌든 창릉에 대해서 조속히 봉분의 지석(誌石 : 돌에 죽은 사람의 행적과 무덤의 소재와 방향 등을 기록하여 무덤 옆에 묻은 판석)이나 정자각 터 등의 발굴 작업으로, 능위(陵位)를 명확히 밝히는 것도 당국에서 진행해야 할 과제 중 하나라는 생각이 든다.

생사를 언니와 함께하는 능

순릉(順陵, 성종 원비 공혜왕후)

순릉(順陵)은 조선조 제9대 임금인 성종(成宗)의 첫 번째 왕비인 공혜왕후(恭惠王后, 1456~1474) 한씨의 능으로 단릉이다.

공혜왕후는 상당부원군(上黨府院君) 한명회(韓明澮)의 넷째 딸이다. 친언니인 공릉(恭陵)의 예종비 장순왕후와 마주하고 있다.

영의정 한명회는 11살된 넷째 딸을 1467년(세조 13년) 1월 세조의 큰아들 의경세자(懿敬世子 : 훗날 덕종으로 추존)의 둘째 아들인 자을산군(者乙山君 : 후에 성종)과 혼인 시켰다.

한명회는 큰딸을 세종의 딸 정현옹주의 아들에게 시집을 보냈다. 둘째 딸은 신숙주의 맏아들에게, 셋째 딸은 훗날 예종이 되는 해양대군에게 시집보냈으며, 넷째 딸은 훗날 성종이 되는 자을산군에게 시집보낸다. 실로 엄청난 인맥을 형성한 한명회의 세도는 가히 나는 새도 떨어뜨릴 정도였다.

1469년(예종 1년) 11월 28일 예종이 갑자기 승하하자, 대비(정희왕후)의 명에 의해 당일로 자을산군(成宗)이 보위에 오르고 한명회의 넷째 딸은 단숨에 왕비로 책봉된다.

당시 예종에게는 적장자(嫡長子 : 제안대군, 당시 4살)가 있었음에도 나이가 어리다는 이유로, 예종의 형인 의경세자의 둘째 아들 자을산군에게 왕위를 계승토록 하였다. 원자의 나이가 어리다는 것이 이유였다면 의경세자의 큰아들(16살) 월산대군이 있었음에도 13살의 둘째 아들에게 왕위를 계승시킨 것에 대해서는 정희왕후(세조비)와 한명회의 정치적 거래였다고 역사학자들은 평한다. 이리하여 한명회는 예종에 이어 성종의 장인이 되어 엄청난 권세를 누리게 됐음은 묻지 않아도 알 수 있을 것이다.

그러나 공혜왕후는 1474년(성종 5년) 4월 15일 왕비가 된 지 5년 만에 창덕궁 구현전(求賢殿)에서 승하한다. 공혜왕후는 1473년 7월 득병하여 거처를 친정집으로 옮겼으나 회복하여 궁으로 돌아왔다. 하지만 12월에 다시 병이 도졌고, 병이 회복되지 못할 것을 직감한 왕후는 스스로 구현전으로 처소를 옮긴다. 그리고 끝내 회복하지 못한 채 이듬해 4월에 승하했다. 이때 나이는 19세였고, 슬하에는 자녀가 없었다.

성종은 서거정, 신숙주, 홍윤성, 김질 등을 국상을 담당하는 삼도감(三都監 : 빈전도감, 국장도감, 산릉도감을 이르는 말)의 도제조로 각각 임명했다. 장사에 필요한 절차와 조치는 소헌왕후(세종비)의 예에 따라 시행키로 하였다.

의정부와 육조에서는 대행왕후의 시호를 공혜(恭惠)라 하고, 능호를 순릉(順陵)이라 의정하여 올렸다. 왕후가 승하한 지 4일 만이다.

능호는 4년 전인 1470년(성종 1년) 1월 장순왕후의 능호를 정할 당시 공릉(恭陵)으로 할 것인지, 순릉(順陵)으로 할 것인지를 의논하다가 공릉으로 정했는데, 그 당시 거론됐던 순릉으로 공혜왕후의 능호를 정했다.

1474년(성종 5년) 4월 20일에는 정인지와 정창손, 신숙주, 최항, 홍윤성, 서거정 등에게 명하여 공릉 부근에서 능지를 찾아보게 하였다. 이틀 후인 4월 22일에는 능지를 택지하러 나간 사람들의 결과도 듣기 전에, 성종이 예조에 전교하기를 "지금의 순릉은 공릉의 도국(圖局)[80] 안에서 을방(乙方 : 정동(正東)에서 남쪽으로 15°)[81]으로 내려온 산맥의 묘좌유향(卯坐酉向)에 터를 잡으라."고 명했다.

공릉지(恭陵地)를 정할 때도 여러 곳의 능지 물색이 있었지만 세조는 "파주에 가서 강회백 어미의 무덤을 상지케 하라."며 집어서 명한 바가 있다. 이번 순릉의 경우도 능지를 정하면서 다른 곳은 검토의 여지도 없이 단번에 공릉 근처를 살피도록 하고, 또 공릉 능역에 방(方)과 향(向)까지 임금이 특정하여 능지를 잡으라고

---

80) 도국(圖局) : 공릉의 도국이라 함은 공릉을 둘러싸고 있는 전후좌우의 사신사(四神砂)를 말하는 것으로, 즉 공릉을 둘러싼 산을 뜻한다. 풍수에서 혈(穴)의 전후좌우에 있는 산이나 바위 등을 사(砂) 또는 사격(砂格)이라 하는데, 혈을 감싸고 있는 청룡, 백호, 주작, 현무의 사신사가 사방을 둘러싸 보국이 만들어져서 장풍이 되는 곳에 혈이 결지된다고 한다.

81) 을방(乙方) : 방향을 24방위로 나눈 것 중에 하나이며, 풍수설에서 원용되는 좌향(坐向)의 하나이다. 을방은 정동(正東)에서 남쪽으로 방위를 중심으로 하여 15° 안의 방향을 말한다. 24방위는 정북을 기준으로 15°씩 곧 자방, 계방, 축방, 간방, 인방, 갑방, 묘방, 을방, 진방, 손방, 사방, 병방, 오방, 정방, 미방, 곤방, 신방, 경방, 유방, 신방, 술방, 건방, 해방, 임방을 이른다(주석 10 내용 참조).

한 것은 어떤 이유에서일까? 불과 18세의 임금이 어떻게 대신들의 의견 수렴 절차도 없이 왕후의 능지를 위치와 좌향(坐向 : 풍수설의 용어로서 집터나 묏자리 방향을 말함)까지 임의로 정하고 전교한단 말인가? 그 연유는 어디에서도 찾아볼 수 없었지만, 아마도 한명회의 뜻이었을 것이다. 일찍 요절한 두 딸이 저승에서나마 서로 의지하며 외롭지 않게 지낼 수 있게 하자는 마음에서 사위인 성종에게 의중을 전달하여 시행된 게 아닌가 싶다.

그렇게 되기까지는 한명회가 은밀히 상지관을 보내 능지를 보게 한 다음 적지를 잡지 않았겠는가. 그리고 수렴청정을 하고 있는 정희왕후가 그것을 가납하고, 이어 성종에게 보고하여 능지로 정한 것일 터였다. 그러한 정황을 간파한 대신들은 별다른 견해 없이 따랐다. 이리하여 공혜왕후의 능지는 성종이 지정해 준 위치인 공릉의 동쪽 언덕에 정해지면서 즉시 산릉 조성에 들어갔다.

1474년(성종 5년) 6월 2일 자시(子時 : 밤 12시경)에 빈전에서 발인제를 지내고, 재궁(梓宮 : 왕이나 왕비의 관(棺))이 능지를 향해 떠났다. 그런데 비가 너무 내려 상여를 메는 군사들을 예비로 200명을 더 뽑아 따르게 하였는데도 겨우 미시(未時 : 오후 2시경)가 돼서야 산릉에 도착했다.

그리고 6월 7일 신시(申時 : 오후 4시경)에 맞춰 파주 공릉의 동쪽 언덕에 묘좌유향(卯坐酉向 : 정서향)으로 공혜왕후의 재궁을 현궁에 내리면서 장사를 마친다. 능호는 순릉(順陵)이라 했다.

왕후의 능을 조영함에 있어 언니인 장순왕후는 세자빈의 신분으로 세상을 떠났기 때문에 능 위에 장식된 의물이 간소하지만, 왕비의 신분으로 승하한 공혜왕후의 능에는 난간석, 문인석, 무인석 등 일체의 의물이 모두 갖춰져 있어 죽을 당시의 신분에 따라서 능의 규모나 형식에 구분과 차등이 있음을 확연하게 알 수 있다.

장순왕후와 공혜왕후는 사가에서는 자매간이지만, 궁에서는 시숙모와 조카며느리 관계였으며, 죽어서는 불과 수백 미터 지근거리를 두고 하나의 산자락 안에 함께 있다. 두 자매는 시가와 친정, 이승과 저승까지 이어지는 인연이다.

뒤에서 본 순릉 전경

　장순왕후가 17세에 요절하고, 공혜왕후도 19세 젊은 나이에 요절하자 시정(市井 : 인가가 모인 곳을 말하며, 우물이 있는 곳에 사람이 모여 살았다는 데서 유래된 말) 사람들은 세조의 왕위 찬탈을 주도했던 한명회가 지은 죄의 결과라는 말이 돌았고, 착하고 덕이 높으며 효성이 지극했다고 알려진 공혜왕후가 병환이 있기는 했어도 중궁(中宮)에서 5년이 지나도록 자식을 낳지 못하자 마음의 짐이 날로 커져 결국 요절한 것이라는 말도 있었다.

　아무튼 공혜왕후는 성종의 원비로서 왕후 신분으로 승하했다. 그럼에도 불구하고 성종은 나중에 원비인 공혜왕후가 아닌 계비 정현왕후(貞顯王后)와 함께 묻힌다. 물론 합장이 아니고 동원이강릉의 형태였지만, 왜 원비와 함께 묻히지 않고 계비와 묻혔을까?

성종이 공혜왕후가 승하하자 곧바로 계비로 맞았던 사람이 연산군의 모후 폐비윤씨인데, 윤씨가 폐위되면서 그 이후에 맞아들인 제2의 계비가 정현왕후다. 영원부원군(鈴原府院君) 윤호(尹濠)의 딸이자 중종의 모후가 된다.

공혜왕후는 혹시나 지아비인 성종이 훗날 자신의 곁으로 오려니 하고 기다렸겠지만, 공혜왕후는 절대로 성종과 같이 묻히지 못할 이유가 있었다.

첫째, 혹시 당시까지 아버지 한명회가 살아 있었다면 정치적 동지인 소혜왕후(인수대비)가 아마도 성종을 공혜왕후와 함께 하도록 했을 수도 있다. 그러나 성종이 승하한 해를 기준으로 볼 때 한명회는 이미 7년 전(1487년, 성종 18년) 세상을 떠났고, 공혜왕후는 벌써 20년 전에 세상을 뜬 터였다. 인수대비 입장에서 보면 정현왕후 역시 자신의 손으로 중전에 앉힌 착한 며느리인데 어찌 두 눈 번히 뜨고 있는 정현왕후를 두고 성종을 공혜왕후 옆으로 합장시킬 수 있었겠는가.

둘째, 성종이 승하하자 이미 광주 땅 광평대군 묏자리를 능지로 정하고 산릉 작업이 진행되고 있었다. 공혜왕후와의 합장은 전혀 고려 대상조차 되지 않았다. 정현왕후야말로 엄연히 살아 있는 권력인데, 이를 무시하고 원비와 합장을 해야 한다는 의견을 누가 감히 개진하겠는가? 하지도 않았고 할 수도 없었을 것이다.

셋째, 성종은 원비 공혜왕후와는 세자빈 시절을 포함해 7년을 함께했고, 계비 정현왕후와는 1473년(성종 4년) 숙의로 책봉된 시절부터 폐비윤씨가 폐출된 후 왕비가 되어 성종이 승하할 때까지 21년을 함께했다. 함께한 기간이 오래됐다고 함께 묻혀야 하는 것은 아니지만, 정현왕후는 중종의 모후이며 1530년(중종 25년) 중종 재위 시에 승하했으므로, 중종은 당연히 어머니를 아버지 곁에 장사하지 않겠는가. 죽은 자의 갈 곳은 산 자가 정한다고 하지 않던가. 따라서 공혜왕후는 끝내 성종과는 같이 묻힐 수 없는 운명이었던 것이다.

작은할아버지 묘 터에 조성된 능

선릉(宣陵, 성종, 계비 정현왕후)

선릉(宣陵)은 조선 제9대 임금인 성종(成宗, 1457~1494)과 계비 정현왕후(貞顯王后, 1462~1530) 윤씨의 능이다.

세조 이후의 능 조성 형식인 동원이강(同原異岡) 형식의 능이다. 서쪽이 성종의 능이고 동쪽이 정현왕후의 능이다. 성종의 능은 작은할아버지인 광평대군의 묘를 이장하고 그 자리에 조성된 능이다.

예종(창릉)의 원비나 성종(선릉)의 원비가 상당부원군 한명회의 셋째 딸, 넷째 딸이지만, 예종과 성종은 원비가 아닌 계비와 함께 동원이강릉에 묻혔다. 창릉과 선릉은 계비와 동원이강릉이라는 점에서는 같지만, 창릉은 원비가 세자빈 때 승하했기에 계비와 함께 조성되었고, 선릉은 공혜왕후가 정식 원비였음에도 계비인 정현왕후와 함께 조성됐다는 것이 다른 점이다. 이 점에 대한 이유와 필연성은 순릉(順陵 : 공혜왕후)에서 이미 언급한 바 있다.

성종은 1457년(세조 3년) 7월 30일 덕종과 소혜왕후 사이에 둘째 아들로 세자궁에서 태어났다. 5세 때 자산군으로 봉해졌다가 12세 때 자을산군[82]으로 올랐다(성

---

82) 자산군(者山君), 자을산군(者乙山君) : 실록을 토대로 보면 자산군과 자을산군의 칭호는 시기를 넘나들며 구분이 없이 호칭 됐음을 알 수 있다. 『세조실록』34권, 1464년(세조 10년) 8월 8일에는 '자을산군으로 하여금 여우를 쏘게 하고….'라고 기록하고 있고, 『세조실록』47권, 1468년(세조 14년) 11월 28일의 세조 묘지문에서는 '의경세자의 아들 맏이는 월산군에 봉해졌고, 다음은 자을산군인데 한명회의 차녀에게 장가들었으며….'라는 기록이 있고, 『예종실록』제1권, 1468년(예종 즉위년) 10월 6일에는 '월산군과 자을산군에게 현록대부(정1품으로 종친에게 주는 품계)를 가하고….'라는 기록이 있고, 『성종실록』총서(總序)에는 '신사년(1461년, 세조 7년) 정월에 자산군에 봉해졌다….'고 기록되어 있으며, 『성종실록』1권, 1469년(성종 즉위년) 11월 28일 예종의 뒤를 이어 왕위에 오르는 날에는 '자산군을 맞이하려는데, 자산군은 이미 부름을 받고 대궐에 들어왔다….'는 기록과, 『성종실록』43권, 1474년(성종 5년) 6월 7일에는 '성화(成化 : 명나라 헌종의 년호) 3년(1467년, 세조 13년)에, 세조께서 우리 주상전하를 자산군에 봉하고….' 기록하고 있고, 『연산군일기』1405년(연산 1년) 1월 13일 싱공이 승하하고 생애를 기록한 행장(行狀)에서는 '혜장왕(세조)이 기특히 여겨 자산군으로 봉하였다….'라고 기록되어 있고, 『연려실기술』(제6권)에서는 '신사년(1461년, 세조 7년)에 자산군에 봉하였다가, 무자년(1468년, 세조 14년)에 현록대부 자을산군으로 올렸다.'고 기록하고 있음을 볼 수 있다. 그러나 여러 기록 등을 종합해 볼 때 그 시기나 차이는 명확치 않고, 또한 어느 시점을 기준하여 구분해 호칭된 것이 아니라 함께 사용되어 왔음을 알 수 있다. 실록에서는 잘산군이라는 군호는 찾을 수 없었다. 다른 자료에서는 잘(者)을 음역하면서 자을(者乙)로 표기한 것이라는 기록도 있으나 검증된 것은 아닌 것 같다.

종이 보위에 오르기 전 잠저(潛邸) 시절에 자산군(者山君), 또는 자을산군(者乙山君), 혹은 잘산군(乽山君) 등으로 불리던 군호(君號)에 대해 혼동이 있는데 자료상으로 보면, 자산군에서 자을산군으로 군호를 다시 봉호 받은 것이다).

자을산군은 13세 때 1469년 11월 28일 예종이 승하하자 당일로 즉위했다. 형을 제치고 왕이 된 것이다. 성종은 만 25년을 재위하면서 『경국대전』을 반포하는 등 조선 왕조 체제를 정비하고 문화를 꽃피웠다. 왕비와 후궁은 모두 12명이었고, 자녀는 16남 12녀로 조선의 역대 임금 중 두 번째로 많은 자녀를 둔 임금이다.

1494년 12월 24일 오시(午時 : 낮 12시경), 성종은 창덕궁 대조전에서 승하했다. 나이는 38세였다. 성종은 배꼽 밑에 종기가 심했는데, 이를 다스리지 못해 승하한 것으로 전해진다.

성종이 승하하자 다음 날 이조와 예조에서 빈전도감을, 좌찬성 이극균 등과 호조에서 국장도감을, 그리고 공조와 종친에서 산릉도감을 맡고, 영의정 윤필상과 좌의정 노사신, 우의정 신승선 등을 산릉간심사(山陵看審事)로 삼아서 장례 절차와 능지 선정에 관련된 일을 진행했다.

아울러 예조에서는 "선대부터 국상에서 49재나 소대상(小大祥)을 모두 절에서 지냈습니다. 어찌하오리까?" 하고 세자(연산군)에게 물었으나 세자가 판단하기 어려워하자 왕비(정현왕후)에게 다시 물었다. 이에 왕비가 전교하기를 "대행대왕께서 불교는 좋아하지 않으셨으나 제를 지내지 말라는 유교(遺敎 : 임금이 죽을 때 남긴 말)가 없었으며, 또 조종조(祖宗朝)에서 다 행하셨으니 폐지할 수 없다." 하므로, 상례는 불교의 예를 참작하도록 했다. 이를 보더라도 불교가 당시에도 영향력이 상당히 존재하고 있었음을 알 수 있다.

성종은 재위 중에 불교를 멀리하기도 했고, 배척하기도 했지만, 막상 본인의 상례는 불교의 예로 행해졌다. 반면에 성종은 풍수에 대한 관심은 적지 않았던 것 같다.

『성종실록』에 의하면, 아차산은 한성을 비보(裨補 : 모자라는 것을 채움)하는 땅이라 하여 경작과 벌채를 금하도록(성종 3년 3월 10일) 했다. 또 풍수적인 이유로 도성의 지맥을 훼손한 산등성이의 집 199채를 철거(성종 12년 1월 12일)하기도 했다. 그리고 산등성이를 끊어 길을 내는 것은 풍수지리에서 꺼리는 일이므로, 흥덕사 뒤 고개는 창경궁의 외청룡(外靑龍 : 풍수 용어로 궁을 감싸고 있는 산줄기 중 바깥쪽에 있는 산줄기)이라 하여 폐쇄 조치(성종 20년 5월 19일)를 할 만큼, 성종은 어느 임금보다도 풍수에 대한 이해와 신념이 컸다. 이렇듯 풍수에 대한 관심이 컸으므로 나름 신후지지를 대비했을 법한데, 생전에 수릉지(壽陵地)를 마련치 않았다.

1495년(연산 1년) 1월 10일 윤필상, 노사신, 신승선을 비롯해 상지관 최호원 등이 산릉 자리를 보고 와서 복명하기를, 여러 후보지 중 "광평대군(廣平大君 : 세종의 다섯째 아들, 무안대군(芳蕃)에게 입양됨)의 묘가 첫째요, 다음이 정역(鄭易)의 묘요, 그다음이 고양군 관사 자리입니다."라고 하면서, "정역의 묘가 임금의 능으로 합당합니다. 그러나 광평의 묘에 비하면 훨씬 못합니다." 했다.

다시 최호원이 "『지리서(地理書)』에 '물을 얻는 것(得水)이 상이 되고, 바람을 감춘 것(藏風)이 다음이다.'라 하였는데, 정역의 묘는 청룡이 짧고, 백호가 낮고 멀어서 바람이 모이는 곳이니 첫째로 불가하며, 또 산세가 바로 내려오고 산이 하나도 돌아앉은 것이 없으니 둘째로 불가하므로, 제왕의 능에 합당하지 않습니다." 하였다. 그러자 연산이 "만약 광평의 묘를 쓴다면 옛 무덤을 파내야 할 터인데, 신(神)이 편하겠는가. 온전한 땅을 쓰는 것이 어떠한가?"라고 물었다.

그런데 광평대군의 묘 근처에는 월산대군(月山大君 : 세조의 손자이며, 추존왕 덕종의 아들이고, 성종의 형)의 묘가 있었다. 만약 광평의 묘로 능지가 결정되면 월산대군의 묘도 파내야 할 것인가로 의견이 분분했다. 이때 파내야 한다는 의견이 있었는가 하면, 옛적에는 죽은 신하를 능 가까운 곳에 장사하여, 능을 옹위(擁衛)하게 하였으니, 파내지 않아도 된다는 의견도 있었나.

그러자 영의정 윤필상이 풍수에 능하고 예조 판서를 역임한 임원준(任元濬)에게 물으면 좋겠다고 하여, 연산은 승지를 시켜 병중에 있는 임원준에게 보냈다.

승지가 돌아와서 회계(回啓 : 임금의 물음에 대해 신하들이 심의하여 답하도록 하는 것)하기를 '신이 일찍이 경성 근처의 모든 산을 두루 보았는데, 건원릉(太祖)이나 현릉(文宗)이라 할지라도 광평대군의 묘보다는 못 합니다. 정역의 묘는 정혈이 아니요, 구성량(具成良)의 묘는 산이 험하고 물이 적으니 다 쓸 수 없습니다. 김포(金浦) 마전(麻田)의 관사 자리도 역시 광평대군의 묘지보다는 못합니다. 신의 생각으로는 광평의 묘가 제일입니다.' 하니, 연산은 전교하기를 "그곳으로 정하라." 했다. 이리하여 광평대군의 묘가 성종의 능 자리로 정해진 것이다. 그런데 풍수의 대가 또는 상지 능력이 뛰어나다는 사람들이 하나같이 새로운 자리를 찾으려 하지 않고, 오래전에 쓰여진 양택(陽宅 : 살아 있는 사람들이 사용하는 건조물)이나, 음택(陰宅 : 무덤)만을 가지고 좋은 터냐 그렇지 않느냐를 논하거나, 이미 조성된 묘혈에 집착하며 능지를 택정하려는 것은, 일찍이 길지를 찾은 자들보다 상지 능력이 못 미침에서 나온 소치로 비쳐진다.

광평대군은 세종의 다섯째 왕자로서 세종이 아끼던 왕자이고, 신덕왕후의 소생인 방번의 봉사손이다. 또, 곁의 월산대군은 자신의 큰아버지가 아닌가. 따라서 이 묘를 산릉으로 정하기까지 연산은 당연히 할머니 인수대비에게 부담을 느낄 수밖에 없었다. 인수대비의 입장에서도 광평의 묘에 성종의 능을 만든다면, 시숙부(媤叔父=媤三寸)의 묘를 파내는 것은 둘째이고 작은아들의 묘를 위해 큰아들의 묘를 파내야 하는 상황이 되니 어머니로서 어찌 통절함이 없겠는가. 해서 인수대비는 광평대군의 묏자리를 능지로 정하는 것에 대해 직접 표현을 못하고, 우회로 반대 의견을 표시했다.

이에 연산은 그다음 날 다시 "대왕대비의 말씀이 광평의 묘는 그 자손이 병들거나 요사했고, 주변에 종재(宗宰 : 왕실의 종친과 재신들)의 무덤이 많으니 그것을 발굴한다면 예장(禮葬)을 해 주어야 할 것이므로 폐단이 적지 않다."고 하며, "다른 곳으로 정하라."고 한다.

그러자 윤필상이 다시 "상장(喪葬)은 나라의 대사이므로 작은 폐를 헤아릴 것이 못되고, 광평의 묘가 건해좌(乾亥坐 : 정남에서 동쪽으로 30°~45°)로 흉하지만, 임좌(壬坐 : 정남에서 동쪽으로 15°)로 정하면 이보다 더 좋을 수는 없습니다."라고 했다.

이에 연산이 전교하기를 "대비의 말씀이 처음에는 광평의 자손이 일찍 죽고 병들었기 때문에 의심했는데, 이제 좌향(坐向)을 고쳐 정한다 하니 무슨 의심이 있으랴." 하면서, 그대로 정하라 하여 성종의 능지가 확정되었다.

그리고 연산은 "대군의 무덤을 옮기되 마땅히 예장을 하라."고 당부하며, 또 주변의 옮겨야 할 묘에 대해서는 전례에 따라 필요 물자를 충분히 지급하라고 했다. 그런데 당시에 쌍릉이든, 합장이든, 동원이강릉이든 선왕 모두가 왕과 왕비의 능을 함께하는 능제가 있었음에도, 능지 택정 과정에서 원비인 순릉의 공혜왕후와의 합장이거나, 순릉의 천릉 등이 전혀 거론도 안 되고, 고려조차도 되지 않은 것은 매우 이례적이다.

그리하여 광평대군의 묘는 본래의 터에서 동남쪽으로 십리 정도 떨어진 곳(지금의 강남구 수서동)으로 이장했고, 기타 산릉 지역에 있는 옮겨야 할 묘에 대해서도 곡식과 병사를 파견하여 이장케 했다.

이에 월산대군의 묘도 고양의 공양왕릉 오른쪽 낙타고개 넘어 야산(지금의 고양시 덕양구 신원동)으로 이장을 했다. 살아서나 죽어서나 왕도에는 형제도 인척도 소용이 없었다.

이렇게 산릉은 지방 각처에서 동원된 역군(役軍)으로 조성하는데, 추운 겨울인데다 공사가 강행되니 많은 사람들이 다치고 병들어 죽어 갔다. 그에 따라 감찰관을 보내 조사하기도 하고, 치료를 소홀히 한 전의감을 잡아다 의금부에서 국문하는 일이 생기기도 했다.

또한 의정부와 육조에서 묘호와 능호를 정하면서 묘호를 성종(成宗)으로 하느냐, 인종(仁宗)으로 하느냐로 의논이 분분하다가 결국 성종(成宗)으로, 능호는 선릉(宣陵)으로 정했다. 홍문관에서 다시 묘호를 인종(仁宗)으로 할 것을 청했으나, 연산은 고칠 수 없다고 하였다. 또 다시 노사신 등이 인종으로 할 것을 건의하자, 다시 연산은 이미 의논하여 정한 바 있으니 더 이상 거론치 못하게 하므로, 성종으로 확정됐다.

1495년(연산 1년) 3월 16일 드디어 연산이 폭군이 되는 계기가 잉태되는 사건이 벌어진다. 승하한 왕이나 왕비의 생애와 행적을 기록하는 것을 묘지문(墓誌文)이라 하는데, 연산이 성종의 묘지문을 보게 된 것이다. 이것을 보면서 연산이 자신의 모후가 폐위되어 죽게 된 걸 알고 충격을 받아 수라마저 들지 못했다. 비로소 폐비윤씨의 죽음에 대해 강한 의문을 갖기 시작한 것이다.

그러면서 성종은 승하한 지 5달째가 되는 1495년(연산 1년) 4월 2일 밤 12시에 발인제를 지내고, 애책(哀冊 : 죽음을 애도하여 지은 글)을 읽기가 끝나자 재궁이 출발한다. 이에 그곳에 있던 사람들 모두가 눈물을 흘리지 않는 사람이 없었다. 오시(午時 : 낮 12시경)쯤에 성종의 대여가 강을 건너고, 얼마 안 되어 강물이 갑자기 불어 넘치니 사람들이 그 기이한 현상에 모두 탄복을 했다.

대여가 산릉에 이르자 가설된 정자각에 빈전을 차렸다. 그리고 4월 6일 묘시(卯時 : 오전 6시경)에 맞춰 광평대군의 묘 자리에 임좌병향(壬坐丙向 : 정남에서 동쪽으로 15°)으로 하현궁하면서 장례를 마쳤다.

정현왕후는 성종이 승하한 지 36년 후인 1530년(중종 25년) 8월 22일 신시(申時 : 오후 4시경)에 경복궁 동궁에서 승하했다. 이때의 나이는 69세였다. 슬하에 자녀는 1남 1녀이다.

1530년 6월부터 병환이 점점 심해져 8월에 계성군(桂城君)의 집으로 갔다가 증세가 더 위중해지므로 8월 17일 도로 경복궁으로 왔는데, 결국 22일에 승하했다.

정현왕후는 성종의 세 번째 부인이면서 중종의 생모이다. 성종의 첫 번째 부인은 공혜왕후이고, 두 번째는 폐비윤씨이고 세 번째가 정현왕후다.

정현왕후는 우의정 윤호(尹壕)의 딸로 연산의 모후인 윤씨가 폐출되자 이듬해인 1480년(성종 11년) 19세의 나이로 왕비에 책봉되었다.

정현왕후는 12살 되던 1473년 6월 성종의 후궁으로 궁에 들어왔다. 정희왕후와 소혜왕후가 특별히 총애하며 부도(婦道)를 가르치니 받들어 순종하였고, 정희왕후가 성종에게 "윤 숙의는 나이가 젊으면서도 순박하고 조심스러우며 말이 적어 다른 사람들과 다르다." 하며, 늘 칭찬을 하던 차에 성종의 둘째 비인 연산군의 생모 윤비가 폐출되어 세 번째 왕비가 되었다.

선릉 정현왕후 능

　성종도 "예로부터 부인들이 질투하지 않은 사람이 적은데, 나의 마음이 편안한
것은 진실로 중궁 때문이니 현비(賢妃)라 할 만하다." 할 정도로 정현왕후는 웃전
들로부터 많은 사랑을 받았다.

　연산군을 자기 소생보다도 더 어루만져 기르니, 모두 칭찬하고 감탄하여 마지
않았다. 이때 사관은 '대비는 인자하여 가족 친인척과 화목하였다. 외척을 위해
벼슬을 구하지도 않았다.'고 기록하고 있다.

　1504년(연산 10년) 4월 27일 소혜왕후가 승하했을 때 연산군이 단상(短喪 : 상기
를 단축하는 것)하려 하자 정현왕후가 "삼년복은 천자로부터 서민에 이르기까지
천하에 공통된 상사인데 어찌 단상을 할 수 있겠는가? 나는 감히 따르지 못 하겠
다."라고 하였다가 연산군이 발끈하므로 정현왕후는 한스러웠지만 억지로 따르
기로 한 바 있었다.

이때의 일로 정현왕후는 사람들에게 늘 "내가 소혜왕후에게 죄를 지었다." 하면서, 상복을 앞당겨 벗은 것을 종신토록 유감스럽고 한스럽게 여겼을 만큼 효심도 강했다.

1530년(중종 25년) 8월 28일 영의정 정광필, 좌의정 심정 등이 산릉 자리를 들러보고 와서 아뢰기를 "옛 능의 청룡 가닥이 매우 좋은데, 새 묘혈의 서쪽 면에 흙을 보충해야 할 데가 있기는 하지만, 맥으로 볼 때 이곳이 바로 요지입니다." 하고, 산도(山圖)[83]를 그려 올렸다. 이에 중종은 "마땅히 새 혈 자리를 사용하겠으니 시급히 날을 잡으라."라고 전교했다. 한편 예조에서 "새 능은 따로 이름을 지을 것 없이 선릉으로 하소서." 하니, 역시 그리하라고 전교했다.

그리고 그다음 날 중종은 어머니 정현왕후의 장례를 "예문대로 한다면 다섯 달만에 장사를 지내야 하는데, 만약 다섯 달을 기다린다면 12월 극도로 추운 때에이르게 된다. 그러면 동원되는 사람들이 상할 수도 있으니, 석 달 만에 장사를 치른 전례에 비춰 10월 중에 날짜를 가려서 하라."고 전교를 내렸다.

1530년(중종 25년) 9월 4일 산릉도감에서 새 능에 임시 정자각을 세우는 문제가 거론되었다. 1499년(연산 5년) 1월 안순왕후 장사에서, 왕후의 상이 뒤에 있으므로 왕후에게 흉례(凶禮)로 올리는 제사를, 대왕에게 길례(吉禮)로 올리는 곳인 정자각에서 제사하는 것은 불가하다 하여, 양 능에 가정자각을 설치하여 구릉의 제사는 길례로, 신릉의 제사는 흉례로 하다가 3년 후에 합제하는 예가 있었다. 정현왕후의 경우도 성종보다 뒤에 승하해서 같은 문제가 대두된 것이다. 그리하여 창릉과 마찬가지로 선릉에서도 역시 가정자각을 세우도록 하였다.

1530년(중종 25년) 9월 7일에는 대신들이 모여 대행대비의 시호를 정현왕후라올렸고, 9월 27일에는 풍수학 도제조 정광필과 총호사 심정 등이 산릉에서 돌아와 "오늘 금정(金井)을 절반쯤 팠는데, 흙이 두텁고 정갈하여 물기도 없어 의심스

---

83) 산도(山圖) : 왕릉지로 사용될 산을 둘러본 후 산세에 대한 풍수적 길흉을 설명한 것을 산론(山論)이라 하고, 이를 그림으로 작성한 것이 산도이다.

러울 것이 없습니다."라고 하니, 중종은 기뻐하며 이들에게 술을 내렸다.

이리하여 정현왕후는 승하한 지 석 달 만인 1530년(중종 25년) 10월 24일 발인을 하고, 세자는 광화문까지 재궁을 따라 곡을 하며 지송했고, 대여는 강을 건너 산릉에 도착했다. 그리하여 10월 29일 선릉 왼쪽 언덕에 축좌미향(丑坐未向 : 남서향, 정남에서 서쪽으로 30°)으로 재궁을 내리면서 정현왕후의 장례를 마쳤다.

이로부터 60여 년이 흐르고 왜란을 겪으면서 선릉은 엄청난 변고를 당한다.

1592년(선조 25년) 4월 13일 임진왜란이 일어난 지 보름 만에 한양도성 함락이 시간문제가 되자, 4월 28일 선조는 파천(播遷 : 임금이 피난하는 것) 의사를 비쳤고 대신들은 반대했다. 그러자 선조는 결코 파천은 하지 않겠다고 약속했으나, 4월 30일 새벽 백성들을 버리고 몰래 도성(都城)을 빠져나가 파천 길에 올랐다. 도성 안은 임금이 도망을 했다는 소문이 퍼지면서 민심이 흉흉해졌다. 이때 왕실의 능침(陵寢) 안에 금은보화가 묻혀 있다는 소문이 돌고, 왜군들과 일부 어리석은 백성들에 의해 도성 가까운 능(陵)이 훼손되는 변고가 벌어졌다.

당시 훼손된 능은 헌릉(獻陵), 선릉(宣陵), 정릉(靖陵), 태릉(泰陵), 강릉(康陵) 등이다. 그중에서도 선릉과 정릉이 가장 훼손되었다.

1593년(선조 26년) 1월 22일 선조는 몽진한 의주에서 왜적이 태릉과 강릉을 도굴하려다 실패했다는 보고를 받고, 4월 13일 또다시 왜적들이 선릉과 정릉을 파헤쳤다는 보고가 올라왔다. 선조는 즉시 영의정 최흥원(崔興源) 등을 보내 선릉과 정릉을 봉심(奉審)하게 했다.

4월 26일에는 도체찰사로 나가 있는 유성룡으로부터 장계가 올라왔는데, 선릉은 두 능(성종, 정현왕후)을 판 구덩이가 현궁(玄宮)에까지 이르지는 않은 것으로 보고됐다. 하지만 직접 확인이 필요하다는 것이었다.

최흥원은 즉시 일행과 봉심을 위해 의주를 떠났고, 50여 일이 지난 6월 28일 돌아와 보고를 하는데, '선릉·정릉을 봉심하여 보니 3릉(성종, 정현왕후, 중종)의 재궁이 모두 불에 탔고, 불탄 재의 색깔은 초목의 재와 달랐으며, 재의 무게 또한 보통 재보다 배나 무거웠는데 이것이 선릉의 유체에서 나온 것인지는 알 수 없으나, 전혀 아니라고 할 수도 없다.'는 것이었다. 별도로 선릉·정릉을 우부승지 정희번에게 봉심하도록 했는데 7월 4일 돌아와서 보고되는 결과도 다를 바가 없었다.

7월 6일에 선·정릉 개장도감(宣靖陵改葬都監)에서 아뢰기를 "정릉의 개장(改葬 : 다시 장사를 지내는 것)은 아직 의논을 정하지 못하였고, 선릉의 개장은 이달 21일에 하고자 하는데 날짜를 당길 수는 있으나 물릴 수는 없다고 하였습니다."라고 아뢰니, 마침내 선릉의 개장일이 정해진다. 이리하여 임진왜란이라는 변란 속에 흉변을 겪은 선릉은 1593년(선조 26년) 7월 27일에 개장함으로써 지금의 모습이 되었다. 그런데 당초 개장일을 7월 21일로 정하였으므로 시간에 맞춰 선조는 세자와 백관을 거느리고서 몽진지인 의주 행궁에서 거애를 했다. 그러나 막상 선릉에서는 개장의 예를 행하지 못했다. 성종의 의대(衣襨 : 임금의 옷)가 미리 도착하지 못해서였다. 총호사 최흥원은 날짜를 물리어 7월 27일로 정하고 개장의 예를 행했다. 선조도 이 시간에 맞춰 백관들과 다시 거애를 하는 어처구니없는 일이 벌어지기도 했다.

개장의 방법은 전주사고(史庫)에 보관된 실록을 토대로 지석문과 옥책문을 등사하고 시신 대신 의대(衣襨)를 매장하는 것으로 시행됐다. 이를 초혼장(招魂葬)[84]이라 한다. 그것이 지금의 선릉 모습이다. 선릉의 훼손과 관련한 내용은 뒤에서 좀 더 구체적으로 기술한다.

한편 세상살이에서 묘지로 맺어지는 연고 관계는 참으로 불가사의하다. 성종의 아버지인 의경세자(추존왕 덕종)가 1457년(세조 3년) 세상을 떠나자, 묘를 쓸 때 할아버지 세조는 도총관 정역(鄭易)의 묘를 이장케 한 후 그 자리에 묘를 썼다.

다시 의경세자의 아들 성종이 세상을 떠나자 의경세자 당시 이장한 정역의 묘가 또다시 성종의 능지로 물망에 오른 것은 무슨 인연이며, 과연 선연(善緣)일까? 악연(惡緣)일까?

---

84) 초혼장(招魂葬) : 죽은 사람의 혼을 불러들여 지내는 장례라는 뜻으로, 시신을 찾을 수 없을 때 생시에 입던 의복 따위를 가지고 치르는 장례를 말한다.

결국에는 성종의 능이 광평대군의 묘로 정해지면서, 다행히 정역의 묘는 다시 이장을 해야 하는 사정은 면하게 되었지만, 이렇듯 정역의 묘를 두고 엮어지는 덕종과 성종의 인연은 참으로 기이한 일이라 하겠다. 아마도 해주 정씨 문중 입장에서는 표현은 못하지만 이러한 인연을 임금에게 양보하는 광영(光榮)이라기보다는 달갑지 않은 악연이라 했을 것이다.

　임금은 세상에 못할 것이 없는 권력자다. 그래서 무치(無恥)라 했나 보다. 임금은 부끄러움이 없는 존재라는 뜻이다. 때문에 아무리 후궁을 많이 두어도 부끄러울 것이 없다. 왕실을 견고히 하기 위해 자손을 많이 두고자 후궁을 두는 것은 그렇다 쳐도, 죽어서 남의 묏자리를 탐내 그곳에 묻히는 것도 무치인가?

　위에서도 언급했듯이 세조는 첫째 아들 의경세자가 요절하자 명당이라고 소문난 정역의 묘를 이장시키고, 그 자리에 세자를 묻었다. 또 세조는 며느리인 세자빈이 죽자 강회백 모(母)의 묘를 이장시키고, 그곳에 며느리를 묻었다.

　세조의 아들 예종은 세조가 승하하자 정흠지의 묘를 이장시키고, 그 자리에 아버지 세조의 능을 만들었다. 할아버지인 세종(世宗)의 영릉을 천장하기 위해 이계전의 묘를 이장시켰다.

　세조의 손자 성종은 아들 연산에 의해서 친 작은할아버지인 광평대군(세종의 다섯째 아들)의 묘를 옮기고 그 자리에 들어갔으며, 광평대군의 묘 근처에 있던 친형인 월산대군의 묘도 이장을 시켰다.

　임금과 왕족이 죽어서 가는 곳까지도 무치라는 것인가? 이 모두가 왕권 강화와 사직(社稷)의 무궁을 바라는 것 때문일까?

귀양지 강화에서 이장된 묘

연산군묘(燕山君墓, 연산군, 거창군부인)

연산군묘(燕山君墓)는 조선 10대 임금이었던 폐주(廢主) 연산(1476~1506)과 그의 부인 폐비 신씨(거창군부인, 1476~1537)의 묘다. 쌍분(雙墳)으로 정면에서 보면 왼쪽이 연산군이고 오른쪽이 거창군부인 신씨이다.

이미 언급했듯이 조선 시대 왕실의 묘제(墓制)는 능(陵), 원(園), 묘(墓)로 구분되는데, 연산군은 비록 왕위에 있었지만 폐위가 되었으므로, 능호나 원호를 쓸 수 없어 묘(墓)라고 한 것이다.

당초 연산의 묘는 귀양을 가서 위리안치(圍籬安置)[85]되었던 강화 교동에 있었다. 그런데 1512년(중종 7년) 12월 12일 연산의 비 신씨가 중종에게 글을 올려 간곡히 이장을 청했다. 중종은 "소원대로 들어주고 왕자군(王子君)의 예로 개장하도록 하라."고 하며, 이장할 때 쓸 쌀과 콩, 면포 등을 지급하여 지금의 장소로 이장을 한 것이다.

연산은 성종의 원자로서 폐비윤씨가 낳았다. 1494년 12월 24일 성종이 승하하자 뒤를 이어 19세에 보위에 올랐다. 재위 기간은 11년 9개월이다.

연산은 재위 기간 중 초기 4년은 성종의 문치를 따르는 듯했으나, 친모의 죽음을 알면서 폭군이 되었다. 중종반정으로 쫓겨나기까지 8년 동안에 벌인 온갖 형언할 수 없는 학정은 물론 사치와 향락은 극에 이르렀다. 또한 패륜과 광란적 행태를 자행하여 나라와 백성들의 정신을 피폐하게 만들기도 했다.

사림파와 훈구파의 정치적 대립으로부터 발단된 무오사화(戊午士禍), 폐비윤씨의 복위 문제와 관련하여 일어난 갑자사화(甲子士禍)로 수많은 선비들은 연산군으로부터 목숨을 잃었다. 연산은 종묘를 동물원으로 만들거나 성균관을 술 마시는 유흥장으로 만들기도 했고, 채홍사를 두어 전국의 처녀들을 징발하는 등 분탕질을 일삼았다.

당숙(제안대군)의 여종 장녹수와도 놀아났고, 심지어는 큰어머니(월산대군의 부

인)[86]까지도 욕을 보여 수치심으로 자결했다는 얘기도 전해져 온다. 또 아버지가 총애하던 후궁들을 때려죽인 패륜의 극을 보인 황음무도(荒淫無道)한 인물이기도 하다.

그런가 하면 내시 김처선(金處善)은 단종부터 연산군에 이르기까지 무려 5명의 왕을 시종한 환관이다. 충심이 대단하여 역대 왕들이 인정하고 아끼던 내시였다. 김처선은 당시 조정 내에서 연산군이 패악한 짓을 할 때마다 그러면 안 된다고 간언했던 유일한 사람이었다. 결국 연산군은 바른말을 하는 김처선을 잔인하게 죽인다. 칼로 사지를 자르고 죽은 사체를 일으켜 다시 활을 쏘았다. 『소문쇄록(謏聞瑣錄)』에는 마침내 그 시체를 호랑이에게 주었다고 기록하고 있다. 김처선의 집은 헐어 연못을 파고, 가족들은 모두 귀양을 보내는 잔인무도한 짓도 서슴지 않았다.

그리고 전국에 김처선이라는 이름은 모두 개명을 하라고 명을 내렸는가 하면, 모든 문서에 처 자(處 字)를 쓰지 못하도록 했다. 심지어 24절기 중 처서(處暑)에 처(處) 자가 들어간다 해서, 절기의 명칭마저 조서(徂暑)로 고치도록 하거나, 처용무(處容舞)도 풍두무(豊豆舞)라고 이름을 바꾸라고 하였다. 처선을 미워한 연산군의 패악은 그야말로 종잡을 수가 없었다. 이렇게 연산군의 무도한 짓과 포악함이 극에 달할 때 어떤 사람이 언문(한글)으로 연산군의 학정을 비판하고, 잘못한 내용을 써서 거리에 붙이는 사건이 있었다. 이때 연산은 "이것은 죄를 지은 사람들의 친족들이 한 짓이다."라며, 전국에 귀양 가 있는 사람들을 전부 불러들여 곤장을 치고, 참혹한 고문을 했다. 그리고 백성들에게는 앞으로 언문을 배우지 못하게 했다. 이때 어떤 자는 처형되고, 어떤 자는 곤장을 맞고 다시 유배지로 돌려보내는 웃지 못할 일들이 행해졌다. 이 모두가 연산의 총애를 받는 간신배들이 부추

---

86) 월산대군의 부인 박씨 : 월산대군은 성종의 형으로 서열상 왕위에 올랐어야 했으나, 정치적인 이유로 동생인 성종이 왕으로 등극했다. 『연산군일기』에서는 연산군이 큰어머니를 욕보인 것으로 기록하고 있으나, 일부 자료에서 『연산군일기』는 중종 때 작성되었고, 연산군은 월산대군의 부인을 극진히 대했고, 부인은 병으로 죽었으며, 부인의 동생인 반정 공신 박원종이 자신의 입지를 마련하기 위해 폐주로부터 치욕스런 일을 당해 목숨을 끊었다고 각색한 것이라는 추론이 제기된다는 학자들도 있다.

기고 자극해서 일어난 일들이다.

뿐만 아니라 자신의 마음에 들지 않는 사람은 각종 끔찍한 형벌로 모두 죽였다. 천장(穿掌 : 손바닥 뚫기), 착흉(斲胸 : 가슴 빠개기), 촌참(寸斬 : 토막토막 자르기), 쇄골 표풍(碎骨飄風 : 뼈를 갈아 바람에 날리기) 등의 방법으로, 잔혹한 형벌을 자행한 인면 수심의 인물이다. 이러한 일 모두가 연산이 폐위되기 직전에 벌어진 일들이다.

도리를 거스르면 하늘에 죄를 얻기 마련이다. '하늘에 죄를 지으면 빌 곳이 없다(獲罪於天 無所禱也).'고 논어(論語)에서 이른다.

이렇게 연산이 행한 잘못된 제도와 난폭한 짓은 이루 말할 수 없이 많다. 그러나 이 야만스런 처사들이 과연 연산군만의 잘못인가? 이때 신하라는 사람들의 처신은 어땠는가? 과연 당당할까?

1504년(연산 10년) 윤4월 20일 『연산군일기』에서는 폐비윤씨를 죽게 했다는 이유로 이극균(李克均)과 윤필상(尹弼商)의 유배지로 사약(賜藥)을 보냈다. 그런데 이극균은 "나는 죄가 없음을 주상께 전하라." 하면서 가지고 온 사약을 마시지 않고, 스스로 목매 죽었고, 윤필상은 "이미 이렇게 될 줄 알았다." 하고는, 역시 가지고 온 사약을 마시지 않고, 주머니 속에서 비상(砒霜 : 독성이 강한 독약)을 꺼내 먹었는데 효과가 없자 천을 가져오게 하여 스스로 목매 죽었다고, 사약을 가지고 갔던 의금부도사가 보고한다. 이때 그 자리에 함께 있던 조정 대신이라는 자들이 "극균과 필상은 죄가 커서 사사(賜死 : 임금이 죄인에게 독약을 내려 스스로 죽게 함)하는 것에 감격해야 하나, 오히려 원망하며 죽은 것은 죽어도 죄가 남음이 있으니 시체를 베는 것이 어떨까 합니다."라고 하거나, "이들은 죽어도 죄가 많으니 무덤에서 꺼내 머리를 베어야 합니다. 그 벤 머리를 보거나 듣는 사람들이 기뻐하게 해야 합니다" 하며, 참시(斬屍 : 죽은 사람의 관을 꺼내 시신의 목을 자름)를 건의했다. 그러자 연산군이 "여러 사람의 의논이 그러하니 참시하라."라는 명을 내렸다.

이렇게 이미 죽은 사람의 묘를 파서 시신의 목을 잘라 거리에 걸어 놓고, 그것을 사람들이 보며 기뻐하게 하자고 한 사람들 중에 끼어 있던 사람은 영의정 유순(柳洵), 형조참판 성희안(成希顔), 의금부 당상 정미수(鄭眉壽), 예조 판서 김감(金

勘), 의금부 당상 김수동(金壽童), 군기시 제조 박건(朴建), 좌참찬 신준(申浚) 등이 포함되어 있었다.

그러나 이들은 훗날 중종반정(中宗反正)에서 반정 공신의 명단에 올랐다(靖國功臣). 패악한 군주를 몰아낸 것은 의기로웠어도, 죽은 사람을 다시 죽이자고 충동질을 벌인 사람들과 함께했던 사람들이 군주를 바꾼 모습에서 역사의 서글픔을 느낀다.

결국 하늘의 뜻에 따라 1506년(연산 12년) 9월 2일에 이루 열거하기도 민망한 온갖 악행을 일삼으며 하늘에 큰 죄를 지은 연산군이 중종반정으로 폐위되었다. 반정이 일어나자 어느 누구도 연산 편에 서지 않았다. '도(道)를 잃은 자는 도와주는 이가 없다.' 했듯이, 연산은 이미 도를 잃었던 것이다.

그날로 연산은 강화 교동으로 유배되었다. 반정 당일 밤 교동으로 떠나던 폐주가 갓을 쓰고 분홍 옷에 띠를 두르지 않고 나와서 가마에 타며 말하기를 "내가 큰 죄가 있는데 특별히 상의 은덕을 입어 무사하게 간다."라고 했다고 전해진다. 그제야 연산은 스스로 지은 죄를 알고 유배를 떠난 것이다. 그리고 그곳에 위리안치된 것이다.

이날의 『중종실록』에는 '연산군 말기 한참 방종할 때 모든 백관들에게 사모(紗帽)의 앞뒤에 충(忠)과 성(誠) 자를 새겨 붙이게 했고, 각처를 돌아다니며 유흥을 위해 출입하는 것을 거동(擧動)이라 하게 했고, 흥청(妓女)을 뽑아 1만 명을 채우라고도 했다.'고 기록하고 있다.

또한 폐위 후 교동으로 유배되어 가시울타리에 갇히게 된 연산군을 백성들이 뒤쫓아 가 원망하며 노래를 지어 불렀는데 그 노래는 이러했다.

충성이란 사모요 거동은 곧 교동일세.
일만 흥청 어디 두고 석양 하늘에 뉘를 쫓아가는고,
두어라 이 또한 가시의 집이너,
날 새우기엔 무방하고 또 조용하리요.

실록에서는 이 노래를 '사모(紗帽 : 벼슬하는 사람들이 관복을 입을 때 쓰는 비단으로 만든 모자)와 사모(詐謀), 거동(擧動)과 교동(喬桐)은 음이 서로 가깝고, 방언에 각시(婦)와 가시(荊棘)는 말이 서로 유사하여, 뜻을 빌어 노래를 한 것이다.'라고 기록하고 있다.

유배의 형태에서 위리안치는 죄가 무거운 사람을 일정한 장소에 격리하고 신체를 구속시키는 형벌 중 하나지만, 아주 중죄를 지었을 때 내리는 형벌 중에 절도안치(絶島安置)라는 형벌도 있다. 그런데 반정 세력들이 어찌하여 연산을 멀리 절도로 안치하지 않고, 가까운 강화로 위리안치했을까? 하기야 강화 교동도(喬桐島)도 절도이긴 하다.

1506년(중종 1년) 11월 6일 연산군은 폐출되어 강화 교동도에 위리안치가 된 지 65일 만에 역질(疫疾)로 죽었다. 이때 나이는 31세였다. 한편에서는 연산군이 반정 세력들에게 독살당했을 것이라는 설도 있으나, 이는 여러 정황을 토대로 한 추정일 뿐 명확한 근거는 없다.

슬하에는 신씨 사이에서 3남 1녀, 후궁에게서 2남 3녀가 있었다. 허나 아들들은 모두 일찍 죽거나 정선, 제천 등으로 귀양을 가서 반정이 일어난 지 22일 만에 그곳에서 사사(賜死)되었다.

중종이 사사된 왕자들을 후하게 장사 지냈으면 좋겠다고 하자 정승들이 나서서 막았다. 권력은 무섭기도 하지만 이렇게 무상(無常)하기도 한 것이다.

연산군이 역질(疫疾)로 죽었다고 보고한 강화 교동(喬洞) 수직장(守直將)과 군관(軍官)은 "6일에 연산군이 역질로 인하여 죽었습니다. 죽을 때는 다른 말은 없었고 다만 신씨가 보고 싶다고 하였습니다."라고 했다.

추운 겨울에 무슨 역질인지는 모르나 실록에 의하면 연산군은 역질로 죽은 것으로 기록하고 있다. 또한 죽어 가면서 "신씨가 보고 싶다."고 했다는 것은 부인인 폐비 신씨를 말하는 것이라고 『중종실록』은 기록하고 있다.

연산군이 죽자 이틀 후인 1506년(중종 1년) 11월 8일 중종은 "연산군을 후한 예

연산군 묘역 전경(맨 윗줄 왼쪽이 연산군묘)

로 장사 지내라.”고 전교하고, 사람을 교동으로 내려보내면서 수의(壽衣)를 내리고 장례를 감독케 했다. 연산 생전에는 비록 폐왕이라 해도 형제의 정리에서인지 수시로 음식과 옷가지를 내려보낼 만큼 인정을 보이기도 했다.

중종은 의정부와 모든 부원군 이상, 정승, 육조 판서, 한성부 판윤, 예조참의 이상으로 연산군의 장례에 대해 의논하게 했다. 영의정 유순, 무령군 유자광, 좌의정 박원종, 우의정 유순정 등 의논에 참여한 사람들이 보고하기를 “연산의 상사는 마땅히 왕자군의 예를 사용하소서.” 하니 중종이 이를 윤허했다. 아울러 모든 신료가 “선왕에게 득죄하고 신민에게도 득죄했는데, 조시(朝市 : 조정(朝廷)과 시정(市井)을 아울러 이르는 말로, 조정의 조회나 시정의 상점을 이름)를 정지하는 것은 거애(擧哀)를 의미하는 것이므로 거행할 수 없고, 신료 모두의 의견이 묘지기도 없어야 합니다.” 하며 중종에게 주청하니 역시 이에 따랐다.

그래서 연산군은 유배지 강화 교동 땅에 쓸쓸히 묻혔다. 이때 연산군의 부인 신씨는 친정집에 거처했었는데, 연산군이 죽었다는 소식을 듣고는 탄식하며 “그때 여러 장수들에게 청하여, 교동에 가서 따르지 못한 것이 한이다."라고 했다고 『소문쇄록』은 기록하고 있다.

한편 조정에서는 삭망전(朔望奠 : 매달 초하루와 보름날에 지내는 제사)은 100일 만에 그치게 했으며, 예조에 전교하여 명절 때에만 제사를 지내게 했다.

중종은 그로부터 6년이 지난 1512년(중종 7년) 11월에 "연산군묘는 범인(凡人)의 예와 같이 묘의 이름도 없고, 묘를 지키는 사람도 적어 매우 미안하다."고 할 만큼 연산에 대한 애틋한 연민을 갖고 있었다.

그해 12월 10일에는 연산군묘가 많은 비에 침식되고, 사당이 허물어지기도 하여 삼 호(戶)로 지키게 하던 연산의 묘를 여섯 호(戶)를 더 두어 지키도록 하거나, 지역 관청에서 보살피도록 하는 등 중종의 보살핌이 각별했다. 대간들이 종사의 죄인이므로 반대를 심하게 했으나 중종의 뜻은 바뀌지 않았다.

그러던 차에 12월 12일에는 폐비 신씨가 중종에게 글을 올려 간곡히 이장을 청하자, 중종은 왕자군(王子君)의 예로 개장하도록 하며 신씨의 청을 들어주었다. 그러면서 이장할 때 쓸 쌀과 콩, 면포 등을 지급하라고 했다.

결국 1513년(중종 8년) 2월 11일에는 강화 교동에 있던 연산군의 묘가 양주 해촌(海村 : 지금의 서울 도봉구 방학동) 임좌병향(壬坐丙向)으로 이장(移葬)된다. 그 후 중종은 수시로 폐비 신씨에게 쌀과 면포를 내려 주거나, 승지를 보내 연산의 사당에 제사를 지내도록 하였다.

연산군이 죽은 지 31년이 지난 1537년(중종 32년) 4월 8일 폐비 신씨는 거처하던 친정집에서 세상을 떠났다. 이때 나이는 61세였다. 슬하에는 3남 1녀를 두었으나, 중종반정 후 왕자들은 사사되고, 공주는 직첩을 거두어서 서인이 되었다.

폐비 신씨는 본관은 거창이고 거창부원군 신승선(愼承善)의 딸이며, 좌의정 신수근(愼守勤)의 누이이다.

폐비 신씨는 1488년(성종 19년) 당시 왕세자이던 연산군과 가례를 치러 세자빈이 되었다가 1494년 연산군이 즉위하면서 왕비가 되었다. 그리고 연산군이 폐위되면서 함께 폐위되어 거창군부인으로 위호(位號 : 벼슬의 등급)가 강등되었다. 신씨는 연산군과 달리 덕이 있었다. 실록에는 '신씨는 어질고 화평하며 온순한 사람이다.'라고 기록하고 있다.

폐비 신씨는 반정 당일 강화로 유배되는 연산군을 따라가서 모시게 해 달라고 눈물로 호소하였으나 받아들여지지 않았다. 중종은 폐비가 거처하던 정청궁(貞淸宮)에서 이궁으로 옮겼다가 친정집을 수리한 후 거처하게 했다.

1521년(중종 16년) 11월 신씨가 집에 비가 새 연산군의 신주를 둘 곳이 없다고 하자 중종은 "일찍이 집을 주고 싶었다."면서, 나라에 귀속되어 관리해 오던 집을 주는 등 각별했다. 이렇게 중종이 폐비 거창군부인에 대한 예우를 빈예(嬪禮)로 하라고 할 만큼 특별했던 것은, 아마도 얽힌 족친 관계가 연유 중 하나일 것이다. 또한 1528년(중종 23년) 1월 다시 중종은 폐비 신씨를 자신의 잠저(潛邸) 시절의 집에 거처토록 하는 파격적인 결정을 했다. 그리고 집에 도둑이 드는 일이 벌어지자, 이를 지키는 군사도 4명에서 6명으로 늘리도록 하는 등 중종의 폐비 신씨에 대한 배려는 각별했다.

폐비 신씨의 어머니는 세종의 넷째 아들 임영대군의 큰딸이다. 사가로 치면 폐비는 중종에게는 형수이면서, 폐비의 모후는 중종의 대고모이다. 뿐만 아니라 폐비는 중종의 원비인 단경왕후의 고모이고, 반정 때 척살당한 폐비의 오빠 익창부원군 신수근은 중종의 장인이다.

폐비의 죽음을 전달받은 중종은 승정원에 이르기를 "연산군의 부인 상사에 왕자군 부인의 예로 하면 너무 소략하고, 왕후 고비(考妣 : 돌아가신 아버지와 어머니)의 예로 하면 너무 지나치니 참작해서 하라."고 한다. 사실 이때는 장경왕후의 희릉(禧陵)을 천릉해야 한다는 건의가 빗발치던 때인지라, 중종은 폐비의 장례 절차에 신중한 입장이었다.

이리하여 폐비 거창군 부인 신씨는 폐주 연산과 결별한지 31년 만에 양주 해촌의 연산군 곁에 묻혔다.

그런데 연산의 묘역에는 5위의 묘가 있다. 맨 위쪽에 연산군과 신씨의 묘가 있고, 가운데는 의정궁주(義貞宮主 : 태종의 후궁)[87] 조(趙)씨의 묘가 있으며, 그 밑에는 연산의 사위 구문경과 딸인 휘순공주(폐공주)의 묘이다.

이곳은 본래 임영대군(臨瀛大君 : 세종의 넷째 아들)의 땅이었는데, 의정궁주의 제사를 임영대군이 맡도록 하여 이곳에 의정궁주를 안장한 것이다. 폐비 신씨의 요청에 따라 연산군묘를 이곳으로 개장(改葬 : 다시 장사를 지내는 것)하게 된 것도, 사실은 폐비 신씨가 임영대군의 외손녀였기 때문이다. 나중에 연산의 사위 구문경과 딸 휘순공주도 이곳에 묻히므로 5위가 함께 있는 것이다.

남의 땅에 묻힌 폐주 연산의 초라한 묘소를 돌아보다 보니, 문득 '역사의 심판은 시효가 없다.'라는 말이 떠올랐다.

1990년대 중반쯤에 사회적으로 충격을 주고, 한동안 나라를 술렁이게 하던 사건이 발생했다. 백범 김구 선생을 암살했던 암살범이 법의 심판을 받고 만기 출소하여 자택에 있었는데, 한 평범한 시민이 암살범을 몽둥이로 때려 살해한 사건이었다. 그때 그 시민이 사건을 저지르고 한 말이 바로 '역사의 심판은 시효가 없다.'였다.

민묘(民墓)보다도 더 초라한 연산군의 묘소에 떨어진 낙엽을 문득 한줄기 바람이 불어와 스산하게 휘감는 모습을 바라보자니, 그야말로 시효가 없는 역사의 심판 현장을 보는 느낌이었다.

---

87) 의정궁주(義貞宮主) : 1422년(세종 4년) 2월 28일 태상왕인 태종의 빈으로 의정궁주를 간택하고 택일까지 했으나 태종이 나이를 이유로 맞아들이지 않아 혼인 예는 이루지 못하였다. 세종은 빈보다 아래인 궁주로 삼았으며, 이렇게 혼자 살다가 1454년(단종 2년)에 죽었다. 궁주는 고려 시대부터 조선조 초기까지 존재했던 제도로서, 왕의 후궁들의 등급으로 빈의 다음 등급을 궁주라 했다. 이 제도는 세종 때부터 없어졌다.

서인 묘에서 182년 만에 진봉된 능

온릉(溫陵, 중종 원비 단경왕후)

《왕릉, 왜 그곳인가?》 정오표(正誤表)

미처 바로잡지 못한 부분이 있어 정오표를 만들었습니다.
아래의 내용은 다음 쇄 제작 시 수정하겠습니다.

쪽 / 행	오(誤)	정(正)
6쪽 23행	천학비재(天學非才)	천학비재(淺學菲才)
12쪽 5행	건원릉(建元陵)	건원릉(健元陵)
16쪽 2행		
17쪽 1행		
17, 19, 21, 23, 25쪽 면주		
272쪽 14행		
281쪽 하 3행		
293쪽 하 3행		
18쪽 16행	행주(幸州 : 지금의 고양시 덕양구)	행주(幸州)
57쪽 5행	기상(氣像)	기상(氣象)
73쪽 하 3행	정난(政亂)	계유정난(癸酉靖難)
74쪽 하 5행	17년	16년
97쪽 15행	수렴청정을 할 때다.	실권을 쥐고 있을 때다.
261쪽 20행	고총(古冢)	고총(古冢=古塚)
322쪽 5행	여제(厲祭)	여제(癘祭)
369쪽 4행	혼백(魂帛)	혼백(魂魄)
429쪽 주석 1행	조선 협력자	조선인 협력자

온릉(溫陵)은 조선조 제11대 임금 중종의 원비 단경왕후(端敬王后, 1487~1557) 신씨의 능으로 단릉(單陵)이다.

단경왕후는 정순왕후(단종비)처럼 궁에서 쫓겨나 친정 사저에서 살다가 돌아간 조선 왕조의 대표적인 비운의 왕비이다. 친정에서 살다가 친정 묘역에 묻히므로 평범한 서민의 묘였는데, 182년이 지난 영조 때 추복되면서 시호를 단경왕후로 하고, 능호를 온릉이라 하면서 비로소 능이 되었다.

사릉(思陵 : 단종비 정순왕후)과 마찬가지로 일반 묘에서 능이 된 것이다.

단경왕후는 1557년(명종 12년) 12월 7일 사저에서 승하했다. 이때 나이 71세였다. 자녀는 없었다. 단경왕후 신씨의 본관은 거창이고 익창부원군 신수근(愼守勤)의 딸로 1487년에 태어나 13세인 1499년(연산 5년) 성종의 둘째 아들 진성대군과 가례를 올려 부부인(府夫人 : 종친의 아내에게 내리는 관작의 칭호로 정1품)으로 봉해졌다. 진성대군이 반정 공신들에 의해 연산의 뒤를 이어 1506년 9월 2일 왕위에 오르면서 왕비가 되었으나, 7일 만에 궁에서 쫓겨나므로 가장 짧은 기간을 재위한 왕비이다.

단경왕후는 연산군의 비 폐비 신씨의 질녀(姪女)로 사가에서는 고모와 조카지간이고, 왕실에서는 진성대군(중종)이 연산의 이복동생이므로, 동서지간이 된다.

반정 공신인 박원종, 성희안, 유순정 등은 단경왕후의 아버지 신수근이 폭군 연산의 처남이자 총신(寵臣 : 임금의 총애를 받는 신하)이라는 이유로 반정 당일 제거했다. 그로부터 7일 후인 1506년(중종 1년) 9월 9일 공신들은 다시 중종에게 "거사할 때 먼저 신수근을 제거한 것은 큰일을 성취하고자 해서였습니다. 지금 수근의 친딸이 대내(大內)에 있습니다. 만약 궁곤(宮壼 : 중전)으로 삼는다면 인심이 불안해지고, 인심이 불안해지면 종사에 관계됨이 있으니, 은정(恩情)을 끊어 밖으로 내치소서" 했다.

이에 중종은 "아뢰는 바가 심히 마땅하지만, 그러나 조강지처(糟糠之妻)인데 어찌하랴?" 하며 윤허하지 않았다.

이들은 계속하여 "종사의 대계(大計)로 볼 때 어쩌겠습니까? 머뭇거리지 마시고 쾌히 결단하소서." 하므로, 결국 중종은 반정 공신들에 휘둘려 "종사가 중하니 어찌 사사로운 정을 생각하겠는가 … 속히 하성위(河城尉 : 세조의 부마, 의숙공주의 부군) 정현조(鄭顯祖)의 집을 소제하라. 오늘 저녁에 옮겨 나가게 하리라."고 전교하므로, 억지로 궁에서 내쫓긴 왕후이다.

반정 공신들은 자신들이 왕후의 아비를 죽였는데, 단경왕후 신씨를 그대로 왕후로 둔다면 장차 화가 미칠까 두려워 임금을 위협하다시피 해서 신씨를 폐출한 것이다.

이리하여 단경왕후는 궁으로 들어온 지 7일 만에 사저로 쫓겨났고, 그녀의 뒤를 이은 계비가 장경왕후 윤씨이며, 장경왕후가 세상을 떠나자 그 뒤를 이은 계비가 문정왕후 윤씨이다.

궁에서 쫓겨나 사저에서 살다가 쓸쓸히 승하한 단경왕후는 인왕산 치마바위 전설의 주인공이기도 하다. 억울하게 궁에서 나온 단경왕후는 중종을 그리는 마음에, 궁궐에서 보이는 인왕산 바위에 올라 분홍 치마를 펼쳐 놓고 중종을 그리워했다. 중종은 자주 경회루에 올라 인왕산 바위에 드리워져 있는 치마를 바라보면서 서로 그리움을 달랬다는 얘기가 야사로 전해져 온다.

단경왕후는 이렇게 궁을 떠난 후 51년을 홀로 외롭게 한 많은 삶을 살다 갔다.

1515년 3월 장경왕후가 세자(인종)를 낳은 후 산후병으로 승하하자 일각에서는 신씨를 다시 중전에 책봉해야 한다는 상소가 있었다. 1515년(중종 10년) 8월 8일 순창군수 김정(金淨)과 담양부사 박상(朴祥)이 '신씨는 무고하게 쫓겨났으므로 이제 인륜과 부부의 도리를 바르게 하기 위해 중궁의 자리가 빈 이때 확연히 결단을 내려 신씨를 곤전에 복위시킨다면 정리에 합당하다.'며 신씨의 복위를 간하는 상소를 했다.

이에 대해 대사헌 권민수, 대사간 이행 등은 이들을 잡아다 문초해야 한다고 했다. 그러나 의외로 영의정 유순, 좌의정 정광필, 우의정 김응기, 부제학 노근사 등은 "잡아다 문초한들 무슨 다른 뜻이 있었겠습니까?" 하며, 용서하기를 청했다.

그러나 중종은 "삼 공신(박원종, 유순정, 성희안을 말함)이 이미 죽은 뒤에 이런 의논을 제기하다니 아무래도 문초해야 인심도 가라앉을 것이고, 사특한 의논도 없어질 것이다." 하며 강하게 처벌하라 했다. 그리하여 8월 23일 의금부에서 두 사람 불러올려 각각 장일백(丈一百)에 직첩을 빼앗겠다고 아뢰니, 중종은 장은 면하고 직첩만 빼앗고 남원과 보은으로 귀양을 보냈다.

그런데 중종의 말대로 이 당시는 자신을 보위에 올려 준 소위 삼 공신도 이미 죽어 눈치 볼 사람도 없고, 10년 동안 왕권도 안정되었으므로, 복위 상소도 있고 정승들 역시 동정적이었으니, 야사에서 전하는 대로 그녀를 끔찍이도 사랑했다면 얼마든지 폐비 신씨를 복위시킬 수 있는 상황이었다.

헌데도 중종은 그 같은 상황을 외면했다. 몸이 멀면 마음도 멀어진다고 했던가. 이 사건을 돌아볼 때 중종에게는 이미 신씨에 대한 미안함이나 애절한 감정이 없어졌거나, 아니라면 반정으로 옹립된 왕인지라 신하들에 대한 외경심이 그때까지 존재했던 것인가? 그도 아니라면 중종의 처사는 비겁함의 소치로 보여진다.

또한 이러한 상소가 있기 전인 1515년 3월 장경왕후가 승하하고 능지를 택정할 당시 중종은 지리관을 불러 여러 대상지 중 '쌍분을 만들 자리는 어느 곳인가?'를 물은 적이 있었다. 그리고 쌍분을 쓸 곳으로 능지를 택정했다. 이것만 보더라도 중종은 신씨를 중전으로 복위시킬 생각은 아예 없었다고 보아야 할 것이다.

그 후로는 신씨에 대한 논의는 없었고, 다만 1528년(중종 23년) 1월에 "폐비 신씨의 사저를 지키는 군사를 4명에서 6명으로 늘리게 하라."라고 한 것밖에 없다.

1545년(인종 1년) 4월에 "폐비 신씨가 사는 집을 폐비궁(廢妃宮)이라 부르고, 모든 일을 자수궁(慈壽宮)[88]의 예와 같이하라."라는 전교가 있었다는 기록만 실록에 있을 뿐이다.

그런데 중종이 승하하는 날에 이상한 소문들이 궁에서 나돌았다. 1544년(중종 39년) 11월 14일 중종은 혼수상태에 빠져 전혀 말을 못하고 잠만 잤고, 이튿날인 11월 15일 승하했다. 이날 중종이 승하하기 직전 폐비 신씨를 여승(女僧)의 복장으

---

88) 자수궁(慈壽宮) : 문종이 개국 초에 일어난 왕자의 난 당시 태종에게 살해된 방번(芳蕃 : 무안대군)의 집을 수리하여 세종의 후궁들을 위해 마련한 처소를 뜻한다.

로 궁에 들였다는 소문이었다. 임종 전 신씨를 보고 싶어 했기 때문이라고 했다. 그러나 결국 헛소문이라는 것이 밝혀졌다. 이날 여승이 들어온 것은 중종의 옥체가 미령하여 여승을 불러 기도를 하려 했다는 것이다. 사실 중종의 여러 행적에서 보면 폐비 신씨를 복위 시킬 기회가 있었는데, 스스로 이를 거부했다. 오히려 이를 건의한 사람들의 직첩(職牒 : 조정에서 내리는 임명장)을 빼앗고 유배시킨 것만 보더라도, 헤어진 지 40년 가까이 그야말로 관심을 두지 않다가, 임종 직전에 보고 싶어 했다는 것은 맞지 않다. 게다가 당시 문정왕후가 그것을 용납하지도 않았을 듯하다. 그것은 중종에 대한 사신의 평에서도 알 수 있다. 사신은 '신비(愼妃 : 폐비 신씨)를 내치고, 후궁 경빈 박씨와 그 자식 복성군을 죽이므로, 부부의 정이나 부자지간의 은의(恩義)가 어그러졌고, 많은 대신들을 죽여 군신의 은의도 야박했다.'고 논하고 있다.

신씨는 그렇게 사저에서 홀로 살다가 1557년(명종 12년) 12월 7일 71세로 승하하였다. 명종은 특별히 관곽을 내리게 하고 부의를 보낸다. 그리고 당나라 현종 때 황후가 폐출되어 서인이 된 후 죽었을 때, 1품의 예로 장사를 지냈다는 것을 참고하여 장사를 치르게 하고, 예조의 낭관을 보내 치상(治喪 : 초상을 치르는 일)하게 했다.

이리하여 단경왕후 신씨는 친정 묘역 언덕에 영면한 후 사람들로부터 완전히 잊혀졌다.

그러다 141년만인 숙종 때(1698년) 문신이자 진주목사를 지낸 신규(申奎)가 "세조에 의해서 죽은 노산군을 복위할 것과 중종 때 역적의 딸이라는 이유로 폐위시킨 중종비 신씨를 복위해야 한다."는 상소를 올렸다. 이에 1698년(숙종 24년) 11월 6일 숙종은 노산군에게는 시호와 함께 묘호(端宗)와 능호(莊陵)를 추봉(追封 : 왕이나 왕족이 죽은 뒤에 존호를 올리는 것)하였으나, 신씨의 복위에 대해서는 "다만 신비와 장경왕후와의 위차(位次 : 자리의 순서나 계급의 차이)가 어렵다." 하여, 논의가 중간에 그치게 된 바 있었다.

그로부터 다시 41년 후인 1739년(영조 15년) 3월 11일 유생 김태남이 과거 신규

뒤에서 본 온릉

의 복위를 청한 상소 내용을 조목조목 지적하면서 신씨의 원비(元妃) 회복을 청하는 상소를 올린다.

영조는 상소문을 대소 신료들에게 보이며 생각한 바를 말하라 이르니 "곤극(坤極 : 왕후의 지위)에 정위하여 이미 뭇 신하의 하례를 받았다."는 것과, "중종이 '조강지처를 어떻게 하겠는가(糟糠之妻 何以爲之)?'라는 여덟 글자만으로도 중종의 본의가 부득이한 것이었음을 알 수 있으며, 이 한마디만으로도 신비를 복위할 증거가 될 만하다."라고 하는가 하면, "숙종조에서 '위차가 어렵다.'라고 한 부분에 대해서도, 위호를 가한다면 이미 원비였으므로 신비의 위차가 먼지 있었고, 장경왕후의 위차기 뒤에 있었으니, 추복한 뒤에는 위차가 위에 있는 것이 의리가 바르고 사리에 당연한 것입니다." 하였다.

영조는 이렇게 신료들의 의견을 들은 후 위호(位號 : 벼슬의 등급) 회복을 위한 의견을 모으라는 명을 내린다.

이어 영조는 시임·원임 대신(時任·原任 大臣 : 현재의 대신과 과거 전직 대신들의 총칭)들과 복위에 관한 일을 논의한 후 신비가 쫓겨난 지 233년, 승하한 지 182년이 지난 1739년(영조 15년) 3월 28일 신씨의 시호를 단경왕후로 하고 능호를 온릉(溫陵)으로 추봉(追封)하였다.

이리하여 신하들의 위세에 눌려 신비를 억울하게 물러나게 했던 사건은 제자리를 찾게 되었다. 친정이 멸문지화를 당하고 궁에서 쫓겨나 가족과 생이별을 당하며 눈물로 보낸 51년과 땅속에서도 미처 잠들지 못했던 원망의 세월 182년의 한이 조금은 풀렸을까 싶다.

영조의 명을 받은 우의정 송인명은 "온릉은 화소의 주위를 너무 넓게 할 필요가 없으니 청룡과 백호안의 사(砂)와 바로 마주 보이는 외인(外人)의 무덤을 평평하게 뭉그러뜨릴 수는 없고, 다만 석물만 없애도록 하겠으며, 사릉(思陵 : 정순왕후)과 정릉(貞陵 : 신덕왕후)의 예[89]에 따르겠다." 하여, 영조는 이를 승낙했다. 그래서 온릉은 이렇게 사가에서 자리 잡은 서인의 묘가 왕후의 능이 되면서 단출하게 조영된 것이다. 능의 좌향은 해좌사향(亥坐巳向 : 정남에서 동쪽으로 30°)이다.

이때 단경왕후의 아버지 신수근도 영의정으로 추증되었다.

그런데 여기서 한 가지 짚어 볼 것은, 당시에도 추복의 타당성에 대한 여러 논란이 있었는데, 지금에 와서도 그 조치에 대해 적부를 일부 학자들 간에 논하는 예가 있어서이다. 과연 단경왕후는 왕후에 오르지 못한 상태에서 쫓겨난 것인지, 왕후의 위치에서 폐위되어 쫓겨난 것인지이다.

최근의 일부 학자는 반정 공신들이 중종에게 신씨의 폐출을 주청하면서 "신수

---

89) 사릉(思陵)과 정릉(貞陵)의 예 : 이는 추복이 되더라도 능에 설치하는 사대석(莎臺石)과 병풍석(屏風石) 등을 설치하지 않은 사례를 말하는 것이다. 왕이나 왕비의 능에는 봉분의 보호를 위해 12개의 돌로, 12방위를 나타내는 12지신상을 새겨 병풍 모양으로 봉분 둘레에 세우는데 이를 설치하지 않게 한 것이다. 참고로 정릉(貞陵)과 사릉(思陵)은 다소 차이가 있다. 정릉은 이미 조성되었던 능을 천릉이라기보다는 이장의 형식으로 옮긴 후에 잊혀졌다가 260년 만에 추복된 것이고, 사릉은 처음에는 민묘로 조성되었다가 89년 만에 단종과 함께 복위되면서 능이 됐다는 차이가 있다.

근의 딸을 만약 궁곤(宮壼)으로 삼는다면……"이라고 한 것을 보면, 미처 중전에 오르지 못한 것으로 보인다. 따라서 "처음부터 왕후로 책봉되지 않았고, 사저에 나가 있었으니 복위를 논할 수 없다."고 주장하는가 하면, "미처 왕비에 오르지 못하였으니 추숭하여도 복위가 아니다."라는 등의 주장을 하는 것이다. 그런가 하면 숙종조에서는 "장경왕후와의 위차가 어렵다."는 사유로 추숭하지 못한 사실이 있었다는 주장뿐 아니라, 심지어 "단경왕후는 잠저 시절의 조강지처일 뿐 중전 책봉을 받은 정비가 아니므로, 장경왕후가 정비이고 문정왕후는 제1계비가 된다."라는 주장이 있다.

이는 아마도 『연려실기술』의 기록이 토대가 된 듯하다. 『연려실기술』에서 '신씨는 왕비로 정해지지 않은 채 궁에 들어온 지 7일 만에 정현조의 집으로 나갔다. 그렇다면 처음부터 왕비로 책봉되지 않은 것 같다. … 왕비에서 폐위당한 것이 아니라 중종 잠저 때 부인으로 쫓겨난 것이다. 위호를 높혀 종묘에 들어가고 능을 봉한다면, 이것은 추숭이지 복위가 아니다.'라는 기록이 있다. 이를 보더라도 추복 당시에도 추숭과 추복의 논란은 상당히 있었던 듯하다.

비록 단경왕후의 중전 책봉식은 없었어도 실제로 임금의 조강지처였고, 이것을 고려하여 1739년(영조 15년) 왕비로 복위되었으므로 정비로 봄이 옳다고 본다. 아울러 영조는 "중종께서 대통(大統)을 이으신 날 신비는 본디 곤위(壼位 : 중전의 자리)에 있었다." 하며, 복위와 함께 시호를 정하게 함으로서 혼란의 우려를 없게 한 바 있다. 또한 등극하는 날 바로 칭호를 올리는 것이 전례(典禮 : 나라에서 행하는 일정한 의식)이므로, 책봉식의 여부를 떠나 당연히 등극과 동시에 왕비가 된 것이다. 그러므로 지금에 와서 '책봉식이 없었다.', '추숭(追崇)이지 추복(追復)[90]이 아니다.' 하며 용어상의 의미를 가지고, 또는 과거 일부 신하들이 주장했던 내용을 들추면서 역사적 사실을 왜곡해서는 안 된다는 생각이다.

---

90) 추숭(追崇)과 추복(追復) : 추숭(追崇)은 왕이나 왕비에 오르지 못한 사람에게 사후에 왕이나 왕후의 칭호를 올리는 것을 말하며, 추복(追復)은 빼앗았던 위호(位號)를 나중에 다시 회복하여 주는 것으로 차이가 있다.

정적 제거 수단으로 이용되어 천릉된 능

희릉(禧陵, 중종 제1계비 장경왕후)

희릉(禧陵)은 조선조 11대 임금 중종의 계비이며, 12대 임금 인종의 모후인 장경왕후(章敬王后, 1491~1515) 윤씨의 능으로 단릉이다.

지금의 능은 천릉한 능으로 처음에는 헌릉(태종, 원경왕후) 우측 능선 너머에 있었는데, 능이 조성된 지 22년이 지난 1537년(중종 32년) 9월에 지금의 위치로 옮긴 것이다.

장경왕후는 원비인 단경왕후 신씨가 폐위되자 이듬해인 1507년 왕비에 책봉되었다. 장경왕후는 파원부원군(坡原府院君) 윤여필(尹汝弼)의 딸로 생모가 일찍 세상을 떠나 이모인 월산대군의 부인 승평부부인 박씨의 돌봄 아래 자랐다. 그리고 1506년(중종 1년) 궁에 들어와 종2품 숙의가 되었다가 이듬해 왕비가 되었다.

하지만 장경왕후는 인종을 낳고 산후병으로 7일 만인 1515년(중종 10년) 3월 2일 경복궁 별전에서 승하했다. 이때 나이는 25세였다. 자녀는 1남 1녀를 두었다.

중종은 "사람의 생사가 천명이라고 하지만, 어찌 나의 어진 내조(內助)를 일찍 빼앗는가." 하며 슬퍼했다.

다음 날 중종은 좌의정 정광필을 삼도감의 총호사로 삼아 상장에 관한 일들을 준비하도록 했다. 3월 7일에는 대신들이 의논하여 시호를 장경(章敬)이라 하고 능호는 희릉(禧陵)으로 정했다.

3월 12일에는 총호사 정광필 등이 산릉을 봉심하고 도면을 그려와 아뢰기를 "경릉(敬陵 : 추존왕 덕종, 소혜왕후)과 헌릉(獻陵 : 태종, 원경왕후)이 있는 두 산이 좋습니다. 다만 헌릉은 산세가 너무 장대하고 경릉은 여위(女位)에 마땅하며, 공역(功役)으로 말하면, 경릉은 역사가 편리하고 헌릉은 큰 강을 건너갑니다." 하니, 중종은 "천천히 답하겠다."고 전교한 후, 지리관 조윤(趙倫) 등을 불러 "두 능 산이 모두 좋은가? 만일 쌍분을 만든다면 두 산에 모두 그만한 자리가 있겠는가?" 하며 하문했다.

조윤이 "두 산이 모두 좋은데, 만일 쌍분을 만든다면 헌릉에 자리가 있습니다." 하니, 중종은 "헌릉이 있는 산을 쓰는 것이 좋겠다."고 결정하였다.

장차 자신도 함께 할 요량(料量)이었던 것이다. 장례일은 음력 윤4월 4일로 정했다.

다음 날 대간들은 "대행왕비를 현궁에 내리는 때를 윤4월 4일로 택정(擇定)하였으나, 제후는 5개월 만에 장사 지냄이 예인데 너무 빠르지 않습니까? 선비도 오히려 한 달이 넘어서 장사하는데, 하물며 국군(國君 : 국왕) 아니겠습니까? 3월의 승하하신 날부터 계산하여 윤4월까지는 겨우 두 달이니, 어찌 산릉의 공역을 마칠 수 있겠습니까? 하물며 상사에는 윤달을 계산하지 않습니다. 청컨대 고치소서." 하였다.

그러자 중종은 "당초 택일할 때 물은즉 5월 안에는 길일이 없고, 6월에는 비가 와서 진창길이 될 염려가 있으며, 발인(發靷)하여 지나가는 길에는 또 나루터가 많으니 물이 넘쳐 길이 막히면 그 폐해가 이루 말할 수 없으므로, 윤4월 4일로 택정하였다고 한다." 하면서, 과거에 길일을 택하다가 얻지 못하면 편의에 따라 속장(速葬 : 장사를 빨리 지냄)한 때가 있었는데, 길일이 가까우면 구애받을 일이 아니라고 대간들의 건의를 일축했다.

양사(兩司 : 사헌부와 사간원)에서 너무 빨리 장례를 지내는 것은 온당치 못하다며, 날짜를 드려 정하기를 계속 아뢰었지만 모두 윤허하지 않았다. 이리하여 헌릉의 능역 내에 산릉의 역사는 시작되었다.

그런데 1515년(중종 10년) 3월 29일에 도승지 손중돈(孫仲暾)이 산릉 작업을 살피고 와서 아뢰기를 "전에 잡은 자리에 금정을 5자쯤 파내려 가니, 큰 돌이 가로질러 파낼 수가 없습니다. 바로 아랫자리로 옮기면 산형의 향배가 윗자리와 다름이 없고, 백호·청룡과 수파(水破)가 모두 틀리지 않으니 내려 쓰는 것이 지당하겠습니다."라고 했다. 이에 중종은 곧 지리관 조윤을 불러 물으니 "산형이 곧으므로 아랫자리로 옮기더라도 백호 청룡이 전혀 어그러지지 않고 산형의 향배 또한 모두 같으니 수파는 오히려 윗자리보다 승합니다." 하니, 중종은 "그러면 아랫자리로 옮겨 씀이 가하다."라고 했다.

그리하여 자리를 아래로 내려 역사가 진행되었다. 4월 1일에는 우의정 김응기, 예조 판서 김전 등이 산릉지 현장을 다녀와서 아뢰기를 "마침 아랫자리는 돌이 없고 용역이 쉬웠습니다."라고 했다. 중종은 좋아하며 이들에게 술을 하사하기도 했다. 그런데 4월 7일 의금부의 종(奴) 막동(莫同)이 승정원에 고하기를 "산릉 군인을 대신해서 일하는 상좌(上佐 : 불도를 닦는 사람)가 말하기를 '내가 올 때 능동(陵洞) 어구 인가를 빌어 잤는데, 그 집 주인이 말하기를 "이번 이 국용(國用 : 나라에서 쓰임)의 산기슭은 국장(國葬)에는 불합하다. 만일 장사를 지내면 국가가 이롭지 못하고, 백성 또한 이롭지 않다. 양반이 안장(安葬)하면 길하다."고 하였다.' 는 말을 전했다. 이에 승정원에서는 "무지한 사람이 문득 요사스러운 말을 일으켜 서로 전파합니다. 추문하여 죄를 다스리소서." 하므로, 중종은 즉시 "뜬 말과 사특한 말은 믿을 것이 못 된다. 국가에서는 단지 풍수설(風水說)만을 써서 이곳을 정하였는데, 그 사람의 말이 그러하니 이것은 다른 사람이 미처 알지 못하는 것을 이 사람 혼자만 안다는 뜻이니, 속히 잡아다 추문하라." 하여, 의금부에서는 말을 퍼트린 관련자들을 모두 잡아다 조사를 했다.

의금부에서 조사 결과에 따라, 상좌에게는 요망한 말을 막동에게 전한 죄로, 장일백에 유삼천리(杖一百 流三千里)[91]에 처하고, 막동에게는 사실이 아닌 것을 함부로 진고(進告 : 임금에게 알림)했다 하여, 장일백에 도삼년(杖一百 徒三年)[92]에 처하면서, 능지 선정과 관련하여 퍼졌던 흉한 소문에 대해서는 일단락됐다.

이렇게 하여 1515년(중종 10년) 윤4월 2일 장경왕후 재궁을 발인하고, 윤4월 4일에는 헌릉 우측 능선 너머(지금의 서초구 세곡동) 건좌손향(乾坐巽向 : 동남향)의 현궁에 하관함으로써 장사를 마치고, 능호는 희릉(禧陵)이라 했다.

한편 '상사에는 윤달을 계산하지 않는다.'며, 대간들이 건의하고 말렸음에도 중종이 이를 받아들이지 않으므로, 희릉은 조선 왕조에서 유일하게 윤달(閏月)에 장사를 지낸 능이 되었다.

그 후 22년이 지난 1537년(중종 32년) 4월 23일 좌의정 김안로(金安老)가 희릉을

---

91) 장일백유삼천리(杖一百流三千里) : 곤장 일백 대를 치고 삼천 리 밖(먼 곳)으로 유배 보냄을 뜻한다.

92) 장일백도삼년(杖一百徒三年) : 곤장 일백 대를 치고 3년간 관에서 노역에 종사시키는 형벌로 도형(徒刑)이라고도 한다.

뒤에서 본 희릉

조성할 당시 큰 돌이 나와 자리를 밑으로 내렸지만 역시 암반이 나와 고민 끝에 그대로 능을 썼는데, 이제 와서 장경왕후가 묻힌 능침 아래 큰 암반이 있음은 세자에게 흉하니 옮겨야 한다는 천릉 문제를 거론하고 나온 것이다.

김안로는 권력을 장악하기 위해 여러 차례 옥사를 일으킨 인물이다. 아들이 장경왕후의 딸인 효혜공주(孝惠公主)와 혼인함으로 중종의 부마가 되자 공주의 시아버지 입장에서 세자를 보호한다는 구실을 삼았다. 김안로는 권력 유지와 정적 제거 수단으로 온갖 모략중상을 거듭했는데, 그중의 하나가 장경왕후의 천릉 문제다. 희릉 조성 시 총호사였던 정적(政敵) 정광필을 제거하기 위해서 희릉 조성 과정을 트집거리로 천릉을 거론한 것이다.

김안로가 "무릇 산맥에 돌이 있는 곳은 습기가 서로 연결되어 있어서 물이 날 염려가 있으므로 일반 사람들이 묘지를 쓸 때에도 깊이 꺼리는 법입니다." 하자 다른 대신들도 따라서 동조했다.

이에 중종은 "지금 희릉은 20여 년 동안이나 안온했던 능으로 한마디 말도 없었다. 그런데 혈 자리에 돌이 있다고 의심하여 갑자기 능을 옮긴다면 후대의 의논이 어떠하겠는가? 내가 깊이 생각해 보건대 능을 옮기는 일은 참으로 경솔하여 할 수 없다." 하였다.

그러나 계속해서 김안로 추종 무리들이 아뢰므로, 중종은 대신들에게 "당시의 우의정 김응기(金應箕)나 예조 판서 김전(金詮)은 모두 사리를 아는 사람들이다. 돌이 있는 것을 보고서 안장하기는 온당치 못하다는 뜻을 아뢰었고, 여러 번 따져 본 다음에 썼던 것이다. 만일 몹시 흉한 곳이었다면 김응기 등이 어찌 그대로 썼겠는가. 20여 년이나 오래된 능을 어찌 큰 근심이 없는데 옮길 수 있겠는가? 내 생각에는 옮길 수 없다고 여겨진다." 하면서, 천릉에 반대했다.

그랬음에도 다음 날이 되자 김안로는 "정현왕후(貞顯王后 : 성종의 계비이며 중종의 모후)의 발인날은 십악대패(十惡大敗)의 날[93]이었습니다. 그때 신은 산직(散職 : 일정한 직무가 없는 벼슬)에 있다가 뒤에야 듣고 몹시 놀랐지만 소급하여 따질 일이 아니기에 말하지 않았습니다. 풍수쟁이들이 하는 짓은 대개 이와 같아서 다 믿기 어렵습니다. 비가 내리면 물기가 흘러서 반드시 바위 위부터 먼저 적십니다. 광 안의 떼어 내고 남은 돌은 물기가 없을 것이라고는 하지만, 돌은 음습한 비를 만나면 젖어 들어 축축해지는 법입니다. 그 젖어 흐르는 물방울이 광 안으로 스며들지 않는다고 어찌 보장하겠습니까?" 하면서, 5년 전에 승하한 정현왕후를 들먹이고 관상감을 통해 풍수지리서의 내용까지 들이대면서 중종을 압박했다. "곽박(郭璞)의 『금낭경(錦囊經)』[94]에는 '잇닿는 돌이나 끊어진 돌이 지나갈 때는 새로 흉한 일이 생기며 이미 있던 복도 없어진다(臺斷石過, 獨生新凶, 消已福).' 하였다."라고 하면서, 대신들의 주장이 점점 강해졌다.

---

93) 십악대패(十惡大敗)의 날 : 이날에 어떤 일을 하면, 하는 일마다 노력에 비해 그 결과가 미흡하여, 매우 불유한 날이라고 하여 사람들이 어떤 일이던지 꺼리는 날이다. 간지에서 갑진, 을사, 병신, 정해, 무술, 기축, 경진, 신사, 임신, 계해일인 경우가 이에 속하는 것으로 알려지고 있다.

94) 곽박(郭璞)의 『금낭경(錦囊經)』: 곽박(276~324)은 중국 진나라 사람으로 천문과 복술에 능하고, 풍수의 비조로 알려진 인물이다. 『금낭경』은 『청오경(靑烏經)』과 함께 곽박이 저술한 것으로 알려져 있고, 조선 시대에는 최고의 풍수 경전으로 인정받고 있었다.

결국 중종은 "희릉을 옮겨 장사하는 일은 내가 몹시 어렵게 여긴다. 그러나 대신들의 의논과 아랫사람들의 심정이 모두 옮겨야 한다고 여기니, 마땅히 옮기겠다."라고 하면서 능을 옮기는데 필요한 모든 일을 마련하도록 전교한 후, 중종은 뒤로 물러났다. 이후 자신도 묻힐 자리라고 생각했던 것인데 대신들이 흠이 있다고 주장하니 중종도 마음이 흔들렸던 것이다.

김안로가 천장을 거론한 지 불과 3일 만이다.

마침내 김안로의 뜻대로 천릉하는 것으로 결론이 나면서, 생존해 있는 당시 총호사 정광필을 비롯한 상지관인 황득정, 성담기에게는 고신(告身 : 조정에서 내리는 직첩으로, 벼슬의 임명장을 뜻함)을 모조리 추탈하고, 유삼천리(流三千里 : 먼 곳으로 귀양 보냄)에 처했다. 이미 죽은 강혼, 남곤, 유담년, 조윤 등은 고신의 추탈은 물론 그들의 친아들을 가두는 처벌이 내려졌다.

당시 사신은 논하기를 '김안로가 정광필을 죽이려고 하였으나 허물을 잡지 못하다가, 이때에 이르러 정광필이 당시 총호사였으므로, 그의 죄를 만들려고 희릉을 마땅히 옮겨야 한다고 주장하여 의논하였는데, 사람들이 의견을 달리하지 못했다.'라고, 기록하고 있다. 천릉은 명분일 뿐 사실은 정적을 제거하려는 수단으로 활용했다는 것이다.

돌이켜보면 1515년 장경왕후 장례는 발인일이나 장사일 모두 대이일(大利日 : 좋은 날)[95]로 알려지는 날에 진행됐다. 하지만 1530년 정현왕후의 경우는 발인일이 경진(庚辰)일이고, 장사일은 을유(乙酉)일이었다. 발인일인 경진일은 소위 대패일(大敗日 : 불운한 날)로 일컬어지지만, 장사일인 을유일은 대이일로 장사를 지내는

---

95) 대이일(大利日) : 십전대이일(十全大利日)은 장서(葬書)를 토대로 장일(葬日)에 좋은 날을 정한 것인데, 태종 때 정했다. 『태종실록』에 의하면 1418년(태종 18년) 3월 태종은 "풍수지리를 업으로 삼는 자들이 서로 틀린 장서를 가지고, 음양의 금기에 구애되어 해가 지나도록 장사를 지내지 않는 자가 많으니, 진실로 가슴 아프다. 서운관으로 하여금 장서의 가장 긴요한 것만 골라 『장통일(葬通日)』을 반포하고, 나머지 요사스런 책은 모조리 불태워 없애라."고 명하자, 그해 7월에 서운관에서 각종 장서에서 모두 길일로 정한 날을 십전대이일로 정했다. 이때 정한 대이일은 임신(壬申)·계유(癸酉)·임오(壬午)·갑신(甲申)·을유(乙酉)·병신(丙申)·정유(丁酉)·임인(壬寅)·병오(丙午)·기유(己酉)·경신(庚申)·신유(辛酉)일이다. 그런데 병신(丙申), 임신(壬申)일은 십악대패일로 알려진 날과 중복되는 바도 있다.

데는 가장 길일로 일컬어진다.

결국 김안로는 정현왕후의 장사일을 대이일로 정한 것은 말하지 않고, 발인일이 대패일이라는 것만 부각했다. 희릉의 천릉 건으로 정광필을 쳐내려는 수단과 빌미로 삼았던 것이다. 모두가 왕권이 약해서 발생된 일이었다.

이러한 과정을 거치면서 희릉은 1537년(중종 32년) 9월 지금의 능역에 간좌곤향(艮坐坤向 : 남서향)으로 옮기게 되었고, 이곳은 후에 효릉(仁宗)과 예릉(哲宗)이 조성되면서 서삼릉(西三陵)이라 불리게 되었다.

당초 조성 당시에는 풍수적으로 나쁘다고 주장했던 사람들에게 형벌로서 입막음을 하면서까지 강행하더니만, 이제는 권신들이 주장한 대로 천장을 한 것이다.

『중종실록』에는 '능을 열어 보니 내·외재궁(內·外梓宮)[96] 사이의 옷가지가 다 젖었고, 외재궁 아래 흙은 물기가 있어 진흙 같았으며, 애책(哀冊)과 보완(寶玩)이 들어 있는 궤 속에는 작은 그릇 하나 정도의 물이 있었다.'고 기록하고 있다.

이렇듯 광중에 물기가 있어 재궁의 옷가지가 젖고 궤 속에 물이 괴었다면, 혈처로 알고 능을 썼다고 하나 그곳은 흉지(凶地)가 맞다. 따라서 묘 터로는 기피하는 자리이다.

비록 김안로가 정치적으로 정적을 제거하고 압살할 의도로 장경왕후의 천릉을 주장했지만, 오히려 흉지를 피할 수 있게 되어 천릉 자체만 가지고는 잘된 일이 되었고, 장경왕후의 체백에도 몹시 다행스런 일이었다고 본다.

희릉을 천릉한 지 7년이 지난 1544년(중종 39년) 중종이 승하하자 장경왕후 능과 150보쯤 떨어진 곳에 동원이강 형식으로 중종의 능이 조영되었다. 그러면서 능호도 희릉(禧陵)에서 정릉(靖陵)으로 바뀐다.

그런데 문정왕후가 중종의 능침을 1562년(명종 17년) 9월 4일 광수 땅, 지금의

---

96) 내·외재궁(內·外梓宮) : 관곽(棺槨)을 말하는 것으로, 관은 시신을 넣는 속 널을, 곽은 겉 널을 말한다. 내재궁과 외재궁은 임금이나 왕비를 장사 지낼 때 쓰는 관(棺)을 내재궁이라 하고, 그 관을 담는 곽(槨)을 외재궁이라 한다. 한편 왕세자나 왕세자빈의 장사를 지낼 때 쓰는 관은 내재실(內梓室)이라 하고, 그 관을 담는 곽을 외재실(外梓室)이라 한다.

강남구 삼성동 선릉 곁으로 천장하면서 장경왕후는 중종을 문정왕후에게 두 번씩이나 빼앗긴 꼴이 되었다. 자신이 산후병으로 죽게 됨으로 인해 중종을 빼앗긴 건 그렇다 쳐도, 죽어서 간신히 함께 있게 되었는가 싶었는데 다시 문정왕후에 의해 중종의 능이 천장되어 홀로 덩그러니 있게 되었으니까. 능호는 다시 희릉(禧陵)이 되었다.

문정왕후는 자신이 나중에 중종과 함께 묻히겠다는 생각으로 중종의 능을 천장시켰으나 본인도 결국은 홀로 태릉에 잠든다. 중종이 그의 비였던 단경왕후, 장경왕후, 문정왕후 중 아무도 함께 있지 못하게 된 것을 보며, 죽은 자를 두고 산 자들이 부리는 교활한 농간의 극치를 보는 듯하다.

그리고 중종이 천장된 자리에는 300여 년이 지난 후 조선조 제25대 왕 철종이 묻힌다. 이는 예릉(睿陵 : 철종) 편에서 다시 언급하겠다.

희릉의 정자각은 원래는 현 위치에 있었으나, 중종을 동원이강형의 능침으로 만들면서 가운데로 옮겼다가 중종의 정릉이 선릉 곁으로 천장되면서, 다시 지금의 장소에 옮겨 지은 것이다.

2007년 10월에는 문화재청에서 세종과 소헌왕후의 초장지(初葬地)인 구영릉지(舊英陵地)를 발굴했는데, 현궁이 쌍회격실의 합장릉이 아니고 하나의 회격실로 되어 있고 바닥에 암반이 있는 것으로 밝혀졌다.

실록을 추적하니 그곳은 구영릉지가 아니고, 바로 장경왕후의 초장지였음이 확인됐다는 기록도 있다.

그런데 여기서 짚어 볼 것이 있다. 김안로가 정치적 목적으로 이용하기 위해 천릉을 주장한 명분은 능침 아래 암반이 있었다는 것이었다. 심지어 풍수 서적을 들이대며, 돌은 습기를 품어 물이 날 수 있고, 물이 광중으로 스미는 아주 나쁜 자리인 만큼 천릉을 해야 한다는 것이었다. 위에서 잠시 언급했지만 그 당시 당초 능지를 정하고 작업을 시작할 때 큰 암반이 나타나 파낼 수가 없어 산릉 작업을 정지하고, 다시 중종의 윤허를 받아 그 아랫자리로 혈 자리를 고쳐 잡고 작업을 진행한 바 있다. 그리고 그다음 날 우의정 김응기(金應箕)와 예조 판서 등이 역사

현장을 다녀와서 새로 정한 아랫자리는 돌이 없었다고 보고한 바 있다. 김안로는 아랫자리도 큰 돌이 있었음에도 당시 능역 공사 책임자들이 숨기고 공사를 했다는 것이고, 우의정이나 예조 판서 등은 고쳐 잡은 자리는 돌이 없었다는 것이었다. 하지만 1537년(중종 32년) 8월 26일 『중종실록』에서 좌의정 김안로가 중종에게 천릉을 할 때의 상황 보고에 의하면, 능을 열어 보니 내·외재궁(內·外梓宮) 사이에 끼워 넣은 옷가지는 다 젖었고, 외재궁 아래의 흙은 물기가 있어 진흙 같았으며, 애책문이 들어 있는 궤(櫃) 속에는 물이 고여 있었다는 것이었다. 광중 아래 돌이 있다 하여 천릉의 명분을 삼았는데, 정작 광중 바닥에 돌이 있었다는 보고는 없었다. 그러면 광중 밑에 돌은 없었다는 것인가?

이로부터 470년이 지난 시기인 2007년 문화재청이 세종의 초장지인 구영릉지의 발굴 결과에서, 발굴지는 구영릉지가 아니고 장경왕후의 초장지로 밝혀진 바 있다. 그리고 그곳 광중 바닥에 암반이 있었다는 사실도 밝혀졌다.

이것으로 본다면 실록을 토대로 할 때 돌이 있었다는 주장이 옳았고, 돌이 없었다는 보고는 허위였다. 대체 권력(權力)이라는 것은 시시각각에 따라, 또 무리의 이익에 따라 사실을 가리기도 하고, 진실을 바꾸기도 하는 괴력을 갖는 것 같다.

여인의 욕심과 질투심 때문에 천장된 능

정릉(靖陵, 중종)

정릉(靖陵)은 반정으로 연산군을 폐위시키고 등극한 조선의 11대 임금인 중종(中宗, 1488~1544)의 능으로 단릉(單陵)이다.

본래 정릉은 고양 서삼릉 내의 희릉(禧陵 : 장경왕후, 중종의 제1계비) 오른쪽 언덕에 있었다. 그러나 능이 조성되고 18년만인 1562년(명종 17년)에 문정왕후에 의해 지금의 자리로 천장(遷葬)되었다.

조선의 왕릉 중 특별한 사연이 있는 태조의 건원릉(健元陵)과 단종의 장릉(莊陵)을 제외하고, 왕으로서 홀로 있는 무덤은 오직 이 정릉뿐이다. 안타깝게도 생전에 3명의 왕비를 두었음에도 말이다.

중종은 성종의 둘째 아들로 계비 정현왕후(貞顯王后) 윤씨에게서 태어나 진성대군으로 1494년 봉해졌다. 진성대군은 폭군 연산을 몰아낸 반정 공신들에 의해 1506년 19세의 나이에 왕으로 옹립되었다. 재위 38년 2개월인 1544년(중종 39년) 11월 15일 유시(酉時 : 오후 6시경)에 창경궁 환경전(歡慶殿)에서 승하했다. 이때 나이는 57세이다.

중종은 비빈(妃嬪 : 왕비와 후궁)이 모두 10명이었고, 자녀는 9남 11녀를 두었다.

중종이 승하한 당일 즉시 각 도감을 설치하고 우의정 윤인경을 총호사로 삼아 장례의 모든 일을 담당케 했다. 인종은 중종이 승하한 지 5일 후에 즉위는 했지만, 즉위 과정이 다른 임금과 너무도 비교된다.

『인종실록』에는 인종이 너무나 애통해 하므로 즉위를 건의할 수가 없었고, 대신들이 건의해도 받아들이지 않은 것으로 기록하고 있다. 즉위하는 날(11월 20일)에도 신하들이 조복(朝服 : 관원이 조정에 나아가 하례할 때 입는 예복)을 입고 기다리는데, 문정왕후가 어보를 보관하는 상자가 파손됐다는 이유 등으로 어보(御寶 : 국권을 상징하는 임금의 도장)를 즉시 내놓지 않았던 것이었다. 있을 수가 없는 일이었다. 문정왕후가 자신의 자식인 경원대군이 아닌 장경왕후 자식의 즉위를 쉽게 받아들이지 않았던 것이다. 이미 세자의 위치에 있었으므로 당연히 등극해야 하는데 이를 부정하려는 문정왕후였다.

이런 우여곡절 끝에 인종은 신하들의 조하(朝賀 : 왕의 즉위나 경축일에 신하들이 조정에 나가 임금에게 하례하는 의식)를 받은 후 사직과 종묘에 즉위했음을 고한다. 이어 사왕(嗣王 : 왕위를 이은 임금)으로서 아버지 중종의 장례를 주관했다.

1544년 11월 25일 총호사 윤인경 등이 산릉을 살피고 돌아와 산형도(山形圖) 및 간산지(看山誌)를 가지고 아뢰기를, "경릉(敬陵 : 추존왕 덕종, 소혜왕후)의 청룡(靑龍) 밖과 희릉(禧陵 : 장경왕후)의 서쪽 1백 50보 지점이 쓸 만합니다." 했다.

이에 인종은 "대행대왕께서 평소에 '새 희릉(禧陵)에 쓸 만한 곳이 있으니 세자도 알아 두는 것이 마땅하다.' 하셨다. 지금 마침 희릉에 터를 잡았으니 내 마음에 다행하게 여긴다. 조사(朝士 : 조정에서 벼슬을 하는 모든 신하, 조신(朝臣), 조관(朝官)으로도 불림) 가운데 지리(地理)에 정통한 자가 있으면 경들이 다시 살펴서 아뢰라." 고 하였다.

며칠 후 총호사 윤인경 등이 다시 아뢰기를, "신들이 다시 가서 보니 앞서 아뢴 곳 만한 곳이 없었습니다."라고 말했다. 인종은 전교하기를 "능침을 정하는 것은 대사(大事)이므로 다시 찾아보려고 한 것이다. 삼식(三息 : 일식(一息)은 30리로 3식은 90리를 일컬음) 이내에 쓸 곳이 없다면 삼식 바깥 지역은 더욱 쓸 수가 없다. 전일 선택한 곳으로 정하여 쓰라."라고 했다. 이렇게 하여 중종의 능지가 희릉의 서쪽으로 정해지는 듯했다. 그러나 일부에서는 이곳을 쓰지 못할 땅이라고 주장하는 이도 있었다.

심약한 인종은 일찍이 세력 간의 권력 다툼으로 이용되는 어머니 장경왕후의 천장을 지켜봤다. 그로 인해 엄청난 피바람이 불었던 것을 알기에 능지가 정해졌다 해도 신중을 기하려는 생각이 있었으므로, 막상 산릉 작업을 시작하지 못하고 있었다.

며칠 후 부제학 송세형 등이 아뢰기를, "대행대왕의 능소는 총호사(摠護使) 윤인경 등이 두 번씩이나 가서 살피고 희릉(禧陵)에다 결정한 사실을 조정에서 모두들 지당하다고 생각하는데, 근자에 어떤 필부(匹夫) 윤임(尹霖)의 간특한 말에 동요치 마소서." 했다.

대간들도 "이번에 산릉을 두 번씩이나 살펴 정하여 다른 의논이 없었는데, 윤임은 처음 돌아볼 때에는 매우 좋다고 하며, 경기 안에 이러한 곳은 구할 수 없다고 하다가, 여러 날 뒤 사사로이 박세후(朴世煦, 승정원 승지)를 만나서는 문득 간특한 말을 발설하여 사람들을 현혹케 하였습니다. 흉악함이 측량키 어려우니 진실로 끝까지 엄하게 다스려야 합니다." 하면서, 여러 곳으로 사람을 보내서 간심(看審 : 능지로서 잘되고 못됨을 자세히 보는 것)하는 일을 그만두도록 했다.

이에 인종은 "능 자리는 자세히 살펴서 결정하지 않을 수 없다. 전일 구희릉(舊禧陵)을 처음 정할 때에도 어찌 우연하게 생각하고 결정했겠는가? 그러나 그 후에 결국 옮기기에 이르렀다. 지금도 간특한 말이라고 하여 억지로 그곳에 쓸 수는 없다. 다른 곳도 널리 구해 보아야 할 것이다. 윤임은 총호사가 능소를 널리 구하기 위하여 데리고 간 사람인데 어찌 이럴 줄을 생각이나 했겠는가?" 하며, 좀 더 신중한 결정을 하겠다는 의지를 보였다.

1544년 12월 6일 대간들이 아뢰기를 "이번 산릉은, 재차 간심하여 이의가 없었고, 상께서도 일찍이 선왕의 유교(遺敎 : 임금이 죽을 때 남긴 말)가 있었다고 하셨으니 일이 매우 부합되고, 인심도 흡족하게 여기고 있었는데 … 갑자기 성려(聖慮)를 움직이시어 다른 곳을 구해 보도록 명하셨습니다. … 이곳은 이번에 총호사가 거느리고 간 수많은 상지관(相地官) 및 지리를 아는 조관(朝官 : 조정의 관리)들이 터를 자세히 살폈을 뿐만 아니라, 전부터 쓸 만한 곳이라고 기록되어 있었기 때문에, 이미 같은 산에 능을 나란히 쓰기로 정했습니다. 의심하여 동요해서는 안 됩니다. … 또 전일의 천릉(遷陵) 사실은 모두 권간(權奸 : 권력과 세력을 가진 간사한 신하)들이 자기들과 다른 자들을 모함하기 위해 꾸민 계략에서 나온 것으로, 지금까지도 공론이 통분해 하고 있으니, 이를 끌어대어 의심하는 것은 더욱 불가한 일입니다. 청컨대 사설에 동요되지 마소서." 하니, "내 의견은 이미 모두 말했다." 하며, 능지 선정의 신중 의사를 굽히지 않았다. 수차례에 길쳐 내산늘이 산릉의 일에 대해 아뢰어도 인종은 윤허치 않았다.

마침내 인종은 "모든 상지관과 총호사, 예조 당상, 산릉도감 당상들을 불러 의논하라."고, 승정원에 전교하였다. 이에 따라 모두가 모여 의논한 끝에 총호사 윤인경이 "다른 산은 모두 국용(國用)으로 쓰기에 합당하지 않아 고양(高陽)의 새로 정한 산릉에 비해 모두들 반에도 미치지 못합니다." 하고 아뢴다. 그때서야 인종이 "산릉은 이전에 정한 곳을 그대로 쓰는 것이 좋겠다."고 하면서 능지가 최종 결정이 됐다.

이날이 1544년(중종 39년) 12월 13일이었다. 중종이 승하한 지 한 달이 돼서야 겨우 능지가 정해진 것이다.

그렇다면 인종은 어찌하여 평소에 중종이 '세자도 알아 두라.' 이르고 유교까지 있었는데 능지를 정함에 왜 그리 머뭇댔는가? 이는 아마도 불편한 의중을 갖고 있는 문정왕후의 입장을 고려했을 것이다. 문정왕후는 장차 자신의 갈 곳을 생각할 때 중종이 장경왕후 곁으로 가는 것은 못마땅할 수밖에 없다. 하지만 유교가 있었고 더불어 조정의 중론도 희릉으로 기울어짐에 마냥 반대와 다른 곳을 찾으라는 명분도 없고, 윤임이나 박세후 같은 무리들이 이견을 내 봤지만 미치지 못한 상황에서 대세를 수용할 수밖에 없는 것이다. 이렇게 산릉지가 부침의 과정을 거치며 희릉 국내로 결정된 것이다.

그런데 다음 날 대궐에서 있을 수 없는 일이 벌어진다. 인종이 대행왕의 삭망전(朔望奠 : 매달 초하루와 보름날에 올리는 제사)을 중지하도록 명한 것이다. 그것은 인종의 이복동생이자 문정왕후의 아들 경원대군 몸에 돋은 종기가 심해져, 곡(哭)을 하는 의식인 삭망전을 문정왕후가 못하게 하였기 때문이다. 능지 택정에 불만이 있는 문정왕후의 뒤틀린 심사가 표출된 것이다. 훗날 사신들은 자식의 종기 때문에 승하한 임금의 상례 의식도 못하게 하는 문정왕후를 '죄가 극도에 달했다.'고 논한다.

국상이 났으니 스스로 삼가고 상례에 정성을 다하면서 추모하면 백성들이 덕을 칭송할 터인데 온 백성이 삼가고 있음에도 자식의 종기를 더 중히 여기는 사람을 국모로 둔 백성들이 안타까울 뿐이다.

또 지속적으로 삭망전 정지에 대해 대간과 헌부에서 불가함을 수십 번이나 간하고, 대신들이 책임을 느껴 체직을 청하고, 심지어 좌의정 홍언필이 사직을 청했지만, 인종은 문정왕후가 무서워서 받아들이질 못했다. 계모가 무서워 아버지 상례를 못 지내는 왕을 둔 백성들의 마음은 어떠했을까.

그런 이유로 시호를 비롯한 묘호와 능호도 보통 10일 이내에 정해 왔는데, 한 달 반이 지나도 정하지 못하고 있었다. 결국 이듬해 1545년(인종 1년) 1월 5일에 가서야 대신들이 의논하여 대행왕의 시호(諡號)를 올리면서 묘호(廟號)를 중종(中宗)으로, 능호를 희(禧)로 정해 올리니, 인종이 그리 결정하였다. 처음에는 묘호를 인종(仁宗), 효종(孝宗), 강종(康宗) 등을 함께 검토하다가 중종으로 마침내 정하였다.

그러나 다음 날 인종은 묘호를 중종(中宗)에서 중조(中祖)로 고치고자 하였으나, 총호사인 윤인경이 부당하다고 하여 그대로 중종으로 하기로 하였고, 능호도 옛 사례를 들어 장경왕후의 능호인 희릉을 그대로 사용하기로 했으나 보름 정도 뒤 대신들이 대왕이 후비(后妃)의 능호를 그대로 따르는 것은 옳지 않다 하여 정릉(靖陵)으로 변경하면서 희릉은 폐지하였다.

그리하여 중종은 1545년(인종 1년) 2월 3일 발인하여, 2월 9일 제1계비인 장경왕

정릉 전경

후의 곁 동쪽 동원이강 언덕에 묻혔고, 정릉이라 했다.

그 후 인종은 불과 재위 8개월 만에 승하하였고 인종 역시 아버지, 어머니 곁에 묻혔다. 문정왕후의 입장에서는 중종과 장경왕후가 함께 있는 것이 싫었고, 게다가 인종까지 나란히 있게 하는 것은 더 싫었다.

4년이 지난 1549년(명종 4년) 8월 19일 문정왕후는 "정릉의 주산이 좋지 않다는 말이 있는데, 예관을 시켜 자리를 잘 보는 자를 골라 다시 살펴보게 하라."고 하며, 드디어 숨겨 둔 속내를 보였다.

왕의 여인들은 죽어서도 왕과 함께 묻히기를 원한다. 그랬기에 문정왕후도 훗날 자기가 중종의 옆으로 갈 욕심으로, 풍수를 핑계 삼아 정릉 천장을 거론하기 시작한 것이다. 정릉 택정 당시 명분에 밀려 묵인했었으나 이제 두려울 것 없는 자신의 천하가 되었는데 망설일 이유가 없는 것이다. 하지만 그해 10월 7일 우의정 상진(尙震) 등이 정릉을 간심(看審)하고 와서 "상지관들이 모두 길하다고 합니다." 했다. 이에 문정왕후는 앞으로도 창창한 날이 계속될 것이고, 서둘러서 좋을 것이 없다는 판단하에 사태를 봐 가며 기회를 다시 잡을 생각으로 "알았다." 하며 천릉 문제는 잠잠해졌다.

그로부터 10년이 지난 1559년(명종 14년) 4월 23일 명종은 대신들에게 "분묘를 구함에 있어 일반 백성도 그 땅을 신중히 가려 장사 지내고, 만일 불길함이 있으면 곧바로 장지를 옮기는데, 더구나 왕릉이야 말해 무엇하겠는가? 정릉은 처음부터 불길하다는 의논이 분분하였으니 자성께서 미안하게 생각하니 좋은 날짜를 가려 천릉할 일을 결정하라."고 전교하면서, 정릉 천릉이 본격적으로 거론되었다. 조정에서는 계속해서 천릉이 부당하다는 건의가 빗발쳤으나 문정왕후는 뜻을 굽히지 않았다.

그다음 날 사헌부와 사간원에서는 "현궁으로 선정하여 영원한 안택(安宅)을 만든 지가 지금 15년이 되었습니다. 하늘에 계신 혼령이 오르내리며 편안히 계시는데, 하루아침에 새 능으로 다시 선정하면 … 다시 정하라는 명을 중지하소서." 하는가 하면, "선왕의 안정된 혼령을 가볍게 움직이는 것은 차마 못할 바입니다. 깊이 생각하시어 다시 정하라는 명을 정지하소서." 하며, 천릉의 정지를 간곡하게 청했다.

그럼에도 명종은 "능을 옮기는 것은 중대한 일이다. 만일 풍수설을 그르다고 한다면, 무엇 때문에 지리를 담당하는 관원을 두어 예로부터 땅을 가렸겠는가? 보통 사람도 부모를 장사 지낼 땅을 가리는데, 더구나 국왕의 능에 있어서랴! 이 렇게 아뢰는 것은 무슨 뜻인가? 옛적에도 능을 옮긴 때가 있었다. 거듭 생각해 보 아도 부득이한 일인 까닭에 결정한 것이다. 윤허하지 않는다." 하였다.

또한 홍문관 부제학 윤인서(尹仁恕)는 무려 네 번씩이나 차자(箚子 : 조선조에서 일정한 격식을 갖추지 않고, 사실만을 간략히 적어 올리는 상소문(上疏文))를 올리면서 극 력으로 천장의 정지를 청했다. "능을 옮기는 일은 중대한 일이다. 나는 잡설이 분 분하기 때문에 미안하게 여겨 결정한 것이 아니다. 쓰지 못할 땅인 줄을 알면서 내가 어떻게 편안한 마음으로 옮겨 모시지 않겠는가. 가볍게 움직이는 것이 비록 미안하기는 하나, 예로부터 다시 선정한 때가 없지 않았으니, 사세(事勢)가 부득 이하기 때문이다. 나의 뜻만이 아니라 자성(慈聖 : 임금의 어머니)도 우연히 계획하 고 옮겨 모시려는 것이 아니므로, 정지할 수가 없다. 때문에 윤허하지 않는다." 하 며, 문정왕후의 뜻임을 내비쳤고, 이를 꺾을 수 없는 명종의 의지 또한 완강했다.

그런데 웬일인지 천장을 서두르지 않고 주춤했다. 천장도감을 설치하고 천장지 를 물색해야 하건만 이런 후속 조치가 이루어지지 않고 흐지부지하게 몇 년이 지 났다.

그리고 별안간 1562년(명종 17년) 1월 8일 정릉은 길지가 아니라는 설을 또다시 제창하여 마침내 천장이 결정되었다. 이를 지켜본 사관은 '대비(문정왕후)가 정권 을 차지한 뒤로는 나라의 정사가 그가 하고 싶은 대로만 되었고, 한번 먹은 마음 은 되돌리질 않았다.'고 기록하고 있다.

『명종실록』에 문정왕후가 승하했을 때 명종이 직접 써서 승정원에 내린 문정 왕후의 행적에는 '정릉의 묘역이 아름답지 못함을 염려하시어 선릉 곁에 옮겨 모 셨다.'는 기록이 있다. 이것만 봐도 천장은 문정왕후의 뜻이었음을 알 수 있다.

이렇듯 천장의 명분은 풍수가 좋지 않음을 내세웠지만, 실제로는 문정왕후가 자신이 중종과 함께 묻히기 위한 것이었음을 모르는 사람이 없었다.

정릉을 천릉하는 작업은 좌의정 이준경(李浚慶)이 총호사를 맡아 진행하기로 하였고, 아울러 천릉(遷陵)한 뒤에 정릉(靖陵)이라는 호칭은 그대로 하되, 장경왕후의 능은 다시 희릉(禧陵)으로 하기로 했다.

드디어 1562년(명종 17년) 8월 20일 구릉(舊陵)을 열어 발인하고, 9월 4일 간시(艮時 : 오전 3시경)에 아버지 성종이 있는 선릉(宣陵)의 동쪽 능선에 건좌손향(乾坐巽向 : 남동향)으로 새 능지에 하관하고 장사를 지내면서 천릉을 마쳤다.

이를 지켜본 사관은 "능침을 옮기는 것은 중대한 일이므로 부득이한 경우가 아니면 쉽사리 거행할 수 없는 것이다. 길흉설에 끌리어 옮기는 것도 불가한데, 하물며 옮길 만한 아무런 까닭도 없이 … 이미 죽어 유명을 달리한 뒤까지 시기하여 남편의 무덤을 옮겨 전처의 무덤과 멀리 떨어지게 하였다는 말은 듣지 못했다. 이번에 능을 옮기자는 의논은 대비(문정왕후)의 뜻이었으니, 대개 장경왕후(章敬王后)와 같은 경내에서 함께 하지 않으려고 한 것이다. 비록 득수득파(得水得破)[97]가 좋지 않아 옮긴다고 핑계하였지만, 사실은 신후지계(身後之計 : 죽은 뒤의 계획)를 한 것이다."라고 하고 있는 것이다.

사실 그렇다. 구릉이 풍수적으로 좋지 않았다면 옮기는 신릉은 풍수적으로 좋을 뿐 아니라 그 이전에 신능지를 선정하는 구체적 과정과 기록이 있어야 한다. 허나 이것이 없는 것만 보더라도, 천장이 명종의 뜻이 아니고, 오직 문정왕후의 투기심과 봉은사(奉恩寺)가 더욱 중요해지고 기세가 더욱 성할 것이라고 여긴 주지(住持) 보우(普雨)의 계략이었을 것으로 보는 것이다. 본래 자신도 함께 묻힐 요량이었다면 여러 상지관을 통해서, 지리적, 풍수적 유리점을 검토한 후 길지를 선택해서 천장을 했어야 했다.

그런데 천장한 정릉은 지세가 낮아서, 장마 때는 재실과 홍살문(紅箭門) 근처까

---

97) 득수득파(得水得破) : 물이 들어오는 곳과 빠져나가는 방위로서 지기(地氣)의 변화를 판단하는 풍수 용어이다. 묘에서 처음 보이는 물을 득수(得水)라 하고, 나중에 보이는 물을 득파(得破)라 한다.

지 물에 잠겨 질퍽이는 논 같았고, 심지어 큰 장마가 지면 배를 띄울 정도였다고 한다.

막상 문정왕후도 이곳이 물이 차고 변고가 끊이지 않는 것을 겪으며, 좋은 곳이 아니라는 것을 알게 되었고, 다시 천장을 시도하려 했으나 자신이 운명하면서 그 뜻을 이루지 못했다. 후에 정릉을 태릉으로 옮겨야 한다는 주장도 있었으나 재천장은 불가하다 하여 받아들여지지 않았다는 얘기도 있었다.

이렇게 문정왕후의 질투심 때문에 정릉을 한강 강가 비습한 곳으로 옮겼으나, 사람들은 분개하면서도 천장에 반대하는 말을 감히 못하였다.

『지봉유설(芝峯類說)』[98]에는 '능을 옮길 때 광중으로부터 곡소리가 났는데, 일하는 사람 중 안 들은 자가 없다.'고 하더니, 이듬해 순회세자가 죽고, 다시 2년 뒤에 문정왕후가 승하하고, 또다시 2년 뒤 명종이 승하하니 사람들이 능을 옮긴 탓이라고 말하였다고 기록하고 있다. 하늘을 무시한 인간의 도 넘치는 욕심이 빚은 무서운 결과다.

'풍수가 사람에게 주는 영향이 없을 수는 없으나, 하늘의 도움과 서로 맞아떨어질 때 완전해지는 것이다(風水人間 不可無 全憑陰騭兩相扶).'라고 『명심보감』에서 이른다.

그러면서 정릉은 천릉 30년이 지난 1592년(선조 25년) 임진왜란 중에 안타깝게도 왜적들에 의해 선릉과 같이 능이 파헤쳐지고, 시신이 불태워지는 초유의 변고가 발생한다. 그래서 1593년(선조 26년) 8월 15일 선릉과 마찬가지로 초혼장(招魂葬)으로 개장을 하게 된다. 지금의 정릉 모습이다. 정릉의 훼손과 개장의 과정은 뒤에서 따로 기술한다.

---

98) 『지봉유설(芝峯類說)』: 한국 최초 일종의 백과사전이라고 알려져 있고, 광해군 때 지봉(芝峯) 이수광(李睟光)이 편찬한 것으로 전해지고 있다.

남사고가 잡았다는 능

태릉(泰陵, 중종 제2계비 문정왕후)

태릉(泰陵)은 조선의 제11대 임금 중종의 두 번째 계비인 문정왕후(文定王后, 1501~1565) 윤씨의 능으로 단릉이다.

문정왕후는 수렴청정을 하면서 조선의 어느 왕후보다도 무소불위의 권력을 누렸고, 심지어 여왕으로 불릴 만큼 조정을 마음대로 쥐락펴락한 왕후였다. 문정왕후는 중종을 구정릉(정릉을 천장하기 전의 능)에서 천장할 때만 해도 정릉 곁으로 갈 요량이었다.

그러나 여건이 그렇지 못하자 홀로 묻힌 것이다. 처음에는 정릉 주변으로 능지를 택정하려는 노력이 있었으나 중지됐다.

중종은 반정 공신들에 의해 원비 단경왕후와는 등극 7일 만에 생이별을 했고, 계비 장경왕후는 인종을 낳고 산후병으로 7일 만에 승하했다. 그 후 중종은 계비 책봉을 하지 않고 있다가 1517년(중종 12년) 다시 계비를 맞으니 그가 바로 문정왕후다. 문정왕후의 본관은 파평이고 파산부원군 윤지임의 딸이다.

중종 때 문정왕후는 왕후로서 인종 때는 대비로서 지냈다. 아들 경원대군이 어린 나이에 왕위에 오른지라 명종 때는 대왕대비로서 수렴청정을 하며 막강한 권력을 누리다가 1565년(명종 20년) 4월 6일 사시(巳時 : 오전 10시경)에 창덕궁 소덕당(昭德堂)에서 승하했다. 이때 나이는 65세였고, 중종과 사이에서 1남 4녀를 두었다.

사실 대비(문정왕후)는 여러 날을 병환으로 누워 있었는데, 실록에는 그 병환의 원인을 '사람들이 대왕대비가 양주 회암사에서 요승 보우의 요청으로 무차회(無遮會)[99]라는 대법회를 베풀면서 여러 날을 재계하고 소식(蔬食 : 거친 음식)하며 병을 얻었다.'고 기록하고 있다.

역사적으로 보면 문정왕후는 불교에 신치하였고, 중종, 인종, 명종 3대에 걸쳐 무려 50년 동안 국정에 관여하며, 조선조에서 최고의 절대 권력을 행사한 여인이

---

99) 무차회(無遮會) : 불교에서 부처님의 보시 정신에 입각해 어떠한 차별도 두지 않고, 모든 사람이 평등하게 동참하는 법회를 말하는 것이다. 승려나 속인, 남녀노소나 신분의 귀천에 따른 차별 없이 일반 대중을 대상으로 잔치를 베풀고 물품도 골고루 나눠 주면서 행하는 법회이다.

었다. 중국의 측천무후나 서태후와 비유할 만큼 권력욕이 지독하게 강했다. 여러 기록에서 많은 정적을 죽인 독재자이면서 표독하고 독살스러운 인물로 묘사하고 있다. 일반적으로 죽은 사람을 평할 때는 잘못한 것은 덮어 주고, 잘한 것은 드러내 주게 마련이다. 그럼에도 『명종실록』에서는 문정왕후가 승하한 날의 사관의 평이 매우 모질다. 첫마디가 '윤씨는 천성이 강한(剛狠)하다.'고 평했다. 한(狠)이란 말은 '사납다'는 의미로 인품을 말할 때, 더군다나 윗사람에게는 삼가야 할 표현이다. 물론 『명종실록』의 편찬 시기가 선조(宣祖) 때이고, 여러 해가 지났기 때문이긴 하지만, 무후(武后) 소리를 들을 만큼 천하를 호령하던 왕후였다. 이미 죽은 사람이라 하더라도 사관의 평이 지나칠 정도로 강하다. 또 사관은 호칭을 바꾸면서 계속해서 논하기를 '윤비(尹妃)는 불교에 홀려 정신을 못 차렸고, 환관(宦官 : 내시)을 신임하였고, 창고를 비워 가며 승도(僧徒)들을 봉양하였고, 남의 전답과 노복을 빼앗고, 상벌은 참람하였고, 권세는 외척으로 돌아가 모든 정사는 친정 가문에서 나오고, 뇌물은 공공연하였고, 국세(國勢)를 무너트린 죄인이다.'라고 했다. 사관의 비판이 매우 강하다.

그런데도 『명종실록』에 1565년(명종 20년) 4월 10일 문정왕후가 승하할 때 명종이 승정원에 써서 내린 행적에는 '정축년에 비로 책봉된 뒤부터 선고(先考)의 배필이 된 지 30년 동안 능히 부도를 준수하여 시종 성경(誠敬)으로 섬기셨으며, 인종을 대함에 있어서도 또한 화기로운 뜻을 다하시고 혹 간흉이 어지럽히는 말이 있어도 능히 진정하셨으며, 궁빈(宮嬪)을 접함에 있어서도 정과 예에 합당하게 하셨다.'고 아들로서 어머니인 문정왕후의 행적을 미화한 기록이 보인다. 그간의 자취로 보아 딱 들어맞거나 비슷한 것이 하나도 없는 내용들이다.

사신(史臣)은 '인종을 도운 사람들을 모두 역적으로 지목하고, 유관(柳灌) 같은 사람은 청직(淸直)하고 왕실에 마음을 다했는데 이를 죽이니, 여기에는 이기(李芑) 같은 무리가 있었다. 종사가 망하지 않은 것이 다행이었다. 정릉(靖陵)은 안장한 지 20년이 되었는데도 장경왕후와 나란히 있는 것을 미워하여, 마침내 옮기기에 이르렀으니 어찌 차마 그렇게 했단 말인가. 또 스스로 명종을 부립(扶立)한 공이 있다 하여, 때로 주상에게 "너는 내가 아니면 어찌 이 자리에 있었으랴?"라고 꾸짖고 호통치며 때로는 종아리를 치거나, 심지어 따귀도 부쳐 마치 임금을 민가의 어머니가 어린 아들을 대하듯 했다. 주상은 지극히 효성스러워 어김없이 받들었고, 후원 외진 곳에서 눈물을 흘리며 울기까지 하여 심열증(心熱症)을 얻은 것이 이 때문이니, 그렇다면 윤비는 사직의 죄인이라 할 만하다.'고 논했다.

심지어 옛말에 비유하며 '암탉이 새벽에 우는 것은 집안이 다함이다 하였으니, 이는 윤씨(문정왕후)를 이르는 말이라 하겠다.'면서, 문정왕후의 악정을 비판했다.

그렇지만 문정왕후는 불교를 중흥시켰고 폐지되었던 도첩제(度牒制)[100]는 물론 승과(僧科 : 승려를 대상으로 실시했던 과거 시험)를 부활시켰다. 만약 문정왕후의 불교에 대한 지원이 없었다면 임진왜란 때 활약했던 승병도 없었을 것이며, 서산대사나 사명대사 같은 고승도 없었을 것이라는 시각도 있다.

대왕대비(문정왕후)가 승하하자 조정에서는 좌의정 심통원(沈通源)을 총호사로 삼아 장례를 주관하게 하였다.

그리고 명종은 승정원에 전교하기를 대왕대비가 일찍이 섭정을 했기 때문에 "대행대왕대비의 상사를 일체 대왕의 상례에 의하여 행하라."고 명한다.

문정왕후는 인종이 승하하고 뒤를 이어 명종이 12세에 즉위하자, 8년 동안을 수렴청정하면서 조정을 좌지우지한 바 있다. 실제로 국정을 직접 운영했었으니, 상례를 대왕의 예에 따라 행하라는 것이었다.

있을 수 없는 지시였다. 이를 두고 사신은 '하늘에는 두 개의 태양이 없고, 나라에는 두 임금이 없으니, 등급을 나누지 않으면 예가 허물어지는 법.'이라 논했다.

그래서인지 일부 학자들 사이에는 문정왕후의 상례가 대왕의 상례를 따른 것으로 알려져 있거나 주장하기도 한다.

그렇지만 이 같은 전교가 있은 후 열흘 후인 4월 21일에 예조에서 전일 명종이

---

100) 도첩제(度牒制) : 승려가 출가했을 때 국가가 허가증을 발급하여, 승려의 신분을 국가가 인정해 주는 제도이다. 백성의 출가를 억제키 위해 성종 때 폐지되었다가 명종 때 다시 부활시켰다.

전교했던 대행대왕대비의 상례에 대해 불가함을 아뢴다. "대행대비를 대왕의 상례에 따르도록 전교하셨는데, 정희왕후(世祖妃)의 『의궤(儀軌)』[101]를 꼼꼼히 살펴보니 처음에는 대왕의 예로 마련하다가, 왕비의 예로 고쳤습니다. 대왕대비가 섭정한 일은 정희왕후와 같으니, 마땅히 그 의궤에 따라 행해야 할 것 같습니다. 조정의 논의를 모아서 결정하소서." 하고, 간곡하게 고했다. 이에 명종은 뜻을 굽히어 왕비의 예로 하도록 했다.

1565년(명종 20년) 4월 12일에는 대행대왕대비의 시호를 문정(文定)이라 하고 능호를 신정릉(新靖陵)이라 하였다.

그리고 1565년(명종 20년) 4월 26일 명종의 명을 받고 들어온 영의정 윤원형과 총호사 심통원 등에게 "신정릉은 외강(外江)이 약간 보여서 보토(補土)하는 공역(工役)이 있으며, 또한 봉은사가 너무 가까우니 내 생각으로는 온당치 못하다. 또 임술년(1562년) 중묘(中廟 : 중종)의 능을 천장(遷葬)한 뒤로 나라에 좋은 일이 없었고, 3년 안에 두 번이나 경통(驚慟)의 변고가 있었으니 선릉(宣陵)의 산이 구정릉보다 나은 것인지 나는 모르겠다. 이미 지난 일은 뉘우쳐도 소용없으니 당초에 자세히 살펴서 정하느니만 못하다. 지금 속히 여러 산에 다시 가서 정밀히 찾아보도록 하라."고 전교했다.

문정왕후의 주장에 따라 명종도 어쩔 수 없이 중종의 능을 천장했으나, 천장하자마자 이듬해 순회세자가 세상을 떠나고, 다시 2년 후 대왕대비가 승하하니 천장을 한 것에 대해 내심 석연치 않게 여기고 후회하고 있었던 것이다.

천장 후에 발생된 흉사의 원인을 천장 탓으로 여겨 문정왕후 스스로도 정릉을 길지로 보지 않았을 것이고, 그래서 정릉으로 가는 것을 포기했을 것이다. 명종도 모후의 뜻을 이미 아는지라 다른 곳을 물색케 한 것이다.

이에 윤원형이 "지리에 관한 일은 아득하여 알기 어렵고, 상지관들도 이름이 드러난 자가 없으며, 조관들도 능히 지리를 아는 자가 있다고 들은 바가 없습니

---

101) 『의궤(儀軌)』: 나라에서 큰일을 치를 때 나중에 또는 후세에 참고하기 위해, 처음부터 끝까지의 경과를 상세하게 기록한 책이다.

다. 선릉과 구정릉 중 어느 곳이 나은지는 알 수 없으나, 당초 천릉할 때 의도가 있어 택한 것이고, 대왕과 왕비의 능은 같은 산 안에 정한 경우가 많았기 때문입니다. 그러나 상의 분부가 이러하시니 다시 가서 살펴보아 모든 곳의 길지를 찾아보겠습니다." 하였다.

그리고 상지승(相地僧 : 풍수지리를 살펴 집터나 묏자리를 잡는 승려)과 함께 산릉지를 찾아 다시 나섰다.

한편 명종은 이때 은밀하게 환관을 시켜 상지관을 거느리고 여러 산을 돌아보도록 하고, 특히 몇 개의 산을 지정하면서, 그 길흉을 점쳐 보고하라는 밀명을 내렸다. 이를 알아차린 홍문관 부제학 김귀영(金貴榮)이 차자(箚子)를 올려 "산릉을 가리는 일은 마땅히 재신(宰臣 : 임금을 돕는 2품 이상의 신하)들에게 책임을 지워야 하는데, 환관 등의 간사한 무리들을 보내 묘소를 잡게 하고, 국가 대사에 관여하게 함은 불가합니다." 하면서, 환관에게 능지를 찾게 한 것을 비롯해 과거 보우의 말을 듣고 정릉을 천장한 것도 잘못된 것임을 우회적으로 지적했다.

이상 명종의 전교 내용과 윤원형의 능지를 다시 찾기 위해 나선 것을 미루어 보면, 1565년(명종 20년) 4월에 이미 대행대왕대비(문정왕후)의 신정릉의 능지는 정릉(靖陵)의 근처 어딘가에 정해졌고, 능역 공사도 상당히 진행되고 있었음을 알 수 있다.

그렇지만 그곳 산릉지가 어느 위치이고, 언제 정했으며, 누가 간심을 했고, 또 능지로서 합당했는가의 판단 등 택지 과정의 기록을 찾지 못했다. 어쨌든 공역은 이미 시행되었고, 그 과정에서 여러 문제가 발생됐음이 짐작된다.

1565년(명종 20년) 5월 30일에는 총호사 심통원이 "신릉의 정혈(正穴)한 곳에 땅을 파 보니, 정혈 하단에 돌부리가 서려 있어 형세가 다 뽑아낼 수 없어 감히 아룁니다." 하니, 명종은 "총호사의 소임은 중대하니 산릉을 잘못 정한 상지관에게만 미룰 수 없다. 산역(山役)을 정지할 것을 속히 산릉도감에 이르라. 또 군장리(軍場里 : 양주 금곡) 동쪽 언덕에 만일 좋은 곳이 있거든 정혈을 옮겨 정하는 것이 어떠한가?" 하였다.

이에 영의정 윤원형과 총호사 심통원이 "전일 살펴본 장단(長湍) 및 대방동(大方洞 : 당시 양주 노원면 대방리로, 지금의 노원구 공릉동)이 다 좋습니다. 장단은 멀고, 대방동은 가까우니 헤아려 정하소서." 하니, 이에 명종은 "천릉한 뒤에 나라에 좋은 일이 없었다. 신릉을 정함에 있어 원근을 따지지 말고, 좋은 자리를 골라 써야 할 것이다. 내가 듣기로는 중묘조(中廟朝 : 中宗)에 대방동을 '무후(無後)의 자리'[102]라고 한 듯하다. 경들은 상지관과 자세히 묻고 따져 후회가 없도록 하라." 하였다.

윤원형은 다시 "무후의 설은 술관(術官)[103]에게 물었더니, '모두 자세하지 않다.' 하였습니다. 대방동에 장지가 있는 김사청은 자손이 많고, 장단에 장지가 있는 김영렬의 자손에 비하면 차이가 있습니다. 무후설은 신뢰할 수가 없을 듯합니다." 했다.

이에 명종은 "내가 경들의 의견을 알겠다. 김사청의 자손이 번성한 것을 보면 무후설은 믿을 수가 없다. 대방동이 해로울 것이 없으니 정혈을 속히 살펴서 정하라." 하였다.

이리하여 양주 대방동이 문정왕후의 능지로 다시 결정된 것이다.

일설에서는 '남사고(南師古)[104]가 능지를 잡았다.' 또는, 남사고가 '내년에는 동쪽에 태산을 봉환하게 되리라.'는 예언을 하여 명종이 산릉지를 정해 문정왕후를 장사 지낸 것으로 전해지기도 한다.

이에 사신은 '문정왕후가 정릉을 옮긴 것은 실로 자신이 죽은 뒤에 같은 묘역에 묻히려는 계책이었는데, 그 뒤에 화환(禍患)이 잇달으니 사람들이 모두 천릉의 보

---

102) 무후(無後)의 자리 : 제사의 향불이 꺼진다는 자리, 즉 대(代)를 이어갈 자손이 없게 되는 자리라는 뜻이고 집안이 소멸하는 자리로, 풍수지리상 흉지를 말한다.

103) 술관(術官) : 음양, 복서, 점술 등의 지식으로 길흉을 점치는 사람을 일컬으며, 상지관 또는 지관들을 통틀어 이르는 말이다.

104) 남사고(南師古) : 남사고(1509~1571)는 조선 중기 학자로서, 예언가와 명풍수로 유명하다. 호는 격암(格菴)이고 풍수, 천문지리, 복술, 관상에 능통하였고, 수백 년이 지난 지금도 예언은 적중하고 있다고 한다. 저서로는 예언서인 『격암유록(格菴遺錄)』이 있다. 아버지 묘를 아홉 번이나 옮겼다 하여 구천십장(九遷十葬)을 한 것으로도 유명하다.

응(報應 : 원인과 결과에 따라 대갚음을 받는 것)이라 하였고, 주상도 또한 그렇게 여겼다. 이때 와서 다시 신릉(新陵)을 가려 정하여 같은 묘역에 묻히려는 계책은 마침내 이루어지지 못하였으니, 어찌 하늘의 뜻이 아니겠는가. 통탄스러운 일은 20년 동안 편안히 모셔진 정릉의 혼을 까닭 없이 천동(遷動)하여 어버이 곁에 장사 지내기를 원한 효릉(孝陵)의 뜻이 마침내 허사로 돌아가게 한 것이다. 삼가 생각하건대 양성(兩聖 : 중종과 인종을 말함)이 구천 아래에서 몰래 슬퍼하고 눈물을 흘릴 것이니, 문정왕후의 죄가 이에 이르러 극도에 달하였다 하겠다.'고 논한다.

수렴청정으로 천하를 호령하며 나라를 마음 내키는 대로 주물렀던 문정왕후에 대해, 어디에도 잘했다고 하는 곳이 하나도 없으니 조야(朝野 : 조정과 일반을 통틀어 이르는 말)의 불만이 심히 컸음을 알 수 있다.

나중에 그를 도왔고 부축하며 수족 노릇을 하던 보우, 윤원형, 정난정 등을 죽

태릉 전경

이라는 상소가 빗발치듯 올라오고, 유생들이 성균관을 비우고 관에 나오기를 거부하며 처단을 요구했다는 것만 보더라도 짐작된다.

이렇게 문정왕후의 능지가 대방동으로 결정되자 1565년(명종 20년) 6월 4일에는 능호를 신정릉(新靖陵)에서 태릉(泰陵)으로 다시 정했다.

1565년(명종 20년) 7월 12일 발인 전날, 비가 몹시 내리고 그치지 않자 명종은 "대례가 임박하고, 비가 그치지 아니하니 비를 무릅쓰고 발인하여 보제원(普濟院 : 지금의 보문동 안암동 쪽)에 머무르게 하면 미안할 듯하다. 물려서 길일을 가리고자 하나 그러면 6~7개월에 이르므로 어찌해야 할지 모르겠다." 하며, 발인에 대해 고민을 했다. 그러자 승정원에서 "부득이한 일이 아니면 5개월 만에 장사 지내는 것이 예법입니다. 전례를 상고해 보면 정희왕후(세조비) 장례 때 연일 큰비가 내려 다리가 떠내려갔으나 그대로 거행하였습니다." 또 옛말에 '상사가 있으면 장례에는 진행함이 있고 물러남이 없다.'라며, 늦추는 것은 장사 지내는 예법에 어긋난다고 하므로 명종이 그대로 진행하기로 했다. 그런가 하면 예조에서는 '발인 때 백관이 따르다가 노제(路祭)를 지낸 뒤는 말을 타는 것이 예법인데, 비가 너무 많이 와서 질척거리는 땅에 우비를 갖추고 걷기는 어려우니, 처음부터 백관이 말을 타는 것이 마땅합니다.'라고 아뢰니, 영의정 윤원형이 반대하여 예법대로 진행하기로 했다.

결국 다음 날인 7월 13일 자시(子時 : 밤 12시경)에 발인하는데 임금은 병환으로 문밖에 나오지도 못하고 빈전의 동쪽 뜰에서 곡송(哭送)만 하고, 삼공을 헌관으로 삼아 임금을 대신해서 예를 행하였다.

그리고 7월 15일 양주 대방동에 임좌병향(壬坐丙向 : 정남에서 동쪽으로 15°)으로 하현궁하면서, 문정왕후의 장사를 마쳤다.

그토록 중종의 곁에 묻히길 바라며, 정릉을 천장까지 했는데 그 원을 풀지 못하고 결국 태릉에 홀로 묻힌 것이다. 장례를 마치고 반우할 때는 임금이 숙장문(肅章門) 밖까지 나가 지영(祗迎 : 백관이 임금의 환행을 공경하여 맞음)하고, 친히 초우제(初虞祭 : 장사를 지낸 후 첫 번째 지내는 제사)를 행하였다. 한편 능의 외형으로 봤을 때 병풍석이나 난간석, 문인석, 무인석 등 기타 의물들이 다른 왕비의 능보다 거창하게 보인다. 이것이 대왕의 상례를 따른 것으로 보일 수도 있겠으나, 이는 시대에 따라 석물의 모양과 무늬에 차이가 있듯, 당대 능의 조영 형태를 따른 것이며, 대왕의 상례를 따른 것이라고 할 수는 없다고 본다.

그런데 태릉의 자리가 '무후(無後)의 자리'라고 하는 설(說)의 의미를 보면, 그곳에 묘를 쓰면 땅의 생기를 못 받아 향후 자손이 끊겨 무후가 될 것이라는 의미이다. 한편으로는 무후인 사람이 가는 자리라는 풀이도 할 수 있을 듯하다.

문정왕후의 대를 이어 향불을 지켜 줄 직계 자손은 명종(明宗)뿐이고, 명종 또한 자손은 유일하게 순회세자 한 사람뿐이었다. 하지만 순회세자는 13살에 일찍 요절하니, 문정왕후의 향불을 켜 줄 직계 자손는 이미 없었다. 문정왕후야말로 이미 무후(無後)가 된 것이다.

문정왕후는 그야말로 중국 측천무후(則天武后)와 견줄 만큼 권력을 휘두른 무후(武后)였지만, 무후(無后)가 되어 '무후(無後)의 자리'에 묻힌 것은 아닌가?라는 생각도 든다. 감여(堪輿 : 하늘과 땅을 이르는 것으로, 풍수지리와 같은 말)의 비밀은 풀리지 않는다.

그리고 27년 후 임진왜란이 일어난다. 조정이 의주로 몽진(蒙塵)했을 때 태릉도 선릉, 정릉과 같이 왜적에게 수난을 겪는다. 이는 뒤에서 따로 기술한다.

계모 때문에 효행을 훼방 당한 능

효릉(孝陵, 인종, 인성왕후)

효릉(孝陵)은 조선조 제12대 임금 인종(仁宗, 1515~1545)과 그의 비 인성왕후(仁聖王后, 1514~1577) 박씨 능으로 동원쌍릉이다.

능의 형식이 헌릉(태종) 이후 동원쌍릉에서 동원이강릉으로 바뀌었다가 120년 만에 다시 동원쌍릉으로 조성된 능이다.

특이하게도 효릉은, 같은 능상의 쌍릉임에도 인종의 봉분에는 병풍석을 설치했고, 인성왕후의 봉분에는 병풍석이 설치되지 않았다.

1578년(선조 11년) 10월 효릉을 개수했음에도 불구하고 인종의 봉분에는 병풍석을 설치하고 인성왕후의 봉분에는 설치하지 않은 것이다.

인종은 1515년(중종 10년) 2월 25일 중종과 제1계비 장경왕후 사이에서 맏아들로 태어났다. 그리고 1520년(중종 15년) 6세 때 왕세자로 책봉된 후 25년간 세자로 있다가, 30세가 된 1544년 11월 20일 창경궁 명정전에서 왕위에 올랐다. 그런데 재위 8개월만인 1545년 7월 1일 경복궁 자경전 청연루 아래 소침전(小寢殿)에서 승하했다. 이때 나이는 31세였다. 슬하에 자녀는 없었으나 일부러 두지 않았다는 일설도 있다.

인종은 3세에 글을 깨칠 만큼 재주가 있었고, 성품이 조용하고 인자하며 우애가 지극할 뿐 아니라 부지런했다. 아버지 중종이 편찮을 때면 관대도 벗지 않고 밤낮으로 곁에서 모시고, 친히 약도 달였을 정도로 효성이 지극했다. 심지어 '소년 요순(堯舜) 임금'이라 할 만큼 어질었고 명민했다. 다만 병약한 것이 흠이었다.

인종이 승하하기 전날인 1545년 6월 그믐날 대신들을 불러 교서를 내리니 "내 나이 삼십이 넘도록 아직까지 사자(嗣子)가 없으니, 나라를 부탁할 데가 없을까 두렵도다. 계승하는 순서로는 선부왕(先父王)의 적지가 오직 나와 경원대군뿐이다." 하면서, 이모제(異母弟 : 어머니가 다른 동생)인 경원대군에게 전위의 뜻을 밝혔다. 또한 "내가 죽거든 반드시 부왕의 능 곁에 장사 지내서 내 뜻을 이루게 하고, 또 나의 초상과 장사는 되도록 검소함을 좇아서 백성들의 어려움을 덜게 하라." 하였다.

그리고 다음 날인 7월 1일 묘시(卯時 : 오전 6시경)에 승하했다. 아버지인 중종의 소상도 지나지 않았을 시기에 승하함으로 상이 겹치게 됐다.

조정에서는 즉시 좌의정 유관(柳灌)을 삼도감의 총호사(摠護使)로 삼아 장사를 진행케 했다.

야사에는 자기 아들을 왕위에 올리려는 문정왕후에게 인종이 독살 당했다는 설도 전해지는데, 이는 아마도 사실 여부보다 여러 정황에서 비롯된 듯하다.

사람이 죽으면 대렴에 앞서 우선 소렴[105]을 하는데, 왕실에서는 의례에 따라 소렴은 특별한 경우를 제외하고는 보통 2~3일 후에 하게 마련이다. 그런데 승하한 인종의 얼굴색이 파랬을 뿐 아니라, 중전 박씨가 인종이 승하하기 전 "내가 죽거든 사흘 동안 염을 하지 말라."는 유교가 있었다고 하면서 소렴을 미룰 것을 간절하게 요청했는데, 문정왕후는 이를 무시하고 다음 날 소렴을 강행했다는 데서 비롯된 소리일 듯하다.

『인종실록』을 토대로 판단해 볼 때 다분히 오해의 소지는 있어 보인다. 『인종실록』에는 승하한 다음 날인 7월 2일 영의정 윤인경과 좌의정 유관이 대비에게 "사흘째 되는 날에 소렴(小殮)을 하는 것이 예입니다. 그리고 중전께서 전교하실 때도 사흘로 할 것을 아뢰었는데, 다시 생각하니 날씨가 무더워 사흘이 되면 미안한 일이 있을 듯하고, 밖에서는 미리 하는 때도 있으므로, 오늘 소렴하기를 바랍니다."라고 아뢰었다. 이에 대비는 "날씨가 무덥기는 하나 옥체에 부기가 없으니 예문에 따르도록 하라." 했다.

이들은 다시 중전에게 가서 똑같이 아뢰었다. 이에 중전은 "계속 보아도 옥색이 남아 있고, 또 사흘 동안 염하지 말라는 유교가 계셨으니, 이 때문에 쉽사리 염을 할 수 없다." 하니까, 계속해서 무더운 날씨를 사유로 들어 소렴을 해야만 한다고 하였고, 중전이 미리 하기가 민망하다며 반대해도 강요하다시피 하므로 결

---

105) 소렴(小殮)과 대렴(大殮) : 상례의 하나로 소렴(小殮)은 사람이 죽은 후 시신에 수의를 갈아입히는 등의 예이고, 대렴(大殮)은 소렴을 한 다음 입관을 위해 소렴한 시신을 감싸고 매듭을 짓는 예이다.

국 승낙을 한다.

　대비 문정왕후는 당연히 인종의 시신을 일부러라도 보지 않았을 터인데 "옥체에 부기가 없다." 하고, 중전은 시신을 보았더니 "옥체에 푸른색이 남아 있다."고 하며, 서로의 주장이 달랐던 것이다.

　또한 7월 4일에도 대렴(大殮)을 내일 해야 하나 오늘 하고자 한다 하며, 총호사 유관이 대렴을 할 때 "총호사와 빈전도감의 당상과 도승지와 사관 등이 들어가 보아야 합니다." 하자, 대비는 "중종 때는 염이 끝난 뒤에 총호사가 들어가 보았으니, 이제도 그 예를 따라서 하라."고 하며 총호사와 관계 대신들이 대렴하는 것을 보지 못하게 했다. 사실 중종의 경우는 빈전의 제조와 승지 등 겨우 5명이 입시했고, 좌의정 홍언필이 입시하지 않은 바 있다. 그 이유는 빈전이 협소해서였다. 이때 홍언필은 장소가 협착하여 스스로 입시하지 못할 것 같다고 해서 그리 하도록 한 것이다. 이를 두고 사신은 논하기를 '군부(君父 : 임금과 아버지를 함께 이르는 말)의 상을 직접 모시고 염습을 하여 유감이 없도록 해야 하는데 스스로 예절을 등한시했다.' 하며 홍언필을 비판한 바 있었다. 문정왕후는 그때의 사례를 들어 총호사에게 들어가지 못하도록 한 것이다.

　아마도 독살설은 마치 독극물을 먹은 것처럼 온몸이 푸른색을 띠고 있었다는 점, 그 모습을 감추기 위해 염(殮)을 강제로 서두른 점, 그리고 당연히 장례 책임 자들이 염하는 것을 지켜보아야 하는데 대비가 굳이 못 보게 한 점 때문이 아닌가 싶다. 이에 사신은 "송종(送終 : 장례에 관한 일)의 대례를 궁인의 손에 맡겨 상례를 제대로 하지 않았다."고 논한다.

　1545년 7월 5일 대비 문정왕후는 곧바로 영의정 윤인경 등에게 전교하기를 "대행왕의 유교가 저러하니 산릉을 복정(卜定 : 길흉(吉凶)을 점쳐서 정함)힐 때는 성릉(靖陵) 근처에서 먼저 살피라." 했다.

　7월 8일에는 총호사가 산릉을 살피고 돌아와 "정릉의 백호 너머에 산이 있는데 형세는 크지 않으나 둘러싼 형상이 매우 아름다웠으므로, 대행왕의 유교에 의하여 이곳을 택하고, 다른 곳은 찾아보지 않았습니다." 하며 대비에게 아뢨다.

명종은 7월 6일 즉위했지만 겨우 12살로서 문정왕후가 수렴청정을 함에 따라 모든 결정과 하교는 문정왕후가 했다.

7월 11일에는 영의정 윤인경이 정릉(靖陵)에서 돌아와 간산단자(看山單子 : 산소 자리를 돌아보고 그 내용을 적은 종이)를 올리며 아뢰기를 "정릉 백호 너머 간좌곤향(艮坐坤向 : 남서향)에 청룡은 겹으로 쌓이고, 백호는 세 겹으로 되어 정릉과 형세가 같으니 이곳으로 정하실 것을 취품(取稟 : 윗사람에게 의견을 여쭈어 올리고 의견을 기다림)합니다." 하니, 대비는 "이미 유교(遺教)가 있었으니 써도 무방할 것이다." 하며, 산릉 택지에 조금도 고민 없이 그리하도록 했다. 그리고 다음 날 묘호를 인종(仁宗)이라 하고, 능호는 효릉(孝陵)으로 정했다. 묘호로 정한 인종은 중종의 묘호를 정할 때 거론되었던 것 중의 하나를 사용한 것이다.

한편 7월 20일에는 영의정 윤인경 등이 『국조오례의(國朝五禮儀)』에 의해 다섯 달 만에 장례를 행하는 것이 당연하나, 그리하면 12월 중동(仲冬 : 겨울이 한창일 때를 이르는 말)이 되므로 몹시 춥고, 또한 장례를 지낼 만한 날이 없으니 대행왕의 발인과 하현궁을 10월 27일로 앞당길 것'을 아뢰니 이를 윤허했다.

그러나 7월 30일 영의정 윤인경과 좌의정 유관이 다시 아뢰길 "10월 27일 역시 동지(冬至)가 임박하여 일기가 매우 추울 것이므로, 10월 12일에 발인하여 10월 15일에 하현궁하는 것이 어떻겠습니까?" 하고 갈장(渴葬)[106]할 것을 고하므로, 대비는 "어찌 범연히 헤아려 아뢨겠는가. 아뢴 대로 하라."고 했다.

이에 사헌부에서는 장례일을 앞당겨서는 안 된다고 청하였음에도, 임금은 윤허하지 않았고, 8월 3일에는 병조정랑 정황(丁熿)이 장례일은 지켜야 한다고 상소했으나, 문정왕후가 일체 답을 하지 않아 또 허사였다.

8월 20일에는 성균관 생원 신백령(辛百齡)이 "일기가 춥다는 이유로 갈장을 하려는데, 옛날에 상사는 어찌 봄여름에만 있었으며, 또 옛날 겨울은 따뜻했단 말입니까? 습(襲)이나 염(殮)은 핑계할 수 있더라도, 갈장은 무슨 근거입니까?" 하며,

---

106) 갈장(渴葬) : 사람이 죽은 뒤에 신분에 따라 정해진 예월(禮月)을 기다리지 않고, 미리 장사를 지내는 것이다. 고례(古禮)에 따라 천자는 7월, 제후는 5월, 대부는 3월, 사(士)·서민은 1월 만에 장사를 치른다 했는데 이러한 달수를 기다리지 않고 장사를 지내는 것을 뜻한다.

상소를 올렸으나 역시 답은 못 받았다.

하기야 인종이 세자 시절에 동궁에 불이 크게 난 적이 있었는데, 이를 두고 사실 여부를 떠나 세자를 죽이려고 문정왕후가 꾸민 일이라는 말이 나돈 적이 있었다. 이처럼 하루라도 빨리 인종을 눈앞에서 없애려는 것이 문정왕후의 본심 아니겠는가?라는 의심을 받을 만했다.

이리하여 1545년(명종 즉위년) 10월 12일 발인하여 인종의 영가는 산릉을 향해 떠났고, 10월 15일 아버지(중종)의 능 우측 능선에 간좌곤향(艮坐坤向 : 남서향)으로 장사 지낸 후 능호를 효릉이라 했다. 이때 효릉은 장차 인성왕후를 모시기 위해 좌측을 비워 두고 조영했다.

대행왕의 영가가 궁을 떠날 때 임금은 백관들과 지송(祗送)을 하고, 장사를 마친

효릉 전경

후에는 우주(虞主)를 혼전(魂殿)에 모시면서 지영례(祗迎禮)를 올린다. 아울러 임금이 백관들과 초우제(初虞祭)를 지내게 마련인데, 명종은 지송은커녕 지영례도 정지하고 초우제도 진행하지 않았다.

『명종실록』은 대신들이 시킨 대로 따른 것이라고 기록하고 있으나, 간신배들을 내세워 문정왕후가 그리 못하게 했던 것이다. 하기야 자식의 몸에 종기가 났다고 지아비의 삭망전까지 못하게 한 문정왕후가 아니었던가. 또 문정왕후의 눈치를 보며 선왕을 배알하는 예를 준행치 않음은 『명종실록』에서 "효릉 참배도 10년이 되었다."는 명종의 말을 보면 알 수 있다.

어쨌든 효성 지극한 인종은 유지에 따라 아버지와 어머니 곁인 정릉(靖陵) 옆에 묻혔다. 문정왕후도 얼떨결에 효릉을 정릉 곁으로 정하는데 동의했지만, 지하에서나마 부모와 자식이 오순도순 함께 있는 것에 심사가 뒤틀려서인지, 17년 후인 1562년(명종 17년) 9월 중종을 천장하면서 아버지와는 떨어지게 만든다.

그런가 하면 앞서 발인하는 날에는 재궁의 발인이 임박했는데도 구의(柩衣 : 관 위에 덮는 홑이불 같은 긴 베를 이르는 것)가 덮이지 않아 국장도감 낭청이 총호사인 우의정 이기(李芑)에게 구의가 덮이지 않았다고 했다. 이기는 대답 없이 기분 나쁜 표정을 짓고 나중에 대여(大轝)를 올리려 할 때야 비로소 구의를 덮은 예도 있었다. 또 10월 27일 졸곡제를 거행하는 데는 임금은 물론 좌의정 이기(우의정에서 승차), 우의정 정순붕 등도 병을 핑계 삼아 참여치 않았다.

이렇게 인종의 장사를 치르는 과정에서 이기는 인종이 해를 넘기지 않은 임금이므로 대왕의 예로 치를 수 없다고 했음은 물론, 결국 박장(薄葬)[107]을 하고야 만 것은 당시 실권자인 대왕대비 문정왕후의 의도와 이에 눈치를 살핀 간신배들의 간악한 소행이랄 수밖에 없다. 과거 중종이 승하했을 때는 인종이 애통해하며 즉위를 미루자 당시 좌찬성이던 이기는 "백성들에게 하루도 임금이 없을 수 없다." 며 인종의 즉위를 서두른 바가 있었다. 그렇게 즉위에 오르게 하고 또 인종 때 병조판서까지 지낸 사람이 섬기던 임금이 승하했다고 표변하여 새로운 세력에 영

---

107) 박장(薄葬) : 야박하게 장례를 치르는 것으로, 장례 과정에서 정성을 다하지 않는 것을 말한다.

합하는 작태를 보인 것이다. 입속에는 꿀을 담고 뱃속에는 칼을 지닌 자들의 전형이다. 이를 보고 사신은 '온 나라의 신민이 마음 아파하지 않은 자가 없는데 이 두 사람은 오만하게도 물러나 누워 있었으니, 그 무상함이 이때 와서 더욱 극도에 달했다.'고 논하고 있다.

결국 희대의 간신인 이기와 정순붕은 명종 때 각각 영의정과 좌의정의 직위까지 올랐으나, 죽은 후인 선조 때 와서 벼슬을 추탈(追奪)당하고 삭훈(削勳)[108]되었다. 군자는 하늘이 하나이고, 소인은 하늘이 천 개라 했다. 하늘이 많아 하늘을 두려워하지 않는 간신들의 말로를 보는 백성들은 기뻐했다고 한다.

심지어 이기가 죽은 지 15년이 지난 후 이기의 아들이 혼인을 할 때, 어떤 자가 사람의 머리를 그릇에 담아 '이기'라고 적어 보냈다. 『명심보감』에서 '하늘이 내린 재앙은 오히려 피할 수 있으나, 스스로 지은 재앙은 피할 수 없다.'는 '천작얼유가위(天作孽猶可違), 자작얼불가환(自作孽不可逭)'이라는 말이 무섭게 들린다. 자신이 지은 악행에 악한 보답이 돌아온 것이다. 이처럼 간신배는 죽음 이후에도 대를 이어 저주를 받을 만큼 끝이 참혹했다는 것이 『선조실록』에 기록되어 있다.

또한 '1545년 명종이 즉위하고 권력을 잡은 간신들이 인종을 1년도 넘기지 못한 임금이라 하여 상례를 간소화하고 산릉의 공역마저도 신중을 기하지 않은 부분이 많았다. 때문에 1578년(선조 11년) 10월에 우의정 노수신을 총호사로 삼아 효릉을 개수하기를 명하므로, 이에 봉분을 다시 쌓고 석병(石屛 : 병풍석) 등의 석물도 다시 세웠다.'고, 『선조수정실록』은 기록하고 있다.

인종이 승하하고 32년이 지난 1577년(선조 10년) 11월 29일 인종 비 인성왕후(仁聖王后)가 경복궁 자선당(資善堂)에서 승하했다.

인성왕후는 1524년(중종 19년) 11세가 되던 해 인종과 혼인하여 세자빈에 책봉되었는데, 은율현감 박용(朴墉)의 딸이다. 대개 세자빈은 명문가에서 간택하는 것

---

108) 삭훈(削勳) : 나라에서 공을 세운 사람들에게 전답이나 노비들을 주어 공을 치하하기 위해 주는 것을 훈작이라 하는데, 그 사람이 나중에 중대한 잘못이나 죄를 지었을 때 훈작을 거두는 것을 삭훈이라고 한다.

이 보통이다. 그러나 인종의 경우는 경원대군을 왕으로 추대하려는 세력들이 계획적으로 외척의 득세가 있을 수 없는 한미한 가문에서 세자빈을 골라 추천한 것이다.

1544년(중종 39년) 11월 인종이 즉위하면서 왕비가 되었는데, 이때 나이는 31세였다. 슬하에 자녀를 두지 못한 인성왕후는 정치적 영향력이 없었으며, 인종이 일찍 승하해서 냉혹한 문정왕후의 그늘에서 숨죽이고 살았다. 조정의 각 제행 시 문정왕후의 경우 백관이 참석하고 임금이 직접 문안했지만 인성왕후에게는 그렇지 않으며 의도적으로 업신여겼음을 알 수 있다.

1565년(명종 20년) 문정왕후가 승하할 당시까지만 해도 인성왕후는 몸이 편치 않아 의경세자의 증손이자 성종의 손자인 계산군(桂山君 : 견성군의 아들)의 집에서 지냈다. 한시라도 궁에서 나오고 싶어 할 만큼 서시모(庶媤母)인 문정왕후를 두려워했다. 문정왕후가 승하한 후에는 다시 궁으로 들어와 자선당에서 지냈다. 2년

뒤에서 본 효릉

후에 다시 명종이 승하하고 선조가 즉위할 때는 마땅히 대왕대비가 되어야 하는데, 여러 정치적 이유로 그러지 못했다. 그래서 선조의 수렴청정도 명종비 인순왕후가 했다. 인성왕후는 이렇게 힘들게 살다가 64세를 일기로 승하했다.

선조는 모든 상례에 관한 일을 정현왕후(貞顯王后 : 성종비)의 예에 따르도록 했다. 아울러 대행대비의 시호를 인성(仁聖)이라 했다.

1577년(선조 10년) 12월 6일에는 총호사 홍섬(洪暹)이 효릉을 봉심한 후 좌방에 쓰기로 했다. 이미 효릉 조영시 좌측을 비워 두었을 뿐만 아니라, 인성왕후는 "후일에 내가 죽으면 인종과 함께 묻어 달라."고 했기에 옆자리로 묻힐 수 있었다.

『선조실록』에 의하면 1578년(선조 11년) 2월 9일 발인을 하고 영가는 산릉으로 떠났다. 대행대비 발인에는 임금이 광화문 밖에서 지송하였으며, 영가가 숭례문 밖으로 나간 뒤에야 임금이 환궁을 하였다. 남편인 인종이 승하할 때는 문정왕후 때문에 명종은 지송도 하지 않았건만, 인성왕후는 임금에게 지송의 예를 받았다.

그러나 장지를 향해 떠나면서 노제를 지내는데, 비바람이 쳐서 상여가 넘어질 뻔했는가 하면 임금이 머무는 장막이 뒤집히는 등의 소란이 있었다. 이러한 변고에 선조는 따로 위안제를 지내도록 했다.

그리고 1578년(선조 11년) 2월 15일 인종의 좌측에 간좌곤향(艮坐坤向 : 남서향)으로 하현궁을 하니, 33년 만에 지아비의 품으로 돌아가면서 장례를 마쳤다. 이 시각 선조는 백관들과 근정전 뜰에서 망곡례(望哭禮)를 거행하였다고 기록되어 있다. 반면 『선조수정실록』에서는 1578년(선조 11년) 2월 1일에 인성왕후를 효릉에 장례 지낸 것으로 기록되어 있다. 두 기록에서 장례일에 차이가 있다.

아울러 앞에서도 언급했듯이 인성왕후의 봉분에는 병풍석이 없다. 강릉(명종)의 경우는 같은 동원쌍릉임에도 비슷한 시기에 승하한 인순왕후의 경우 명종의 봉분과 같이 병풍석을 설치했는데, 효릉의 경우는 차별을 두었다. 사유가 있을 듯하다.

모후의 그늘을 벗어나지 못한 능

강릉(康陵, 명종, 인순왕후)

강릉(康陵)은 조선조 제13대 임금 명종(明宗, 1534~1567)과 그의 비 인순왕후(仁順王后, 1532~1575) 심씨의 능으로 쌍릉이다.

강릉은 같은 언덕에 왕과 왕후의 봉분이 나란하게 자리한 전형적인 동원쌍릉(同園雙陵)의 형태이다.

명종은 중종과 두 번째 계비인 문정왕후 사이에서 태어났다. 처음에는 경원대군(慶原大君)으로 봉하였으나, 갑자기 승하한 인종의 뒤를 이어 12살의 나이로 1545년 7월 6일 근정전에서 즉위하였다. 21년 11개월간 재위했다.

백성이 잘 살고 못 사느냐는 유능한 통치자를 만나는 데에도 달려 있다. 후대인들이 역대 임금들을 평가할 때는 그 기준이나 평가 항목으로 삼는 것이 여러 가지가 있을 법하다. 예를 들어 덕(德), 공적(功績), 업적(業績), 애민(愛民), 외교(外交), 국토 확장(國土 擴張) 등이 나름의 기준일 것이다. 그런데 후대의 사가들이 명종에 대해서 '나라를 빛냈다.', '성군이다.', '어질고 덕 높은 임금이었다.'라는 말에 인색한 것을 보면 명종은 성군(聖君)보다는 혼군(昏君) 쪽에 가까웠던 것 같다.

세력 기반이 없는 왕권에다 수렴청정, 권력을 차지하려는 파벌 싸움, 외척들의 야욕과 엄청난 부정부패로 일반 백성들은 살기가 어려운 시기였기에 그러한 평이 있는지 모르겠다. 조선조에서 의적(義賊)으로 불리기도 했고, 대도(大盜)로 불리기도 했던 임꺽정의 출현도 바로 이때다. 그럼에도 불구하고 백성들 사이에서 진짜 대도는 문정왕후와 동기간(同氣間)인 윤원형이라고 할 만큼 왕실에 대한 백성들의 신뢰가 전혀 없던 시기였다. 상하 가릴 것 없이 위정자들의 가렴주구(苛斂誅求)가 원인이었다.

명종은 1567년(명종 22년) 6월 28일 축시(丑時 : 오전 2시경)에 경복궁 양심당(養心堂)에서 승하했다. 이때 나이는 34세였다. 자녀는 오직 순회세자가 있었으나 13살에 요절했다.

명종의 운명을 지켜본 중전 인순왕후는 즉시 승정원에 "발상(發喪)[109]"을 내외에

---

109) 발상(發喪) : 상례(喪禮)의 절차로서 죽은 사람의 혼을 부르고 슬피 울며, 초상이 난 것을 알리는 것

알리라.”고, 전교를 내렸다.

명종은 어린 나이에 왕위에 올라 스무 살이 되어 친정을 하기까지 8년 동안 어머니 문정왕후가 수렴청정(垂簾聽政)을 하며, 정사를 마음대로 전횡(專橫)하는 것을 지켜보았다. 진성을 힐 때도 어머니의 간섭에 시달리며 왕권을 행사하지 못한 어쩌면 불쌍한 왕이었는지도 모른다. 게다가 직접 후계자도 결정하지 못하고 승하했다.

승하하기 전날 6월 27일에 명종이 정신이 혼미해지므로, 삼경(三更 : 밤 11시~새벽 1시)[110]임에도 중전은 정원에 일러, 정승과 약방 제조들을 입시(入侍 : 대궐에서 임금을 뵘)하도록 했다. 잠시 후 약방 제조가 먼저 들어오고 영의정 이준경 등이 입시했을 때 명종은 거의 말을 못했다. 내시가 큰 소리로 “영의정이 왔으니 전교하소서.” 하자, 명종이 잠시 눈을 뜨고 말을 하려 하자 말을 이루지 못했다.

이준경이 다시 큰 소리로 “전교하소서.” 했으나 끝내 말을 하지 못했다.

이렇게 애써 임금의 전교를 받고자 한 것은, 후사가 정해지지 않은 상태에서 임금이 죽으면, 정국이 혼란해짐은 물론 사직에 위기가 따를 수 있기 때문이다.

이준경은 중전에게 “상께서 전교를 못하시는데, 혹시 전교하신 일이 있습니까.” 하고, 물었다. 이에 중전이 “지난 을축년(명종 20년 : 1565년)에 하서(下書 : 윗사람이 준 글)한 일이 있었는데, 그 일은 경들 역시 알고 있는 일이니, 그 일을 정하고자 한다.” 했다. 그때 하서에는 ‘덕흥군(德興君 : 중종의 아들로 창빈 안씨의 소생)의 셋째 아들 하성군(河城君)을 후사로 삼겠다.’는 내용이었다.

이준경은 엎드려 “사직의 대계(大計)가 결정되었습니다.” 하였다. 명종의 후사는 이렇게 결정된 것이었다.

『연려실기술』에서는 ‘이준경이 사관을 시켜 ‘덕흥군의 셋째 아들이 들어와 대통을 계승하는 것이 가하다.’는 글을 쓰게 한 후 임금 앞에 보이니, 명종이 눈물을

이다.

110) 삼경(三更) : 동양권(韓, 中, 日)에서 주로 사용하는 시간을 알리는 방법으로 밤(夜)을 5등분하여 초경(初更), 이경(二更), 삼경(三更), 사경(四更), 오경(五更)으로 나눈다. 삼경은 하룻밤의 셋째 부분으로 밤 11시에서 01시경을 말한다.

머금고 턱을 끄덕이고 나서 이내 승하하였다.'고, 『소재집(蘇齋集)』[111]과 『동고행장(東皐行狀)』[112]에 기록하고 있음을 기술하고 있다.

이렇게 하여 명종의 유명(遺命 : 죽을 때 남긴 말)으로 하성군이 사자(嗣子 : 대를 이을 아들)가 되어 1567년 7월 3일 근정전에서 임금으로 즉위하고, 명종의 장례를 주관했다.

7월 17일에는 대행왕의 묘호(廟號)를 명종으로 하였다. 이는 대행왕이 평소에 이르기를 "시호는 명(明) 자면 족하다." 하였었는데 아마도 그에 따른 듯하다.

그리고 명종이 승하한 지 네 번째 달인 9월 22일 명종의 재궁을 문정왕후와 지근거리 좌측 능선 해좌사향(亥坐巳向 : 정남에서 동쪽으로 30°)에 현궁에 내리면서 장례를 마쳤다.

돌아간 후에도 모후의 곁을 벗어나지 못한 것은 어쩔 수 없는 운명이었던 모양이다.

대개 능의 위치를 정하고 조성하는 일은 여러 경우가 있으나, 일반적으로 초상이 난 때부터 시작되며, 후사 왕이 결정해 진행한다. 간혹 왕이 생전에 스스로 사후를 생각하여 능지를 미리 잡는 예도 있고, '부왕의 곁에 묻히고 싶다.'는 것처럼 미리 의사 표명을 하면 그에 따라 능지를 택지하는 예도 있다.

예를 들면 세종은 "군주가 왕위에 오르면 관을 만들어 해마다 한 번씩 옻칠을 한다. 그러니 미리 수릉을 설치하는 것도 싫어할 것이 못 된다." 하여, 헌릉(太宗)의 서쪽 혈을 미리 잡아 두었다.

인종도 "내가 죽거든 반드시 부왕의 능 곁에 장사 지내서 내 뜻을 이루게 하라."고 하여, 정릉(中宗) 곁에 묻혔다.

---

111) 『소재집(蘇齋集)』 : 조선 선조 때 학자이며 정치가였던 노수신(盧守愼)의 시문집. 1652년(효종 3년) 증손자 노준명이 편집한 것을 노경명이 간행하였다.

112) 『동고행장(東皐行狀)』 : 중종, 명종, 선조 때 문신인 동고(東皐) 이준경(李浚慶, 1499~1572)이 지은 시문집으로, 1588년에 아들 이덕열에 의해 간행되었으나 임진왜란 때 소실되었다. 1706년에 후손들이 다시 목판본으로 간행했고, 1913년에 보완하여 다시 간행했다.

그러나 효성이 지극한 명종은 아버지가 아닌 어머니 곁으로 능지가 결정됐다. 이는 명종의 뜻이라기보다는 후사인 선조를 수렴청정하는 인순왕후의 의중이었을 것으로 유추된다. 당시 최고의 영향력을 가졌던 인물이었기 때문이다.

시아버지가 있는 정릉은 습한 지역이었다. 장마 때면 홍살문까지 물에 잠기는 것은 그렇다 쳐도, 정릉 천릉 후에 갑자기 세자가 죽고 대비가 승하하는 등 나라에 좋지 않은 일들이 많았다. 인순왕후가 그런 곳을 장차 자기가 갈 자리로 택할 리가 없는 것이다. 시어머니와의 관계는 소원했지만 능지는 시어머니가 있는 쪽으로 정할 수밖에 없었을 것으로 보인다.

관례를 보면, 국장을 진행할 때 능지를 택정하는 데는 각 도감의 설치와 총호사 및 제조를 임명하고, 상지관으로 하여금 능지를 풍수적 관점에서 보게 한 다음 대신들과 논의를 거쳐, 최종적으로 후사 임금이 결정을 한다.

하지만 강릉의 경우는 임진왜란을 겪으며, 관련 자료가 소실되서인지 택지 과정 및 산릉 조성 과정에 대한 자료를 쉽게 접할 수 없는 것이 매우 안타깝다.

명종의 장례는 『국조오례의』에 따라 승하한 지 다섯째 달인 10월에 장례를 해야 함에도 일관(日官)이 10월은 불길하다 하여 9월로 청해 올렸다.

이에 대하여 생원(生員) 이유(李愈)는 갈장(渴葬)이 예가 아님을 상소하므로 왕대비가 하교하기를 "모든 길흉은 하늘에 매여 있는 것이다. 일관의 말을 믿을 것이 뭐 있겠는가. 10월로 정하는 것이 옳다." 하며 10월로 정하려 했다. 영의정 이준경 등이 인순왕후에게 "장례에 있어 꼭 길일을 택하지 않으시는 그 뜻은 비록 훌륭한 뜻이나, 다만 흉일로 하면 선령(先靈 : 선열의 영혼)이 혹시 편치 않으실까 그것이 염려된다."며, 9월로 하기를 강하게 청하니 마음 약한 인순왕후가 그렇게 하라고 했다. 그러면서 대신들은 또다시 임금이 어리다는 이유로, 회장(會葬 : 장례를 지내는 자리에 참여함)을 하지 말 것을 청하기도 했다.

고사(故事 : 유래가 있는 옛날의 일)에 의하면 사왕(嗣王 : 왕위를 이은 임금)이 상(喪)을 배종하지 못하면 대신(大臣)이 대신하여 신주를 모시고 전례(奠禮 : 나라에서 행하는 일정한 의식)를 행하는 일을 하였는데, 대신이 그러한 전례(前例)를 살피지 않고 종실로 대신하게 하였으니, 모두가 다 예가 아니었다고 평하고 있다.

창경궁 통명전

하지만 과거 국상을 치르면서 왕권이 약했거나, 아니면 강한 정치적 증오심 때문에 의도적으로 갈장을 한 경우가 있기는 했다.

명종비 인순왕후는 1575년(선조 8년) 1월 2일 창경궁에 있는 통명전(通明殿)에서 승하했다. 나이는 44세였다. 본관은 청송이고, 청릉부원군 심강(沈鋼)의 딸이다. 세종의 장인인 심온(沈溫)의 6대손이기도 하다.

인순왕후는 1544년 열세 살에 당시 경원대군과 가례를 올리고 부부인이 되었고, 이듬해 경원대군이 인종의 뒤이어 즉위해 14살에 왕비로 책봉되었다. 인순왕후는 근엄하게 예를 지켰으며 부덕이 단정했고 효성이 지극하기로 유명하다.

그러나 성정이 강한 문정왕후의 섭정 때문에 중전으로 역할을 제대로 하지 못했다. 뿐만 아니라 혼인한 지가 오래 되었음에도 후사를 보지 못해 걱정하던 차에 1551년(명종 6년)에 이르러서야 순회세자(順懷世子)를 낳았으나, 열세 살에 요절하므로 가슴에 큰 상처와 아픔을 담고 살아온 한 많은 여인이었다. 순회세자가 죽었을 때 인순왕후는 어머니로서 누구보다 더 가슴이 미어졌겠지만, 명종 역시도 유일한 자식의 죽음에 "내가 울어 무엇하랴. 을사년에 충성스러운 신하들이 죄 없이 떼죽음을 당해도 내가 임금이 되어 말리지도 못했는데, 내 집에 어찌 대대로 군왕이 이어질 수 있겠는가?" 하며, 을사년(을사사화를 일컬음)에 참사를 빚게 한 모후 문정왕후를 원망하며 말리지 못했음을 후회했다. 모후가 국정을 좌지우지함에도 어머니 뜻을 거역 못하는 자신을 한탄하는 명종의 모습을 지켜보는 인순왕후는 지아비의 아픔까지도 감당해야만 했다.

인순왕후는 승하 몇 달 전부터 몸이 아파 누워 있었다. 워낙 병약하기도 했지만 기침을 심하게 하는 지병이 도진 것이다. 이때 인성왕후는 경복궁에 거처했고 인순왕후는 창경궁에 거처했다. 추운 겨울이지만 선조는 경복궁에서 창경궁으로 매일 인순왕후의 병문안을 했다. 인순왕후가 번번이 문안을 오도록 해서 미안하다고 할 정도였다. 온갖 약제를 다 써 가며 효성을 다했으나 결국 승하한 것이다.

인순왕후는 명종이 후사가 없이 승하하니, 중종의 손자이자 덕흥군의 셋째 아들 하성군을 명종의 양자로 삼아 왕위를 계승하게 하였다.

이때 선조의 나이는 열여섯이었다. 영의정 이준경 등이 인순왕후에게 "사자(嗣子)가 나이가 아직 어리니 수렴청정(垂簾聽政)을 하셔야 합니다."라고 하니, 인순왕후가 "사자가 이미 성동(成童 : 열다섯 살이 된 사내아이를 이르는 말)이 지났으니 친히 정사를 볼 수 있을 것이다."라고 사양하였음에도, 이준경이 몇 번에 걸쳐 수렴청정을 청하므로 계속 사양하다가 이를 승낙하였다.

이로써 인순왕후는 정희왕후와 문정왕후에 이어 조선조에서 세 번째 수렴청정을 한 대비가 된다. 그러나 8개월 만에 끝내고 선조에게 친정토록 했다. 아마도 정치의 맛을 알고 수렴청정을 하던 시어머니의 전횡을 직접 겪었고, 그 폐단을 알고 있었기 때문일 것이다. 하지만 『연려실기술』에서는 이와 다르게 기록하고 있다. 대비(인순왕후)가 수렴청정을 하면서 능에 참배하는 전례에 없는 예를 올리려 했는데 영의정 이준경이 말려서 못했고, "수렴청정을 얼마 동안 하는가?"라고 물으니 대사간 백인걸(白仁傑)이 "새 임금이 그렇게 어리지 않고, 여주(女主 : 대비(大妃)의 다른 칭호)가 국정을 간섭할 필요가 없습니다." 하니, 대비가 기뻐하지 아니하고 얼마 안 되어 발을 걷었다고 『명신록(名臣錄)』[113]에 기록이 있음을 밝히고 있다.

인순왕후가 승하하자 삼공(三公)이 백관을 거느리고 빈소가 마련된 통명전에 나아가 호곡(號哭 : 소리 내어 슬피 우는 것)을 하고, 습전(襲奠 : 죽은 사람의 몸을 깨끗이 씻기고 옷을 갈아입힌 뒤에 올리는 제사)을 마친 뒤 사배(四拜 : 네 번을 거듭 절하는 것으로 임금에게 하는 절)하고 물러났다. 그리고 상주인 임금이 거처하는 여막(廬幕 : 상주가 거처하는 곳)은 통명전 바로 앞에 있는 환경전(歡慶殿)에 마련됐다. 그런데 환경전(歡慶殿)이라는 전각의 명칭에서, 환경(歡慶)의 의미는 '기쁘고 경사스럽다'는 뜻을 갖고 있다. 이곳에서 상복을 입고 거상을 하는 것은 전각의 이름과 상치되는 바가 있었다.

1월 8일에는 총호사 좌의정 박순(朴淳)이 산릉도감을 거느리고, 장례를 치를 곳인 강릉(康陵)을 돌아보았다. 평소 인순왕후가 명종의 곁에 묻히기를 원했으므로, 다른 곳은 찾아볼 여지도 없이 강릉만을 간심한 것이다. 그리고 1월 11일에는 선조는 대행대비의 시호를 인순(仁順)으로 정했다.

며칠 후 다시 영의정과 좌의정이 능 자리를 살피러 풍수를 아는 사람과 함께 강릉을 다시 보고 돌아와 "강릉을 옛날에는 수산(水山)[114]이라 하였는데 지금은 건

---

113) 『명신록(名臣錄)』: 조선 초에서 중반기(17세기)까지 명신(名臣)들에 대한 언행과 사적을 모은 기록을 18세기 후반~19세기 초의 여러 인물이 모아서 엮은 책이다.

114) 수산(水山) : 풍수서인 『지리인자수지』(서선계, 서선술 저)에 의거하여 오성론(五星論)으로 분류하는데, 땅 위에 만들어진 산봉우리의 형상을 가지고 오행(五行)에 따라 구분한 것이다. 산은 산이 갖고 있는 기운이 있는데 종류와 생김새에 따라 길흉이 갈린다는 것으로, 오장(五臟), 오음(五音), 오색(五色), 오미(五味)가 있듯, 산에도 산봉우리의 형태를 다섯 가지로 오성(五星=五山)으로 구분한 것이다. 木山(木星)은 산봉우리가 삼각형 형상이나 둥근 형태로 수려하면 길하나 비뚤어지면 흉하다고 한다. 火山(火星)은 산봉우리가 불꽃이 공중으로 솟는 것처럼 날카로운 형태로, 길한 형상이면 문장에 통달하고 흉하면 화를 당한다고 한다. 土山(土星)은 산봉우리가 윗부분이 평평하고 모서리가 사다리꼴의 형태로, 길한 형상이면 오복을 갖추고, 흉하면 유약하고 질병을 얻는다고 한다. 金山(金星)은 산봉우리가 가마솥 엎어 놓은 듯 둥근 형태로, 길한 형상이면 부귀공명하고, 흉하면 반역하거나 요절한다고 한다. 水山(水星)은 산봉우리가 잔잔한 물결 같은 형태로, 길한 형상이면 지혜와 도량이 있고, 흉하면 빈궁하고 객사한다는 것이다.

산(乾山)[115]이라 하니 지리(地理)의 설이 매우 미약합니다. 다시 2품 이상과 거듭 살펴게 하여 정하소서." 하니, 임금이 이에 따랐다. 그다음 날 다시 공조 판서 원혼(元混) 등이 다른 대신들과 강릉 앞으로 올라가 상지관으로 하여금 묘가 위치할 향을 보게 하니 좋다고 하므로, 다시 그다음 날 삼공 등이 묏자리에 대한 단자를 올렸다. 임금이 "잘 알았다. 강릉을 뭇사람들이 모두 금산(金山)이라 하니 그렇다면 이곳으로 결정하라."라고 함에 따라, 1575년(선조 8년) 1월 16일 능지는 강릉으로 결정됐다.

이리하여 인순왕후는 1575년(선조 8년) 4월 28일 강릉의 명종 왼쪽에 해좌사향(亥坐巳向 : 정남에서 동쪽으로 30°)으로 하현궁하며 장례를 마쳤다. 명종이 승하하고 8년 뒤 곁에 묻힌 것이다.

인순왕후의 장례 절차가 끝난 후 선조는 비망기로 "산릉을 살펴 정하는 것은 국가의 막중한 일이니, 술관(術官)이 된 자들은 마땅히 그 마음과 힘을 다해 자세히 하여 한 치의 실수도 없게 하여야 할 것이다. 그런데 강릉이 금산인데도 전일에 수산이라고 거짓을 고하였으니 나는 그들을 치죄(治罪)하여 후인들을 경계하려 한다."고 함으로써, 당시 술관들을 죄로 다스린 바 있다.

또한 1571년(선조 4년) 8월 정자각에 원인 모를 불이 났고, 1578년(선조 11년) 1월에는 다시 지은 정자각의 서까래 일부가 빠져나가는 변고가 생겨 당시 공역 책임자를 문책하는 일도 있었다.

그리고 인순왕후 장례일에 대해 기록상에 차이가 있음도 보인다. 『선조수정실록』에는 1575년(선조 8년) 4월 1일에 인순왕후의 상을 발인하여, 4월 28일 강릉에 부장하여 명종 곁에 장사 지낸 것으로 기록되어 있는데, 『선조실록』은 1575년(선조 8년) 5월 미상일에 강릉에 합장했다고 기록하고 있다.

이같이 장례일이 다른 것에 대해 왕실에서도 의문이 있었던 듯 180년 가까이 지난 1753년(영조 29년) 2월 영조는 비석을 세우면서 "강릉왕후(康陵王后 : 인순왕후

---

115) 건산(乾山) : 풍수서『지리신법(胡舜臣)』제15장 주산론(主山論)에서는 건산(乾山)이란 백호는 있으나 청룡이 없기를 바라는 산(欲有虎無龍者 乾山)을 말한다.

를 일컬음)의 장월(葬月 : 장사 지낸 달)이 실록(實錄)과 보략(譜略 : 조선 왕실의 족보)이 서로 틀리니, 추측하여 고칠 수 없다. 비문에는 모년(某年)이라고 한 아래에다 하(夏) 자만 쓰라.”고 하교를 하기도 했다.

　정확한 장사 일자를 모르기에 비문에 '1575년 여름'이라고 쓰도록 한 것이다.

　장사 일자가 서로 다른 것은 수정실록을 따른다 하더라도, 국장에서 발인일과 장사일은 보통 7일 이내인 것이 상례인데, 이 경우는 무려 27일이 되는 것에 대해 사유가 기록에 보이지 않아, 인순왕후의 장례 일정에 대해서는 애매한 것이 있다.

　한편, 효릉 편에서 잠시 언급했지만, 효릉의 인성왕후 능에는 봉분에 병풍석이 없는데, 강릉의 인순왕후 능에는 병풍석이 설치되어 있다. 비슷한 시기에 승하하여 조성하였음에도 능에 설치된 의물(儀物)의 규모에 차이가 있는 것은 어떤 이유에서일까? 실록이나 의궤에 특별한 기록이 존재하지 않아 차별의 사유를 밝히기 어려우나 굳이 사유를 유추해 본다면, 승하한 시기가 인순왕후(1575년, 선조 8년)와 인성왕후(1578년, 선조 11년)는 3년의 차이뿐이다. 그리고 인종비 인성왕후의 효릉 장사 시기는 1578년(선조 11년) 2월이다. 선조는 그해 10월 효릉을 전반적으로 개수하면서, 인종의 봉분에는 병풍석을 설치하고 인성왕후의 봉분에는 설치하지 않았다. 따라서 당시 능 조성의 형식과 상례의 차이로 볼 수는 없다. 다만 선조는 명종과 인순왕후의 후사가 되어 즉위했으므로, 왕통으로 보면 인순왕후는 선조의 어머니가 된다. 이것이 인성왕후와 인순왕후와 차이점으로서 비교되는 것이 아닐까?라는 추론도 가능할 것으로 본다.

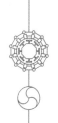

사실상 유일한 동원삼강릉

목릉(穆陵, 선조, 원비 의인왕후, 계비 인목왕후)

목릉(穆陵)은 조선조 제14대 임금 선조(宣祖, 1552~1608)와 원비(元妃) 의인왕후
(懿仁王后, 1555~1600) 박씨, 계비 인목왕후(仁穆王后, 1584~1632) 김씨의 능이다.

같은 능역에 왕과 2명의 왕비가 동원이강릉(同原異岡陵)의 형식으로 조성된 유
일한 능이다. 어쩌면 각각 세 군데의 언덕에 조성되어 있어 동원삼강릉(同原三岡
陵)[116]이라 해야 옳을 듯하다.

능역은 정자각 왼쪽이 선조 능이고, 가운데가 의인왕후 능, 그리고 오른쪽 뒤가
인목왕후 능이다. 선조의 능은 지금의 경릉(景陵) 자리에서 천장되었다.

1600년 의인왕후가 승하하니 지금 장소에 장사하고 유릉(裕陵)이라 했다가
1608년 선조가 승하하면서 처음에는 건원릉 서쪽 다섯 번째 산줄기(현재의 경릉
자리)에 안장하고 목릉이라 했다. 그러다 그곳에 물기가 있어 불길하다는 상소에
따라 1630년(인조 8년) 유릉의 능역인 지금의 자리로 천장을 하면서 유릉을 폐하
고 능호를 함께 목릉이라 칭한 것이다.

1600년(선조 33년) 6월 27일 의인왕후 박씨가 황화방 별궁에서 승하했다. 이때
나이는 46세였다. 자녀는 없었다. 의인왕후는 선조의 원비로서 반성부원군 박응
순(朴應順)의 딸이다.

선조는 즉시 좌의정 이헌국(李憲國)을 총호사로 삼아 빈전·산릉·국장 도감의
제조를 정하고 승하한 왕후에 대한 장례를 꼼꼼히 챙겼다.

며칠 후 예조에서 복제(服制) 문제를 의논하고, 다음 날에는 관상감이 의인왕후
의 장지 선정 문제를 아뢰는데, "평시에는 국장(國葬)에 쓸 만한 산을 등급을 나누
어 치부해 두었는데, 난이 일어난 뒤 문적(文籍)이 유실되어 상고할 데가 없고, 다
만 두세 명 술관(術官)의 구전에 따라 지목된 일곱 군데를 등재하였습니다. 이를

---

116) 동원삼강릉(同原三岡陵) : 동원삼강릉은 능 형태 분류의 공식 용어가 아니므로, 동원이강릉(同原異
岡陵)으로 표기함이 옳다. 동원이강릉의 이강은 이강(二岡 : 두 개의 산등성이)이 아니고, 이강(異岡
: 다른 산등성이)이므로, 목릉 형식의 분류는 동원이강릉(同原異岡陵)이 타당하다. 그러나 세 산등
성이에 조성되어 있어 동원삼강릉(同原三岡陵)이란 표현을 할 수 있을 것 같아 필자 임의로 붙인 것
이다.

빠짐없이 왕심(往審 : 돌아보고 살펴봄)한 후에 결정할 수 있기 때문에 단자에 열거하여 아룁니다. 또 신들이 선왕의 능원(陵園) 화소(火巢)[117] 안에 쓸 만한 지산(枝山)이 들어 있다고 들었는데, 아울러 간심하는 것이 어떻겠습니까?" 하니 선조는 그리하도록 윤허하고, "상지관을 잘 선택해 데리고 가고, 조관(朝官 : 조정의 관리) 중에 지리를 아는 자가 있거든 같이 가라."고 했다.

강조해서 상지관을 대동하라고 했던 것을 보면, 선조 역시 풍수에 대한 커다란 신뢰와 관심이 있었기 때문이다.

7월 7일에는 국장도감이 대행왕비의 지석(誌石)에 대해 아뢰기를 "지석을 만들 돌을 충주에서 채석해야 하는데, 채석하는 공역이 극히 힘듭니다. 들자 하니 선릉(宣陵)을 개장할 때에 쓸 지석을 다듬다가 옛 지석이 온전하므로, 새 지석을 쓰지 않고 그대로 능 내에 묻어 두었다고 합니다. 만약 그것을 가져다가 쓰게 되면 약간의 어려움이나마 덜 수 있으니 가져다 쓰는 것이 좋겠습니다." 하니, 선조는 이를 윤허했다.

그랬다. 선릉(宣陵)을 비롯하여 정릉(靖陵) 등이 1592년(선조 25년) 임진왜란 때 왜적들로부터 파헤쳐지고, 광중이 불타는 등 끔찍한 변고를 당했다. 1593년(선조 26년) 선릉과 정릉을 개장하면서 사용할 의물 중 쓸 수 있는 것은 그대로 쓰고, 쓸 수 없는 것은 새로 만들었는데 그 당시 지석이 온전하므로 그대로 사용했던 것이다. 새로 만들거나 만들다 만 것들은 그대로 땅에 묻었는데 그것을 꺼내어 사용하겠다는 것이었다. 7월 11일에는 대행왕비의 시호는 의인(懿仁)으로 정하고, 능호는 유릉(裕陵)으로 정했다.

며칠 후 선조는 총호사 이헌국으로부터, '우리나라에 와 있는 명나라 군(軍) 소속의 섭정국(葉靖國)이라는 사람이 풍수에 밝다는데, 그 사람을 아는 재상으로 하여금 의인왕후의 능 자리를 잡아 줄 것을 요청하게 했으면 한다.'는 보고를 받는

---

117) 화소(火巢) : 산불을 막기 위해 능원이나 묘 등의 울타리 밖에 있는 풀과 나무를 불살라 버리는 곳을 뜻한다.

다. 즉시 선조는 해평부원군(海平府院君) 윤근수(尹根壽)가 그를 잘 알고 있으니, 같이 의논해 보라고 하교했다.

그리고 같은 날 윤근수로부터 길지가 있다면 섭정국과 함께 가서 살피고, 그 휘하에도 지리에 밝은 자가 있다니 함께 간심하고자 한다는 보고를 받는다. 아마도 선조는 섭정국이라는 자에 대해 이미 들은 바 있어, 자국의 풍수가 아닌 외국의 풍수를 통해 능지를 잡으려 했던 것 같다. 이것을 직접 언급하기보다는 총호사가 건의하고 본인이 수렴하는 형식을 통해 의인왕후의 능지와 함께 자연스럽게 자신의 수릉까지도 봐 두려는 생각이었던 것으로 보인다. 이는 임진왜란을 명나라의 도움으로 종식시켰기에, 명(明)의 풍수에 대한 신뢰가 더 컸기 때문이 아닌가 여겨진다.

1600년(선조 33년) 7월 21일에는 윤근수와 섭정국 일행이 고양, 안산, 두모포(지금의 서울 성동구 옥수동) 등 여러 곳을 간심하고, 논평한 산도(山圖 : 묏자리를 표시한 그림)와 글을 올리니, 선조는 총호사와 의논하겠다며 별다른 하교가 없었다.

같은 날 총호사 이헌국과 예조 판서 등이 다른 곳을 간심하고 돌아와 신평의 산도를 그려 올리니, 선조는 다른 자리는 모두 쓸 수가 없고, 포천에 있는 자리가 쓸 만한 것 같은데 파군(破軍)[118]이 어떠한가?라고 묻는 반면, 역시 이날 지관 이의신이 올린 글을 검토하면서, "내일 섭정국이 논한 것과 함께 같이 논의한 후 보고토록 하라."고 했다.

같은 날 능지와 관련하여 윤근수와 총호사 이헌국, 그리고 지관 이의신이 각각 보고한 것을 보면(또한 간심 장소가 일부 중복된 것을 보면) 세 사람에게 각각 하교하고 그 결과를 비교하려 했던 것으로 보인다. 이는 선조가 능지를 택함에 있어, 객관성을 가지고 길지를 정하고자 하는 것으로도 볼 수 있으나, 뒤집어 생각하면 신하들을 신뢰하지 못하는 행태가 아닌가 한다.

---

118) 파군(破軍) : 풍수 용어로서 파군성(破軍星)이라고도 하는데, 구성(九星) 가운데 일곱 번째 별을 말하는 것으로 이 방위에서는 모든 것이 불길하다고 한다.

다음 날 영의정 이항복, 좌의정 이헌국 등이 어제 이의신의 말과 섭정국이 말한 것에 대해 설명을 하면서, "신평에 두 혈, 즉 쌍분을 만들기에는 부족하나 다른 흙으로 보충하면 만들 수 있다고 합니다. 오른쪽의 작은 혈은 술관들이 모두 쓸 만하다는데, 이의신만 쓸 수가 없다고 합니다. 지금 대행대비께서 승하하신 지 오래 되었는데 아직 산릉을 정하지 못해 장례에 대한 모든 일을 조치 못하고 있으니 속히 결정하소서." 그러면서 "섭정국이 다녀온 고양과 안산 두 곳의 산세는 우리나라에서 쓰는 격국과 같지 않으니, 비록 극히 좋다 해도 경솔히 써서는 안 될 것입니다." 했다.

오히려 선조는 의인왕후의 능을 신평에 쓰고, 나중에 그 백호에 자신이 가고자 한다는 것을 피력한다. 그럼에도 모든 대신이 의견을 모아 "이의신이 백호에 묘를 쓰는 것을 꺼리니 조금이라도 흠결이 있으면 함부로 쓸 수 없을 것입니다." 하니, 아뢴 대로 하라고 한다. 선조는 신평의 백호에 뜻을 두었다가 갑자기 쓰지 않겠다고 한 것이다.

7월 25일 선조는 삼정승과 판서들이 공역이 진행 중인 포천의 신평을 다시 간심한 후 돌아와 아뢸 때도, "우측의 혈을 쓸 수가 없다고 하니 이 산은 쓰기 어렵다. 마침 이 기회에 나의 훗날 처소를 만들고 싶다. 만약 이곳을 쓸 수가 없다고 하면 며칠 길 밖이라도 또한 해롭지 않다."고 하며, 하룻길인 일백 리가 넘더라도 찾아보라는 것이었다. 그렇다면 신평에서 진행 중인 산릉 작업을 중지하라고 조치를 해야 함에도, 이에 대해서는 아무런 하교가 없었다.

계속하여 포천 신평의 능지에 대해서 거론되고 있는데, 능지로 누가 이곳을 간심했고, 어떻게 결정했으며, 언제부터 능역 공사를 진행했는지에 대해서는 명확한 자료를 찾지 못해 설명하기가 어렵지만, 이때는 이미 산역 공사가 상당히 진행 중이었다. 능지가 확정되지 않은 상태에서 능지의 공역이 이루어지고 있는 이해 못할 일들이 벌어지고 있는 것이었다.

그러면서 다시 한 달이 흘렀다. 그러던 차에 전 참봉 박자우(朴子羽)가 풍수 논리를 앞세워 지금 신평의 산릉지에 대해서 "청룡이 밖으로 달아나 가장 불길합니다. 서인(庶人)도 쓸 수 없습니다."는 내용의 상소를 보며 솔깃해진 선조는 박자우의 풍수 수준을 묻기도 했다.

벌써 석 달이 되도록 능지를 결정하지 못하고 9월에 접어들었는데도, 선조는 비망기로 윤근수에게 섭정국을 다시 만나 능지를 찾아 줄 것을 간절히 원한다고 전하라는 등 섭정국에게만 매달렸다.

포천 신평의 인산(因山 : 왕이나 왕비를 비롯한 왕세자 등의 장례를 지내는 것) 공역은 반도 더 진행됐는데 능지를 확정치 못하고 있으니 정승들과 총호사가 답답하여, 그곳이 아니라면 빨리 바꾸어 잡자고 해도 선조는 "경솔하게 다른 곳으로 정할 수는 없다. 내일 경들이 섭정국에 가서 살펴 줄 것을 간청해 보라."고 할 뿐이다. 지속적으로 총호사와 관상감 예조 판서 등이 신평으로 하든지 아니면 빨리 다른 곳으로 정하자고 간청해도 "간심하는 일로 사람들이 나갔으니 그들이 돌아온 다음에 결정하겠다." 하며 역시 뒤로 미룬다. 섭정국을 신평에 보냈기 때문이다.

1600년(선조 33년) 9월 8일 윤근수가 "신들이 어제 섭정국에게 신평을 보여 줬더니, 이 자리는 해좌사향(亥坐巳向)으로 비록 부귀는 하겠지만 오래가지는 못하겠다고 했습니다. 반면 섭정국이 술관들과 의논하는 과정에서 좌향을 놓고 서로 주장하다가, 섭정국이 박자우를 때리기까지 했다 합니다." 하고 아뢰니, 선조는 삼공과 원임 대신들을 부르라 하면서, 박자우를 잡아 가두라고 했다. 점입가경(漸入佳境)이었다.

이렇게 국상이 난 지 3개월이 넘었는데도 능지를 못 정한 총호사 이헌국은 책임을 느껴 사직을 청한다. 물론 받아들이지 않았다.

다음 날 총호사가 "신평은 섭정국도 금년에는 년극(年克)[119]이 되어 쓸 수가 없다고 했습니다. 하루가 급합니다. 빨리 결정해 주소서." 해도, 선조는 명확한 하교를 내리지 않는다. 옛 현철(賢哲)은 '천문(天文)은 오히려 쉽거니와 시리(地理)는 정말 어렵다.' 고 일렀는데 정말 어렵긴 어려운가 보다.

---

119) 년극(年克) : 장례를 지낼 때 산운(山運)과 장사를 지내는 망자의 출생 년도와 자손들의 출생 기운 등을 따져 흉함이 있는 경우를 뜻한다.

그리고 또 며칠이 지난 9월 14일에는 선조가 상상도 못할 충격적인 지시를 내린다.

"기내(畿內 : 경기도 지방을 말함) 동서쪽 하룻길에 사대부 집안의 유명한 묘가 반드시 있을 것이다. 술관에게 물어 하나하나 빠짐없이 살피도록 하라."는 것이었다. 게다가 좋은 묏자리는 숨길 우려도 있으니 뒷날 드러날 경우 중죄로 다스리겠다며 협박도 했다.

그래서 살펴본 곳이 고양, 부평, 양천, 광주 등지에 위치한 신하들 집안 묘산까지 검토하기도 했고, 다시 교하현 저현산(猪峴山)과 중종반정 공신인 박원종(朴元宗)의 묘산까지 살폈다. 이는 필요하다면 신하들의 묏자리를 빼앗고 파헤치겠다는 뜻인데, 차마 못할 일이 아닌가.

또 선조는 다른 중국의 술관인 이문통(李文通)에게는 각별하게 후대하라고 명한다.

대신들이 하루빨리 능지 결정을 해달라고 요구해도 결론을 내지 않고 있으면서, 줄곧 중국 술관에게만 의존하고 있었다. 그리고 박원종의 묘산을 쓸 것인지 안 쓸 것인지 이문통에게 살펴보도록 하라고 한다. 도대체 선조의 결정을 못하고 중구난방식(衆口難防式) 지시는 언제까지일지, 국장 관계자뿐만 아니라 조정의 모든 관료는 안절부절했다. 사헌부까지 나서서 능지 결정을 빨리 해야 한다고 했지만 소용없었다.

이렇게 포천 신평의 산릉역사가 상당히 진척이 되었는데도, 길지라는 확신이 없는 선조는 역사(役事) 중지 명령을 하지 않은 채 계속 다른 능지를 찾고 있었다.

국상이 난 지 5달이 되어도 아직 능지를 정하지도 못한 상태에서 어느덧 11월이 되었다. 1600년(선조 33년) 11월 9일과 11월 13일 계속해서 영의정 이항복을 비롯한 삼정승이 건원릉을 다녀와서 아뢰는데, '건원릉의 새로운 자리는 사면이 깊숙하고 안산이 조현(朝見 : 신하가 조정에 나가 임금을 뵘)하듯 빙 둘러 있고, 좌청룡 우백호가 감싸 주어 사방 공허한 데가 없으니 참으로 하늘이 만들어 준 자리입니다. 전하는 말로는 태조 때 신승(神僧) 무학이 건원릉을 잡으면서 '대대로 쓸 수 있다.'고 하였습니다. 건원릉의 두 번째 산등성이도 좋으나 세 번째, 네 번째 산등성이를 택하면 산형(山形), 좌향(坐向), 수파(水破)[120]가 모두 같고 택일에도 변경이 없으므로 좋고, 두 번째 산등성이는 뒷날에 계책으로 삼으면 좋을 뿐 아니라, 네 번째 산등성이는 자좌오향(子坐午向)인데 년운이 안 맞아 금년에는 쓸 수가 없고, 세 번째 산등성이는 임좌병향(壬坐丙向)으로 구애됨이 없습니다.'라는 것이었다.

아뢰는 내용을 말없이 듣고 있던 선조는 무슨 이유에서인지 "알았으니 아뢴 대로 하라."고 한다. 다섯 달이나 질질 끌어오던 의인왕후의 능지가 건원릉의 왼쪽 세 번째 산등성이로 갑자기 결정이 된다. 그 어렵던 결정이 의외로 쉽게 마무리된 것이다. 이는 매번 선택을 해야 하는 상황에서 결정을 못하고 망설이던 선조의 또 다른 모습이다.

이리하여 진행되던 포천의 산릉역사는 허사가 되고, 중국 술관에게 의뢰하던 여러 과정도 다 무위가 되었다. 수족과 같은 신하들의 묘소까지 파헤치려 했던 게 중지된 것은 다행이지만 말이다.

의인왕후가 승하한 것이 1600년 6월 27일이고, 능지가 결정된 것이 11월 13일이다. 『국조오례의』에 의하면 왕과 왕비는 5개월 안에 장사를 지내야 하는데 능지를 잡는 데만 5개월이 걸린 것이다.

이렇게 포천 신평에 조성하던 산릉역사를 중지하고, 건원릉 동쪽 세 번째 산줄기 임좌병향(壬坐丙向 : 정남에서 동쪽으로 15°)에 의인왕후의 능지가 다시 조성되기 시작했다. 하던 공사도 멈춰야 할 동지섣달에 공사를 시행한 것이니 역사에 동원된 백성의 고초는 또 얼마나 컸겠는가?

1600년(선조 33년) 12월 21일이 되어서야 발인을 하고 영가가 산릉을 향했다. 다음 날인 12월 22일 묘시(卯時 : 오전 6시경)에 하현궁하여 의인왕후의 장사를 마치고, 능호를 유릉(裕陵)이라 했다.

그런데 장례 직전 3시간 전에 의인왕후의 재궁을 안치해 놓은 영악전 바로 옆

---

120) 수파(水破) : 풍수 용어로서 묘소의 앞으로 흐르는 물을 말하는 것으로, 호순신(胡舜申)의 『지리신법(地理新法)』에서 물이 길방(吉方)에서 흉방(凶方)으로 흐르면 길하고, 흉방에서 길방으로 흐르면 흉하다는 것이다.

목릉 전경(선조, 의인왕후 능)

시중드는 나인들의 처소에서 불이 나서, 영악전까지 모두 소실이 되는 변고가 있었다.

다행히 재궁과 애책 등 기물들은 겨우 꺼내서 위안제를 지낸 후 가까스로 정해진 시간인 묘시에 장사를 마칠 수가 있었다. 불을 낸 나인들은 모조리 하옥을 당하는 일이 벌어졌다.

국모의 장례를 위해 지성을 다해야 하는 것은 당연하지만, 결과적으로 선조의 섣부른 풍수 상식과 신료들을 못 믿는 불신과 우유부단함 때문에 의인왕후는 승하한 지 무려 6개월 만에야 안장된다.

여기서 한 가지 짚어 볼 것이 있다. 명나라에서는 임진왜란 때 병력과 함께 풍수 전문가인 술관도 함께 파병했다. 실록에 나오는 소위 섭정국(葉靖國)이나 이문통(李文通)과 같은 사람이 바로 그들이다. 술관을 군대와 함께 보내는 데는 여러 이유가 있겠지만, 이유 중 하나가 전장에서 유리한 진지(陣地) 확보와 주둔 부대 막사나 지휘관들 처소 위치를 정하는 것이었다. 지리적으로 유리하고 적의 공격에 쉽게 방어할 수 있는 지역에 부대의 위치 등을 정하고, 적진을 공격할 때 지리적 이점을 찾는 역할이라는 것이 학자들의 공통된 견해다.

그들은 명나라 군(軍) 소속이면서 풍수지리에 아주 밝은 술관으로 알려졌으나, 과연 그들이 풍수에 폭넓은 조예가 있었는가는 의문이다. 풍수라는 것이 자연과 주변 지리 환경의 이치를 판단하는 것이 기본이고, 지리를 토대로 한 학문이기 때문에 중국 풍수와 조선의 풍수가 다르지 않을 것임에도, 이들은 조선의 술관이 보는 관점과 아주 다른 판단을 하고 있었다.

과연 이들은 조선에 이롭게 판단을 했을 것인가? 섣부른 생각일지는 모르지만 그렇게 보여지지 않는다. 이항복 등이 지적했던 것처럼 길가의 얕은 지역이나, 집 뒤에 조그만 동산을 좋은 곳이라고 했던 것만 보더라도 짐작이 되기 때문이다.

옛부터 중국은 교묘한 방법으로 자기들이 사용하는 풍수 논리와는 전혀 다른 역풍수 논리를 전파하거나, 풍수상 좋지 않은 곳에 적용케 함으로써, 주변국의 융성을 차단하려 했던 소위 『멸만경(滅蠻經)』[121]이 있었다는 말이 전해 온다.

심지어 전 행부호군 정구(鄭逑)는 왕후의 능지 선정이 자꾸 늦어지자, 1600년(선조 33년) 9월 4일 상소를 올린다. 물망에 오르는 능지마다 선조는 호순신(胡舜臣)의 『지리신법(地理新法)』에 맞는지의 여부를 따지기 때문에, 능지 택정이 늦는다고 판단해서다. 상소에서 "지리서 중에서 호순신과 오행서(五行書) 등은 '멸만경'이라고 하여, 이로 인해 만이족(蠻夷族 : 중국의 주변국)에게 멸망이 있었다고 한다." 하며, 호순신의 『지리신법』을 '멸만경'이라고 한 바 있다. 상지관이던 박상의(朴尙義)도 『지리신법』은 대표적 '멸만경'이라고 하며 책이 진위와 가치를 부정한

---

121) 『멸만경(滅蠻經)』 : 글자 그대로 오랑캐를 멸망시킨다는 경전이라는 뜻이다. 중국에서 소위 주변국을 지배하고, 멸망시킨다는 풍수 이론으로, 조선을 비롯한 주변국에서 훌륭한 인물 배출을 막을 목적으로 만들었다는 책이다. 풍수적으로 중국에서 좋은 곳은 나쁜 곳으로, 나쁜 곳은 좋은 곳이라 하여 주변국을 지배하려는 목적에서 만든 오도된 풍수서를 지칭하는 것으로 알려지고 있다.

바 있다.

그렇다면 호순신의 『지리신법』은 과연 '멸만경'인가? 누군들 섣불리 판단할 수 있겠냐마는, 인조 때 영의정을 지낸 상촌 신흠(申欽)은 상촌고(象村稿)에서 '우리나라는 지리에 대해 오로지 호순신의 법만 사용하고 있다.'고 기록하고 있다.

이렇듯 『지리신법』에 대한 평가는 각기 다를 뿐 아니라, 조선조에서는 지리 관련 고시 과목에 포함되어 있었던 적도 있었다.

한편 섭정국이나 이문통 등 중국의 풍수라는 사람들은 자국 군대 막사 위치를 정하는 정도의 사람일 뿐, 월등한 관찰력과 실력을 갖췄는지 여부도 입증되지 않았다. 그러나 선조는 중국 풍수라고 하여 과대평가를 했다. 이들이 과연 조선의 능지를 택정하면서 좋은 곳을 택지할 것이라고는 생각되지 않는다.

이는 이항복의 보고에서 여실히 나타난다. 1600년(선조 33년) 10월 9일 이항복은 "이문통의 법은 옛 법식을 따르지도 않고, 보통 쓰는 예들도 쓰지 않았는데, 그가 칭찬해 말하는 것은 모두 보통 사람의 평범한 식견으로는 능히 헤아리지 못할 것들입니다. 우리나라에도 전부터 준수하여 쓰던 정해진 법식이 있는데, 이제 우리나라의 법식을 가지고 본다면 혈도(穴道)가 바르지 못한 데다가 한쪽으로 치우친 지맥(支脈)이 경사져 내린 곳일 뿐입니다."라며, 중국 풍수들의 상지(相地)를 믿지 못하겠다는 것이었다. 그럼에도 선조는 특히 이들을 무척이나 신뢰하고, 심지어는 이들에게 경복궁 터도 다시 보게 하거나, 천도까지 꿈꾸면서 국도(國都)도 잡으려 할 만큼 그들에게 빠져 있었다. 결국 그들의 의견들이 채택되지 않은 것은 조선에 큰 다행이 아닐 수 없다 하겠다.

1601년(선조 34년) 4월 3일 『선조실록』에서 사신은 섭정국의 행적 등을 규탄한다. '성상이 풍수설을 믿게 되자 박자우, 조정지 같은 요망한 무리들이 일어났고, 섭정국과 이문통의 괴이한 담론으로 장사(葬事)가 지연됐다. 섭정국은 일개 편졸(編卒 : 낮은 병사)에 불과하다.'고 논하고 있다.

다시 8년이 지난 1608년(광해 즉위년) 2월 1일 선조가 정릉동 행궁에서 승하했다. 명종의 이복동생인 덕흥대원군의 셋째 아들로서, 1567년 명종의 뒤를 이어 왕위를 승계한 선조는 40년 7개월간 재위하다 승하했다. 이때 나이는 57세이다. 자손은 중전과 6명의 후궁에게서 14남 11녀를 두었다.

인목왕후는 즉시 세자(광해군)에게 어보(御寶 : 국권을 상징하는 임금의 도장)와 계자(啓字 : 임금의 재가를 받은 서류에 찍는 계자(啓字)가 새겨진 도장)를 전하여 제반 일을 살피게 하면서, 총호사로 좌의정 허욱(許頊)을 임명하여 국장을 총괄하게 했다(도중에 총호사는 기자헌으로 바뀌었다가 다시 이항복이 총호사를 맡게 됨). 그리고 다음 날 2월 2일 광해군이 정릉동 행궁에서 즉위했다.

곧바로 능지 선정을 위한 간심을 하도록 하니, 1608년 2월 9일 총호사 허욱(許頊), 관상감 제조 김제남(金悌男), 예조 판서 박홍로(朴弘老) 등이 장지에 대해 아뢰기를, "신들이 지리학관(地理學官)을 데리고 가서 건원릉(健元陵) 안의 오른쪽의 다섯 번째 산등성이를 살펴보았습니다. 다섯 번째 산등성이는 주산(主山)을 이룬 형세가 꾸불꾸불 멀리 뻗어 나가다가 갑자기 우뚝 치솟아 봉우리를 이루었으며, 양쪽 곁이 널찍하고 명당(明堂)이 탁 트여서 보기에도 마음에 흡족하였습니다. 신들은 지리(地理)의 내용에 대해 잘 모르는데 단지 술관의 소견에만 따를 수 없으므로, 다른 대신들과 조신(朝臣)들 가운데 지리를 잘 아는 사람과 함께 협동하여, 다시 간심한 다음 결정하게 하는 것이 어떻겠습니까?" 하니, 광해는 아뢴 대로 하라고 답하였다.

2월 22일에는 예조에서도 장지에 대해 아뢰기를 "다섯 번째 산등성이는 형세가 좋을 뿐만이 아니라 풍수설로도 또한 꺼리는 것이 없으니, 써도 무방하겠습니다." 하니, 윤허한다고 전교하였다. 이리하여 건원릉의 오른쪽 다섯 번째 산등성이가 선조의 능지로 결정된 것이다.

이렇게 광해군이 다섯 번째 산등성이를 능지로 윤허한 것은, 며칠 전 대왕대비(인목왕후)가 "기박한 운명의 사생(死生)이 조석을 기약하기 어려우니, 대행대왕의 원릉을 정한 곳에 나의 장지도 아울러 정했으면 좋겠다."는 비망기가 있었고, 또 다섯 번째 산등성이가 흠결이 없으니 한 언덕에 쌍분을 할 곳을 정하면 좋겠다고 한 것에 영향이 있었던 것으로 보인다. 이리하여 다섯 번째 산등성이에 선조의 능역 공사가 시작되었다.

이렇게 20여 일이 지났는데 갑자기 총호사 기자헌(奇自獻)이 아뢰기를 "당(唐)나라 지리서에 금산(金山)에 목생인(木生人)을 장사 지내면 자손이 9년 안에 병을 얻어 죽게 된다."고 했다며, 산릉의 정혈이 금방(金方)이고 대행왕이 목(木)에 속해 다른 곳으로 능지를 정해야 한다는 것이었다. 이에 광해군이 아뢴 대로 하라고 하면서 능지 문제는 다시 원점으로 돌아갔다.

그러던 차에 수원에 최고의 능지가 있다 하여 그곳으로 결정됐다가 다시 이론이 일자, 3월 29일 광해는 "수원에 새로 점지한 자리는 비록 제일 좋은 자리라고는 하지만 멀고, 산성(山城)을 헐어서 철거하고 백성들이 사는 집을 옮겨 내보내야 하니 폐단 또한 적지 않다. 따라서 건원릉 안의 다섯 번째 산등성이나 임영대군(臨瀛大君)의 묘산(墓山) 가운데서 사용하는 것이 어떨까 한다."고 했다.

이에 대해 4월 1일 예조에서 "대신들과 의논하니 임영대군(臨瀛大君)의 묘산은 풍수설에는 어떠한지 모르겠으나, 좁아서 사대부의 장지(葬地)로는 가능하나 능침(陵寢)으로 쓰기에는 합당하지 않다고 합니다. 또 대행대왕께서 한강 너머는 쓰고 싶지 않다는 분부가 있었다 하니, 이도 따르지 않을 수 없습니다. 마땅히 고려하여 버리거나 취하거나 할 곳은 수원과 다섯 번째 산등성이뿐입니다." 하니, 광해군은 의논대로 하라 했다.

이리하여 1608년(광해 즉위년) 4월 1일 최종적으로 건원릉 다섯 번째 산등성이로 결정하여, 중지되었던 산릉 조성 작업은 다시 시작되었다.

사실 선조는 의인왕후 바로 옆으로 가고 싶어 유릉 조성 시 수릉을 생각한 바 있으나 광해군은 그리 결정하지 않은 것이다.

한편 선조의 묘호와 관련하여 2월 8일 빈청에서 대신들이 아뢰기를, "신들의 의견은 모두 대행대왕의 묘호(廟號)를 '대행대왕께서는 나라를 빛내고 난(亂)을 다스린 전고에 없던 큰 공렬이 있으니, 진실로 조(祖)라고 일컫는 것이 마땅하다.'고 하였습니다. 예로부터 제왕이 공을 세운 경우에는 조(祖)라고 일컫고, 덕(德)이 있는 경우에는 종(宗)이라고 일컫는 뜻이 이 때문인 것입니다. 지금 묘호를 조(祖)라고 일컫는 것이 온당할 것 같습니다. 감히 여쭙니다." 하니, 광해는 "나의 뜻도 이와 같으니 아뢴 내용대로 조(祖)라고 일컫는 것이 매우 온당하겠다." 하였다.

그러나 그다음 날 정언 이사경(李士慶)이 와서, "대행대왕께서는 중흥하신 공렬이 우뚝하게 고금에 뛰어났으나, 묘호에 조(祖)를 일컫는 것은 후세에 의논을 야기시키게 될까 우려스럽습니다. 대신(大臣)으로 하여금 고사(故事)를 널리 조사하여 상의해서 시행하게 하소서." 하니 2월 14일 광해는 "효도는 어버이를 드러내는 것보다 더 큰 것이 없다. 대행왕께서는 나라를 빛내고 하늘에 닿을 큰 공이 있으니, 조호(祖號)를 일컫는 것이 진실로 불가할 것이 없다."는 비망기를 내렸다.

그럼에도 불구하고 며칠 후 예조에서 다시 묘호에 대해 빈청에서 논의한 결과를 아뢰는데, "조(祖)로 일컫는 일에 대해 대신들과 의논하니, 이산해는 '부자(父子)가 대를 이었을 경우에는 으레 조(祖)라고 일컫지 않고 종(宗)이라고 일컬었으니 조라는 호칭을 더하는 것은 삼가 미안스러울 것 같다.' 했고, 이원익과 이덕형 등은 '종(宗)으로 일컫는 것이 의당하다.' 했으며, 이항복은 '종(宗)이 조(祖)보다 낮고 조가 종보다 높다는 뜻이 아니라는 것이 의견이다.' 했고, 기자헌, 심희수, 허욱도 또한 '조(祖)라고 일컫는 것은 온당하지 않다.'고 했습니다." 하니, 광해는 알았다고만 했다.

그리고 다시 2월 23일 예조에서 대행대왕의 묘호를 종(宗)이라 하는 것이 의당하다고 아뢰니 광해가 이를 윤허하므로, 2월 25일 대행대왕의 휘호(徽號)를 올리면서 묘호는 선종(宣宗)이라고 하고, 능호는 숙릉(肅陵)이라고 하였다. 그리고 석달 후에 능호는 숙릉(肅陵)에서 목릉(穆陵)으로 고쳤다.

그리고 그 후 8년이 지난 1616년(광해 8년) 7월 12일 광해는 선조의 묘호를 올릴 것을 의논하라고 전교하면서, 그해 8월 4일 결국 묘호는 선종(宣宗)에서 선조(宣祖)로 바뀌게 된다. 그 명분은 유개종계각왜구양대공(有改宗系却倭寇兩大功)이라 하여, 종계(宗系)[122]를 바꿔 고치고, 왜구를 물리친 두 가지 큰 공이 있다는 것이었다. 종계를 고쳤다는 것은 혹 명분이 될 수 있다고 하더라도 왜구를 물리쳤다는

---

122) 종계(宗系) : 종계변무(宗系辨誣)를 줄인 말이다. 왕실 가문에 대한 잘못된 기록을 바로잡는다는 뜻으로, 조선 개국 초부터 선조 때까지 약 200여 년간 명나라의 잘못된 기록인 태조 이성계의 종계(이성계가 이인임의 아들로 기록됨)를 고쳐 줄 것을 건의하여 정정되게 한 것을 이른다.

것에 대해서는 쉽게 수긍이 가지 않는 부분이 있다. 이 논리는 임진왜란의 승패를 말할 때 비록 전국이 폐허가 되었고 명나라의 도움을 받기는 했지만, 일본의 침략을 몰아냈기에 결국 우리가 승리한 전쟁이라는 것이다.

1608년 6월 11일 선조의 재궁(梓宮)이 발인되어 영가는 신시(申時 : 오후 4시경)에 능소의 영악전(靈幄殿)에 도착한다. 다음 날인 6월 12일 사시(巳時 : 오전 10시경)에 건원릉 서쪽 다섯째 산등성이에 하현궁하면서 장례를 마쳤다.

그런데 장사를 지낸 지 두 달이 지나지 않아 장마에 목릉이 훼손되었다는 소문과 당시 산릉 조성 담당자의 처벌을 주장하는 탄핵 상소가 빗발쳤다. 8월 17일에는 총호사였던 좌의정 이항복이 스스로 죄를 청했으나 임금은 만류했고, 다음 날부터 일부 석공과 토공을 동원하여 보수하는 공역이 시작됐다.

그랬음에도 불구하고 그로부터 넉 달이 지난 그해 겨울 1월 다시 능 위의 병풍석이 밀려나고, 파손된 곳이 많이 생겼다는 보고가 있자 임금은 서둘러 수리할 것을 예조에 일렀다. 이틀 후 사간원과 사헌부에서 목릉을 봉심하고, 능 위의 병풍석이 부러지고 혼유석과 농대석이 모두 밀려났으며, 정자각에는 비가 새고 월대의 벽돌도 파손되었음을 보고하며, 그 일을 담당했던 관원들을 처벌하라고 청한다. 이에 광해는 당시의 낭청, 검역관, 장인의 우두머리들을 잡아다 추고하라고 전교했다. 그리고 다음 날에는 산릉 제조였던 사람들이 파직되었다.

1624년(인조 2년) 8월 16일에도 도감을 설치하여 목릉의 석물을 고치려다가 틈이 벌어진 곳이 너무 많고 심해 헐고 고치는 역사가 엄청나므로, 근본 방안 모색을 위해 역사를 뒤로 미룬 적이 있었다. 그 이듬해 3월에는 호우로 다시 목릉이 훼손되자 사관을 보내 봉심하고 목릉의 능참봉을 능 관리를 잘못했다 하여 국문하기도 했다.

그 후에도 계속하여 능에 변고가 생기던 차에 1630년(인조 8년) 2월 4일 원주목사 심명세(沈命世)가 목릉의 천장을 상소한다. "신이 삼가 영릉(英陵)의 장지를 상고해 보건대 처음에는 광주의 대모산(大母山) 아래에 있다가 그 뒤에 여주로 옮겼습니다. 전해 오는 소문에 의하면, 처음 영릉에 장례를 지낸 뒤 문묘(文廟 : 문종)의 재위가 짧았고, 노산(魯山 : 단종)이 양위(讓位)하였으며, 6명의 대군들이 잇따라 일찍 죽는가 하면, 덕종(德宗) 또한 오래 살지 못하였으므로, 당시에 모두들 대모산의 능이 불길하다고 탓하였기 때문에 마침내 개장하여 여주로 옮겼는데, 여주는 풍수학상으로 국가의 능묘 중 첫 번째로 일컬어지는 곳입니다. 이것이 어찌 조종의 깊고 먼 계획이 아니겠으며 나라의 운세가 영원히 힘입을 복록이 아니겠습니까? 아마 땅에 묻히신 선왕의 체백도, 하늘에 계신 영혼도 전하에게 기대하는 바가 없지 않으실 것입니다."라고 상소하니, 인조는 이에 목릉을 옮기기로 내심 정했다. 며칠 후 우의정 이정구를 보내 목릉 안의 여러 언덕을 살피도록 했고, 천릉도감을 설치하여 좌의정 김류(金瑬)를 총호사로 삼았다. 여러 논의 끝에 대신들이 건원릉 왼쪽 둘째 능선이 길한 자리라 아뢰니 "그렇다면 둘째 능선으로 정해라." 하고 천릉의 위치가 결정됐다. 이날이 1630년(인조 8년) 5월 4일이었다.

그 후 각 도감에서 구체적인 진행을 하면서, 드디어 1630년(인조 8년) 11월 4일 목릉을 계릉(啓陵 : 왕릉을 옮기기 위해 능의 봉분을 파헤치고 광중을 여는 것)하면서 재궁을 모셔 내어 영악전에 봉안하고, 11월 21일 건원릉 동쪽 둘째 산줄기 임좌병향(壬坐丙向 : 정남에서 동쪽으로 15°)에 하현궁하므로 천릉을 마쳤다. 의인왕후 능침에서는 서측 언덕이다.

선조의 계비 인목왕후는 1632년(인조 10년) 6월 28일 인경궁(仁慶宮) 흠명전(欽明殿)에서 승하했다. 이때 나이는 49세였다.

인목왕후는 연흥부원군 김제남의 딸로서 1602년(선조 35년) 19세에 왕비로 책봉되어 자녀는 1남 1녀를 두었다. 1606년에 영창대군(永昌大君)을 낳았는데 이때 선조의 나이는 55세였다. 2년 후 선조가 승하하고 광해군이 즉위하면서 유일한 적자인 영창대군을 옹립하려 했다 하여, 광해는 왕후의 아버지 김제남(金悌男)을 사사하면서 영창대군(永昌大君)마저 죽이고, 인목왕후를 서궁(西宮)[123]에 유폐(幽閉

---

123) 서궁(西宮) : 여기에서의 서궁(西宮)은 장소 개념으로, 선조 때는 정릉동 행궁으로도 불리었고, 광해군 때는 경운궁(慶運宮)이라고 하였다. 1907년에 덕수궁으로 바뀌었다. 서궁(西宮)의 또 다른 의미는 임금의 후궁에게 궁호를 내렸는데, 광해군이 불효스럽게도 인목왕후의 위호를 없애고 서궁(西

인목왕후 능

: 아주 깊숙이 가두어 두는 것)하였으나 인조반정으로 다시 복위된 비극의 여인이다.

1632년(인조 10년) 7월 7일에는 대행대왕대비의 시호를 인목(仁穆)이라 하고, 능호는 혜릉(惠陵)이라 했다.

며칠 후 7월 10일에는 관상감 제조 장유(張維), 예조 참판 윤흔(尹昕) 등이 여러 술관(術官)들과 더불어 건원릉의 여러 산릉 자리를 살펴보고 돌아와 아뢰기를, "본릉 좌우에 각각 다섯 개의 산등성이가 있는데, 왼쪽 두 번째 산등성이는 목릉(穆陵)이고 세 번째 산등성이는 유릉(裕陵)입니다. 첫 번째 산등성이 및 다섯 번째 산등성이가 쓸 만한데, 첫 번째 것이 다섯 번째 것보다 낫다고 합니다." 하니, 인조는 "첫 번째 산등성이에다 정하라." 하였다. 그런데 예조 판서 최명길이 "첫 번째 산등성이가 참으로 쓸 만한 땅이 되지만, 두 능의 사이에 끼어 있어 건원릉에 있어서는 내청룡(內靑龍)이 되고 목릉에 있어서는 내백호(內白虎)가 됩니다. 유릉(裕陵)을 장사 지낼 때에 선조(宣祖)께서 첫 번째의 산등성이를 놔두고 세번째

宮)으로 낮추어 불렀으므로, 인목왕후를 지칭하기도 한다.

산등성이를 이용한 것은 위차(位次)[124]가 순조로움을 취한 것입니다. 다섯 번째 산등성이는 실로 유릉 왼쪽에 있고 목릉(穆陵)에 있어서도 그다지 멀지 아니하여, 꺼리는 것이 없고 위차도 순조로우니, 더 조심스럽게 살피지 아니할 수 없습니다." 하니, 인조가 "어제 산릉을 살펴보고 올린 계사 중에서 첫 번째 산등성이를 좋다고 하였기 때문에 거기에다 정하였는데, 지금 다시 생각해 보니 위차가 순조롭지 못하다." 하였다. 이에 총호사 이정귀(李廷龜)로 하여금 가서 다섯 번째 산등성이를 살펴보도록 하였는데, 모두들 형국이 몹시 아름답다고 하여 마침내 다섯 번째 산등성이로 정하였다.

그리고 며칠 후 산릉 작업의 파토(破土)는 7월 24일 사시(巳時 : 오전 10시경), 발인은 10월 4일 계시(癸時 : 오전 1시경), 하현궁은 6일 묘시(卯時 : 오전 6시경)에 하는 것으로 결정하면서, 계획 일정에 따라 인목왕후는 1632년(인조 10년) 10월 6일 목릉의 동쪽 산등성이 갑좌경향(甲坐庚向 : 정서에서 남쪽으로 15°)에 장사 지냈다.

1608년 선조가 승하하고 능지를 정할 때, 인목왕후는 광해군에게 "대행대왕의 능지에 나의 장지도 아울러 정했으면 좋겠다."고 하며 합장을 요청한 바 있으나, 함께 하지는 못하고 건너편에서 선조를 바라볼 뿐이다.

그러면서 1632년(인조 10년) 7월 7일 삼릉(三陵 : 목릉-선조, 유릉-의인왕후, 혜릉-인목왕후)이 모두 목릉 영역 안에 있어서 삼릉을 통틀어 목릉이라 했다. 그러나 1635년(인조 13년) 3월 실록에 '벼락과 비바람이 몰아치고, 두 능 사이에 불빛이 치솟더니 목릉과 혜릉이 무너졌다.'는 기록을 보면, 1632년에 즉시 능호를 통합하기는 했지만 삼릉이 모두 목릉으로 불린 것은 한참 뒤인 시기로 여겨진다.

또한 인목왕후도 같은 정자각에서 봉사를 받고 있지만, 정자각에서 제향을 봉행할 때 위치상 능의 역방향이 되는 것이 안타깝다. 적어도 인목왕후의 능만큼은 위치와 거리로 보아 따로 능호와 정자각을 두는 것이 합낭했을 것 같다.

---

124) 위차(位次) : 자리나 계급 따위에서 차례를 말하는 것으로 묘를 쓸 때는 우상좌하(右上左下)의 원칙이라 하여 높은 사람이 우측, 낮은 사람이 좌측, 남녀에서는 남자를 우측, 여자를 좌측에 묘를 쓴다.

세 모자가 서로 의지하고 있는 묘

광해군묘(光海君墓, 광해군, 문성군부인)

광해군묘(光海君墓)는 조선조 제15대 임금이었던 폐주 광해군(1575~1641)과 그의 부인 문성군부인(文城郡夫人, 1576~1623) 유씨(柳氏)의 묘이다.

쌍분으로 앞에서 바라볼 때 왼쪽이 광해군이고 오른쪽이 문성군부인이다.

난정(亂政 : 어지러운 정치)으로 쫓겨나 폐주가 되는 바람에 능이 못되고 초라한 묘로 조성된 것이다.

인조반정으로 왕위에서 쫓겨난 광해군과 문성군부인으로 강봉된 폐비는 함께 강화도에 위리안치되었는데, 7개월 만에 문성군부인이 유배지에서 죽자 먼저 이곳에 장사를 지냈고, 그 후 18년 뒤 광해군이 다시 이곳에 묻히면서 광해군묘로 불리게 된 것이다.

1575년 광해군은 선조와 공빈(恭嬪) 김씨의 둘째 아들로 태어났다. 선조의 정비인 의인왕후가 소생이 없자, 조정에서는 후궁인 공빈 김씨의 아들 중 난폭한 형 임해군보다 총명한 광해군을 주목하고 있었다.

선조는 세자 책봉을 계속 미루어 오던 차에, 1592년 4월 임진왜란이 일어났고 불과 보름 만에 왜군이 한양으로 진격해 올라오니, 4월 28일 대신들 앞에서 몽진의 뜻을 비친다. 그리고 4월 29일 전격적으로 국난을 대비한다는 명분으로 광해군을 세자로 책봉한 후, 다음 날 새벽에 한양도성을 떠나 의주로 향했다.

선조 자신이 방계에서 왕이 되어 일련의 열등감을 가지고 있었는데, 역시 후궁 소생인 광해군을 세자로 세울 의향이 없었으나, 피난길이 급해 부득불 의인왕후의 양자로 삼아 세자로 책봉한 것이다. 이때 광해군의 나이는 18세였다.

세자 광해군은 권섭국사(權攝國事)[125]의 직위를 맡아 분조(分朝 : 조정을 나눔)의 책임자로서 강원도, 황해도, 평안도 지역의 민심 수습은 물론 군사를 모집하여 왜군에 대항하는 역할을 수행했다. 자신의 일신 안위만을 생각하는 선조와는 대조

---

125) 권섭국사(權攝國事) : 권섭(權攝)의 의미는 대신하여 사무를 임시로 맡아보는 것으로, 권섭국사는 임금을 대신하여 왕세자가 나라의 일을 보는 것을 말한다. 『선조실록』에 의하면, 1592년 11월 9일 선조가 질병이 심해져 정사를 모두 살피기 어려우니 동궁(광해군)에게 국사(國事)를 권섭(權攝)하게 하라는 전교를 내렸다. 왕으로 정식 고명을 받기 전에 칭하는 권서국사(權署國事)와 의미가 다르다.

적으로, 광해군은 전쟁터를 누비며 분조를 지휘했다.

또한 정유재란(1597년) 때는 다시 경상도, 전라도 지방에서 군사를 독려하므로 백성들로부터 신망을 받고, 왕재로서 자질을 인정받았다.

이에 무능력한 선조는 세자 광해군이 백성들로부터 칭송을 받는 것에 질투심과 불안감을 느끼며 세자를 견제했다. 왜란이 끝나 나라가 안정을 되찾을 무렵 선조는 광해군을 세자에서 폐하고 적자(嫡子)라는 이유로 어린 영창대군(永昌大君 : 당시 2세)을 세자로 책봉하려 했다.

그러나 선조가 갑자기 승하하면서 광해군은 대북파(大北派)[126] 지지를 받아 1608년 2월 2일 선조의 뒤를 이어 왕위에 오른다.

왕위에 오른 광해는 왜란으로 피폐된 나라 재건에 주력하며, 민생을 안정시키는데 총력을 경주했다. 왕위에 오르는 과정에서 당파 간의 심한 갈등이 있었고, 명나라에서는 장자인 임해군이 왕위에 오르지 않은 것을 이유로 이의를 제기하는 등, 즉위 초에는 왕권을 위협하는 요소들로 조정이 매우 불안정했다.

또한 광해군은 1613년(광해 5년) 인목대비의 친정아버지인 김제남이 역모를 꾀했다는 혐의로 사사하고, 1614년에는 영창대군을 폐서인 시켜 강화에 위리안치한다. 이후 강화부사로 하여금 죽이게 한다. 1618년에는 인목대비를 서궁(西宮)에 유폐(幽閉)하고 정치적, 인륜적 만행을 저지른다. 소위 폐모살제(廢母殺弟 : 어머니를 물러나게 하고, 동생을 죽임)라는 이 처분이 결국은 반정의 빌미가 된다.

이에 서인들의 반발이 거세졌고, 드디어 1623년 반정으로 인해 연산군에 이어 두 번째로 폐위가 된다.

백성들의 마음을 얻으면 나라를 얻지만, 반대로 민심을 잃으면 나라도 잃는다는 것은 고금의 진리요, 변함없는 정치의 핵심이다. 이렇게 광해군은 폐비 유씨와 함께 그날로 강화도로 유배(流配)된다.

---

126) 대북파(大北派) : 조선 중기 붕당 정치의 당파로서, 동인에 뿌리를 둔 남인과 북인, 서인에서 갈라진 노론과 소론이 사색당파를 형성했는데, 여기서 다시 북인은 고위 관료 중심의 대북파와 신진 세력 중심의 소북파로 나뉜다. 선조 말기는 소북이, 광해군 때는 대북이 정권을 장악했는데, 소북은 영창대군, 대북은 광해군을 지지했다.

반정으로 복위된 인목대비는 한 맺힌 소리로 "한 하늘 아래 같이 살 수 없는 원수다."라고 할 만큼 광해군에 대한 분노의 말을 거침없이 내뱉었다. 인목대비의 솔직한 심정이었던 것이다.

그리고 인목대비는 폐주 광해와 폐비 유씨를 각각 다른 섬으로 유배하여 따로 있게 하라고 이른다. 그러나 인조가 차마 그럴 수 없다면서 강화도로 함께 가도록 했다.

그런가 하면 일부 대신들 사이에서 광해군을 사사(賜死)해야 한다는 주장도 있었으나, 강직한 인물로 유명한 이원익(李元翼)이 나서서 "만약에 모셨던 주상을 사사한다면 자신도 떠날 수밖에 없다."고 하므로 광해군의 사사를 막기도 했다.

광해는 유배지 강화에서 폐비 유씨를 비롯한 아들과 며느리의 죽음을 지켜보게 된다.

이듬해 1624년 '이괄의 난'이 일어나자 반정군이 혹시 광해를 다시 옹립할까 두려워 충청도 태안으로 유배지를 옮겼다가 난이 평정된 후 다시 강화로 되돌아오게 한다. 그리고 1936년 병자호란이 발생한 그 이듬해 아예 제주로 이배(移配 : 귀양지를 다른 곳으로 옮기는 것)를 시킨다.

1623년(인조 1년) 10월 8일 폐비 유씨가 강화에 유폐된 지 7개월 만에 위리안치된 곳에서 세상을 떠났다. 유씨의 본관은 문화(文化)이고 문양부원군(文陽府院君) 유자신(柳自新)의 딸이다.

유씨는 친정 오빠 유희분, 유희발 등이 임해군과 영창대군을 죽이는데 가담하였다 하여 참형을 당했다는 소식과 폐세자와 폐세자빈이 된 아들과 며느리가 자결했다는 소식을 접하고 괴로워하다 병을 얻어 죽은 것이다.

폐비 유씨는 1576년(선조 9년) 7월 21일 태어나서 12살인 1587년(선조 20년)에 광해군의 배필로 간택되면서 문성군부인으로 봉해졌다가 광해가 세자가 되자 세자빈이 되었으며, 1608년 광해군이 즉위하면서 왕비가 되었다.

그러나 인조반정으로 광해군과 함께 폐위되면서 다시 문성군부인으로 강봉되어, 강화 유배지에 위리안치되었다가 세상을 떠난 것이다. 이때 나이는 48세였다.

10월 8일 문성군부인(文城郡夫人) 유씨(柳氏)가 죽었다는 소식을 접한 인조는 예조에 명하여 "폐비가 병으로 죽었다니 내가 매우 놀랍고 슬프다. 장사에 필요한 물자를 속히 내려보내도록 하라." 했다.

또한 예조에서는 "누차 대신들과 상의한 바, 장사 후 반혼(返魂 : 장례를 지낸 뒤 신주(神主)를 집으로 모시는 것) 처소는 전교하신 대로 장흥동(長興洞) 폐인의 옛집으로 정하고, 3년 동안의 아침저녁 상식(上食)과 삭망(朔望)·사명일(四名日 : 네 명일이라는 의미로 설, 단오, 추석, 동지를 말함)에 제를 지내고, 제물은 연산군 때의 전례에 의거하며, 묘소의 제물은 양주(楊州) 고을에서 제급하고, 예장(禮葬)의 절차는 왕자 부인의 예로 거행하게 하소서. 그리고 발인할 적에 본조의 낭청과 경기 관찰사가 나아가서 초상 일을 보도록 하고 묘소에 이르러 장사 지낼 적에도 내려가도록 하겠습니다." 하니, 아뢴 대로 하라고 하였다. 그리고 묘지에는 표석을 세워 사적을 기록하게 했다.

아울러 인조는 문성군부인의 상여가 강화에서 올라와 장지인 양주 땅으로 가기 전, 서울을 지날 적에는 제물과 제문을 보내고 제사를 지내 주도록 배려하기도 했다.

이에 앞서 광해군을 폐비와 함께 강화에 위리안치할 때, 광해의 아들인 폐세자와 며느리인 폐세자빈도 함께 강화 교동으로 유배되었다.

유배된 지 두 달이 되는 1623년(인조 1년) 5월 22일 강화 부윤 이중로(李重老)로부터 "폐 동궁이 담 안으로부터 흙을 파고 70척(尺) 정도의 구멍을 뚫어 도망쳐 나가는 것을 잡았습니다."라는 장계가 올라왔다.

위리안치된 폐세자가 유배지에서 땅굴을 파고 탈출하려다 실패한 것이다. 그리고 함께 탈출하려던 폐세자빈 박씨가 스스로 목매어 죽는 일이 벌어졌다.

죄인이 유배지에서 탈출하는 또 다른 죄를 지었음에도 인조는 오히려 애석히 여기면서 즉시 처분을 하지 않으므로, 사헌부에서 이를 따져서 1623년 6월 25일 폐세자에게도 자진하라는 명을 내렸다.

폭군 연산군도 폐위되면서 그 자손들이 외지에 유배된 후 현지에서 사사됐듯, 광해군의 자손들도 아비의 난정(亂政) 때문에 억울하게 원지에서 죽임을 당한 것이다.

『인조실록』에는 '의금부도사 이유형(李惟馨)이 강화도에 가서 폐세자 지(祬 : 폐세자의 이름)에게 전지(傳旨 : 승정원을 통해 전달되는 임금의 명령)를 보이니, 바로 방안에 들어가서 몸을 씻고 머리를 빗은 다음 관과 신발을 갖추었다. 이어 칼을 찾아 손톱과 발톱을 깎으려 하였는데 도사가 허락하지 않으니, 말하기를 "죽은 뒤에 깎아 주면 좋겠다." 하고, 도로 방 안으로 들어가 스스로 숙주(熟紬 : 명주실로 엮은 끈)로 목을 매어 죽었다.'고 기록하고 있다.

그러나 『연려실기술』에는 사사하였다고 기록하고 있다. 그러면서 폐세자와 폐세자빈을 양주 수락산에 장사를 지냈는데, 문성군부인은 이렇게 죽은 아들과 며느리의 소식에 병을 얻어 죽은 것이다.

이리하여 윤10월 29일 인조의 각별한 지시로 문성군부인(文城郡夫人) 유씨(柳氏)를 양주(楊州) 땅 적성동(赤城洞 : 지금의 경기도 남양주 진건읍 송능리) 지금의 자리에 장사 지냈다.

광해군은 1641년(인조 19년) 7월 1일 유배지인 제주에서 세상을 떠났다. 폐위된 지 18년 만이다. 이때 나이는 67세였다. 광해는 연산과 달리 비록 유배 생활을 했지만 천수(天壽)대로 산 것이다.

사실 광해는 여러 번의 죽을 고비를 넘겼다. 1636년 병자호란이 일어났을 때 인조는 광해군의 유배지를 강화에서 교동으로 이배했는데, 이때 일부 반정 공신들이 연명으로 경기 수사 신경진(申景禛)에게 글을 보낸다. 글의 내용은 '선처하시오.'였다. 이것은 광해군을 조용히 없애 달라는 뜻이었는데, 신경진이 따르지 않았다.

이듬해 정축년(1637년) 2월에는 광해의 유배지를 제주로 옮기는데, 한 무사가 호송하는 별장이 되기를 요청했다. 이는 광해를 죽여 공을 세울 계획이었으나 뜻이 무산된다. 이 역시도 신경진이 막은 것이었다고 『병자록(丙子錄)』에 실려 있음이 『연려실기술』에 기록되어 있다.

광해군은 이러한 어려운 고비를 겪으면서 천수를 누린 것이다.

광해는 자신이 죽으면 어머니(공빈 김씨)의 무덤 발치에 묻어 달라는 유언을 남겼다고 한다. 그만큼 어머니에 대한 동경이 컸다.

비록 세 살 때 어머니 공빈 김씨가 죽어 얼굴조차 모르지만, 재위 시절 자기가 후궁의 자식이라는 것에 늘 부담을 가져왔다. 즉위 초부터 어머니 공빈 김씨를 추존하려 했지만, 대신들이 반대하여 하지 못하다가 1610년(광해 2년) 3월 29일 결국 추존하여 공빈을 공성왕후(恭聖王后)로 봉하고, 능호는 성릉(成陵)이라 했다.

명나라에서 책봉고명(冊封誥命 : 중국 황제가 주는 일종의 임명장)까지 받았으나, 광해가 폐위되면서 왕후는 도로 공빈으로 강봉되고, 성릉은 성묘(成墓)로 바뀌었다.

이렇게 효심 깊은 광해가 어머니 곁에 묻히고 싶은 것은 당연한 것이었다.

광해는 어머니에 대한 그리움이 무척이나 강했다. 3살에 어머니를 잃고 궁녀들

뒤에서 본 광해군묘

손에서 자랐기에 점점 성장해 가면서 더욱 모정이 그리웠던 것이다. 즉위 후 대신들의 반대에도 불구하고 어머니 공빈 김씨(恭嬪金氏)를 왕후로 추존한 것도, 그리고 죽으면 어머니 발치에 묻어 달라고 한 것도 그 때문이다.

선조는 평소에 "내가 죽으면 의인왕후 곁에 묻히고 싶다."는 말을 해 왔다. 그래서 선조 자신도 의인왕후의 능을 조성하면서 장차 자신이 그곳에 갈 것을 염두에 두고 유릉을 조성했다. 또 선조는 의인왕후의 능지를 택정할 때는 "나의 훗날 처소를 만들고 싶다."고까지 했다. 그랬기에 쌍분을 쓸 수 있는 자리를 찾으려고 무려 다섯 달에 걸쳐 능지 물색을 했던 것이다.

하지만 이러한 사정을 모두 알고 있는 광해는 선조를 유릉에 합장하지 않고, 다른 곳에 능지를 정했다. 물론 인목왕후가 "대행대왕의 능지에 나의 장지도 아울러 정했으면 좋겠다."는 간곡한 요청도 있었지만, 광해 스스로도 한 언덕에 쌍분을 할 수 있는 곳으로 정했으면 좋겠다고 했다. 그리해서 목릉지가 정해진 것이다. 이는 얼핏 인목왕후를 고려한 조치였을 것으로 보인다. 그러나 이것은 인목왕후에 대한 배려라기보다는 언젠가 자신의 모후 공빈 김씨를 왕후로 추존하고, 아버지 선조와 함께 합장해야겠다는 속내로 비춰진다. 그것은 즉위 2년 만에 공빈 김씨를 왕후로 추존하고 성묘(成墓)를 성릉(成陵)으로 봉했다. 또 즉시 좌의정과 예조판서를 성릉에 보내 봉심토록 했거나, 성릉을 보토하고 정자각을 세우기 위해서는 막대한 공역이 따른다는 보고에는 "달리 선처할 방도를 찾도록" 했다거나, 관상감을 보내 목릉, 유릉, 성릉의 형세를 살피도록 한 하교에서 짐작된다.

한편, 예조에서 "연산의 치상은 왕자의 예로써 장사 지냈습니다. 이번에도 이에 의거하여 같은 예로써 장사 지내는 것이 어떻겠습니까?" 하니, 인조는 그리하도록 하면서 예조참의 채유후(蔡裕後)를 제주로 보내 호상(護喪 : 초상을 지르는데 모든 일을 책임지고 맡아보는 사람)을 하도록 하였다.

이리하여 1641년(인조 19년) 10월 4일 제주 유배지에서 눈을 감은 광해군을 문성군부인이 묻혀 있는 양주 적성동 언덕, 부인의 묘 우측에 해좌사향(亥坐巳向 : 정남에서 동쪽으로 30°)으로 장사 지냈다.

그런데 『인조실록』에는 1641년(인조 19년) 10월 2일 도승지 한형길(韓亨吉)을 보내 광해군에게 치제(致祭 : 임금이 제물과 제문을 갖추어 지내 주는 제사)하였다는 기록만 있고, 10월 4일에 장사 지냈다는 기록이 보이질 않는다.

다만 1641년(인조 19년) 7월과 9월의 『승정원일기』에, 7월 10일 제주목사로부터 '지난 7월 1일 광해군이 승하했다.'는 장계가 올라왔고, 다음 날 인조는 발인에 필요한 물품을 내려보내면서, 광해의 상구(喪柩 : 관)가 올라올 때 각도의 감사(監司)는 배행(陪行 : 상구의 뒤를 따라가는 것)할 것을 전교했다는 기록이 있다.

또한 8월 18일 광해의 상구가 배를 타고 제주를 떠나 22일 영암에 도착한다는 보고가 호상으로 내려보낸 예조참의 채유후로부터 있었으며, 9월 6일에는 충청감사가 배행하고, 9월 8일에는 상구가 경기도에 도착함을 알리는 경기감사의 보고가 있었다.

그리고 9월 9일에는 묘소에 도착하였고, 예조에서는 개관(改棺 : 무덤을 옮길 때 관(棺)을 새로 마련하는 것)일을 9월 29일로 정하고, 장사는 10월 4일에 지내는 것으로 임금께 보고하니 그리하도록 하였다는 기록이 있음을 볼 수 있다.

한편 광해군의 묘 표석에도 '10월 4일에 양주 적성동 부인묘 우측 해좌사향(亥坐巳向 : 정남에서 동쪽으로 30°) 언덕에 장례를 치렀다.'라고 기록되어 있다.

그리고 인조는 광해가 봉사자손(奉祀子孫 : 조상의 제사를 받들어 모시는 자손)이 없으므로 외손(外孫)[127]에게 집과 전답과 노비를 주어 광해의 제사를 받들게 하였고, 숙종 때(1701년)는 외손으로 봉사하는 자가 묘에 흙을 덮는 일을 위해 장정의 도움을 요청하므로, 이를 승낙하고 역군을 지원하여 묘를 보수케 한 바 있다. 지금은 숭모회가 구성되어 있어 매년 제사를 지내고 있다.

광해군이 죽으면서 유언하기를 어머니 무덤 발치에 묻어 달라고 했다고 하는데, 광해군의 묘에서 어머니 공빈 김씨의 묘는 큰 소리로 부르면 들릴 정도의 거리에 위치해 있다. 유언대로 어머니 발치에는 묻히지 못했으나 어머니와 가까운

---

127) 외손(外孫) : 광해의 후궁이었던 숙의 윤씨는 옹주를 낳았는데, 인조반정 후 어린 옹주는 외갓집에서 살았다. 광해가 죽은 뒤 인조(仁祖)는 집과 전답과 노비를 주어 광해의 제사를 받들게 했다.

곳에 문성군부인과 같이 묻힌 것이다. 그곳에는 임해군의 묘도 근처에 있어 세 모자가 지근거리를 두고 서로 의지하고 있는 듯하다.

광해군의 유배지였으며 생을 마감한 제주도에는 그와 관련된 전설이 하나 있다. 광해군이 천수를 다한 날은 7월 1일인데, 그날은 맑던 하늘이 갑자기 어두워지면서 비가 내렸다고 한다. 이후 음력 7월 1일만 되면 제주에는 비가 내린다고 한다. 이를 제주 사람들은 광해우(光海雨)라고 한다. 태종이 승하한 날 음력 5월 10일만 되면 내리는 비를 태종우(太宗雨)라 하듯 말이다.

아들 덕에 추봉된 능

장릉(章陵, 추존왕 원종, 인헌왕후)

장릉(章陵)은 조선조 제16대 임금 인조(仁祖)의 생부(生父)로서, 추존된 원종(元宗, 1580~1619)과 그의 비 인헌왕후(仁獻王后, 1578~1626) 구씨의 능으로 쌍릉이다.

장릉은 처음에는 묘(墓)로 조성되었다가 원(園)으로 승격되었고, 추존되면서 원에서 다시 승격되어 능(陵)이 되었다.

원종은 선조의 다섯째 아들이자, 인빈(仁嬪) 김씨가 낳은 아들로는 셋째이다. 정원군(定遠君)에 봉해졌으며 광해군의 이복동생이다. 선조가 왕자들 중 가장 아끼던 신성군의 동생이다.

정원군은 구사맹의 딸과 혼인하여 4남을 두었는데, 그 첫째가 능양군(綾陽君)으로 훗날 반정으로 즉위하는 인조(仁祖)이다.

인조의 생부(生父) 정원군은 인조가 즉위 4년 전인 1619년에 죽지만, 1623년 인조가 등극하면서 즉시 정원대원군(定遠大院君)으로 추봉(追封 : 죽은 뒤에 존호(尊號)를 올리는 것)되었고, 생모인 연주군부인(連珠郡夫人)은 연주부부인(連珠府夫人)으로 진봉(進封 : 봉작(封爵)을 더 높여 주는 것)된다.

그리고 몇 번에 걸쳐 왕으로 추존하려 했으나, 선조의 생부 덕흥대원군이 왕으로 추존되지 않았다는 명분에 막혀 무산되었다. 그러다 마침내 1632년(인조 10년) 원종과 인헌왕후로 추존된다.

추존 전에 정원군의 묘는 양주 군장리에 있다가 1627년(인조 5년)에 연주부부인 묘 우측, 지금의 자리로 천장된다. 그리고 1632년(인조 10년) 원종(元宗)으로 추존됨과 동시에 능으로 승격되어 지금의 모습으로 조성되었다.

1619년(광해 11년) 12월 29일 정원군이 한성부 호현방(好賢坊 : 한성부의 행정 구역 중 하나로 나중에 회현방으로 바뀌었으며 지금의 서울 회현동 부근)의 우사(寓舍 : 임시로 거주하는 집)에서 별세했다. 나이는 40세였고, 자녀는 연주군부인에게서 3남과 측실에게서 1남을 두어 모두 4남을 두었다.

정원군은 선조의 총애를 많이 받았는데, 임진왜란 때는 선조의 몽진을 호종하였으며, 환도(還都) 후에 호성공신(扈聖功臣 : 임진왜란 때 선조를 의주까지 호종하는 데

공이 있는 사람에게 내린 칭호)에 봉해졌다. 그 후 광해군의 탄압과 견제가 많았다.

또한 정원군의 생전에 "정원군 집에 왕기가 매우 성하다." 혹은 "인빈(정원군의 어머니)의 무덤 자리가 매우 좋다."는 등의 유언비어 때문인지, 광해군은 정원군의 집을 빼앗아 헐어버렸다.

정원군이 죽기 2년 전인 1617년(광해 9년) 6월 11일의 실록에는 '술인(術人) 김일룡이 새문동에다 이궁(離宮)[128]을 건립하기 청하였는데, 바로 정원군(定遠君)의 옛집이다. 왕이 그곳에 왕기(王氣)가 있음을 듣고 드디어 그 집을 빼앗아 관가로 들였는데, 김일룡이 왕의 뜻에 영합하여 이 의논이 있게 된 것이다.'라고 기록하고 있다.

정원군은 집을 빼앗기는 것도 모자라 셋째 아들 능창군(綾昌君)이 신경희(황해도 수안군수)의 역모 사건에 연루되어 강화로 유배됐다가 죽게 된다. 결국 정원군은 그 참담함을 이기지 못하고 비통해 하다가 울화병으로 죽었다.

정원군이 죽자 광해군은 내관을 보내 조상(弔喪)하는 사람들을 살피고, 또 장사 지낼 기일을 재촉하여 마음 놓고 묏자리를 가리지도 못하게 함으로써, 어머니 인빈 곁에 묻히지도 못하고 처가인 능성 구씨 선산(先山) 근처인 양주군 군장리(나중에 곡천리로 행정 구역이 개편되었으며 지금의 남양주시 금곡동)에 임시로 묻혔다.

이상은 실록(『광해군일기』)을 토대로 기술하였는데, 이것만 보면 정원군은 사고와 행동이 모두 반듯한데, 광해군이 형언 못할 핍박을 한 것처럼 비친다.

그러나 『선조실록』을 보면 정원군은 그 반대의 인물이다. 한 예로 정원군의 악행이 하늘을 찔러 임진왜란 때는 사노(私奴)를 시켜 일본군과 내통을 하였다는 것이다. 1597년(선조 30년) 1월 4일에는 사헌부에서 '근래에 적진 가운데를 드나들면서 군사 기밀을 누설하는 자가 적도들과 몰래 결탁하고 있어, 작년 7월에 사노(私奴)를 붙잡아 가두었는데, 임해군(臨海君)이 공공연하게 석방하기를 청하고, 이번에는 사노 희남(希男)이라 칭하는 자를 잡아 가두었더니, 정원군(定遠君)이 또 청

---

128) 새문동 이궁(離宮) : 경덕궁을 말하는 것으로 지금의 경희궁이다. 새문안 대궐, 또는 새문동 대궐로 불리기도 했다. 그러다가 영조 때 경희궁(慶熙宮)으로 칭했다. 본래 100동이 넘는 전각이 있었으나 일제 때 모두 훼손되었고, 지금은 흥화문과 숭정전이 남아 있을 뿐이다.

을 넣었습니다.' 하면서 임해군과 정원군의 파직을 청해도 선조는 이를 들어주지 않은 일이 있었다.

임진왜란이 끝난 후에는 임해군과 함께 남의 농토를 빼앗는가 하면, 남의 노비도 빼앗기 일쑤였다. 백성들은 자기의 토지를 잃었어도 감히 항변을 못했다. 사헌부에서 조사를 요청해도 선조는 정원군을 감싸고 조사를 못하게 했다.

한번은 정원군의 하인들이 선조의 맏형인 하원군의 어머니이자, 정원군의 큰어머니를 납치하여 구금하는 사건이 있었다. 사간원에서 조사에 나서자 정원군은 하인들이 한 일일 뿐이라며 한발 뺐고, 그러한 정원군을 선조가 허물을 덮어주는 일도 있었다.

또 정원군의 궁노들이 하원궁(河原宮 : 선조의 큰형 하원군의 집)에 몰려가서 부인을 구박하고 곤욕을 줄 때 정원군이 이르러 오히려 부인을 꾸짖었는데, 이 일을 목격한 어느 사대부가 발설하여 물의가 있었지만, 이에 대해서도 선조는 정원군을 감싸는 결정을 내린 적도 있었다.

뒤에서 본 장릉(章陵)

이렇듯 정원군의 말할 수 없는 악행과 상상할 수 없는 행패가 부지기수임에도, 선조는 무슨 이유에서인지 정원군을 두둔하기만 했다.

선조는 전란의 책임을 지고 선위(禪位 : 임금의 자리를 물려줌)하겠다는 전교를 맨 처음 내린 것이 임진왜란이 일어나고 의주로 몽진(蒙塵)을 갔을 때인 1592년(선조 25년) 10월이다. 좌의정 윤두수를 비롯한 온 조정의 각 신료들을 비롯해 세자까지 엎드려 선위한다는 전교를 거두라고 강하게 청했다. 그럼에도 불구하고 선조는 계속 선위를 고집했다. 그러자 어느 유생이 '백성의 뜻이니 세자에게 선위하는 것이 마땅하다.'고 상소하였다. 그때 오히려 선조는 "선위가 평소의 뜻이나 이곳은 중국과 경계여서 어려운 일이 있을까 염려되고, 적을 섬멸시킨 다음에 시행해야 할 것이다."라고 하며, 뒤로 물러나기도 했다. 그러면서 수시로 선위 아니면 세자의 섭정 소동을 일으킨 적이 있었다. 과거 태종(太宗)이 때때로 선위 뜻을 내비치면서, 신하들의 반응을 가지고 내 사람의 여부를 판단하고, 아닌 자들을 숙청한 것처럼 말이다. 그런데 선조가 그럴 때마다 모든 왕자들 가운데 유독 정원군이 먼저 나서서, 선위나 섭정은 안된다고 청하며 선조의 본심을 헤아려 주었다. 선조가 비행(非行)이 잦은 정원군을 유독 두둔하는 것도, 선조가 가장 총애하는 후궁 인빈 김씨가 낳은 왕자라는 점도 있겠지만, 본의와 다른 양위를 언급할 때마다 많은 왕자들 가운데 가장 앞장서 자신의 편에 있다고 생각했기에 편애를 했던 것으로 유추된다.

조야에서도 정원군은 안중에 없을 정도의 인물인데, 인조 때 편찬된 『광해군일기』에서는 그를 '어려서부터 기표(奇表 : 범상치 않은 인물)가 있었고, 천성이 착하고 우애가 있었다.'고 기록하고 있는 것이다. 아무리 역사는 승자가 기록하는 것이라도 말이다.

인조가 왕이 된 후 정원군은 대원군으로 추존되면서 처가 선산에 초라하게 묻혔던 정원군의 묘(墓)는 원(園)으로 승격되어 흥경원(興慶園)으로 불리었다. 그리고 1626년 연주부부인 구씨가 세상을 떠나자 인조는 명당을 찾아 김포 성산에 장사 지내고, 원호를 육경원(毓慶園)이라 했는데, 이듬해인 1627년 정원대원군을 흥경원에서 육경원 연주부부인 우측에 천장하고, 원호를 홍경원으로 개칭을 했다.

1626년(인조 4년) 1월 14일 연주부부인 계운궁(啓運宮)이 경덕궁 회상전(慶德宮會祥殿)[129]에서 세상을 떠났다. 이때 나이는 49세였다.

계운궁은 인조의 생모이자 추존된 원종의 비(妃) 인헌왕후(仁獻王后) 구(具)씨가 왕후로 추존되기 이전에 쓰던 살아생전(生前)의 궁호(宮號 : 임금이 후궁에게 내리는 칭호)이다. 인조가 즉위한 후 정원군은 정원대원군(定遠大院君)으로 추봉되고, 생모인 연주군부인(連珠郡夫人)은 연주부부인(連珠府夫人)으로 진봉되었는데, 이때 거처하는 집에 계운궁이라는 궁호가 내려진 것이다.

계운궁은 능안부원군(綾安府院君) 구사맹(具思孟)의 딸로 본관은 능성(綾城)이다. 선조의 서자(庶子)인 정원군과 혼인하여 연주군부인에 봉해졌고, 자녀는 정원군과 사이에서 3남을 두었다.

인조는 자신의 생모인 연주부부인이 세상을 떠나자 예조에 삼년상(三年喪)을 거행할 것을 명했다.

인조는 왕위에 오른 후에도 계운궁을 어머니라 하였으므로, 삼년상을 거행하겠다는 것이었다. 그러나 예조에서는 '예법에 남의 후사(後嗣)로 들어간 사람은 본생(本生)의 부모를 위해서 삼년상을 거행할 수 없다.'고 하고, 이어서 영의정 이원익(李元翼), 좌의정 윤방(尹昉), 우의정 신흠(申欽) 등이 "삼년상은 천자로부터 서인에 이르기까지 공통된 것이나, 지금의 일은 변례(變禮)인 것입니다. 위에서는 직접 선묘(宣廟 : 선조)의 후사를 이었으므로, 선묘께서는 조부(祖父)이지만 아버지가 되는 도리가 있고, 전하께서는 손자이지만 아들이 되는 도리가 있는 것입니다. 조종(祖宗)의 종통(宗統)은 사체가 매우 중요한 것인데 어찌 사친을 위해서 삼년상을 행할 수가 있겠습니까. … 신들의 소견은 단연코 이와 같으므로 받들어 준행할

---

129) 경덕궁 회상전(慶德宮會祥殿) : 경덕궁 터는 본래 정원군(추존왕 : 원종)의 사저였는데, 그곳에 왕기(王氣)가 서렸다 하여 광해군이 빼앗아 그 자리에 지은 궁궐이다. 처음에는 경덕궁이라고 했으나 새문동 이궁(離宮)으로 불리기도 했다. 영조 36년(1760년)에 경덕(慶德)이 원종의 시호인 경덕(敬德)과 음이 같다고 해서 경희궁(慶熙宮)으로 명칭이 바뀌었다.

수가 없습니다." 하며, 상제(喪制)에 어긋난다면서 불가함을 고하여도 인조는 굽히지를 않았다.

조정의 온 대신들이 부당함을 건의해도 인조가 뜻을 굽히지 않자, 영의정 이원익은 왕위 계승의 정당성과 연관되는 문제이므로 물러설 수 없다며 사직을 청하면서 부월을 기다린다는 상소를 올린다.

이어서 좌의정과 우의정, 그리고 각 판서들과 대사헌 등이 사직을 청해도 인조는 윤허하지 않았다. 이렇게 한 달을 승강이하다가 결국에 인조가 마음을 돌렸다. 또한 인조는 자신이 상주가 되려고 하려다 역시 대신들의 반대로 인조의 동생인 능원군(綾原君)이 상주가 되는 상례를 따랐다.

이렇게 장시간을 상복을 입는 것 하나만 가지고도 신하들과 충돌을 한 것은 그만큼 인조는 왕통의 정통성에 심적 부담을 갖고 있었다는 것을 짐작할 수 있는 것이다.

한편 1626년(인조 4년) 2월 9일 예장도감(禮葬都監)에서 아뢰기를, "도감의 당상인 이정구(李廷龜) 등을 비롯하여, 관상감 제조(觀象監 提調) 김류(金瑬) 등이 회동하여 원지(園地)로 거론되던, 김포 객사의 뒷산, 고양 고군(古郡)의 뒷산, 교하 객사의 뒷산 등 세 곳을 간산(看山 : 묏자리를 보기 위해 산을 돌아봄)하고 도형을 만들고, 술관들에게 소견을 쓰게 하여 등위(等位)를 매기도록 하였습니다. 술관 정희주(鄭熙周)는 김포 객사의 뒷산을, 송건(宋健)은 고양을, 이갑생(李甲生)은 김포 객사의 뒷산을, 최남(崔楠)도 김포를, 오세준(吳世俊)은 교하가 제일이라 하였습니다. 재결을 바랍니다." 하니, 알았다고 답하였다.

그리고 다시 간심(看審)하게 하여 고양으로 결정하고 나서, 다시 외방의 지관들을 대동하고 간심하니 고양은 흠이 있다고 하였다. 그래서 다시 김포에 가서 간심하라고 명하였는데 모두가 길하다고 하였으므로 드디어 김포현 뒷산으로 결정하였다.

1626년(인조 4년) 4월 13일 김포에 계운궁의 묘소를 조성하기 위해 원소(園所 : 왕세자나 세자빈 및 후궁 등 왕의 친속(親屬)등의 산소)에 광(壙)을 파는데 속에 돌이 있으므로, 인조는 바른편 산등성이로 옮겨 정할 것을 명하면서 길일(吉日)을 다시

장릉(章陵) 전경

잡도록 했고, 그곳에는 흙을 더 돋우는 작업이 필요하여 인근 강화에서 1천 명의 인원을 동원해 교대로 부역케 하면서 산역(山役) 작업을 진행했다.

1626년(인조 4년) 5월 17일 발인제를 지내고 떠나는 어머니 계운궁의 영여(靈輿 : 시신을 싣는 가마)를 보내면서, 인조는 대궐 밖을 나와 교외까지 따라가며 슬피 울었다.

그리고 다음 날인 5월 18일 김포 성산에 계좌정향(癸坐丁向 : 정남에서 서쪽으로 15°)으로 하관(下棺)하면서 계운궁의 장사를 마치니 지금의 장릉이다. 이때 인조는 궁에서 김포 방향을 바라보며 곡(哭)을 하며 슬퍼했다.

한편 인조는 이미 승하한 정원대원군의 산소와 계운궁의 사소에 원호(園號)를 정하도록 한디. 그리하여 양주의 정원대원군묘는 흥경원(興慶園)으로, 김포의 계운궁묘는 육경원(毓慶園)이라 칭했다.

아울러 인조는 육경원을 조성하면서 어머니 옆 우측 자좌오향(子坐午向 : 정남향) 자리에 아버지 정원대원군의 이장을 염두에 두고 조성한 바 있다.

그리고 이듬해인 1627년(인조 5년) 6월 4일 홍경원의 천장을 하교하면서 "올해를 넘기면 수년 안에는 다시 길년(吉年)이 없으니 이때에 하지 않을 수 없다." 하며 택일을 하도록 했다.

이리하여 예장도감이 설치되고, 마침내 1627년(인조 5년) 8월 27일 홍경원을 천장하면서 정원대원군과 계운궁은 8년 만에 지하에서 재회를 한다. 그러면서 육경원은 폐하고 홍경원으로 원호를 변경하였다.

이때 양주에 있는 홍경원을 김포로 천장하려면 상여(喪輿)가 서울을 경유해야 하는데, 사친(私親 : 왕위를 물려받은 임금의 친어버이)의 상여가 도성을 통과하는 것은 옳지 않다 하여 동대문 밖에 따로 길을 만들어 지나야만 했다. 그리하려면 백성들을 동원하여 길을 내야 했는데, 백성들의 원망을 살 수가 있었다. 이에 당시 형조참판 최명길(崔鳴吉)이 "대원군이 비록 왕위에 오르지는 않았다 하더라도, 곧 임금의 아버지입니다. 그런데도 도성을 피해서 샛길로 가야 한다면 이치로 보아 잘못된 것입니다."라고 하므로, 결국 정원대원군의 상여는 큰길을 따라서 김포로 향할 수 있었다.

그리고 1632년(인조 10년) 3월 11일 인조는 신하들의 반대에도 무릅쓰고, 10년의 긴 싸움을 통해 생부(生父)와 생모(生母)인 대원군과 부부인을 왕과 왕비로 추존하면서 능호는 장릉(章陵)으로 하였다.

그런데 보통 능의 봉분 방향과 광중 시신의 방향은 일치시키는 것이 원칙이나, 경우에 따라 간혹 봉분의 방향과 광중의 방향이 다른 경우가 있다. 바로 장릉의 경우가 다른 경우이다. 기록상으로는 광중의 시신 방향이 원종은 자좌오향(子坐午向 : 정남향)이고, 인헌왕후는 계좌정향(癸坐丁向 : 정남에서 서쪽으로 15°)으로 묻혀 조금 차이가 있다. 그러나 봉분의 형태는 같은 자좌오향으로 기록되어 있다. 『인조실록』에서도 역시 대제학 김류(金瑬)가 지은 묘지문에도 이와 같이 기록되어 있다.

한편 1632년 5월에는 추존된 인헌왕후의 본관(本貫)인 능성현(綾城縣)을 능주목(綾州牧)으로 승격하고, 김포현(金浦縣)도 장릉이 있다 하여 김포군(金浦郡)으로 승격했다.

그런데 이때 사실 원종이라는 묘호는 정해지지 않은 상태였다.

1632년(인조 10년) 2월 24일 인조는 대신들의 추숭 반대에도 불구하고, 추숭도감(追崇都監 : 추숭을 담당하는 임시 기구)을 만들어 영의정 윤방(尹昉)을 도제조로 삼아 추숭 절차를 진행토록 했다. 윤방이 추숭도감의 도제조를 사직하니, 우의정 김상용을 대신하게 하면서, 수차례 반복된 추숭의 찬성과 반대 과정을 거쳐, 결국에 1632년(인조 10년) 3월 11일 빈청에서 정원대원군을 추숭하며 시호를 경덕인헌정목장효(敬德仁憲靖穆章孝)로 올리고, 대원부인(大院夫人 : 대원군의 부인)은 인헌왕후(仁獻王后)로, 능호는 장릉(章陵)으로 올렸다. 그러나 이때는 시호만 올리고 묘호는 정하지 못했다. 다만 장릉대왕(章陵大王)으로만 칭했다. 이후 『인조실록』에서 원종이라는 묘호가 기사에 보이나, 이는 실록 편찬 시기에 기준하여 기록한 것이기 때문인 것으로 보여진다.

하지만 1634년(인조 12년) 7월 14일에 가서야 대제학 최명길이 옥책을 지어 올리면서, 비로소 원종(元宗)이라는 묘호가 올려졌음을 『인조실록』에서 볼 수 있다.

장릉이 다른 능과 비교하여 석물 등의 설치가 단촐한 것은, 예조에서 최초 추존왕인 덕종 능(경릉)의 석물 설치 사례를 설명하니, 인조가 "난간석을 추가로 설치하면 현궁에 가까운 땅을 다시 파고 다져야 하므로 온당치 않다." 하여, 경릉의 예에 따라 다른 것은 설치하지 말고 수석(獸石 : 석마 석양 등을 말함)만 각각 둘씩 배설하라는 하교에 따라 검소하게 조성된 것이다.

뱀과 전갈 때문에 천릉한 능

장릉(長陵, 인조, 원비 인렬왕후)

장릉(長陵)은 조선조 제16대 임금 인조(仁祖, 1595~1649)와 그의 비 인렬왕후(仁烈王后, 1594~1635) 한씨의 능으로, 합장릉이다. 장릉은 1731년(영조 7년)에 파주 북쪽 운천리에서 지금의 장소로 천장된 능이다.

인조는 1623년 인조반정으로 광해군을 폐위시키고 왕위에 올랐다. 인조는 선조의 손자이고, 광해군에게는 조카이면서 추존왕 원종(元宗)의 아들이다. 즉위 초에는 왕위를 찬탈했다고 명나라로부터 왕으로 인정받지 못했다.

즉위 2년, 명나라 장수 모문용(毛文龍)의 도움을 받아 겨우 조선의 왕으로 인정을 받았다고 전해 온다. 인조는 왕으로 즉위했으나 후궁 소생이라는 점과, 무력으로 탈취한 정권이라는 점에서 왕통(王統)의 정통성에 대한 부담이 컸던 것 같다. 신하들의 반대에도 불구하고 기어코 생부와 생모를 추존한 것이 그 방증이라 하겠다.

인조반정에 성공한 세력들은 무자비한 숙청과 보복으로 광해군의 외교 균형 정책을 깼다. 또한 국제 정세를 읽지 못하고 친명배금(親明背金) 정책을 고수하면서 청나라와 척을 지게 됐고, 결국 정묘호란(丁卯胡亂)과 병자호란(丙子胡亂)이란 비극을 자초한 왕이었다. 재위 중에 일어난 '이괄의 난' 때는 충청도 공주(公州)로 피신하고, '정묘호란' 때는 강화도로 피난하였으며, '병자호란' 때는 남한산성으로 피난을 하는 등 나라의 격랑이 있을 때마다 백성들과 함께 하지 않았다.

게다가 병자호란 때는 세자와 함께 삼전도(三田渡)에 나아가 적에게 군신의 예로 고두배(叩頭拜)[130]를 함으로써 백성들에게 굴욕을 안겨 준 임금이다.

이때 청나라 태종은 삼전도에 '청황제 공덕비'(일명 삼전도비)[131]를 세우라고 요

---

130) 고두배(叩頭拜) : 신하가 임금에게 하는 절이며, 한 번 절할 때 이마로 세 번 바닥을 두드리는 것으로, 삼배구고두례(三拜九叩頭禮)라고도 한다.

131) 삼전도비(三田渡碑) : 병자호란이 끝나고 청나라 태종의 요구로 세워진 청 황제를 칭송하는 공덕비를 말한다. 이 비석은 훗날 비문의 내용 때문에 정쟁의 빌미가 되었다. 그것은 비문의 작성을 모두 기피해서 인조의 명에 의해서 이경석(李景奭)이 지었다. 이를 가지고 송시열(宋時烈)이 비판했고, 비판하는 송시열을 다시 박세당(朴世堂)이 비판을 했었다. 이를 가지고 박세당을 사문난적(斯文亂賊)으로 낙인을 찍어, 노소의 당쟁으로 비화되는 단초가 되기도 했다. 고종 때 땅에 묻었다가 일제가

구하여, 치욕의 비를 세우기도 했다.

그런가 하면 자기 자식과 며느리를 죽이고, 손자들까지 제주도로 유배 보냈는데, 종들이 음식에 독약을 넣어 죽게 했음에도 모른 척했던 비정한 왕이었다. 이런 왕을 섬겨야 했던 당시의 백성들은 불행할 수밖에 없었다.

인조의 능은 1635년에 승하한 인렬왕후가 파주 북쪽 운천리(현 파주시 문산읍 운천리)에 먼저 안장되었고, 14년이 지난 1649년 인조가 승하하자 그 우측에 모셔졌다. 그런데 능에 화재가 자주 나고 특히 능 주변에 뱀과 전갈이 자주 나타나면서 천장이 논의된다. 결국 1731년(영조 7년) 8월에 현재의 위치로 옮겨지면서 지금 모습의 장릉(長陵)이 되었다.

1635년(인조 13년) 12월 9일 인조의 정비(正妃) 인렬왕후가 창경궁 여휘당(麗暉堂)에서 승하했다. 서평부원군(西平府院君) 한준겸(韓浚謙)의 딸이다.

17세(1610년)에 능양군과 혼인하여 청성현부인(淸城縣夫人)으로 봉해졌고, 인조반정(1623년)으로 능양군이 즉위하면서 왕비가 되었다.

인조와의 사이에서 4남을 두었는데, 5남을 낳으면서 사산(死産)하여 그 충격으로 병을 얻었다. 결국 병이 위독해져 갑자기 승하한 것이다. 이때 인렬왕후의 나이는 42세였다.

12월 17일 대행왕비의 시호를 인렬(仁烈)이라 하고, 능호는 장릉(長陵)이라 했다. 처음에 인조는 대행왕비의 시호를 명헌(明憲)으로 하고자 한다고 대신들에게 물었는데, 대신들 모두 분부대로 하겠다고 했지만, 대사헌 김상헌(金尙憲)이 "시호는 담당 관원의 일이지 군주의 의향대로 해서는 안 됩니다." 하므로, 그대로 따른 것이다.

이듬해 1월 2일 예조 판서 홍서봉(洪瑞鳳)이 인렬왕후의 능지를 영릉(英陵 : 세종, 소헌왕후)이 있는 홍제동이 쓸 만하다고 했다. 인조는 서울과 거리가 멀다는 이유

다시 세웠고, 1956년에 다시 묻었다가 1963년에 홍수로 비석의 모습이 드러나 다시 세워졌다.

로 가납(嘉納 : 잘못된 것을 고치도록 권하는 것을 받아들임)치 않았다. 며칠 후에는 홍서봉을 우의정으로 제수하고 인렬왕후 장례 준비를 위한 총호사로 삼았다.

그 후 한 달여가 지난 2월 9일 영의정 윤방(尹昉)과 총호사인 우의정 홍서봉(洪瑞鳳)은 대행왕비의 능소로 파주를 추천했다. "신들이 여러 지관들과 산릉으로 합당한 땅을 상의하니, 파주 지방의 산이 제일이라 했습니다. 파주의 산은 이유징(李幼澄)의 묘가 있는 산인데, 지관 이간(李衎)이 앞장서서 의논하여 합당하다고 하였습니다." 하니 인조는 그리하도록 했다.

인조가 왕비의 능지를 이리 쉽게 결정을 한 것으로 보면, 재위 중에 생부 정원군의 이장이나 목릉을 천릉한 사례도 있으나, 다른 왕들에 비해 능지 선정에서의 관여나, 조성에서의 관심도가 사뭇 대조적이다.

그러고 보면 1626년 생모 계운궁의 묘지를 정할 때 상지관이 좋다고 하는 곳에 쉽게 정했고, 1630년 목릉(선조) 천장 때도 천릉도감에서 좋다고 하는 곳을 논란 없이 천릉지로 정했다. 1632년에 인목왕후의 능지를 정할 때도 이 사람이 이곳이 좋다고 하면 "이곳으로 정하라." 하고, 저 사람이 저기가 좋다고 하면 "저곳으로 정하라."고 하며, 결정권자의 위치에서 좋은 길지를 찾으려는 의지나 노력이 나타나지 않는데서 짐작할 수 있을 것 같다.

며칠 후 총호사가 파주 산릉지에 가서 혈을 묘좌유향(卯坐酉向 : 정서향)으로 정한다. 아울러 그 우측에 인조의 수릉지도 함께 조성한다. 역시 우허제(右虛制)로서 비워 둔 것이다.

그리고 능지 주변에는 756개소의 고총(古冢)이 있었는데, 유연묘(有緣墓) 89기는 이장하고, 무연묘(無緣墓) 667기는 개장(開葬)을 하여 뼈를 거두어 따로 묻어 주었다.

그런데 인렬왕후의 발인일이 다가오자 도성 안 백성들 사이에서 '빌인하는 날에 변이 있을 것이다.'라는 유언비어가 떠돌았다. 저녁이면 성안에 있는 사람 중에는 대문을 닫고 몸을 숨기거나, 세간을 옮기는 자도 있었다고 『인조실록』은 기록하고 있다.

생각건대 이러한 현상은 꼭 발인하는 날에 무슨 변이 있을 것이라기보다는, 세상에 큰 변고가 생기려고 할 때 반드시 징후가 있듯, 어쩌면 그해 겨울에 발발하는 병자호란에 대한 징후가 아니었을까 하는 생각이 든다.

1636년(인조 14년) 4월 9일 새벽 발인제를 지낸 후 인렬왕후의 대여(大轝)는 대궐을 떠나 저녁 무렵에 파주 능소에 도착했고, 4월 11일 장릉에 현궁을 내리면서 왕후의 장사를 마쳤다.

이렇게 인렬왕후의 장례를 마친지 한 달이 지난 5월에 엄청난 비가 내려 도성 내 집이 물에 뜨거나 잠겼고, 벼락이 인경궁(仁慶宮 : 광해군 때 인왕산 아래 지었던 궁궐) 흠명전(欽明殿)을 쳤는데, 벼락에 맞아 죽은 사람이 생기니 인조는 매우 두려워했다.

그것은 지난해와 지지난해에 계속해서 종묘와 창덕궁 인정전에 벼락이 친 일이 있었기 때문이다. 당시 일관(日官 : 천문 관측을 하는 관원)은 "지금 벼락이 여염집을 치지 않고 바로 정전(正殿)에 쳤는데, 점괘로 보면 3년 내 그 징조가 처참할 것이라 하였으니, 두려워하지 않을 수 있겠습니까?"라는 상소를 올린 바 있었다. 그때만 해도 별로 괘념치 않았지만 3년이 되는 해 다시 벼락으로 사람들이 죽는 것을 보니, 인조는 3년 전 생각이 나서 두려움이 커졌던 것이다.

아나나 다를까 그해 12월에는 나라의 대 변란인 병자호란이 일어났고, 이듬해에는 소위 삼전도의 굴욕이라 하여, 인조가 오랑캐에게 항복하여 백성들에게 참혹한 모욕과 치욕을 안기는 사건이 일어난다.

일찍이 160여 년 전인 1470년(성종 1년) 6월에 가뭄이 극심해서 백성들이 어려움을 겪고 있었는데, 수렴청정을 하는 정희왕후가 신하들에게 "지금 가뭄이 이처럼 극심한데, 이런 재앙에 이르는 이유를 모르겠다."고 물었다. 이때 원상이던 구치관(具致寬)이 "신 또한 그 까닭을 모릅니다. 다만 영릉(세종)과 창릉(예종) 지역 안에 고총들을 많이 철거했는데, 죽은 자들이 앎이 있다면 어찌 원통하지 않겠습니까?"라고 한 적이 있었다. 이 말은 곧 비록 죽은 자일지라도 영혼은 하늘과 통한다는 의미일 것이다. 그렇다면 인렬왕후 승하 후 장릉 조성을 위해 무려 89개소의 고총 철거와 무연묘 667기를 개장(開葬)한 바 있다. 이 또한 원귀들의 원통함이 있다면 하늘을 움직여 벼락을 내린 것은 아닐까?라는 생각도 해 본다.

인렬왕후가 승하하고 14년이 지난 후, 인조는 1649년(인조 27년) 5월 8일 창덕궁 대조전(大造殿) 동침(東寢)에서 승하했다.

승하하기 전 어의가 올리는 죽력(竹瀝)[132]과 청심원(淸心圓)도 소용이 없었고, 효성 지극한 세자가 자기 손가락을 깨물어 피를 입에 흘려 넣어도 소용이 없었다. 병환으로 누운 지 열흘 만에 유교(遺教)도 없이 승하했다. 재위 기간은 26년 2개월이며, 나이는 55세였다. 슬하에 7남 1녀를 두었다.

인조가 승하한 지 닷새가 되는 날인 5월 13일, 창덕궁 인정문에서 세자가 즉위했다. 이가 바로 효종이다. 5월 15일 대행대왕의 시호를 정하면서 묘호는 열조(烈祖)라 하고, 능호는 옛것을 그대로 따라 장릉(長陵)이라 정했다.

한편 5월 18일에는 대사헌 조익(趙翼)이 차자를 올렸는데, 그 대략은 "당초 장릉(長陵)을 의논해 결정한 것은 지사(地師) 이간(李衎) 주장에 의한 것이었습니다. 그러나 지사 김백련(金百鍊)은 그곳이 좋지 않다고 강력하게 말하고, 또 듣건대 그 뒤에 그곳이 좋지 않다고 말하는 술사(術士)들이 많다고 합니다. 길흉도 분간되지 않고 의혹도 풀리지 않았는데, 그대로 그 자리에 능을 모신다면 무궁한 후회가 있을까 염려됩니다." 하였다.

이에 효종이 예조에서 의논하게 하였고, 예조에서는 "장릉을 처음 정할 때 이론(異論)이 있었다는 말을 듣지 못했습니다. 그러나 이미 들었으니, 널리 물어 길흉을 판정하지 않을 수 없습니다. 여러 대신들로 하여금 모여 의논하게 하소서." 하였다. 이에 총호사(摠護使) 이경석(李景奭)이 아뢰기를, "당초 장릉을 정할 때 지사(地師)들로 하여금 각각 소견을 진술하게 했는데, 김백련이 산세를 논하는 중에 그 자리가 좋다고 대단히 칭찬한 것이 다른 술사들보다 더욱 심하였습니다. 더구나 대행대왕께서 널리 여러 사람의 의논을 보아서 결단해 정하시어 사후(死後)에 묻힐 자리로 삼으셨으니 지금 길지(吉地)를 구하고자 한다면 아마도 이만한 사리가 없을 것입니다. 그러나 사체(事體)가 중대하니 널리 대신, 육경(六卿), 삼사(三司)

---

132) 죽력(竹瀝) : 대나무를 불에 쪼일 때 흘러내리는 즙액을 말하는 것으로 열을 내리고 가래를 삭이는 데 쓰인다.

에 물어 처리하소서." 하였다.

이때 효종이 답하기를, "산릉은 바로 선조(先朝 : 인조)에서 정하신 바로서, 이미 사후에 묻히시겠다는 말씀을 남기셨다. 더구나 자손이 번성하고 조금도 해로운 것이 없다. 다만 다시 술사에게 묻기로 한 것은 조금이라도 미진한 곳이 있으면 인력(人力)으로 보강하여 염려가 없게 하려는 것일 뿐이다. 비록 널리 묻는다 해도 다른 곳으로 자리를 옮기어 정하는 것은 결단코 할 수 없다."고 하였다.

능지에 대한 상소는 효종의 강한 의지에 무시되면서 인조의 능지는 생전에 마련했던 수릉지로 굳어졌다.

그런데 대사헌의 상소 내용과 총호사의 보고 내용에서 지사 김백련의 주장 내용이 상충되는 바가 있었지만 논의도 되지 못했고, 장릉 능지가 좋지 않음을 상소했다 하여 대사헌 조익(趙翼)은 체직(遞職 : 벼슬을 갈아치움)됐다. 하지만 석 달 후 그는 다시 좌의정으로 제수되어 총호사를 맡게 된다.

5월 23일에는 시호와 묘호를 다시 의논하는 자리가 마련되었고, 시호를 고치면서 묘호도 열조에서 인조(仁祖)로 고쳐 정했다. 그러나 응교 심대부, 부수찬 유계, 사간 조빈, 대사간 김경여, 부제학 여이징 등이 묘호를 조(祖)로 하는 것, 또는 인(仁)자를 쓰는 것에 대해 불가하다는 상소가 있었으나, 효종은 이미 정해졌으니 어지럽히지 말라며 무시했다.

시호는 죽은 사람의 공덕을 칭송하여 붙이는 것이다. 시호로 올린 헌문열무명숙순효(憲文烈武明肅純孝)는 '선한 사람을 상 주고 악한 사람을 쳤으며, 자애로운 은혜로 백성을 사랑했고, 덕을 지키고 높였으며, 몸을 바르게 하여 아랫사람을 다스렸다.'는 의미를 갖고 있으나, 인조의 재위 중 행적과 업적을 견줄 때 시호가 과연 걸맞은 것인가를 생각하게 한다. 그저 승하한 임금을 칭송하자는 뜻이니까 좋은 의미로 골랐을 뿐일지는 모르지만, 기록상에 보이는 인조의 통치 행위와는 사뭇 다른 듯하다.

한편 7월에는 산릉도감이 능 앞에 설치하는 사방석(四方石) 돌이 넓고 커서 1천여 명을 사용하지 않고서는 움직이기가 어려우니, 두 조각으로 나누기를 건의했다. 효종은 "한 개의 돌만큼 견고하지 못하다." 하여, 그대로 전석(全石)을 쓰도록 명하였으나, 당시 총호사 이경석이 다시 건의하여 사방석은 두 개로 설치하는 것으로 했다.

1649년(효종 즉위년) 9월 11일 발인제를 지내고, 재궁을 실은 대여가 궐을 떠나 장지인 파주로 떠났다. 이튿날인 9월 12일 대여가 산릉(山陵)을 5리쯤 남겨 놓고, 왼쪽 긴 상여 채가 부러지는 사고가 발생했다. 임시로 양쪽 가로장대를 묶어 겨우 능지에 도착했음을 총호사 조익(趙翼)이 보고했다.

이에 효종이 정원에 하교하기를, "그 대여의 긴 상여 채는 필시 나무의 결에 흠이 있었을 것인데, 신중히 가리지 않아 이렇게 된 것이다. 해당 낭청과 목수(木手)를 잡아다 추고하라. 도감 당상 역시 전혀 책임이 없다고 할 수 없으니, 아울러 추고하라." 하였다. 그 후에 또 하교하기를, "영여(靈輿)가 부러져 재궁을 놀라게 해 슬프고 두려운 마음이 아직도 가시지 않으니, 어찌 단지 낭청만 죄를 주겠는가. 국장도감의 전후 당상관도 아울러 잡아다 추고하라." 하였다. 그러나 얼마 후 "정상이 용서할 만하다." 하여 모두 석방하고, 낭청 강유(姜瑜) 등만을 차등을 두어

장릉 정자각 앞 향어로

도배(徒配 : 죄인에게 중노동을 시키는 도형(徒刑)에 처한 뒤 귀양 보내는 형벌)하였다.

1649년(효종 즉위년) 9월 20일 오시(午時 : 낮 12시경)에 재궁을 하현궁하면서 인조는 14년 만에 인렬왕후 오른쪽 곁에 묻히면서 장례를 마쳤다.

그 후 37년이 지난 1686년(숙종 12년)과 그 이듬해에는 장릉을 마땅히 옮겨야 한다는 상소가 줄을 잇는다.

1687년 9월 3일에는 남구만(南九萬) 등이 장릉(長陵)을 봉심(奉審)하고 돌아와 산론(山論)과 산도(山圖)를 올리니, 숙종이 보고 나서 하교하기를, "선조(先朝)의 능침(陵寢)에 흠이 생겨 무너지는 데가 있었기에 봉심하도록 해 놓고 낮이나 밤이나 근심스럽고 염려되었었는데, 이제 산론(山論)을 보고 나니 의혹이 확 풀리게 된다. 비록 사소하게 극진하지 못한 데가 있다 하더라도, 어찌 경솔하게 옮기어 모시기를 의논할 수 있겠는가?" 하고, 이어 관계자 등에게 명하여 백호(白虎 : 묘의 오른쪽 등성이)의 낮고 평평한 곳에 흙을 쌓도록 했다.

그러나 지속적으로 천장이 건의되거나 또는 이에 반대하는 상소가 있자, 숙종은 결론을 내리지 못하고 여러 대신들과 의논하니, 송시열(宋時烈)이 인조가 승하했을 때 조익의 상소 내용을 인용하며 옮겨야 한다는 뜻으로 말하고, 우의정 정재숭(鄭載嵩)은 경솔하게 옮길 수 없다고 했다. 계속해서 갑론을박(甲論乙駁)하므로 역시 결론을 내지 못했다.

그러자 10월 9일에는 숙종이 몸소 장릉에 행차하여 지사(地師) 20명과 산릉을 돌아보며 의견을 듣고, 10월 13일에 가서 직접 "무릇 일이란 백 번 듣는 것이 한 번 보는 것만 못한 것이거니와, 원릉(園陵)을 참배하고 나니 내 마음이 시원해진다. 백호(白虎)가 낮고 명당(明堂)이 기운 것은 흠이라 하겠지만 광(壙) 안에 수화(水火)가 있게 되는 것과는 다르니, 풍수(風水)들의 말 때문에 경솔하게 옮겨 모시기를 의논할 수는 없다."고 하며, 옮기지 않는 것으로 결론을 냈다.

다음 날에는 또 추존왕 원종의 아들이자 인조의 동생 능원대군의 아들인 영풍군이 상소하여 장릉에 대한 풍수의 흠을 말하고, 길한 자리로 정하도록 청했으나 역시 들어주지 않았다. 계속해서 천릉 상소가 있었으나 엄히 죄로 다스리므로 이

후 장릉에 대한 천릉 문제는 잠잠해졌다.

그로부터 다시 40여 년이 지난 1728년(영조 4년)에 유일한 왕자였던 효장세자가 열 살의 나이에 요절한 후, 한동안 왕실에 원자 생산이 없었고, 화평옹주가 마마병을 앓는 등 우환이 끊이질 않았다. 영조는 무엇 때문에 왕실에 이러한 변고가 생기며, 왕실은 왜 번창하지 못하는지 생각한다.

특히 영조는 자신이 후궁의 소생이라 왕위의 적자 계승에 대한 심적 부담을 지니고 있었는데, 그때 장릉의 풍수적 결함이 있었다는 주장이 표면으로 다시 부상되었다. 하지만 숙종 때 인조의 장릉에 대한 천장 언급을 죄로 다스리며 의논을 못하게 한 것이 부담이 되어, 영조 스스로도 조심스러워 했다. 그때 세간에서 인조 능침에 뱀이 또아리를 틀고 있는 변고가 가끔 생긴다는 얘기가 돌았다. 억설이지만 영조에게는 반길 일이었다.

풍수에서는 묘를 쓰기에 적합하지 않은 땅을 기혈지(忌穴地)라고 한다. 육안으로 확인되는 용의 형태나 주변 산세뿐 아니라, 땅속이 좋지 않은 곳도 기혈지에 속한다. 즉 뱀이나 전갈, 지렁이, 벌레 등이 서식하는 곳도 기혈지에 속하는데, 이를 병렴(病癩)[133]이라 하여 묘지 터로서는 매우 나쁜 곳에 속한다고 보는 것이다.

1731년(영조 7년) 3월 16일 영조는 예조에 남원군(南原君) 이설(李樀)을 데리고 장릉을 봉심하라 명을 내린다. "풍수설에 미혹되지 말라는 선조(先朝, 先王)의 가르침이 만세의 교훈으로 내려왔으니, 망령되이 의논해서는 안 될 것이다. 그러나 더러운 물건이 지극히 경건한 땅에서 나왔다 하니, 듣기에 아주 놀랍고 가슴 아프다. 밖이 이러하니 안에도 어찌 없다고 보장할 수 있겠는가? 이것이 더욱 두렵다. 물론 오래된 능침을 옮겨 모시는 것은 극히 어렵다. 대신과 예관으로 하여금 봉심(奉審)하게 하고, 또 밖에 있는 대신에게도 물어 중의(衆議)를 널리 채납하라."고

---

133) 병렴(病癩) : 묘지의 땅속이 좋지 않은 곳을 말한다. 땅속에 파충류나 벌레, 곤충 등이 서식하는 것은 흉하고, 이러한 곳에 묘를 쓰면 흉사를 당한다고 보는 것이다. 풍수 용어로 예를 든다면 물이 스미는 곳을 수렴(水癩), 벌레가 사는 곳을 충렴(蟲癩), 푸석푸석한 땅을 풍렴(風癩), 나무뿌리가 침범하는 곳을 목렴(木癩), 뱀이나 지렁이가 있는 곳을 사렴(蛇癩)이라 하여 이러한 곳은 묘지로서는 적합지 않다는 것이다.

하였다.

그리고 3일 후 영조는 "조정에서 과거의 여러 능을 옮겨 모셨던 예절에 대해 고찰하여 보고하라." 하면서 장릉 천장의 의중을 굳힌다.

그로부터 다시 며칠 후에는 우의정 조문명이 장릉을 봉심하고 돌아와서 "신이 이틀 사이에 아홉 마리의 뱀을 눈으로 보았는데, 큰 것은 서까래만 하고, 작은 것은 낫자루만 했습니다." 하며, 영조의 마음을 헤아리고 능을 옮길 것을 부추기기도 했다.

1731년(영조 7년) 4월 10일에 영조가 전교하기를 "전에 장릉을 옮겨 봉안하려는 뜻은 감여가(堪輿家)[134]의 근거 없는 설에 불과했으므로, 그때 성교(聖敎 : 임금의 명령)가 만세토록 바꿀 수 없는 가르침이 되었다. 그러나 이번에 옮겨 봉안하는 것은 옛날과 크게 달라 능침(陵寢 : 능의 또 다른 말)의 더러운 물건을 이미 대신들이 재차 봉심하면서 보았다고 하였으니, 슬픈 마음이 그지없이 간절하여 천릉하는 일을 조금도 늦출 수가 없다."고 하면서, 영의정 홍치중(洪致中)을 산릉 총호사(山陵摠護使)로 삼아 천릉을 주관토록 했다.

천릉의 대상지로는 후릉(厚陵 : 정종) 주변과 헌릉(獻陵 : 태종, 원경왕후) 주변이 대두되어 각각 봉심을 했으나, 지관들 사이에 주장과 의견이 상반되기도 했다. 교하현(交河縣)에 있는 능지에 대해서는 지관들이 모두 "교하는 산세의 배포가 국장의 자리에 합당합니다." 하고, 도감의 당상인 우의정 조원명 역시 극구 칭찬하니, 영조는 "공조 판서와 수원부사가 함께 가서 다시 살피라."고 명을 내렸다. 이들이 산세를 볼 줄 아는 것으로 알려졌기 때문이다.

그로부터 닷새 후인 5월 13일 교하 땅을 간심하고 돌아온 총호사 홍치중과 공조 판서, 수원부사 등이 말하기를 "객사 뒤가 정혈인 듯합니다." 했다. 이때도 다른 곳이 더 길지라는 얘기도 있었으나, 영조는 그다음 날 최종적으로 교하를 천

---

134) 감여가(堪輿家) : 감여(堪輿)라 함은 풍수지리의 다른 말이다. 감(堪)은 하늘을, 여(輿)는 땅을 의미하고, 하늘과 땅의 오묘한 이치를 뜻하는 것으로, 지형이나 방위를 인간의 길흉화복과 연결시키는 것이다. 감여가는 풍수지리를 공부하여 묘지나 집터의 길흉을 점치는 사람으로, 지리관, 술관, 지관이라고도 한다.

릉지로 결정했다.

5월 28일에는 교하 새 능지의 혈(穴)을 재고 돌아온 우참찬(右參贊) 윤순(尹淳)이 "뒤의 용 모습이 웅장하고 훌륭하며, 내려오는 용맥에 '왕(王)' 자의 형상이 있습니다." 하니, 영조가 매우 기뻐했다.

6월 21일에는 예조에서 "구릉(舊陵)을 파는 것을 8월 16일로 하고, 하현궁(下玄宮)은 같은 달 30일이 마땅합니다." 하니, 영조는 그리하도록 했다.

이리하여 8월 27일 장릉에서 발인하여 영여(靈轝)가 교하의 새 능에 이르렀고, 8월 30일 진정(辰正 : 오전 8시 정각)에 재궁을 받들어 자좌오향(子坐午向 : 정남향)으로 조성된 현궁에 안치하고, 미시(未時 : 오후 2시경)에 대왕위(大王位)의 우제(虞祭 : 장례 때 지내는 제사)를 거행했으며, 이어 왕후위(王后位)의 우제를 거행함으로써 천장을 마쳤다. 인조가 승하한 지 82년 만이고, 인렬왕후는 96년 만이다.

그런데 장릉의 천릉 사유가 능에 발생한 충렴(蟲瘻 : 벌레가 있는 곳)과 사렴(蛇瘻 : 뱀이나 지렁이가 있는 곳)을 피하고자 함이었는데, 천릉을 위해 능을 팔 때 능 주변 또는 광중에 뱀이나 전갈, 지렁이나 벌레 등 소위 더러운 물건들이 발견되었다는 기록은 어디에도 없다. 우의정 조문명이 장릉에서 서까래만 한 뱀 9마리를 봤다는 때가 3월 중순경이다. 그 시기는 뱀이 9마리씩이나 떼 지어 다니는 시기도 아니다. 막상 능을 파는 8월에 뱀을 보았다는 기록이 없음이 신기하다. 그렇다면 병렴(病瘻)에 대해서는 기록을 안 한 것인가? 아니면 처음부터 없었던 것인가?

장릉은 당초에 쌍릉으로 조성되었으나 천장을 하면서 합장릉이 되었다. 이리하여 영조는 효장세자를 잃으면서 마음먹었던 장릉 천장을 드디어 지금의 위치(지금의 파주시 탄현면 갈현리)로 하면서 마무리 지었다. 이때에 교하현(交河縣)이 교하군(交河郡)으로 승격되었다

이유없이 지아비와 가장 멀리 있는 능

휘릉(徽陵, 인조 계비 장렬왕후)

휘릉(徽陵)은 조선조 제16대 임금인 인조(仁祖)의 계비(繼妃) 장렬왕후(莊烈王后, 1624~1688) 조씨의 능으로 단릉이다.

예송논쟁 당사자인 자의대비(慈懿大妃)의 능으로 더 알려진 능이기도 하다.

인조는 원비 인렬왕후와 함께 파주에 있는 장릉(長陵)에 모셔져 있다.

1688년(숙종 14년) 8월 26일 묘시(卯時 : 오전 6시경)에 장렬왕후는 창경궁 별당 내반원(內班院 : 궁내 내시들의 집무실이나 처소를 칭함)에서 승하했다. 인조의 계비로 궁궐로 들어온 지 50년만이다. 이때 나이는 64세였다.

숙종은 며칠 전부터 대왕대비의 환후가 더욱 무거워지자 빨리 쾌차되도록 종묘와 사직, 그리고 산천(山川)에 기도할 것을 명했으나, 그 정성이 미치기도 전에 승하한 것이다. 즉시 삼도감의 제조와 아울러 좌의정 조사석(趙師錫)을 총호사로 명하여 장례를 관장케 했다.

장렬왕후는 한원부원군(漢原府院君) 조창원(趙昌遠)의 막내딸로서 본관은 양주이다. 1638년(인조 16년) 15살의 어린 나이에 왕비로 책봉되면서 인조의 계비가 되었다. 인조와는 29살 차이가 있고 소현세자(昭顯世子)보다는 13살이 어렸다.

1635년(인조 13년) 인렬왕후(仁烈王后)가 산후로 얻은 병이 위독하여 승하하면서 3년 후에 계비가 되었으나 슬하에는 자녀가 없었다.

장렬왕후는 1649년 인조(仁祖)가 승하하고 효종(孝宗)이 등극하면서 26세에 대비(大妃)가 되었고, 10년 뒤 효종이 승하하고 현종(顯宗)이 즉위하면서 다시 대왕대비(大王大妃)가 되었다. 장렬왕후는 인조, 효종, 현종, 숙종에 이르기까지 4대에 걸치면서 왕실의 어른으로 있었으나, 국상(國喪) 때마다 장렬왕후(자의대비)의 복상문제(服喪問題)[135]를 어떻게 할 것인가를 놓고, 당파 간의 치열한 대립을 불러일으킨 당사자였다.

다시 말하면 1659년(1차 예송) 효종이 승하했을 때와, 1674년(2차 예송) 효종비

---

135) 복상문제(服喪問題) : '복제(服制)'라고도 하며 상례(喪禮)에서 정한 상복을 입는 것을 말하며, 여기에서는 상복을 입는 기간에 대한 논란을 말한다.

인선왕후(仁宣王后)가 승하했을 때 장렬왕후(자의대비)가 상복을 입는 기간을 두고 벌어진 서인과 남인간의 예송논쟁(禮訟論爭)을 말한다. 1차 예송[136]은 서인이, 2차 예송[137]은 남인의 승리로 당파 간의 득세와 몰락을 점철하는 사건이 되었다.

1688년(숙종 14년) 9월 2일에는 대행대왕대비(大行大王大妃)의 시호를 장렬(莊烈)이라 정하고, 능호는 휘릉(徽陵)으로 정했다.

9월 13일에는 1년 전(1687년) 장릉의 천릉을 상소했던 첨사(僉使) 허빈(許彬)이 다시 상소하여 금번 대행대왕대비(장렬왕후)의 능지를 선정하면서, 이번 기회에 풍수에 결점이 있는 장릉(長陵)도 함께 길지를 구해, 두 능을 같은 국내에 쓰도록 계획한다면 좋겠다는 내용으로 아뢴다. 숙종은 이미 조정에서 단정(斷定)한 바 있다는 사유로 비답을 했다. 그러나 사헌부에서 다시 상소한 허빈의 죄를 청하면서 상소를 받아들인 승지(承旨)도 추국을 청하니 숙종이 이를 가납하여 죄로 다스린 바 있다.

9월 18일에는 총호사인 좌의정 조사석(趙師錫) 등이 각릉(各陵)의 국내(局內)를 살펴보고 돌아와서 산릉을 건원릉(建元陵 : 태조) 국내 유좌(酉坐)의 산등성이가 좋다고 보고하니, 숙종(肅宗)이 그리 정하도록 함으로써 별다른 이견 없이 장렬왕후의 능지가 결정되었다. 처음에는 후보지를 파주의 장릉과 순릉 경내, 고양의 희릉과 익릉 경내, 그리고 광릉과 건원릉의 도국까지 거론되다가 최종적으로 건원릉 내로 정해진 것이다.

그런데 여기서 우리가 한 가지 짚어 볼 것이 있다. 숙종 역시 계증조모(繼曾祖母)인 대왕대비 능지 선정에서, 다른 임금들과 비교할 때 비교적 쉽게 결정한다.

---

136) 1차 예송 : 기해년(1659년)에 발생한 사건으로 기해예송(己亥禮訟)이라고도 한다. 장렬왕후(인조계비=자의대비)의 상복을 입는 기간으로 연유된 사건이다. 이는 효종이 승하하자 '효종을 첫째 아들로 볼 것인가? 둘째 아들로 볼 것인가?'에서 장렬왕후(자의대비)의 상복 기간이 1년(서인은 1년, 남인은 3년을 주장함)으로 정해지므로 서인이 승리하면서 남인의 몰락을 가져온 사건이다.

137) 2차 예송 : 갑인년(1674년)에 발생한 사건으로 갑인예송(甲寅禮訟)이라고도 한다. 이는 역시 장렬왕후 상복을 입는 기간으로 빚어진 사건이다. 효종비 인선왕후가 승하하자 '인선왕후를 첫째 며느리로 대우할 것인가? 둘째 며느리로 볼 것인가?'에서 장렬왕후(자의대비) 상복 기간이 1년(서인은 9월, 남인은 1년을 주장함)으로 정해지므로 남인이 승리하면서 서인의 몰락을 가져온 사건이다.

숙종이 국상을 직접 치른 어머니 명성왕후나 숙종의 원비 인경왕후의 경우에도 능지를 선정하는 데 있어 길흉의 논란 없이 택지한 것을 보면, 숙종은 풍수설에 그리 얽매이지 않은 것으로 보인다.

대왕대비가 승하하기 1년 전(1687년, 숙종 13년)에도 장릉(長陵)이 풍수적으로 흠이 있으니 천장이 마땅하다는 상소가 지속되고, 조정에서도 장릉을 옮길 것인지 그대로 둘 것인지 놓고 대신들 간에 논박이 되풀이될 때가 있었다.

그때도 숙종은 "풍수들의 말에 경솔하게 옮겨 모시기를 의논할 수 없다." 하며, 장릉의 천장 언급을 막거나, 거론하는 사람들을 죄로 다스린 적이 있었다.

그리고 이번에 장렬왕후의 능지를 선정할 때 장릉도 함께 천장했으면 하는 상소에 대해 죄로 다스린 걸 보면, 숙종은 풍수에 대한 관심이 적었던 것이 분명하다. 때문에 왕실 최고 어른인 대왕대비의 능지를 선정하는 데 큰 고심 없이 대신들의 의견을 수용했던 것 같다.

지나친 예일 수 있지만, 선조는 의인왕후의 능지를 선정할 때 수많은 후보지를

휘릉 전경

두고 무려 5개월에 걸쳐 살펴 정한 예가 있고, 효종이 승하했을 때도 현종은 15군데의 산을 살피고 그림도 그리게 하며, 풍수적으로 꼼꼼히 살핀 후 대신들과 논의 끝에 고르고 또 고른 후에야 비로소 최종 낙점한 바 있다.

이처럼 능지 결정은 여러 사람의 의견을 수렴하여 신중히 선정하는 것이 통례였다. 물론 숙종의 장렬왕후 능지 결정 과정이 전적으로 잘못된 것이라 할 수는 없지만, 너무 무관했던 게 아닌가 하는 생각과 함께 다른 임금들의 능지 선정 신중성과는 비교가 되기 때문이다.

또 하나는, 장렬왕후가 승하한 장소가 창경궁 내반원이다. 내반원은 내시들의 처소다. 대왕대비가 누추한 내시들의 처소에서 승하한 것이다.

계비였기 때문이거나 정치적 배경이 없었기 때문이 아니고, 병세가 심해져 피어(避御 : 임금이 피난을 감)를 갔다가 그만 그곳에서 승하한 것으로 보인다.

내반원이 왕이나 왕비가 잠시만이라도 거처할 만한 곳은 아니지만, 왕이나 왕비가 병환이 있을 경우 평소 생활하던 거처를 내반원으로 옮기는 예가 있었다. 궁궐 내에서 누추한 내반원으로 일종의 피접(避接)을 한 것이다.

중종(中宗)도 장경왕후가 승하했을 때 충격으로 몸이 아파서 잠시 내반원으로 거처를 옮겼었다. 대간들은 '내반원은 극히 지저분하고 낡았는데 어찌 지존(至尊 : 더할 나위 없이 존귀한 존재로 임금을 칭하는 것)의 처소가 되겠습니까?' 하며 말렸으나 이를 무릅쓰고 피어한 적이 있었다. 실록에서는 인종(仁宗)이나 숙종(肅宗)의 경우도 내반원으로 피어를 하려 했던 바가 있었다.

1688년(숙종 14년) 12월 15일 발인제를 지낸 후 총호사가 재궁을 받들고 빈양문(賓陽門)[138]을 나섰는데 문무백관이 그 뒤를 따랐고, 숙종은 소여(小輿)를 타고 흥인문(興仁門) 밖까지 따라간 후 노제를 지내고 돌아왔다.

그리고 1688년 12월 16일 장렬왕후를 건원릉의 오른쪽 유좌(酉坐 : 정동향)의 산

---

138) 빈양문(賓陽門) : 궁궐에서 내전과 외전을 연결하는 문으로 공적 공간인 편전과 사적 공간인 침전을 잇는 통로에 있다.

등성이에 신좌을향(辛坐乙向 : 정동에서 남쪽으로 15°)으로 장사를 지내고 능호는 휘릉이라 했다.

장렬왕후는 인조 곁에 묻히지 못했다. 휘릉은 이유 없이 지아비와 가장 멀리 떨어진 능이기도 하다. 생전에는 중전의 위치에 있으면서도 나이가 어려 후궁들에게 휘둘렸고, 소생이 없어 인조의 무관심 속에 외롭게 지냈다. 인조가 승하한 후에는 왕실의 어른이었으나 실권이 없어 조용히 지내야만 하는 처지였다. 그러니 승하 후 홀로 묻히는 외로운 신세가 된 것이다.

대제학 남용익(南龍翼)이 지은 애책문에는 '울창한 저 신강(新岡 : 휘릉을 말함)은 성조(聖祖 : 선대의 여러 임금)의 곁인데, 네 능(陵 : 건원릉, 현릉, 목릉, 숭릉)이 둘러싸고 있으니, 잡귀(雜鬼)를 꾸짖어 물리칠 것이며, 엄연히 산세는 청룡(靑龍)이 서려 있고 백호(白虎)가 걸터앉아 일찍이 땅이 숨기고 하늘이 감추었던 곳인데, 진실로 오늘을 기다리고 있었던 것이니, 체백(體魄)이 편안할 것을 기대하겠습니다.'라고 지었으나, 외로이 묻혀 있음이 과연 편안할까?

가정이지만 장렬왕후가 효종 앞에 승하했다면 아마 상황은 많이 달라졌을 것으로 추측된다. 과거 인조는 계비 장렬왕후보다 후궁인 귀인 조씨를 더 총애했다. 조씨는 임금의 총애만 믿고 왕후를 무시하거나 각종 비위를 저질렀다. 이 모든 것을 알고 있던 효종은 즉위 후 조씨를 폐출시키고 사사시킨 바가 있었다.

이렇듯 효종은 장렬왕후가 비록 자신보다 나이가 적기는 했어도, 지극정성으로 대했다. 그랬다면 장렬왕후는 휘릉에 단릉으로 홀로 있을 리 없었으리라. 동원이강으로라도 인조와 함께 있게 했을 텐데 하는 가정도 해 본다.

그리고 숙종이 장릉 천릉을 요구하는 상소에 조금이라도 관심을 보였다면, 또 인조 곁에 장사해야겠다는 의지가 조금이라도 있었다면, 인조와 이리 멀리 떨어지게 모시지는 않았을 것이라는 생각도 해 본다.

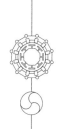

조선 왕릉 최초의 동원상하릉

영릉(寧陵, 효종, 인선왕후)

영릉(寧陵)은 조선조 제17대 임금 효종(孝宗, 1619~1659)과 효종비 인선왕후(仁宣王后, 1618~1674)의 능이다.

영릉은 처음에는 지금의 동구릉 원릉(영조) 자리에 있었으나, 1673년(현종 14년) 지금의 위치로 천장되었다. 영릉은 왕릉과 왕비의 능이 일반적인 좌우 쌍릉이나 동원이강릉의 형태를 취하지 않고, 아래위로 배치한 동원상하릉(同原上下陵)의 능제를 보여 준다.

영릉(寧陵)은 조선 왕릉 중 동원상하릉을 취하고 있는 두 능(효종의 영릉(寧陵)과 경종의 의릉(懿陵)) 중에 하나로, 상봉 효종의 능 뒤에는 곡장이 있으나 하봉 인선왕후 능에는 곡장이 없다.

효종은 인조와 인렬왕후 한씨 사이에서 둘째 아들로 태어났고, 인조가 등극하면서 1626년 8세에 봉림대군(鳳林大君)으로 봉해졌다.

병자호란(丙子胡亂 : 1636년)이 일어나고 인조가 남한산성에서 항전을 했으나, 고립되어 결국 정축하성(丁丑下城)[139]을 결행하고 청나라에 항복하므로, 형 소현세자(昭顯世子)와 함께 청나라에 볼모로 끌려갔었다.

그 후 소현세자가 먼저 귀국하였으나 갑작스런 죽음에, 봉림대군은 8년 만에 귀국하여 세자에 책봉되었다. 봉림대군이 세자로 책봉될 때 적장자가 세자가 되야 한다는 소위 세적승통론(世嫡承統論)을 내세우며, 소현세자의 아들인 원손이 세자로 책봉돼야 한다는 중신들의 주장이 있었지만, 어린 적장자보다 기반을 다진 왕자가 왕이 되어야만 나라가 안정된다는 국유장군론(國有長君論)[140]을 내세운

---

139) 정축하성(丁丑下城) : 병자호란 때 인조가 남한산성으로 피했으나 59일 만에 항복하고, 정축년(丁丑年)에 남한산성을 나와 삼전도에서 항복의 예를 행한 것을 말하는데, '삼전도의 굴욕'이라고도 한다. 그러나 인조는 항복이라는 표현을 쓰지 않고, 그저 성을 내려왔다는 의미의 하성(下城)이라고 하고 신하들에게도 이 표현을 쓰도록 했고, 이후 공식 기록에는 정축하성(丁丑下城)이라고 썼다.

140) 국유장군론(國有長君論) : 왕위를 계승함에 있어 어린 적장자보다는 경륜과 능력을 갖춘 연장자가 왕이 되어야만 나라가 안정될 수 있다는 논리다. 소현세자가 죽자 중신들은 원손이 세손이 되어 왕위를 이어야 한다는 주장을 했으나, 봉림대군을 세자로 책봉하기 위해 인조가 국유장군론을 주장했다. 이 논리와 상대되는 논리가 세적승통론(世嫡承統論)이다. 이는 사직의 안정을 위해 적장자나 원

인조의 강한 의지에 따라 봉림대군이 세자로 책봉된 것이다.

그리고 1649년 인조가 승하하자 그 뒤를 이어 31세의 나이에 조선 제17대 임금으로 즉위하였다. 효종은 청나라에서 8년간의 인질 생활을 하는 내내 수십만의 백성이 포로로 잡혀 오고, 조선의 여인들이 조공으로 바쳐지며, 명과 싸우는 청나라에 전쟁 물자를 대는 조선의 비참한 모습을 목도하며, 청나라를 정벌하고야 말겠다는 복수심을 가지고 북벌 계획을 세웠던 유일한 임금이다. 북벌을 위해 중요한 것은 주자학이 아니라 군사력이라는 생각을 갖고, 소위 문치(文治)의 나라에서 무치(武治)를 하려 했던 인물이기도 했다.

효종은 즉위하자마자 청나라에 굴종하려는 친청 세력들을 몰아내고, 북벌 의지가 강한 인물들로 조정을 채우면서 병력 증강과 정예군 양성, 그리고 북벌 전진 기지로 사용할 산성 구축(山城 構築)을 하며 청나라 정벌 의지를 키워 나갔다.

그러나 효종은 그 꿈을 펼쳐보기도 전에 재위 10년만인 1659년 5월 4일 정오(正午) 창덕궁 대조전에서 승하했다. 이때 나이가 겨우 41세였다. 자녀는 1남 7녀를 두었다.

효종이 승하하자 즉시 사관으로 하여금 '대점(大漸 : 임금의 병세가 아주 위독함을 이르는 용어)'이라는 두 글자를 써서 밖에 내다보이게 했다. 그것은 의례(儀禮)에 따라 곡(哭)은 염습 절차 뒤에 했으므로, 염습 절차가 끝난 뒤에 백관들로 하여금 거애(擧哀 : 죽은 사람의 혼을 부르고 나서 상제가 머리를 풀고 슬피 울어 초상난 것을 알리는 절차)하려 했으나, 불가하다는 일부 주장에 따라 바깥뜰에서 절은 하지 않고, 먼저 곡부터 하게 한 것이다. 그리고 곧바로 좌의정 심지원(沈之源)을 총호사로 삼아 국장을 총괄하게 하였다.

효종이 승하한 지 5일이 지난 1659년(현종 즉위년) 5월 9일 창덕궁 인정문에서 후계 왕의 즉위식이 거행됐다. 그가 바로 현종(顯宗)이다.

1659년(현종 즉위년) 5월 11일에는 정승과 육조의 참판 이상 재신들이 모여 논의

손이 왕위를 계승해야 한다는 것이다.

하고, 대행대왕의 시호 등을 정했는데 묘호는 효종(孝宗)으로 하고, 능호는 익릉(翼陵)으로 정했다가 다시 논의 끝에 영릉(寧陵)으로 정했다.

이어 5월 17일에는 총호사 심지원이 현종으로부터 승낙을 받아 파직된 전 참의 윤선도(尹善道)와 부호군 이원진(李元鎭)을 대동하여 함께 능지를 찾아 나섰다.

5월 23일에는 예조 판서 윤강(尹絳) 등이 서운관(書雲觀)이 기록한 여러 산들을 보고 돌아와 아뢰기를, "신이 여러 지관들이 말한 것을 보건대, 홍제동(弘濟洞 : 영릉(英陵)이 위치한 곳) 산맥이 멀리서 왔지만, 힘차고 국(局)[141]이 크다 하며 매우 훌륭한 것처럼 말하고 있으나, 신이 보기에는 그렇지 않은 점이 있습니다. 신이 혈이 있다는 산등성이를 살펴보았더니, 흘러 내려온 것이 1백여 보(步)에 불과하고 나약하고 힘이 없기가 마치 두렁이(鱓魚) 모양 같았는데, 그곳은 대체로 영릉(英陵)을 만들고 난 나머지 기운으로서 크게 쓸 자리가 아닙니다." 하면서 "이번에 진혈(眞穴 : 좋은 혈)로는 임영대군의 산소와 헌릉 내의 한 곳이 고를 만했습니다. 풍수를 잘 아는 사람을 불러 홍제동과 그 두 곳을 다시 살펴보게 하소서." 하였다. 다시 산릉도감이 풍수에 밝은 자들과 함께 "헌릉의 이수동(梨樹洞), 건원릉의 첫 번째 등성이, 영릉의 홍제동, 임영대군의 묘가 있는 산, 안여경의 묘가 있는 산, 파주의 월롱산 등 여섯 곳을 살피고자 합니다." 하니, 현종이 윤허했다.

그리고 열흘 후에는 이곳들을 간심하고, 다른 곳을 포함하여 모두 15군데의 도형을 그려 올리니, 현종이 차례를 정해 올리라 하여 6월 15일에는 예조 판서 윤강이 그중에서 좋다고 생각되는 4곳을 그림으로 그려 올렸다.

다음 날에는 현종이 양지당(養志堂 : 창덕궁에 있는 전각)에서 대신들과 다시 능지의 산세 등에 대해서 논의하니, 총호사 심지원이 "나라에서 쓸 만한 곳은 멀리는 홍제동이고, 가까이는 수원의 산(화산(華山)으로 지금의 융·건릉이 있는 곳)으로, 그

---

141) 국(局) : 보국(保局)의 줄임말로 풍수지리에서 혈(穴)은 장풍(藏風)의 조건이 갖추어진 곳에서만 결지(結地)되고, 장풍이 되려면 사신사(四神砂 : 청룡, 백호, 주작, 현무)를 비롯한 명당으로 흐르는 물을 포함한 주위의 형세가 합하여 만들어진 형태여야 한다. 장풍이 되어야 풍수의 가장 중심 부분, 즉 혈(穴)이 결지되는 것으로, 혈이 결지되기 위한 최적의 환경 조건을 망라한 환경을 보국(保局) 또는 국(局)이라 한다.

두 곳 밖에는 골라 쓸 곳이 없습니다."라고 하니, 현종은 "홍제동은 거리가 멀어 불편하니 수원 산을 썼으면 좋겠다."고 했다.

그러자 송시열이 "수원은 국가 관방(關防 : 관문, 또는 국경의 요새지) 지대로서 선대왕께서 일찍이 마음을 두셨던 곳인데, 하루아침에 헐어버려 군과 민이 살 곳을 잃고 뿔뿔이 흩어지게 되면, 선대왕의 평상시 뜻이 아니지 않을까 염려되옵니다." 하며, 수원을 반대하는 의사를 피력했다. 여러 신하들이 모두 홍제동이 가장 길지로 쓸 만하다고 하였으나, 윤강 예조 판서만이 반대 입장이었다.

6월 19일에는 현종이 다시 수원 산을 보고 돌아온 총호사 좌의정 심지원, 예조 판서 윤강 등을 비롯하여, 영의정과 송시열, 송준길, 윤선도 등을 양지당으로 불러 "수원 산을 살펴보니 어떠한가?" 하고 의견을 물었다. 총호사가 "수원 산에 대해 윤선도와 이원진의 소견이 달라 판단하기 어렵습니다."라고 하자 현종이 윤선도에게도 의견을 말해 보라 하니, "사세의 어렵고 쉬운 것과 거리의 멀고 가까움은 그만두고 오직 산의 우열만을 들어 논하기로 하면 홍제동이 당연히 제일이고 수원은 그다음이지만, 수원도 대지는 대지여서 그 산만 쓰더라도 그보다 다행일 수가 없습니다." 했다. 또 아뢰기를, "홍제동은 지관 무리들만 이구동성으로 좋다고 하는 곳이 아니라, 예로부터 대지라고 하는 곳인데, 윤강 혼자서 흠결이 있다고 주장하니 알 수 없는 노릇입니다." 하였다.

그러자 예조 판서 윤강이 발끈하며 아뢰기를, "신이야 무슨 소견이 있겠습니까마는 이원진 역시 홍제동은 현무(玄武) 부리[觜]에 해당하는 괴혈(怪穴)[142]이라고 하였습니다. 괴혈치고 나라 장지에 맞는 경우가 어디 있겠습니까? 선도는 비록 홍제동을 극찬하고 있지만, 신의 생각에는 영릉(英陵)이 지기(地氣)를 다 받은 곳이라면 그곳은 바로 지엽(枝葉 : 가지와 잎사귀) 사이에 맺어진 혈입니다. 선도가 제일이라고 주장하는 뜻을 신도 모르겠습니다." 하며, 서로 자신들의 주장에서 한

---

142) 괴혈(怪穴) : 풍수 용어로서 기괴하고 이상한 곳에 걸지되는 혈을 말하는 것으로, 혈장이 기이하고 보통의 풍수 기준과는 달리, 평범한 상식으로는 도저히 이해할 수 없는 곳에 존재하는 혈을 말한다. 보통의 혈은 일반지사라도 알 수 있으나, 괴혈은 신안(神眼)의 경지에 있는 풍수가 아니면 분별 못할 정도의 혈을 말한다.

치도 물러서지 않았다.

이에 현종이 송시열에게 소견을 말해 보라 하자 "신의 어리석은 소견은 이미 아뢰었지만, 오늘 일이 아무래도 미안한 데가 있어 부득이 다시 아뢰어야겠습니다. 홍제동은 지금의 지관들만 좋다고 하는 곳이 아니라 예부터 두고두고 일컬어 오던 곳인데, 어찌하여 윤강의 말만 듣고 버리려는 것입니까? 윤강의 지술(地術)이 전후 어느 지사보다도 나은지 그것은 신이 알 수 없으나, 성상의 뜻이 이미 수원으로 굳어져 있기 때문에 뭇 신하들이 모두 그 뜻에 순응하기 위하여 다른 말들이 없는 것입니다. 성상이 만약 홍제동에다 뜻을 두신다면 여러 신하들도 틀림없이 생각을 같이 하여 이의가 없을 것입니다." 하면서, "수원이 꼭 길지만 된다면야 관방이 되는 중요한 지역이라도 따질 겨를이 없을 수 있지만, 만약에 하나에서 열까지 빈틈없는 곳이 아니라면 왜 가장 길지인 홍제동을 두고 꼭 둘째가는 수원을 쓰려 하십니까?" 하면서 소신을 분명히 말했다. 하지만 현종은 수원 산으로 하려는 의지를 굽히지 않았다.

다음 날에는 부호군(副護軍) 이상진(李尙眞), 함릉군(咸陵君) 이해(李澥), 연양부원군 이시백(李時白), 완남부원군 이후원(李厚源) 등이 수원은 쓸 자리가 못 된다고 상소를 올렸으나, 현종은 풍수를 모르는 자들이 감히 가벼이 논하지 말라고 하며, 이러한 상소는 받아들이지 말라고 하교했다. 그리고 수원 산에 산역을 시작하도록 명했다.

그러자 총호사뿐만 아니라 대사헌 송준길 등이 "이미 정해져 있다는 이유만으로 의견을 수렴하지 않으면 안 된다."라며 산역의 중지를 건의해도, 현종은 "꼭 정지할 게 무엇이 있겠는가. 그대로 산역을 시작하도록 하라." 하며, 전혀 가납(嘉納)하려 하지 않았다. 이렇게 능지 문제로 대신들 간에 심한 갈등이 있자 영돈령부사 이경석(李景奭)이 다시 반대 의사를 낸다. 현종은 "깊이 생각해 보겠다."고 했다.

그러던 차에 7월 4일에는 예조 판서 윤강이 "건원릉(建元陵 : 태조) 옆 목릉(穆陵 : 선조) 왼편 산등성이가 큰 자리로 쓸 수가 있다."고 하며 의논이 일치되고 있음을 보고했다.

그리고 며칠 후 다시 총호사가 "수원으로 정한 후 흠이 있다는 논의가 분분하고, 중신들까지도 잇따라 항의하는 상소를 올려 모두 쓸 수 없는 곳이라고 말하였기 때문에 다시 여러 산을 보았는데, 다행히도 건좌(乾坐 : 동남향)로 된 산등성이를 찾아냈던 것입니다. 모든 것이 격에 맞고 다소의 흠이 없는 것은 아니지만 풍수설을 아는 사람들이 해는 없다고 말하고 있으니, 그 산을 쓴다면 불평불만에 쌓인 인심을 위안할 수 있을 것입니다. 그러나 그냥 수원을 쓴다면 뭇사람들의 마음이 틀림없이 더 격해질 것입니다." 하면서, 수원 산을 쓰지 말 것을 청했다. 하지만 현종은 "이미 결정됐다." 하며 윤허치 않았다. 며칠 전에는 "생각해 보겠다."고 했음에도 불구하고, 생각을 전혀 바꾸지 않았다.

그렇게 의지를 굽히지 않던 현종은 7월 11일, 여러 대신에게 이르기를, "산릉 문제에 대해 의논이 분분하므로 내 감히 독단을 내리지 못하고 회의를 거쳐 정하려고 한다. 그런데 대신 이하 제신들 말이 모두 건원릉의 오른쪽 산이 수원보다 낫다고 하니 그리로 정하는 것이 좋겠다." 하자, 신하들이 자리에서 일어나 절을 하고 아뢰기를, "이야말로 종묘사직과 신민들에 있어서 더없는 다행입니다." 하였다. 이로써 효종의 능지는 아주 어려운 과정을 거쳐 목릉 옆 산등성이에 건좌손향(乾坐巽向 : 동남향)으로 결정되었다. 효종 승하 후 두 달이 넘어서였다.

여기서 능지의 지각 결정은 차치해 두고, 현종은 나이 19세로 즉위한 지 두 달밖에 안 됐음에도 신료들이 수차례 수원 산에 대해 풍수를 논하며 능지로서 불가함을 상소할 때, '풍수설을 모르는 자들'이라 하며 단호한 조치로 상소를 차단해 버리는 결단력을 보였다. 현종이 어느 사이 풍수학을 가까이 했는지 알 수 없지만, 선왕의 능지를 선정하는 데 나이답지 않게 풍수적으로 접근한 신중한 모습과 당대의 명신으로 꼽히는 판중추부사 송시열, 연양부원군 이시백, 영돈령부사 이경석, 영의정 정태화, 좌의정 심지원, 대사헌 송준길 등의 주장을 쉽게 가납치 않은 것에서 현종의 기개가 남달랐음을 느낀다.

이리하여 1659년 10월 28일 발인제를 마치고 효종의 영여는 능지로 떠났다. 다음 날인 10월 29일 진시(辰時 : 오전 8시경)에 효종의 재궁을 현궁에 내리고, 오시(午時 : 낮 12시경)에 장례를 마치니 이렇게 영릉(寧陵)이 완성된다.

그러나 이상하게도 매년 영릉의 봉분과 석물들이 주저앉거나 무너지는 현상이 생겨 그때마다 보수를 해도 능에 변고가 그치지를 않았다.

영릉이 조영된 지 15년째 되는 1673년(현종 14년) 3월 24일 영림부령(靈林副令) 이익수(李翼秀)가 영릉의 파손과 수리에 대해 상소를 하는데 그 내용을 간략하게 적어 보면, '영릉(寧陵)은 장례를 모신 지가 15년이 되었는데 회를 바르고 수리하는 역사가 거의 없었던 해가 없었다. 옛날 제왕들의 무덤도 오히려 봉릉(封陵)과 수석(水石)이 완연하여 어제 만든 것과 같은데, 어찌 능의 흙이 채 마르기도 전에 계속하여 수리한단 말인가. 당초에 비록 천릉(遷陵)의 논의가 있었으나 금방 정지하고 기울고 무너진 곳을 대단치 않을 것으로 여겼는데, 해마다 수리를 하는데도 아직도 그치지 않고 있다. 여항(閭巷 : 백성의 살림집이 많이 모여 있는 곳으로, 여염(閭閻)이라고도 함) 사이에 전파하는 말이 아주 낭자하다.'는 내용이었다.

그리고 능을 지키는 수복(守僕 : 조선 시대 능, 원이나 서원 등을 관리하는 벼슬아치 밑에서 청소 등 하급(下級) 일을 보던 사람)이 하는 말을 일일이 들면서 영릉의 능침 관리에 문제가 있음을 아뢰니, 현종은 그 뜻을 가상히 여겼으나 오히려 죄를 주어야 한다는 사람들도 있었다. 그러나 현종은 상소를 올린 이익수를 불러오게 하여 다시 묻고는 대신들과 삼사(三司)[143]에서 살펴보도록 하면서 도형을 만들고 자로 재어 그려 가지고 오도록 했다.

며칠 후 현종은 봉심한 재신들을 인견하면서 봉심 내용을 들었다. 그 내용들은 대강 이러했다. '그전에 봉심할 적에는 비록 틈이 있어도 대단하지 않았는데, 지금은 전과 크게 다릅니다.', '능 위의 물이 반드시 흘러 들어갈까 걱정이 됩니다.', '다른 능은 지대석 아래에 반드시 엄석(掩石)[144]을 설치했는데, 영릉은 애당초 엄석을 배설하지 않았습니다.', '석역(石役)이 견실하지 못했기 때문에 이 같은 지경

---

143) 삼사(三司) : 조선 시대 언론을 담당한 사헌부, 사간원, 홍문관을 가리키는 말로서 삼사 가운데 사헌부와 사간원을 양사(兩司)라 하고, 이 두 기관의 관원들을 대간(臺諫)이라 했다. 후에 홍문관과 함께 삼사라 한다.

144) 엄석(掩石) : 능을 설치할 때 난간석은 모두 열두 면으로 이루어지는데, 이를 설치할 때는 먼저 초지대석(初地臺石) 48개를 설치한다. 이 초지대석을 엄석이라고도 한다.

에 이르게 된 것입니다.', '능 위의 석물(石物)은 고쳐야만 합니다.' 등 능침 조성이 부실했다는 내용들이었다.

이러한 보고에 격분한 현종은 감독을 소홀히 한 그때의 도감 당상 이하를 아울러 잡아다 문초하라는 명까지 내린다.

그리고 그간 봉심한 문서를 검토한 후 거짓 보고를 했던 지금의 판부사 정치화(鄭致和)와 좌의정 김수항(金壽恒) 등과 당시의 산릉도감이나 낭청 등에 대해 관직을 삭탈하고 문외출송(門外黜送)[145]하거나 관작을 깎는 엄한 처벌을 내렸다.

1673년(현종 14년) 5월 5일 현종은 우의정 김수흥(金壽興), 예조 판서 조형(趙珩) 등을 인견하고 산릉의 개봉(改封)과 천봉(遷封)에 대해 물으니, 모두 대답하기를 "기울고 무너진 곳만을 보충해서 오늘의 변이 있게 된 것입니다. 비록 개축하더라도 반드시 견고하지 못할 것입니다. 일이 이미 이 지경에 이르렀으니 길지를 정하여 천봉을 하는 것 이외에는 다시 다른 계책이 없겠습니다." 하니, 현종은 "예관이 지관 및 사대부 중에 지술에 정통한 사람을 거느리고 가서 산을 정하고 관상감 제조도 함께 가라."고 명을 내리면서 영릉의 천릉 추진이 본격화되었다.

1673년(현종 14년) 5월 26일 산릉도감 당상 조형, 민유중(閔維重) 등이 산을 본 뒤에 돌아와 아뢰기를, "여러 지관(地官)이 모두 말하기를 '영릉(英陵) 안의 홍제동(弘濟洞)이 가장 좋다.'고 하였는데, 건원릉(健元陵)에 비하는 자도 있었습니다."라고 하였다. 홍제동에 대해서 너무도 잘 아는 현종이었다. 단번에 1659년 효종이 승하할 때 처음에 거론되었던 홍제동으로 천릉지가 결정되었다.

6월 20일에는 현종이 "신릉(新陵)의 석물(石物)은 영릉(英陵)의 제도를 보아 그와 똑같이 해야 한다. 자성(慈聖)의 뜻도 이와 같다. 신릉은 쌍분(雙墳)을 쓸 수 있는가? 기해년에도 자성의 하교로 쌍분으로 정했었다." 하며 도감 당상 민유중에게 물으니, 민유중이 "만약 쌍분으로 쓴다면 정혈(正穴)이 가운데에 있어 비어 버

---

145) 문외출송(門外黜送) : 문출(門黜)이라고도 하며, 벼슬과 품계를 빼앗고 한양 밖으로 추방하는 형벌의 일종이다.

리게 됩니다. 지관들이 모두 말하기를 '아래 혈(穴)도 아주 길(吉)하다.'고 합니다. 만약 상·하혈에 쓴다면 정리상 쌍릉과 다름이 없을 것입니다." 하자, 현종이 그리 결정을 했다.

즉시 신릉의 화소 안에 있는 인가, 무덤, 민전(民田)에 대해서도 해결하면서 천릉 계획 일정에 따라 1673년(현종 14년) 9월 29일 구릉을 파묘했다. 10월 4일에는 재궁이 구릉에서 출발하여 다음 날 신릉에 도착했고, 이틀 후인 10월 7일 사시(巳時 : 오전 10시경)에 홍제동 자좌오향(子坐午向 : 정남향)에 재궁을 내리면서 영릉의 천릉을 마쳤다.

그런데 실록에서 파묘 시 상황과 천릉을 마치고 구릉을 철거하는 과정의 상황에서 보고 내용에 차이가 있음을 볼 수 있다.

1673년(현종 14년) 9월 29일 총호사 김수흥(金壽興), 공조 판서, 호조 판서, 대사헌, 병조 판서를 비롯한 천릉도감 당상들의 보고 내용은 '틈이 가장 크게 난 상석(裳石 : 능의 둘레에 세운 네모꼴의 돌)과 병풍석(屛風石) 안에 탈이 난 이유를 살펴보니, 상석 상단이 정지대(正地臺)와 하지대(下地臺)의 두 돌 사이가 고정되지 않았기 때문에 지탱하지 못하고 상석이 움직여 틈이 생기게 된 것이며, 상석의 아래 습기가 있어 젖어 있는 흙을 파 보니 그 아래의 흙 색깔은 정상이었으며, 엄석(掩石)을 쓰지 않았다.'는 것이었다.

다음 날인 9월 30일의 보고 내용은 조금 상황이 달랐다. 인조의 서자인 낙선군 이숙(李潚)과 효종의 부마를 비롯한 인평대군의 아들 복창군·복선군·복평군 등 종친들과 송시열(宋時烈), 김수항(金壽恒), 총호사 김수흥(金壽興), 호조 판서, 병조 판서 등이 보고한 내용에는 '재궁을 막차(幕次 : 임시로 쳐 놓은 장막)에 봉안한 뒤에 살펴보니, 조금도 상처가 없고 옻칠의 색깔도 완연하였으며, 광중(壙中)에 들어가 살펴보니 외재궁(外梓宮) 안은 마르고 깨끗하여 흠이 없었다.'는 것이었다.

『연려실기술』현종조 고사본말에서도 원임 대신들과 삼사가 함께 살펴보고, 총호사 김수흥이 9월 30일 "재궁을 받들어 내었는데 광 안이 마르고 깨끗할 뿐 아니라, 재궁에 조금도 흠 있는 곳이 없었습니다."라고, 별 이상이 없는 것처럼 아뢰었다는 기록도 있다.

그러나 1673년(현종 14년) 9월 29일, 10월 7일 천릉을 마친 뒤인 10월 10일 천릉도감의 당상 호조참판 김휘(金徽), 우승지 심재(沈梓)의 보고는 또 달랐다. '구릉을 철거해 보니 사방의 상석 아래에는 물이 샌 흔적과 빗물이 고였던 흔적이 있었고, 심지어 나무 조각도 있었으며, 회를 쌓지 않고 지대를 놓아 벌어짐이 심했고, 정지대와 하지대 사이에는 돌을 깎아 오목하게 만들어 상석을 끼워 넣어야 하는데, 돌을 오목하게 깎지 않았기 때문에 상석이 쉽게 물러나 틈이 벌어지게 되었고, 사면(四面)에는 모두 엄석이 없었다.'는 보고였다.

어찌 이런 일이 있을 수 있는가. 사가에서도 묘를 쓸 때 이리 소홀히 할 수가 없거늘, 하물며 왕릉은 원칙과 정밀을 기해 백년의 계획으로 조성해야 할 터인데 이렇듯 난잡하게 조성을 했다는 것은 당시 왕권이 강하지 못했음은 물론 조정의 기강이 몹시 해이해진 탓 아니겠는가.

서로 다른 내용의 보고가 있었지만, 정황상 이는 능지가 길지인가 아닌가의 문제가 아니라, 능 조성 시 석물 등 의물의 설치 과정, 방법에서 소홀했던 문제로 보인다. 어쨌든 1659년 산릉의 일을 잘못했다 하여 1673년(현종 14년) 10월 11일 현종은 당시의 산릉도감 당상과 낭청의 죄를 물었다. 산릉도감의 당상이던 정치화(鄭致和)에게 사형을 감하여 안치하는 감사안치(減死安置)[146]로 처분되었는데, 정치화는 당시 당상으로 있다가 석물공역(石物工役) 전에 병조 판서로 임명되었기에 죄의 등급을 감해 아산현(牙山縣)으로 유배시킨 것이다. 낭청이던 신명규(申命圭)와 이정기(李鼎基) 등에 대해서는 사형에 처하도록 했다. 이에 사간(司諫) 조원기(趙遠期)가 사형은 너무 심한 처벌이라고 상소하고, 우의정 김수흥도 거들었음에도 현종은 뜻을 굽히지 않았다. 해가 넘도록 논계(論啓 : 신하가 임금의 잘못을 따져서 아뢰는 것)했음에도 현종이 따르지 않다가 이듬해 가뭄으로 인해 민심이 흉흉해지

---

146) 감사안치(減死安置) : 사형을 면하고 대신 유배 처분을 하는 것. 안치(安置) 처분은 일정한 장소에 죄인을 격리하여 구속 시키는 형벌의 종류이다.

자 죄수들을 방면하는 중에 신명규 등을 감형하여 제주로 귀양을 보냈다.

그러나 당시 사관은 사형으로 다스림이 마땅한데 우의정이 그들을 변명하여 용서할 수 없는 죄를 귀양 보내는 것으로 그치게 했다고 기록한다. 또한 조정의 기강이 무너져 통탄스럽다고 당시의 상황도 기록하고 있다.

이렇듯 효종의 영릉은 석물들이 무너지는 등 풍수적으로 나쁜 곳이라 하여 천장을 했는데, 애당초 석물 설치에 문제가 있었다는 걸 알게 된 지사 반호의(潘好義)는 "지금은 비록 천릉을 하지만, 다음에 반드시 다시 쓸 것이다."라고 말했다고 한다. 그 말대로 103년이 흐른 뒤, 1776년(정조 즉위년)에 효종의 증손자 영조가 증조부의 초장지에 묻히는 놀랄 만한 일이 벌어진다.

이렇게 영릉(寧陵)의 천장은 끝났으나 그로부터 넉 달이 지난 1674년(현종 15년) 2월 23일 축시(丑時 : 오전 2시경)에 인선왕후가 경희궁 회상전(會祥殿)에서 승하하였다.

인선왕후는 신풍부원군 장유(張維)의 딸로 1618년(광해 10년)에 태어나 1631년

영릉(寧陵) 전경

(인조 9년) 14살에 봉림대군과 가례를 올렸다. 병자호란 때 봉림대군과 함께 청나라에 볼모로 잡혀갔다가 소현세자가 죽으면서 8년 만에 돌아왔다. 봉림대군이 세자가 되면서 1646년 세자빈이 되었고, 1649년 봉림대군(효종)이 즉위하면서 왕비가 되었다.

인선왕후는 효종의 북벌 계획의 지지자로 검소하게 살다가 승하했는데 이때 나이는 57세였고, 자녀는 1남(현종) 6녀를 두었다.

현종은 즉시 우의정 김수홍을 총호사로 삼고, 각 도감의 제조와 낭청 등을 임명했다. 과거의 예로 보면 좌의정을 총호사로 삼았으나 당시 영의정과 좌의정 자리가 모두 비어 있어 우의정이 총호사가 된 것이다.

국상이 나면 부득이한 경우를 빼고는 보통 2~3일 만에 소렴을 하게 된다. 인선왕후의 경우는 평소 약을 많이 복용했었기 때문에, 승하 즉시 시신을 확인하니 부기(浮氣)가 심하므로, 만약 2~3일 후에 소렴을 한다면 뜻밖의 걱정이 생길 것을 우려하여 다음 날인 2월 24일 묘시(卯時 : 오전 6시경)에 소렴을 했다. 실록과 『연려실기술』에서는 승하일과 소렴일이 다소 차이[147]가 있다.

3월 2일에는 영의정 허적(許積)이 대행왕대비의 시호를 인선(仁宣)으로 올렸다.

3월 6일에는 총호사가 예조 판서 홍처량(洪處亮)과 산릉도감 민유중(閔維重)이 함께 능지에 혈(穴)을 잡기 위해 여주로 떠났고, 예조에서는 대행대비 발인을 6월 3일, 하관은 7일에 하는 것으로 정했다.

능소는 천릉 당시 결정한 대로 효종 능의 아랫자리로 잡으려 하자, 이조 판서 이상진(李尙眞)이 땅의 맥(脈)은 원래 한 줄로 되어 있어, 위를 파면 아래는 맥이 끊긴다 하여 능을 아래위로 쓰려 하는 것에 반대를 하고 나섰다. 그러나 현종은 '능을 옮길 때 이미 능을 아래위로 쓰기로 했고, 위를 파면 맥이 끊긴다는 말은 조

---

147) 실록에서는 1674년(현종 14년) 2월 23일 축시(丑時 : 오전 2시경)에 승하하고, 2월 24일 묘시(卯時 : 오전 6시경)에 소렴을 한 것으로 기록하고 있다. 그러나 『연려실기술』에서는 2월 24일 사경(四更 : 새벽 1시~3시)에 승하하고, 2월 26일 묘시에 소렴을 한 것으로 기록을 하고 있다. 승하와 소렴의 날짜가 서로 다른데 실록을 기준함이 타당할 것으로 사료된다.

위에서 본 영릉(寧陵)

금만 지식이 있어도 부끄러워서 하지 못할 말인데 하물며 사대부가 그런 말을 하는가?'라며 오히려 힐책을 했다.

이미 영릉(寧陵) 천릉 시에 장차 상하릉으로 조성할 것을 정한 바 있고, 현종과 산릉도감의 당상 호조 판서 민유중은 연주혈(連珠穴)의 개념을 알고 그리 결정을 했던 것이다. 이조 판서 이상진은 이를 모르고 단순 상식으로 반대 의견을 냈다가 현종에게 혼쭐이 난 셈이다. 연주혈이라 함은 풍수적으로 하나의 능선에 구슬을 연결한 것처럼 둘 이상의 혈(穴)을 맺는 경우를 이른다. 용의 기세가 왕성하고 공급되는 생기가 충분할 때 하나의 혈을 맺은 후 먼저 결지한 혈장 아래에 또 다른 혈을 맺는다는 것이다.

현종의 이러한 선택은 연주혈의 개념을 확신하지 않고서는, 그리고 과거 사례가 없는 상하릉의 능제를 처음으로 도입한다는 것은 파격이 아닐 수 없다.

3월 22일 현종이 총호사와 영의정 허적에게 이르기를 "발인 시기가 한참 더울 때인지라 여사군(舁士軍 : 국상(國喪) 때 가마나 상여를 메는 사람)이 사상자가 생길 수 있으니 수로(水路)로 상여를 운반하는 것이 어떻겠는가?"라는 의견을 내니, 총호사 김수흥 등은 "수로로 가는 것은 정상적인 방법이 아니지만, 수로는 강물이 불어 오르더라도 상여를 편안하게 운반할 수 있을 것이므로, 육로로 운반하는 것보다 나을 것 같습니다만, 물을 거슬러 올라가자면 배가 흔들려 의물(儀物)들이 뒤섞일 수 있다."는 우려를 했다. 그러자 현종은 "발인 시기가 한창 더울 때인 데다가 대여(大舁)가 매우 무거우며, 칸 수도 몹시 좁아서 여사군이 마음대로 발을 움직이지 못할 것이니, 만약 한쪽에서 발을 잘못 디뎌 넘어지기라도 한다면, 전체가 넘어지고야 말 것이다. 그러면 사상자가 필시 많이 날 것이니 어찌 우려스럽지 않겠는가." 하며 수로로 하고자 함을 확실히 했다. 사실 지난해 영릉 천장 시 상여 운반 과정에서, 여사군이 넘어져 죽는 사고가 발생했기에 현종은 이를 우려했던 것이다.

3월 25일 총호사가 "신이 도감의 당상과 함께 지금 수로의 형세를 살피러 가려고 합니다만, 광진(廣津)에서 여주까지의 사이에 무릇 스물여섯 군데의 여울이 있는데, 그중 가장 험한 곳은 양근(楊根 : 지금의 양평)의 대탄(大灘 : 큰 여울을 뜻하며 강의 바닥이 얕거나 좁아 물살이 세게 흐르는 곳)입니다. 두 바위 사이에 물살이 거센 데다가 좁기까지 하므로 불가불 새로 만든 빈 배로 미리 시험해 보아야 하겠습니다." 하니, 현종이 그리하라 했다.

며칠 후 총호사가 직접 배를 타고 좌부승지 윤심(尹深)이 수로의 형세를 잘 안다 하여 함께 물길을 거슬러 올라가며 수로를 살폈는데, 역시 양근의 대탄이 올라가기가 어려웠음을 현종에게 보고했다. 일부 대신들은 수로의 이용을 반대하기도 했으나 현종은 단호하게 불허하며 수로로 이동할 것을 확고히 했다. 그리고 수로를 이용하는데 필요되는 조직을 만들고, 상여를 실을 배를 만들게 했다.

4월 21일 총호사 김수흥이 "발인할 때에 소요될 배를 합계해 보니 1백 50척이고, 예선군(曳船軍 : 강의 흐름을 거슬러 배를 끄는 사람)은 도합 3천 6백 90명입니다."

라고 아뢰었다.

 1674년(현종 15년) 5월 7일에 대행왕대비의 발인 일을 5월 28일, 하관 일을 6월 4일로 변경하면서, 총호사가 "대탄에 험한 바위가 있어서 배에 장애가 됨은 그전부터 걱정거리였습니다. 그런데 낭청 정동설(鄭東卨)이 말하기를 '지금 수심이 얕아졌으니 배를 타고 들어가 철장으로 그 돌을 깨뜨려 버린다면 큰일 치르기에 유리할 뿐만 아니라 뒷날 조세 곡물을 수송하는 데에도 영구히 힘입게 될 것이다.' 고 하였습니다. 이 사람에게 계획이 있는 듯하니 그로 하여금 깨뜨려 버리게 할까 합니다." 하니, 현종이 "성공할 수만 있다면 어찌 다행이 아니겠느냐." 하면서 승낙이 떨어졌다.

 그 후 9일 만에 양근 대탄의 바위를 깨내니 여울의 넓이가 36척(尺)이나 되어 큰 배가 왕래할 수 있게 되었다.

 1674년(현종 15년) 5월 28일 자시(子時 : 밤 12시경)를 넘긴 시각에 대행왕대비의 상을 발인하면서, 현종과 문무백관은 흥인문 밖 노제를 지내는 곳까지 곡(哭)을 하며 따랐고, 영여(靈轝)를 보낸 뒤 궁으로 돌아왔다.

 영여(靈轝)는 광나루에 이르러 배에 옮겨졌고, 찬궁을 실은 배는 한강 상류를 따라 올라갔다. 이틀 후인 5월 30일 배는 능소 밑에 당도하여, 재궁을 배에서 내리고 영악전(靈幄殿)에 빈소를 만들었다.

 그리고 6월 4일 신시(申時 : 오후 4시경)에 인선왕후를 영릉(寧陵) 효종의 아래쪽에 자좌오향(子坐午向)에 장사하면서 장례를 마쳤다.

 이리하여 영릉(寧陵)은 조선의 27명 임금 중 승하 후 능지 택정 기간이 제일 길었고(66일), 장례까지의 소요 기일도 가장 긴 기간(171일)이 소요된 능이었으며, 임금의 능으로는 네 번째 천릉한 능이고, 최초로 동원상하릉(同原上下陵) 형식으로 조영된 능이다.

광중과 봉분의 방향이 다른 능

숭릉(崇陵, 현종, 명성왕후)

숭릉(崇陵)은 조선조 제18대 임금 현종(顯宗, 1641~1674)과 현종비 명성왕후(明聖王后, 1642~1683) 김씨의 능이다. 쌍릉으로 앞에서 바라볼 때 왼쪽이 현종이고, 오른쪽이 명성왕후이다.

현종은 효종과 인선왕후 장씨의 맏아들로서 효종이 봉림대군 시절 청나라에 인질로 있을 때인 1641년 심양에서 태어났다. 1649년 인조 때 왕세손에 책봉된 후 효종이 즉위하면서 세자가 되었다. 1659년 효종이 승하하자 뒤를 이어 왕위에 올랐다. 현종은 조선조 임금들 중 유일하게 후궁(后宮)을 두지 않은 임금이기도 하다.

1674년(현종 15년) 8월 18일 해시(亥時 : 오후 10시경)에 현종이 창덕궁 재려(齋廬)에서 승하하였다. 이때의 나이는 34세였고, 재위 기간은 15년 3개월이며, 슬하에 1남 3녀를 두었다. 현종은 평소 안질과 부스럼, 등창이 심했던 것으로 전해진다. 침과 약제로도 호전이 안됐으나 온천욕을 하면 증세가 다소 차도가 있었다. 한 번 거둥(擧動)할 때마다 따르는 인원이 수천 명이기 때문에 자주 행차할 수가 없어, 온천물을 궁궐로 가져와 목욕을 하기도 했다. 하지만 그것도 한계가 있고, 점점 건강이 악화되어 병석에 눕게 되었다.

현종은 어머니인 인선왕후의 국장을 치른 지 불과 두 달 만에 결국 승하했다. 과로가 겹친 탓에 열이 많이 올랐고, 온갖 약제를 써도 차도를 못 봤다. 다음 날 좌의정 김수항(金壽恒)을 총호사로 하고, 각 도감의 책임자를 정해 국상을 총괄케 했다.

현종이 승하한 지 닷새 만인 8월 23일 숙종이 즉위했고, 그다음 날 곧바로 행실이 잘 드러났다는 의미로 대행대왕의 시호를 현종(顯宗)으로 하고, 능호는 숭릉(崇陵)이라 했다.

9월 7일에는 신릉도감에서 능지 다섯 곳의 지세(地勢) 모양을 그려서 올리니, 숙종은 "내 생각으로는 건원릉(建元陵 : 태조) 안의 혈(穴)이 좋을 듯하다." 하였다. 이때 원상(院相)인 영의정 허적(許積)이 쉽게 단정할 수 없으니 재심하여 정하자고 하여 숙종도 그 의견에 따랐다. 그러나 9월 12일에는 숙종이 다시 "자전(慈殿 : 임금의 어머니)의 뜻도 같다."고 총호사에게 일렀고, 다음 날 형식적인 중론을 모으는 과정을 거쳐 건원릉 안쪽의 혈로 정했다.

그리고 숙종은 후일에 쌍릉을 만들 수 있도록 하고, 대왕의 능은 정혈(正穴)을 쓰되, 쌍릉을 쓸 경우 척수(尺數 : 길이)가 부족하면, 보토를 하도록 일렀다.

하지만 건원릉 내에 신능지를 정하는 것에 대해 반대 의견도 있었다. 이튿날 종사의 대계를 위해 산릉은 극진히 가려야 하는데, 조상의 영역 안에서 자꾸 큰 공사를 하면 놀랄 일이 생길까 두려우니 합당한 땅을 다시 골라야 한다는 반대 상소였다. 그러나 숙종은 "이미 능지를 정하였으니 번거롭게 하지 말라."고 일침을 한다.

당시 숙종의 나이는 14세로 중대한 능지를 결정하는 데 있어 단숨에 위치까지 명하고 반대 상소를 제지함은 물론 자전(慈殿)의 뜻을 전하는 것으로 보아, 모후인 명성왕후의 의지가 강하게 반영되었음이 짐작된다.

9월 15일 다시 숙종은 자전의 뜻이라며 산릉역사 때문에 민력(民力)이 고갈될 것을 염려하여 영릉(寧陵) 천릉 시 땅에 묻은 석물들을 발굴해 새 능에 쓰도록 했다. 또한 영악전을 짓지 말고 재궁을 정자각에 봉안토록 했다. 천릉 시 사용했던 장강목(長杠木 : 상여를 멜 때 사용되는 길고 굵은 나무로 된 멜대)과 마목(馬木 : 상여를 내려놓을 때 괴기 위하여 나무로 만든 받침 틀) 등도 재활용하면서 최대한 민폐를 덜도록 했다.

하지만 이는 예에 맞지 않는다는 상소가 올라왔다. 영릉의 석물을 산릉에 옮겨 쓰는 것과 영악전을 설치하지 않는 것은 아비가 먹다 남은 음식으로 아들을 제사하는 것에 다름 아니고, 장강목과 마목을 재활용하는 것은 흉사(凶事)에 썼던 것을 다시 쓰는 것으로 이는 예와 법도에 어긋난다고 했다. 그렇지만 숙종은 이 상소에 역시 비답을 하지 않았다.

그러므로 자연히 능의 석물(石物)이나 각종 상구(喪具 : 장례 시 사용하는 각종 도구) 등을 다시 쓸 수밖에 없었다. 숙종의 뜻대로 민폐를 더는 방향으로 진행된 것이다.

1674년(숙종 즉위년) 12월 11일 자시(子時 : 밤 12시경)에 견전(遣奠)을 행하고 대행대왕을 발인하면서 12월 13일 진시(辰時 : 오전 8시경)에 장례하도록 되어 있었는데, 갑자기 장령(掌令) 윤휴(尹鑴)가 상소로 "일찍 어가(御駕)를 움직이시어 때맞춰 가셔야 광중(壙中)에 임하여 영결(永訣)의 예(禮)를 행하실 수 있는데, 하현궁(下玄宮) 시각이 너무 일러서 성가(聖駕 : 임금의 수레를 높여 부르는 말)가 미치지 못할 우려가 있사오니, 시각을 조금 물리게 하시더라도 불가(不可)할 것이 없습니다." 하니, 숙종은 아무런 문제가 없다며 "명일에는 능행(陵行)해야 할 것이니, 예관(禮官)으로 하여금 충실하게 거행토록 하라." 하였다.

이에 약방부제조 김석주를 비롯한 여러 대신이 숙종의 건강을 이유로 산릉의 거둥이 불가함을 아뢰었다. 그래도 숙종이 이를 윤허하지 아니하자, 좌의정(左議政) 정치화(鄭致和)가 "효종대왕 및 우리 대행대왕께서도 모두 광중에 친히 거둥하지 못하셨는데, 어찌 전하께서만 선왕(先王)께서 행하시지 못한 예를 행하려고 하십니까? 신(臣)은 이 청을 얻어내지 못하면 감히 물러나지 않겠습니다." 하니, 숙종이 비로소 "자전께서 중지를 권하심이 간절하고, 경의 말도 또한 같으니 정지하겠다." 하며, 이에 따랐다. 그리하여 예정대로 12월 13일 진시(辰時 : 오전 8시경)에 건원릉 안쪽 유좌묘향(酉坐卯向 : 정동향)에 하현궁하면서 현종의 장례를 마치고 숭릉이라 했다.

돌이켜 보면, 현종은 1659년 효종이 승하하면서 선왕의 능지를 물색하고 선정할 때 여러 대신과 술관을 총동원하여 최고의 능지를 찾기 위해 노력했을 뿐만 아니라, 여흥 땅의 홍제동과 수원의 화산을 놓고, 좋은 땅을 고르려고 신중에 신중을 기했다. 결국은 당파 주장에 밀려 건원릉의 화소 지역으로 능지가 결정되었지만, 풍수적으로 좋다고 하는 곳을 선정하기 위해서 부단한 노력을 보인 바 있었다.

하지만 능에서 봉분과 석불들이 주저앉는 변고 등 불길한 징조를 보이자 그곳이 풍수적으로 좋지 않다 하여 명당자리로 천장을 하는 등, 소위 좋은 묘 자리를 위해 심혈을 기울였다. 그러나 막상 본인의 경우는 좋은 능지를 찾기 위한 여러 차례의 간산(看山) 과정이 생략되고, 상대적으로 택지가 쉽게 정해지는 것을 보니, 사람이 죽어서 가는 곳은 본인의 의지대로 되는 것은 아니다. 사실 현종의 장례 과정에서 보면, 예와 법도에 어긋난다는 주장에도 무릅쓰고, 아버지의 능에 설치되는 각종 의물(儀物)들을 땅에 묻혔던 것을 다시 꺼내 쓰거나, 이미 사용됐던 각종 상구(喪具) 등을 재사용하는 것은 상상 못할 일이다. 이런 획기적 결정은 보령유충(寶齡幼沖 : 임금의 나이가 어림을 높여 부르는 말)하지만 숙종의 애민사상을 짐작할 수 있다. 하지만 막후에서 이러한 결정을 응락하고 받아들인 현종비 명성왕후의 정치적 역량의 폭 넓음도 더 높이 평가해야 할 듯하다.

현종이 승하한 지 9년이 지난 1683년(숙종 9년) 12월 5일 미시(未時 : 오후 2시경)에 명성왕후 김씨가 창덕궁 저승전(儲承殿)에서 승하했다. 이때 나이는 42세였다.

명성왕후는 청풍부원군(淸風府院君) 김우명(金佑明)의 딸로 1642년 태어났고, 1651(효종 2년) 현종과 혼인하여 세자빈으로 책봉되었다. 그리고 1659년에 현종이 즉위하면서 왕비로 책봉되었다.

정치 성향이 강했던 명성왕후는 당시 서인의 편에서 남인 세력을 견제하기도 했다. 현종이 승하하고 숙종이 14세에 즉위하니, 수렴청정을 맡긴 것도 아닌데 숙종이 나이가 어리다는 핑계로 정치에 적극 관여하였다.

당시 조정에서는 문정왕후에 버금간다는 말이 나올 정도로 정치 활동을 했던 인물이다. 아들 숙종이 아끼던 장희빈을 성품이 악하다 하여 출궁시켰고, 시조모인 장렬왕후(자의대비)와도 의견 충돌이 있었다. 심지어 현종이 후궁을 두지 못했던 것도 명성왕후가 용납하지 않았다고 전해질 만큼 다혈질이면서도 엄한 여장부 기질을 지닌 인물이었다.

그런가 하면 숙종의 원비 인경왕후가 천연두를 앓게 되었을 때, 숙종을 창덕궁으로 피어(避御 : 임금이 피난을 감)시키기도 했다. 인경왕후가 결국 병의 악화로 승하한 시간이 밤 10시경이었다. 명성왕후는 며느리의 부음 소식을 접하고도, 아들(숙종)이 지금 잠들었으니 부음 소식은 내일 전하라고 할 만큼 냉정한 인물이기도 하다. 그뿐인가, 며느리 인경왕후의 장례도 치르기 전에 새 며느리를 맞겠다고 왕비 간택을 고집하지도 않았던가.

숭릉 전경

이런 부정적 이미지가 있었지만 한편으로는 사치를 멀리하고 검소한 생활로 왕실을 이끌어 오기도 했다. 그 절정은 다음에서 나타난다.

명성왕후는 병이 심해지자 일어나지 못할 줄 알고, 스스로 언문으로 유교(遺敎)를 지어서 봉해 궁인에게 맡겼다. 그리고 상례에 쓰는 물품 등도 미리 장만해 두기도 했다. 유교 내용을 요약하면, 자신의 장례에 소요되는 모든 물품은 약식과 간결을 주문하면서 삭망제의 그릇 수를 절반으로 줄이고, 조석전은 안 해도 좋으나 만약 한다면 그 또한 반으로 하며, 초상에서 발인까지 필요 기구들은 예전 것을 쓸 수 있는 것은 쓰고, 여러 사무도 간략히 하기를 바란다는 요지였다. 명성왕후의 새로운 모습인 것이다.

그런데 명성왕후의 사인이 정말 어이가 없다. 물론 실록에는 사인의 기록은 없지만, 야사에 기록된 내용은 이러하다. 숙종의 병환이 깊어지자 무당을 신봉했던 왕후는 숙종의 쾌유를 위해, 왕의 어머니가 홑치마 바람에 물벼락을 맞아야 한다는 무당의 말에 따른다. 이 세상 어느 어머니도 다 그렇겠지만 한겨울에 물벼락을 맞을 정도로 아들을 위해서는 어떠한 일도 서슴지 않는 명성왕후였다. 결국 물벼락을 맞은 후유증으로 감기가 심해져 승하했다고 전해 오고 있다. 마치 문정왕후가 양주 회암사에서 소위 무차회라는 법회를 베풀면서 재계할 때 찬물을 뒤집어쓰는 의식을 행하고서 병을 얻어 승하한 것처럼 말이다. 다만 『숙종실록』에서는 요사스런 무녀(巫女) 때문에 오늘과 같은 화변(禍變 : 심한 재앙)이 있었으므로 무녀를 잡아 가두고 천벌을 내려야 한다는 상소가 있었으나, 숙종은 무녀로부터 말미암았다고 하는 것을 놀랍다고 하면서도, 어머니가 무녀에게 현혹되었다는 것은 믿고 싶지 않아 했다. 결국 형조에서 무녀에게 사형을 결정했으나, 숙종이 "맹자가 말하기를 '갑옷을 만드는 사람은 사람이 다칠까 봐 염려하는 것뿐이다. 무당과 장인도 그러하다.' 하였다."면서 사형을 감면하여 섬으로 귀양 보내라고 하여, 무녀를 유배했다는 기록만 있을 뿐이다. 이때 무녀의 죄목은 곤복(袞服 : 임금이 입는 옷)을 입고 대궐에 드나들었고, 왕후에게 음식을 소찬(素饌 : 고기나 생선이 들어 있지 않은 반찬)으로 들기를 청해 옥체가 손상되어 승하했다는 것이었다.

　명성왕후가 승하하자 곧바로 좌의정 민정중에게 총호사를 명하면서 국상의 장례를 진행하게 했다. 12월 11일에는 2품 이상의 대신들이 의논하여 대행왕대비의 시호를 명성(明聖)으로 하고, 능호는 현종의 능에 모실 것이므로 따로 정하지 않았다. 12월 14일에는 총호사 민정중이 지사들을 거느리고 나가서 숭릉을 봉심했다. 현종이 승하하면서 숭릉을 조영할 때 명성왕후는 총호사에게 명하여 그 왼쪽을 비워 두어 뒷날 쓸 수 있도록 한 바가 있었다. 이른바 좌허제(左虛制)라 할 수 있겠다.

　유의(遺意)에 따라 숭릉에 동강이실(同岡異室) 제도를 쓰기로 한 것으로, 현종 승하 당시 설치했던 석표(石標 : 위치 표시를 위해 돌로 만든 팻말)가 그대로 있었다.

　1684년(숙종 10년) 4월 3일 인시(寅時 : 오전 4시경)에 대행왕대비의 견전(遣奠 : 발인할 때 문 앞에서 지내는 제사) 거행과 아울러 발인을 한 후, 이틀 후인 4월 5일 인시(寅時)에 숭릉의 현종 왼쪽에 하현궁하면서 명성왕후의 장례를 마쳤다.

그런데, 술관들이 "숭릉의 분금(分金)[148]은 대행왕대비의 연갑(年甲 : 나이)과 조금 구기(拘忌)[149]가 있다." 하여, 명성왕후의 광중(壙中)은 신유신묘분금(辛酉辛卯分金)[150]을 쓰고, 외면은 계유계묘분금(癸酉癸卯分金)을 썼다.

다시 말하면, 땅속 광중의 왕후 시신을 조금 틀어 놓아 봉분의 방향과는 일치하지 않으나, 겉의 봉분의 형태는 현종과 명성왕후가 같은 방향이라는 것이다,

땅속에 묻힌 시신의 방향은 서로 다르지만, 두 능의 봉형(封形 : 봉분의 형태)에는 차이가 없게 함으로써 능의 외향은 두 능이 똑같은 현재의 모습을 하고 있는 것이다.

---

148) 분금(分金) : 분금은 하관을 하면서 시체를 매장할 때 그 위치를 더 세밀하고 똑바르게 정하는 일로, 장사(葬事)에서 최종 마무리 작업이다. 길한 좌향에 따라 분금을 잘 맞추어 안치하는 것이므로, 내광 안에 시신을 우측이나 좌측으로 약간씩 틀어 놓는 것이다. 지상학(地相學)에서 사용하는 용어이다(실록 1789년(정조 13년) 9월 8일).

149) 구기(拘忌) : 장례일이 좋고 나쁨을 정할 때 피하는 것을 이른다. 『청오경』(한나라 청오자가 편찬한 책)에는 혈이 좋아도 장례일을 잘못 정하면 시신을 유기하는 것처럼 흉하여 상(喪)이 거듭 생길 수 있는 중상일(重喪日)이라 하여 기피하는 것이다. 즉 구기일은 1월, 7월은 갑일(甲日)과 경일(庚日), 2월, 8월은 을일(乙日)과 신일(辛日), 3월, 6월, 9월, 12월은 술일(戌日)과 기일(己日), 4월, 10월은 병일(丙日)과 임일(壬日), 5월, 11월은 정일(丁日)과 계일(癸日)을 말한다.

150) 신유신묘분금(辛酉辛卯分金) : 분금(分金)은 장사에서 최종 마무리 작업으로 길한 좌향에 따라 시신을 우측이나 좌측으로 약간씩 틀어 놓는 것을 말한다. 신유신묘분금은 시신을 광중에 묻을 때 좌향(坐向)을 신유신묘향(辛酉辛卯向)으로 앉힌 것을 뜻한다.

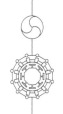

시신도 식기 전 후비 간택 꼴을 본 능

익릉(翼陵, 숙종 원비 인경왕후)

익릉(翼陵)은 조선조 제19대 임금 숙종(肅宗)의 첫 번째 왕비인 인경왕후(仁敬王后, 1661~1680) 김씨의 능으로 단릉이다.

인경왕후는 1670년(현종 11년) 불과 10살의 나이에 세자빈으로 간택되어 숙종이 즉위한 1674년에 왕비로 책봉되었다.

인경왕후는 본관은 광산(光山)이고, 광성부원군(光城府院君) 김만기(金萬基)의 딸로 사계 김장생의 현손녀다. 또한 선조의 딸 정혜옹주의 손녀딸이기도 하고, 구운몽(九雲夢)으로 유명한 서포 김만중의 조카이기도 하다.

인경왕후는 1680년(숙종 6년) 10월 26일 경덕궁(경희궁의 옛 이름) 회상전(會祥殿)에서 승하했다. 천연두를 앓다가 8일 만에 승하했고, 이때 나이는 20살이었다. 두 딸을 낳았으나 불행히도 일찍 죽었다. 물론 몹쓸 병에 걸린 것이 인경왕후의 사인이었지만, 아마도 두 딸을 일찍 여읜 어머니로서 심적인 충격과 상심이 커 병마를 이겨 내지 못한 것이다.

인경왕후가 숨을 거둔 시간이 이경(二更 : 밤 9시~11시)이었다. 공교롭게도 숙종은 며칠 전부터 몸이 아파 누워 있었다. 때문에 인경왕후의 부음(訃音 : 사람이 죽었음을 알리는 것)을 대비(명성왕후)에게 먼저 전했다.

대비는 "주상이 구토한 뒤에 가슴과 배에 통증이 조금 있었는데, 이제 조금 진정되어 잠자리에 들었다. 갑자기 부음을 전하면 놀랄 수도 있으니, 잠자리에서 일어난 뒤에 고하라."고 하여, 숙종에게는 곧바로 알리지도 않았다.

당시 숙종은 인경왕후가 천연두에 걸리자 감염이 우려되어 명성왕후와 함께 창덕궁에 가 있었는데, 설상가상으로 며칠 전부터 구토와 복통으로 몸도 좋지 않았다. 숙종에게 악질(惡疾 : 고치기 어려운 나쁜 병)이 옮기지나 않을까, 아니면 충격을 받지나 않을까 우려하는 어머니 마음에 곧바로 부음을 알리지 못하도록 했을 것이다.

그래서 숙종은 다음 날에 가서야 인경왕후가 승하한 사실을 알게 됐다.

하지만 야사에서는 당시 경덕궁과 창덕궁을 오가며 양궁(兩宮)의 사정을 알리는 사람이 있었는데, 숙종이 이들로부터 인경왕후가 위독하다는 것을 들었다.

숙종은 어머니 몰래 왕비에게 가서 임종을 지켰다는 얘기도 있다. 이는 아마도 훗날 숙종을 미화하려는 의도에서 만들어진 얘기일 듯하다. 왜냐하면 이때 숙종도 구토와 복통으로 앓고 있었고, 어머니를 두려워하는 숙종의 처지에서 몰래 갔다는 것은 현실적으로 가능성이 전혀 없기 때문이다.

당시 시중에는 유난히도 천연두가 창궐하여 민심마저 흉흉한 지경이었다. 숙종은 당시엔 천연두를 앓지는 않았지만, 그로부터 3년 후 1683년(숙종 9년) 10월에 천연두를 앓았다.

숙종은 인경왕후의 승하 소식을 접하고 즉시 좌의정 민정중(閔鼎重)을 총호사로 하고, 빈전·국장·산릉 등 각 도감의 책임자를 정해 국장을 준비하게 했다.

상례(喪禮)는 엄격한 절차를 중시한다. 이와 관련하여 10월 30일에는 성복(成服 : 초상에서 처음 상복을 입는 것)을 언제 할 것인가에 대해 서로 다른 주장과 상소로 싸움이 벌어졌다.

인경왕후가 승하한 시간은 10월 26일 밤 10시쯤이었다. 그러나 복례(復禮)[151]는 10월 27일 새벽에 행하였다. 그리고 성복은 부음(訃音)일로부터 6일 후에 하는 것이 통례다. 그런데 승하는 26일이었는데, 복례를 27일에 행하였고, 임금이 부음을 들은 것도 27일이었다. 그렇다면 성복은 26일 승하하였으니 초 1일에 할지 부음을 들은 27일을 기준으로 초 2일에 해야 할지 성복하는 날짜를 가지고 의논이 분분했다. 만약 성복 날짜를 넘기게 되면 예에 어긋나고, 크나큰 불충이 된다는 것이었다.

숙종이 초 1일에 모두 성복을 하는 의견을 제시하자 조신(朝臣 : 조정의 신하)들이 안 된다고 하므로, 숙종이 26일에 부음을 받은 사람은 초 1일에 성복을 하고, 27일에 부음을 받은 사람은 초 2일에 성복하는 것으로 정해 그대로 따랐다.

불과 수년 전에 상복을 입는 기간을 가지고 벌어진 소위 예송논쟁(禮訟論爭)으로, 정파간에 환국과 몰락으로 점철된 사건이 있었다. 이 당시 예송논쟁의 당사

---

151) 복례(復禮) : 사자(死者)가 목숨이 끊어지면, 즉시 그 웃옷을 가지고 지붕을 올라가서 사자의 이름을 부르며 "아무개 복(復)하라." 하고 세 번 불러서 초혼(招魂)을 하던 예(禮)이다.

자였던 대왕대비(자의대비(慈懿大妃 : 인조비 장렬왕후))는 생존해 있었다. 이때에도 증손자 며느리의 상사에 대왕대비 성복 논란이 있었다. 입어야 한다는 주장과 안 입어도 된다는 주장으로 논쟁이 팽팽했었는데, 숙종의 현명한 단안으로 시복(緦服)[152]을 입도록 함으로써 상복 문제는 다행히 끝이 났다.

그리고 역월 제도(易月制度 : 상례(喪禮)를 빨리 끝내기 위하여 달수를 날수로 바꾸어 계산하여 상례를 치르던 제도)에 따라 7일간만 입고 벗도록 하였다.

11월 2일에는 2품 이상의 대신들이 빈청(賓廳)에서 대행왕비의 시호(諡號)를 의논하여 인경(仁敬)이라 하였고, 능호(陵號)는 익릉(翼陵)이라 하였다. 처음에는 시호를 인경, 효인, 장헌 등 세 개로 검토하다가 '인경'으로 결정된 것이다.

11월 15일에는 인경왕후의 산릉을 고양의 경릉(敬陵 : 추존왕 덕종, 소혜왕후) 경내의 축좌미향(丑坐未向 : 남서향, 정남에서 서쪽으로 30°)으로 정하고, 능의 규모는 영릉(寧陵)의 둘레와 지름의 길이를 준용하도록 했다. 서오릉의 능역에서 네 번째로 조성되는 능이었다.

숙종은 능지를 선정하는 데서 최고의 명당자리를 찾아 쓰겠다는 소위 풍수설에 관심 자체를 두지 않았거나, 아니면 풍수학에 비교적 비중을 깊이 두지 않았던 임금이었다.

그리고 산릉 조성 과정에서도 특별한 하교 없이 총호사나 예조에서 청하는 대로 따랐다. 여러 사례를 보았을 때 사안에 대한 관여와 관심이 유난히 적었던 데서 그리 여겨진다.

이 당시에는 어머니인 명성왕후와 계증조모(繼曾祖母)인 인조의 계비 장렬왕후가 생존해 있었으므로, 어른들 앞에서 자신의 비(妃)에 대한 일을 나타내지 못했을 수도 있었겠지만, 3년 뒤 명성왕후가 승하할 때도, 8년 뒤 장렬왕후가 승하할

---

152) 시복(緦服) : 시마(緦麻)라고도 한다. 상례 때 입는 5복(服) 중 하나로, 가는 베로 지은 상복이다. 조금 촌내(寸內)가 먼 족속 간의 상사에 석 달 동안 입는다. 전통적 상례에서 입는 복제인 5복은 입는 대상과 기간, 의복의 형태로 구분되는데, 참최(斬衰 : 3년), 자최(齋衰 : 1년), 대공(大功 : 9월), 소공(小功 : 5월), 시복(緦服 : 3월)으로 구분된다.

때도, 역시 숙종은 능지 선정이나 산릉 조성 등 장사 문제에 대해서는 유독 관심을 나타내지 않았던 임금이었다.

인경왕후가 승하하고 2달쯤 지난 1681년(숙종 7년) 1월 3일 왕대비(명성왕후)는 임금의 어머니다운 하교를 내린다. "인경왕후는 왕후로서 주상에게 내조를 잘했는데 안타깝게 유명을 달리하여 비통하다."는 말과 함께, "이제 해가 바뀌어 산릉의 길일이 멀지 않아 슬픔이 더욱 간절하다." 하면서, "주상을 생각해 보건대 국본(國本 : 왕세자를 말하는 것으로, 임금의 자리를 이을 임금의 아들)이 있지 않은 것이 안타깝다."며 다음 계비 책봉을 서둘러 줬으면 한다는 것이었다.

대신들은 갑작스런 하교에 놀라지 않을 수가 없었다. 현재 상중(喪中)이고, 인경왕후의 장례도 아직 치르지 않은 상태에서 이러한 하교가 내려졌기 때문이다. 인경왕후는 땅속에 묻히기도 전에 계비를 들이려는 행태를 봐야만 했다.

이에 대신들은 빈청에 모여 숙종에게 대비의 하교를 거두도록 해 달라고 아뢰

익릉 전경

니, 숙종 역시 직접 대비께 건의하라며 물러선다.

숙종은 어머니 명성왕후가 어렵고 무서워 모후의 뜻을 한 번도 거스르지 않았다. 야사에는 명성왕후가 어찌나 엄하고 무서웠던지, 현종은 후궁을 두지 못할 정도였고, 숙종도 모후에게 응석 한 번 부리지 못하고 자랄 만큼 무서워했다고 전한다.

대신들도 직접 대비전(大妃殿)에 하교를 거두어 달라지 못하고, 대비전 내시를 불러 대신 고해 달라고 할 정도로 명성왕후를 두려워했다.

다음 날 어제의 하교(下敎)를 다시 내리니, 영중추부사 송시열(宋時烈), 좌의정 민정중(閔鼎重), 우의정 이상진(李尙眞), 예조 판서 이단하(李端夏)가 빈청에 모여 숙종에게 아뢴다. "어제 내리신 전교(傳敎)가 모두 대왕대비(大王大妃)의 백성을 사랑하는 마음에서 나온 것임을 압니다. 신 등이 왕세자가 없다는 것이 절박한 근심이 된다는 것을 알지 못하는 바 아니지만, 감히 가볍게 의논하지 못하겠습니다. 신 등은 이제 또 감히 두 분 자전(慈殿)[153]께 곧바로 아뢰지 못하고, 감히 이에 아룁니다." 하였다.

숙종은 역시 "자성(慈聖 : 임금의 어머니)께 아뢰고 직접 교지를 받는 것이 마땅하다."라고 하면서 직접 고하라고 했다.

그래서 대신들은 빈청(賓廳)에서 의논하여 임금에게 아뢴 뜻을 내시를 통해 왕대비(王大妃)에게 아뢰니, 왕대비가 다시 내시로 하여금 빈청에 똑같은 내용을 전하고, 빈청에서는 다시 불가하다고 하니 또다시 하교하기를 "초간택(初揀擇) 날짜를 3월로 정하면, 외방(外方)의 처자(處子)들은 반드시 미리 올라올 것이다. 또 길흉(吉凶)이 서로 중첩된다고 말하였는데, 이것은 가례(嘉禮)를 3월 안에 거행하고자 하는 것이 아니다." 하였다.

이에 빈청에서 아뢰기를, "신 등이 삼가 하교하신 뜻을 가지고 반복해서 상의하였는데, 한편으로는 상례(喪禮)를 치르고 한편으로 단자(單子)를 거두어들이는

---

153) 자전(慈殿) : 자성(慈聖)이라고도 하며 임금의 어머니를 이르는 말로, 여기서 두 분 자전이라 함은 어머니 명성왕후와 증조할머니 장렬왕후를 이르는 말이다.

것은 진실로 미안한 바가 있습니다. 신 등이 아뢴 말씀 가운데 길흉(吉凶)이 서로 중첩된다고 한 것은 대개 이것을 일컬은 것입니다. 이것은 결코 불가한 것입니다." 하니, 왕대비(王大妃)가 언서(諺書)로 답하기를, "의논하여 아뢴 말뜻은 모두 마땅하니, 가례(嘉禮)를 정하여 거행하고, 처자의 단자는 졸곡(卒哭 : 곡을 끝내는 제사) 후에 다만 서울에서만 거두어들이는 것이 옳겠다." 하였다. 이에 이튿날 대신들이 상소로 그 불가함을 논하였으나, 숙종은 따르지 아니하였다.

이렇듯 몇 번의 하교에 계속 불가의 뜻을 주청했어도 명성왕후의 고집은 꺾이지 않았다. 결국에는 명성왕후가 요구하는 일정대로 간택 일정이 진행됐다. 며느리의 시신이 멀쩡하게 궁 안에 있는데도, 국본이 비어 있다는 명분으로 자식에게 새장가를 가라는 어머니의 마음은 참으로 대단하다고 할 수 밖에 없다.

1681년(숙종 7년) 2월 20일 대행왕비를 발인하고 영가가 산릉으로 출발하니, 숙종은 대궐 안에서 망곡(望哭)하였다. 영가는 사시(巳時 : 오전 10시경)에 산릉에 도착했다. 이틀 후인 2월 22일 묘시(卯時 : 오전 6시경) 재궁을 축좌미향(丑坐未向 : 남서향, 정남에서 서쪽으로 30°)으로 현궁에 내리면서 장사를 마치고 익릉(翼陵)이라 했다. 이때도 숙종은 자의대비(장렬왕후)와 명성왕후 등 두 자전(慈殿)을 모시고 궐내에서 익릉 쪽을 향하여 망곡하였다.

그리고 마침내 명성왕후의 주장대로 인경왕후의 장례가 끝난 즉시 3월에 계비를 간택하였는데, 이가 바로 조선조 역사에서 어진 왕비로 손꼽히는 인현왕후(仁顯王后) 민비(閔妃)다.

이렇게 익릉의 장사를 마치고 한 달쯤 지나서 날씨도 따뜻해지자, 숙종은 인경왕후를 잃은 슬픔과 그리운 마음에 익릉을 다녀오려 했으나, 건강이 많이 약해진 숙종이 거동한다는 것을 모두가 말렸다. 명성왕후도 나서서 말려 거행치 못했다.

그러다가 두 달쯤 지나서는 임금과 신하들이 국정을 논하는 자리인 경연(經筵)[154]에서, 경연관(經筵官) 중에 한 사람이 익릉에 신분이 낮은 여러 명의 사람들

---

154) 경연(經筵) : 경연이란 경전(經典 : 성현의 가르침)을 공부하는 자리를 의미한다. 학문과 덕망이 높은

이 능 아래에 살면서, 사사로이 상복을 입고 상례(喪禮)를 행하는 일이 있다고 보고했다.

그 전말은 이러했다. 1674년(숙종 즉위년) 현종이 승하하고 숭릉에 장사 지냈는데, 고민신이라는 자가 능 아래에 살면서 3년 동안 상복을 입고 참배를 한 바 있었다. 그 후 이 사람이 아들들을 면천(免賤 : 천민의 신분을 면하는 것)해 줄 것을 호소해서, 그 뜻을 가상히 여겨 숙종이 은택을 베풀어 면천을 해 준 바 있었다.

그자가 또다시 익릉에서도 역시 상복을 입고, 상례를 지키는 일이 있었다.

그런데 이번에는 여러 사람들이 고민신이 은택을 입은 것을 본받아 그것을 기대하고, 능 아래에 거처하면서 상복을 입고 상례를 따르고 있었다. 이때 한 경연관이 "고민신은 상 주기를 바라는 것에 지나지 않으니, 그 자식의 면천은 환속 시키고, 나머지 다른 사람들도 벌을 주고, 수릉관은 물리치지 않은 죄를 물어야 합니다." 하는 것이었다. 그러나 숙종은 그들을 모두 물러나게만 하면서, 고민신의 아들들은 면천을 시킨지 이미 오랜 시간이 흘렀으니 환천(還賤 : 다시 천민으로 돌아감) 시키지 않았다. 그리고 능을 관리하는 자들에게는 철저한 관리를 하도록 하기만 했다. 숙종의 덕치가 돋보인다.

문관들이 임금과 학문을 논하고 정치 문제를 논의하는 것으로, 여기에 참석하는 사람들을 경연관(經筵官)이라 한다. 열리는 시간에 따라 조강(朝講), 주강(晝講), 석강(夕講)으로 불리었다.

애틋한 계비와 함께한 능

명릉(明陵, 숙종, 제1계비 인현왕후, 제2계비 인원왕후)

명릉(明陵)은 조선조 제19대 임금 숙종(肅宗, 1661~1720)과 숙종의 제1계비 인현왕후(仁顯王后, 1667~1701) 민씨와 제2계비 인원왕후(仁元王后, 1687~1757) 김씨의 능으로 동원이강릉이다.

정자각에서 바라볼 때 우측의 쌍봉릉이 숙종과 인현왕후의 능이고, 좌측의 단릉이 인원왕후의 능이다.

조선조의 왕릉 가운데 원비는 따로 능을 조성하고, 계비와 쌍릉 형태로 조성된 능은 이 명릉(明陵)과 원릉(元陵 : 영조와 계비 정순왕후) 뿐이지만, 명릉은 제2계비도 같은 능호 아래 함께 있는 유일한 능이다.

다시 말해 숙종의 원비인 인경왕후는 익릉(翼陵)에 따로 조영되었고, 숙종과 제1계비 인현왕후가 쌍릉으로 조영되었으며, 뒤쪽 왼편에 제2계비 인원왕후가 단릉으로 조영되었다. 이런 경우 인원왕후는 별도의 능호가 있어야 하는데 능호가 없이 같은 정자각에서 봉사를 받도록 되어 왕릉 조성 원칙에 맞지 않는다는 논란이 있기도 한 것이 바로 명릉이다. 아울러 조선 왕릉 중에서 동원이강릉 형식으로 조성된 마지막 능이다.

1701년(숙종 27년) 8월 14일 숙종의 제1계비인 인현왕후가 창경궁 경춘전(景春殿)에서 승하했다.

여양부원군(驪陽府院君) 민유중(閔維重)의 딸로 1681년(숙종 7년)에 숙종의 계비가 되었다. 원비 인경왕후가 승하하자 당시 막강한 서인(西人) 세력에 의해 15세의 나이에 숙종비로 간택이 된 것이다.

하지만 숙종은 궁녀 장씨에게 빠져 있었다. 장씨가 왕자를 낳자 숙종은 그녀를 희빈으로 진봉시키는 등 온통 장씨에게만 마음을 쏟았다. 게다가 그녀가 낳은 아들이 세자로 책봉되면서 장희빈은 빈에서 왕후가 되었다. 그에 따라 인현왕후는 왕후에 오른 지 8년만인 1689년 폐위되어 서인(庶人)이 되었다. 궁에서 나와 서인으로 살아가는 나날은 그녀에게 고통과 눈물의 세월이었다. 이때 시중에서는 "미나리는 사철, 장다리는 한철."이라는 노래가 있었고, 인현왕후가 머물던 사가 앞을 지나는 백성들은 안타까워 눈물을 흘리기도 했다.

그렇게 5년여의 세월이 흐른 뒤, 1694년(숙종 20년) 인현왕후는 다시 중궁전(中宮殿)에 복위되었으나, 그로부터 7년 뒤인 1701년(숙종 27년) 8월 14일 축시(丑時 : 오전 2시경) 창경궁 경춘전(景春殿)에서 소생도 두지 못한 채 원인 모를 병으로 승하한다. 이때 나이가 35세였다.

숙종은 즉시 좌의정 이세백(李世白)을 총호사로 삼고, 각 도감의 책임자를 정해 국장을 수행하게 했다. 또한 숙종은 인현왕후의 동생인 민진후(閔鎭厚)의 형제들에게 장례의 모든 과정에 입시(入侍)하고, 산릉지(山陵地)도 봉심하도록 명했다.

이어서 하교하기를 "일찍이 경신년에 간산(看山)할 때 경릉(敬陵 : 추존왕 덕종, 소혜왕후) 능역에 묘좌(卯坐 : 정서향) 언덕이 있었다. 그곳에 국장(國葬)을 지냄이 마땅하겠다. 그리고 허우(虛右)[155]의 제도는 장릉(長陵)과 같이하라." 하였다. 직접 인현왕후의 능지 위치를 짚어서 지정한 것이다.

경신년이라 함은 1680년(숙종 6년) 인경왕후가 승하하고 능지를 물색하면서 아마도 경릉 주변을 간산하던 중 그곳을 눈여겨보았던 것 같다.

그리고 허우제를 장릉과 같이하라는 것은 장차 자신이 묻힐 곳에 대해서도 미리 염두에 둔 것으로 보인다.

장릉(長陵)은 인조와 인렬왕후의 능이다. 인조는 1636년(인조 14년) 4월 인렬왕후를 장사하면서 그 우측에 자신이 사후에 묻힐 수릉지를 만들어 놓았다.

인렬왕후가 승하한 지 13년 후에 인조가 승하하자 당시 장릉은 풍수적으로 좋은 자리가 아니라고 하면서 인조를 우허지에 장사하는 것을 반대하는 여론도 있었다.

그러한 반대에도 불구하고 효종의 강력한 주장에 의해 인조는 우허지에 묻힐 수 있었다. 하지만 지속적으로 장릉의 봉분이 허물어지는 변고가 생기므로 천릉

---

155) 허우(虛右) : 우허제(右虛制), 또는 우허지(右虛地)와 같은 말로서 임금이 추후 자신이 묻히기 위해 먼저 조성한 무덤의 오른쪽(정면에서 볼 때는 왼쪽)을 비워 두는 제도이다. 일반적으로 살아 있는 자는 좌측이 윗자리이고, 죽은 자는 반대로 우측이 윗자리라 하여 합장 또는 쌍분의 경우 여자를 좌측, 남자를 우측에 장사한다.

문제가 거론되었다.

그로부터 50년이 지난 1686년(숙종 12년) 숙종 때 와서도 천릉 상소가 이어지고 조정이 시끄럽자 숙종이 직접 장릉에 다녀오고 천릉 불허 결정을 내리면서, 이후 천릉을 거론치 못하게 한 바 있었다. 그렇지만 그로부터 40년이 지난 1728년(영조 4년)에 장릉은 천장되었다.

이리하여 숙종은 1680년 인경왕후의 인산(因山 : 왕이나 왕비를 비롯한 왕세자 등의 장례를 지내는 것) 때 봐 두었던 곳에 1686년 다시 장릉을 다녀오면서 생각했던 대로 인현왕후의 능지를 거의 일방적으로 정한다. 또한 원비보다 제1계비인 인현왕후와 함께 묻힐 생각으로 우허지까지 거론함은 물론 인산의 방법까지 상세히 하교하였다.

이 상황이 쉽게 납득이 안 되는 것은, 어떻게 왕후가 승하한 당일에 왕이 직접 능지를 지정할 수 있는가이다. 능지를 택정한다는 것은 장례 절차에서 매우 중요한 일이기 때문에, 지리적 입지 여건을 포함하여 기타 사항들을 조정의 신료들과 충분히 협의하고 수차례 간심 절차를 거쳐 최종 확정하는 것이 관례 아니던가.

왕후가 승하한 당일에 임금이 독자적으로 능지 위치를 정한 것은 뜻밖의 일이었다. 숙종의 말대로 나름 점지해 둔 곳이 있었다 하더라도 벌써 20년 전 일이고, 심지어 자신의 수릉도 염두에 두었다면 수차례의 검증과 확인 절차가 필요했다. 더욱이 숙종의 이 같은 하교에 대신들 중 누구 하나 토 다는 사람이 없었다는 것도 의외였다.

8월 20일에는 대행왕비의 시호를 인현(仁顯)으로 하고, 능호는 명릉(明陵)이라 정했다. 그리고 이틀 후에는 총호사가 산릉을 봉심하고 돌아와 산세를 보고하면서 능의 좌향은 갑좌경향(甲坐庚向 : 정서에서 남쪽으로 15°)으로 정했다.

한편 숙종은 1694년(숙종 20년) 인현왕후가 복위되면서, 희빈 장씨뿐 아니라 그 일족을 몹시 미워했다. 심지어는 인현왕후가 승하한 것도 모두가 장씨 일가의 저주 때문인 것으로 생각했다. 때문에 국상이 일어난 지 한 달여 쯤 지난 9월 23일 숙종은 비망기(備忘記)를 내린다.

'대행왕비가 병에 걸린 2년 동안 장씨는 한 번도 문병을 하지 않았을 뿐만 아니라, 중궁전(中宮殿)이라고도 하지 않고 민씨라고 했으며, 또한 민씨는 요사스런 사람이라고 모함하였고, 취선당 서쪽에 몰래 신당(神堂)을 차려 저주의 기도를 했다. 제주에 귀양 가 있는 희빈 장씨의 오빠 장희재를 처형하라.'고 했다.

그런가 하면 10월 8일에는 '생각에 생각을 더하고, 또다시 충분히 생각한 결과 일이 이미 이 지경에 이르렀으니 이 처분을 두고는 실로 다른 도리가 없다.'며 희빈 장씨도 자진(自盡)하라고 하교했다. 이렇듯 숙종은 인현왕후의 죽음에 대한 슬픔과 애통함이 커지는 만큼 장씨 일가에 대한 미움이 커져 갔다. 그런 나머지 친히 대행왕비의 행록을 짓기도 했다.

이리하여 1701년(숙종 27년) 12월 8일 인현왕후를 발인하니, 세자가 홍화문 밖에서 지송을 했다. 이때 지송하는 세자의 심정은 어땠을까? 왕통으로 보면 인현왕후가 어머니지만, 생모인 희빈 장씨가 불과 두 달 전에 아버지가 내리는 사약을 받고 죽었으니, 24살 철든 세자는 겉으로는 눈물을 흘리며 법통(法統)의 어머니를 지송하고 있었지만, 속으로는 아마도 단장의 심정으로 친모를 생각하며 피눈물을 흘렸을 것이다.

그리고 다음 날 12월 9일 묘시(卯時 : 오전 6시경)에 경릉의 좌측 능선 갑좌경향(甲坐庚向)에 현궁을 내리면서 인현왕후의 장례를 마치고 명릉이라 했다. 이 시간에 숙종은 소복 차림으로 숭문당(崇文堂)에서, 세자는 시민당(時敏堂)에서 망곡을 했다.

그 후 19년이 지난 1720년(숙종 46년) 6월 8일 숙종이 60세를 일기로 경덕궁 융복전(隆福殿)에서 승하했다. 45년 10개월을 재위했고, 슬하에 자녀는 6남 2녀를 두었으나 경종과 영조를 제외하고는 모두 일찍 죽었다. 6남은 모두 후궁에게서 낳았다. 숙종의 빈전(殯殿)은 자정전(資政殿)에 설치됐다.

숙종은 조선조에서 두 번째로 적장자가 계속해서 왕위를 잇는 경우로 즉위했다. 세종의 적장자 문종과 적장자 단종으로 이어지는 왕통과 효종의 적장자 현종

뒤에서 본 명릉

과 적장자 숙종으로 이어지는 단 두 번뿐인 왕통 승계에 해당하는 임금이었다. 사실 숙종 때는 당쟁이 심했다. 하지만 당파를 잘 이용해서 왕권을 회복시키고, 정치·경제·국방·외교 등 나라의 안정과 중흥의 기틀을 잡은 임금이다. 그런가 하면 비로소 정종(定宗)의 묘호를 올렸으며, 단종과 정순왕후를 추복하고, 사육신을 복권시키고 관작을 회복시킨 임금이기도 하다.

내시 두 사람이 함(函)에다 강사곤룡포(絳紗袞龍袍 : 임금이 상시 착용하는 정복으로 강사포와 곤룡포)를 담아 대궐 지붕으로 올라가 임금의 존호를 세 번 부르며 복례(復禮)를 행했고, 다른 내시는 왕세자를 부축하고 나와 사포(紗袍 : 세자가 입는 정복)를 벗기고 머리를 풀어 거애했다. 연잉군(延礽君)도 머리를 풀고 기둥 밖에서 거애했으며, 백관들노 모두 모여 거애를 했다.

그리고 즉시 우의정 이건명(李健命)을 총호사로 삼고, 각 대신들을 삼도감의 제조로 삼아 국상의 장례를 담당케 했다.

그리고 세자는 원상을 비롯한 각 대신들이 대위(大位 : 높은 지위를 말하는 것으로 왕위를 뜻함)는 잠시라도 비워 둘 수 없다며 즉위를 주청해도 계속하여 미루다가 1720년(경종 즉위년) 6월 13일 경덕궁 숭정전(崇政殿)에서 왕위를 계승하는 즉위식을 열었다.

경종이 즉위하자마자 바로 총호사 이건명은 능지에 대해서 대행대왕의 유교(遺敎)가 있었음을 보고했다. 1701년(숙종 27년) 인현왕후가 승하했을 때 명릉을 조성하면서 인현왕후의 우편(右便)을 비워 두었다는 얘기였다.

숙종은 명릉을 조성할 때 우허제를 쓴 장릉의 예를 따르도록 하여 앞으로 인현왕후와 함께 묻힐 요량으로 그 오른쪽을 비워 두고 조성했던 것은 이미 앞에서 언급했다. 그러자 경종은 아뢰는 사실을 이미 알고 있던 터라 그대로 따랐다.

6월 15일에는 2품 이상의 대신들이 빈청에 모여 논의하여 대행대왕의 시호와 함께 묘호를 강력한 왕권을 행사했다는 의미를 담아 숙종(肅宗)으로 정했다. 아울러 능호도 인조 때 장릉의 능호를 그대로 사용했으니만큼 명릉(明陵)의 능호를 그대로 칭하는 것이 마땅하다 하여 그리하기로 했다.

1720년(경종 즉위년) 6월 18일에는 총호사 이건명(李健命)이 아뢰기를, "산릉의 매표(埋標)[156]를 살펴보니 갑좌경향(甲坐庚向)이었습니다. 인현왕후 능의 분금(分金)은 경인경신(庚寅庚申)인데, 표석(標石)에 새긴 것은 병인병신(丙寅丙申)이었으니, 대개 경인경신은 대왕의 연갑(年甲)에 구기(拘忌)가 되어 이렇게 서로 어긋나게 된 것입니다. 일찍이 숭릉(崇陵 : 현종, 명성왕후)을 살펴보았더니, 봉분의 외향(外向)은 두 능이 모두 유좌묘향(酉坐卯向)으로 같았으나 대왕릉(大王陵)은 계유계묘(癸酉癸卯) 분금이요, 왕후릉(王后陵)은 신유신묘(辛酉辛卯) 분금이었습니다. 보통 지가(地家)들은 외향으로써 큰 관계를 삼지 않으므로, 이제 이 분금이 왕후 능과 더불어 조금 다르나 외향은 숭릉의 예에 의하여 전에 있던 능을 좇았습니다. 또한 정자각(丁字閣)은 일찍이 장릉(長陵)은 왕비 능이 먼저 있었고 대왕 능이 뒤에 있었

---

156) 매표(埋標) : 죽은 사람의 생졸 및 묘지의 소재나 좌향(坐向)을 기록하여 무덤의 앞이나 옆에 묻는 표석으로 지석과 같은 것이다.

으므로, 새로운 재궁을 옛 정자각에 배설(排設)하고 왕비의 신위는 가설 정자각에 옮겨 봉안하였다가 3년 후에 철거하였습니다. 지금도 장릉의 예(例)를 따라 왕비의 신위를 가설 정자각에 옮겨 봉안함이 마땅합니다." 하니, 경종은 모두 그대로 따랐다.

그것은 숙종의 능이 봉분의 형태는 인현왕후와 같이하지만, 광중의 분금은 달리하겠다는 것과 현재의 정자각에 숙종의 재궁을 모시고, 인현왕후의 신위는 가정자각을 세워 봉안하겠다는 것을 허락한 것이다.

1720년(경종 즉위년) 10월 20일 발인제를 마치고 숙종의 영가는 산으로 떠났고, 다음 날 10월 21일에 명릉 인현왕후 오른쪽 옆에 갑좌경향(甲坐庚向 : 정서에서 남쪽으로 15°)으로 묻히면서 장례를 마쳤다.

이때 제주도에서 백성 백여 명이 올라와 능 조성에 참여하기를 청했으나 예조에서 이를 받아들이지는 않았다. 제주에 연달아 흉년이 들 때 곡식을 보내 구제해 준 것에 대한 고마움으로 제주 백성들이 대거 올라온 것이었다. 이는 백성을 사랑했던 숙종의 면면(面面)을 보여 주는 것이다.

숙종은 재위 기간(45년 10개월)이 길어 재위 중 무려 여섯 번의 국상을 치렀다. 게다가 단종과 단종비 정순왕후의 추복까지 하면 무려 8개의 능이 조영된 것이다. 그런데 기록에 능 조성에 관련된 자료가 미미함을 볼 때 숙종은 풍수지리나 상지(相地) 등 땅이 인간에게 길흉화복을 부여한다는 것들에 대해서는 믿음이나 지지의 강도가 매우 엷었다.

1674년 숭릉(현종)을 건원릉 능역에 조성한 것은 모후인 명성왕후의 뜻이었고, 1683년 명성왕후는 숭릉 조성 시 왼쪽을 비워 두었기 때문에 그대로 쓴 것이다. 1680년 익릉(인경왕후)은 경릉(추존왕 덕종) 경내에 쓰도록 직접 정했고, 1688년 휘릉(장렬왕후)은 당시 총호사가 좋다고 하는 곳을 그대로 따랐다. 1701년 명릉(인현왕후)도 경릉 경내로 직접 지정한 것에서도 나타난다.

1757년(영조 33년) 3월 26일 숙종의 제2계비인 대왕대비 인원왕후(仁元王后) 김

뒤에서 본 인원왕후 능(앞에는 숙종과 인현왕후 능)

씨가 창덕궁 영모당(永慕堂)[157]에서 승하했다.

　인원왕후는 숙종의 제1계비 인현왕후가 승하한 후 1702년(숙종 28년) 왕비로 책봉되었다. 경은부원군(慶恩府院君) 김주신(金柱臣) 딸로 1687년(숙종 13년)에 태어나 16세에 왕비가 되었다. 이때 왕세자(경종)는 열다섯 살이었으며 연잉군(영조)은 아홉 살이었다. 나중에 연잉군을 왕세제로 책봉하는데 결정적인 역할을 하였고, 슬하에 자식이 없어 연잉군을 양자로 입적함으로써 영조 즉위 후 각별한 효도를 받

---

157) 영모당(永慕堂) : 영모당은 창덕궁에 있는 전각으로, 인원왕후가 승하하기 전까지 거처하던 곳이다. 특별히 당호(堂號 : 집의 이름)가 없었는데 승하를 계기로 효도하는 마음을 담아 영조가 직접 영모당이라고 이름을 붙인 것으로 전해 온다.

은 인물이다. 이때 나이는 71세였다. 승하하기 한 달 전쯤 인원왕후의 건강이 갑자기 쇠하였다. 담증(膽症 : 열로 생기는 병의 일종)으로 원기가 가라앉은 것이다.

영조는 약방에 일러 인삼의 잔뿌리로 끓인 차를 계속해서 올리도록 하니, 차츰 효과가 있었다.

이때는 정성왕후가 승하한 지 불과 열흘 남짓 되었고, 이때 영조는 빈전과 동조(東朝)[158]를 오가며 챙겨야 할 입장으로, 밤낮으로 옷도 벗지 못하고 때로는 난간에 의지하여 자기도 했다고 『영조실록』은 기록하고 있다.

영조는 약방에 직접 가서 대왕대비에게 올릴 약을 의논할 만큼 인원왕후에 대한 보살핌이 각별했다. 인원왕후의 건강이 다소 좋아지자 영조는 종묘에 고할 만큼 기뻐했고, 심지어 형기가 1년 이하의 죄인들을 석방하거나, 장사하는 사람들의 세금을 깎아 주는 시책을 펴도록 명하기도 했다.

그러더니 며칠 후 다시 악화되었다. 3월 24일에 정신이 혼미해지고, 결국 3월 26일 승하한 것이다.

1757년(영조 33년) 4월 2일 대행대왕대비의 시호를 인원(仁元)으로 하고 능호는 따로 정하지 않고 그대로 명릉(明陵)으로 하였다.

4월 4일 새 능지는 명릉 오른쪽 산등성이로 정했다. 그리 정한 것은 인원왕후가 평소에 죽으면 명릉 곁으로 가고자 했고, 심지어 그곳의 산도(山圖)를 그려서 영조에게 맡길 만큼 숙종의 곁으로 가고 싶어 했기 때문이다. 이미 신후지지를 정해 놓았던 것이다.

영조는 능지 선정 논의가 있자 그 산도를 꺼내며 대신들에게 지리를 잘 아는 종친과 그곳을 간심하도록 했다. 그림대로 명릉 오른쪽 등성이에 올라 간심을 하고 돌아와서 아뢰는데, 그곳은 명릉과의 거리가 4백여 보(步)나 되며, 정자각(丁字

---

158) 동조(東朝) : 대비가 거처하는 곳을 가리킨다. 그러므로 곧 동조는 대왕대비를 지칭하는 것이다. 중국 한나라 때 황태후(皇太后)가 머물렀던 장락궁(長樂宮)이 황제의 거처에서 동쪽에 있었던 것에서 유래된 것이다. 세자가 머무는 곳을 동궁(東宮)이라고 칭하고, 동궁은 곧 세자를 말하는 것과 같은 것이다.

閣)을 따로 지어야 할 뿐 아니라 나무를 많이 베어야 하고, 산릉 작업이 난공사가
될 것이라고 보고한다. 그러면서 다행히 명릉 오른쪽 을좌(乙坐 : 서향)에 있는 새
로운 묘혈(墓穴)이 아주 길지(吉地)이고 명릉과 가깝다는 보고를 하자, 영조는 총
호사와 대신들에게 즉시 가서 그곳을 상지하되 풍수를 아는 종친 남원군(南原君)
이설(李橝)과 함께 가도록 했다. 다음 날 이들이 돌아와 모두 길지라고 했다. 이
보고를 들은 영조는 아주 기뻐하면서 말하기를 "자성의 뜻이 진실로 여기에 있었
다." 하며, 능지를 명릉의 오른쪽 산등성이로 정했다.

  바로 그때는 영조의 원비 정성왕후가 승하(2월 15일)한 지 한 달 남짓한 시기로,
경릉의 우측 언덕 너머에 능지 조성이 이미 시작된 시기였다. 영조는 나라의 재
정 등을 고려하여 인원왕후가 원했던 곳은 아니지만, 비용 절약을 위해 명릉과
가까운 거리에 묘혈이 있다 하자 바로 결정한 것이다.

  그러나 이 자리는 바로 명릉과 가까운 곳에 위치하지만, 왕릉 조성의 '우상좌
하 원칙'에 따라 우측이 높은 자리라는 서열이 있음에도, 왕보다 계비가 위에 위
치하고 있다는 것이 걸리는 곳이었다. 허면 계비를 왕보다 더 높은 위치인 우측
에 능지 조성을 할 수 있었는가. 그것이 어떻게 용납되었는가이다. 그런데 당시는
그런 논의가 크게 대두되지가 않았다. 하지만 영조는 좌의정 김상로(金尙魯)에게
하교하기를 "신릉(新陵)이 바로 오른쪽 산등성이에 있으나, 옛날 유교(遺敎)에 이
미 목릉(穆陵)의 예에 의거하도록 명하셨으니, 지금 오른쪽 왼쪽에 구애될 필요가
없다."며, 나중에 거론될 수 있는 우상좌하의 기준에 이의를 달지 못하도록 쐐기
를 박았다. 좌의정 김상로가 다시 정자각과 신로(神路)의 설치도 목릉의 예에 따
라 하는 것으로 말하자 영조는 옳게 여겨 그리하도록 했다. 그것은 신릉(新陵)에
는 가정자각(假丁字閣)을 설치했다가 3년 후에 철거하고, 구정자각에 합제하는 것
을 말한다. 신로 역시 그에 맞게 설치했다가 3년 후 철거하겠다는 것이다.

  1757년 6월 11일 영조가 산릉에서 취토 작업을 했던 관리에게 직접 흙의 색깔
을 물어보니 "비석비토(非石非土)[159]였습니다. 견고하고 또 윤기가 있는 것이 홍릉

---

159) 비석비토(非石非土) : 돌도 아니고 흙도 아니라는 의미로, 풍수가들은 땅을 팠을 때 흙의 색깔을 중

(弘陵)의 흙 빛깔과 같았는데, 대체로 이것은 같은 산맥(山脈)이어서 그런 것입니다." 하니 만족해 했다. 그리고 산릉의 보토 여부를 묻고, 산릉 주변에 나무를 심어 울창하게 하라고 일렀다.

1757년(영조 33년) 7월 11일 대행대왕대비의 발인을 하면서 영조는 곡을 하며 영가를 따랐고, 산릉에 도착해서는 영조가 직접 산릉에 올라 알릉예(謁陵禮 : 능에 왔음을 알리는 예)를 행한 다음 가설 정자각에서 곡을 하며 절을 했다.

다음 날인 7월 12일 묘시(卯時 : 오전 6시경)에 재궁을 하현궁하면서 인원왕후를 명릉 우측에 을좌신향(乙坐辛向 : 정서에서 북쪽으로 15°)으로 장사 지냈다. 우주(虞主)는 효소전(孝昭殿)에 안치하고, 초우제를 지내면서 이날의 장례를 모두 마쳤다.

결과적으로 명릉은 왕릉의 능제에서 볼 때 우왕좌비, 우상좌하의 원칙에서 벗어나 제2계비인 인원왕후의 능을 임금의 능보다 높은 자리에 썼다는 것이 다른 능과 비교되는 점이다. 창릉 편에서도 언급했듯이 42개의 조선 왕릉 중 우왕좌비 원칙에 어긋난 능은 모두 세 곳으로 경릉(덕종, 소혜왕후), 명릉(숙종, 인현왕후, 인원왕후), 수릉(문조, 신정왕후)이다.

그리고 조선 왕릉 중에서 원비가 아닌 계비와 함께 조영된 능은 모두 네 곳으로, 창릉(예종)과 선릉(성종)의 경우는 동원이강릉으로 조성되었고, 쌍봉릉은 명릉과 원릉(영조) 두 곳 뿐이다.

또한 인원왕후가 명릉에 묻히면서 서오릉은 5능에 모두 9위의 왕과 왕비가 모셔지면서, 동구릉 다음으로 큰 왕릉군(王陵群)이 되었다.

_____

하게 여겼다. 소위 오색토(五色土 : 紅, 黃, 紫, 白, 黑), 즉 붉고 노랗고 자색을 띤 윤기 있는 홍, 황, 자(紅黃紫)색의 비석비토(非石非土)의 조건을 갖추어야 한다고 했다. 그러나 흙의 색상은 지역에 따라 다르고, 같은 지역에서도 지점마다 색이 다른데, 흙의 색상만으로 혈의 결지를 판단하는 것은 무리일 것이다.

세자빈 묘에서 진봉된 능

혜릉(惠陵, 경종 원비 단의왕후)

혜릉(惠陵)은 조선 제20대 왕 경종(景宗)의 원비 단의왕후(端懿王后, 1686~1718) 심씨의 능으로 단릉이다.

단의왕후가 세상을 떠난 것은 경종 즉위 전으로, 그때는 세자빈의 신분이었으므로 원(園)으로 조성되었다가 경종 즉위 후 왕후로 추봉되었고, 묘(墓)도 원에서 능으로 진봉되었다.

단의왕후는 1686년(숙종 12년) 5월 회현동(會賢洞) 우사(寓舍 : 임시로 거주하는 집)에서 태어났다. 본관은 청송이고 개국공신인 심덕부의 후손이며, 세종의 국구(國舅 : 임금의 장인) 심온의 11대손 청은부원군(靑恩府院君) 심호(沈浩)의 딸이다.

1696년(숙종 22년) 11살 때 9살인 세자(경종)와 혼인하여 세자빈으로 책봉되었다. 세자의 모후가 희빈 장씨이므로 단의왕후는 장희빈의 며느리가 되는데, 이때 장희빈은 중전에서 폐위되어 희빈으로 강봉된 상태였다.

따라서 친 시어머니의 연적이자 정적인 인현왕후를 어머니로 모셔야 하는 운명이었지만 아주 극진히 모셨다. 1701년 인현왕후가 승하한 상중에 친 시어머니인 희빈 장씨가 사약을 받는 슬픔도 겪었다. 이듬해 맞이한 숙종의 제2계비 인원왕후는 오히려 자신보다 한 살이 어렸으므로, 어린 시어머니를 모셔야 했던 기구한 운명의 여인이었다.

1718년(숙종 44년) 2월 7일 왕세자빈 심씨가 창덕궁 장춘헌(長春軒)에서 세상을 떠났다. 세종대왕의 장인인 심온(沈溫)의 12대손으로, 세자빈으로 간택되어 궁에 들어온 지 22년이 되었고, 세자(경종)가 왕위에 오르기 2년 전이다.

평소 세자빈이 병약하긴 했으나 당시 특별한 병증도 없이 갑자기 세상을 떠났다. 이때 나이 33세였고 슬하에 자녀는 없었다. 정확한 사인(死因)이 기록에는 없으나, 이날의 『숙종실록』에는 '세자빈이 유시(酉時 : 오후 6시경)에 갑자기 병을 얻어 위중하였는데, 2경1점(二更一點 : 밤 9시 반)에 임종하였다.'라고 기록하고 있다.

여러 자료에서는 숙환인 풍질(風疾 : 중풍, 뇌졸중 등) 때문에 죽었다고 하기도 하고, 돌림병인 여역(癘疫 : 열병으로 장질부사, 염병 등) 때문에 죽었다고도 했다. 숙종이 지은 행장(行狀)에 질병 때문이라 한 것을 보면 여역병일 가능성이 크다.

이때 조선에는 여역병이 경상도, 충청도, 평안도, 전라도, 황해도 할 것 없이 전국적으로 창궐했다. 수만 명이 앓고, 죽은 사람만도 수천 명이 넘었다는 기록으로 보아, 세자빈도 이 전염병에 걸려 죽은 것으로 추정하고 있다.

추정 이유는 세자가 전국적으로 열병이 치열해지고 있어, 언제 그칠지 알 수 없으니 여제(厲祭)[160]를 지내도록 한 것이다.

이렇게 세자빈의 뜻하지 않은 죽음에 세자가 애통해 하는 것은 물론이고, 숙종도 통곡하며 비통해 했다. 이 당시는 숙종의 건강이 좋지 않아 일반적인 정사는 세자가 대리청정(代理聽政)을 하던 시기였다. 이리하여 세자는 "지난해에는 지독한 여역(厲疫)으로 백성들 가운데 사망한 자가 많았는데, 봄철에 들어와서 다시 치열해지고 있어 언제 그칠는지를 기약할 수가 없으니, 놀랍고 참담스러운 일로 무엇이 이보다 더 심하겠는가! 그중에서도 가장 심한 곳에는 여제(厲祭)를 시행하도록 하라."고 각 도에 하령(下令 : 왕세자가 내리는 명령)할 만큼 여역이 심각히 번지고 있었다.

2월 8일에는 빈궁(嬪宮 : 세자빈) 상사에 장례 절차 등을 참고하기 위해, 사관(史官)을 강화도 정족산에 있는 사고(史庫 : 실록이나 국가의 중요 문서를 보관하던 서고)에 보내 실록 중에 문종(文宗)이 동궁(東宮)으로 있을 적에 당한 빈궁의 상사와 순회세자빈(順懷世子嬪) 상사에 대한 사례를 찾아오도록 했다.

그리고 예조에서 세자빈 상사에 임금과 중전의 복제(服制)에 대해 숙종에게 아뢰기를 "세종조(世宗朝) 때 현덕왕후(顯德王后)께서 빈궁의 자리에서 승하했을 때 임금과 왕비 양궁(兩宮)은 대공의 복제를 입었으니, 지금은 어떻게 해야 하겠습니까?" 하며 아뢰니, 숙종은 세종조의 전례를 채용하여 대공복(大功服 : 상복을 9개월

---

160) 여제(厲祭) : 나라에 역질(疫疾)이 돌 때에 지내던 제사로서, 봄철에는 청명(淸明), 가을철에는 7월, 겨울철에는 10월 초 1일에 지냈다. 그러나 괴질이 번지면 수시로 지내기도 했다. 여제는 감사(관찰사)가 지내도록 했다. 여역(厲疫)의 창궐이 심했던 1688년(숙종 14년)에 강원도에서만 1천 2백여 명이, 전라도에서만 6백여 명이 죽어, 전국에 여제를 지내라고 명한 바 있고, 단의왕후가 세상을 떠난 1718년(숙종 44년) 2월에도 여역(厲疫)으로 전국에서 3천여 명이 죽어 여제를 지내도록 한 바 있다.

간 입는 것)을 따르게 하였다.

그러나 며칠 후 예조참판 박봉령(朴鳳齡)은 "세종조 때 현덕빈(문종비로 현덕왕후로 추봉됨)이 승하했을 때는 대공복을 입었으나, 이때는 『경국대전』이 완성되기 전이었고, 최근 1680년(숙종 6년) 인경왕후(숙종 원비)가 승하했을 때 명성왕후(현종비)는 기년복(朞年服 : 상복을 1년간 입는 것)을 입었으므로, 기년복이 타당하다."는 상소와 대신들의 건의에 따라 기년복으로 다시 결정했다.

아울러 예조에서는 빈궁의 상사에 관계되는 규정이나 근거할 만한 전례를 강화 사고에서 가져온 소현세자(昭顯世子 : 인조의 맏아들) 상사 때의 기록을 참고하여 장례 절차를 진행하였다.

1718년(숙종 44년) 2월 24일 세자(경종)가 슬퍼하며 정원에 적어 내린 행장(行狀)에는 '천도(天道 : 하늘이 낸 도리나 법)는 선한 자에게 복을 주는 것이므로, 빈(嬪)의 덕으로서는 반드시 오래 살아야 되는 것이다. 그런데 한 번 질병에 걸려 갑자기 세상을 하직하였으니, 어찌 도리가 이치에 어긋나는 것이 이와 같은 지경에 이르는가? 이것이 내가 통곡하고 슬퍼하는 까닭이다."라며 역병으로 세상을 떠난 세자빈을 애도했다. 그리고 이날 관상감에서 빈궁의 묘를 쓸 산이 합당한 곳인지를 몇 군데 간심을 하고 보고하였는데, 이곳 중 묘소도감(墓所都監)에서 고양의 명릉과 익릉 사이에 있는 능선을 비롯하여, 검암산 숭릉 인근 등 세 곳을 선정하여 올리니, 숙종은 직접 숭릉(崇陵) 안의 유좌(酉坐 : 정동향) 언덕에 쓰는 것으로 정했다.

아울러 각 도에서 승군(僧軍)[161] 1천 명을 징발하였는데, 양식은 자체적으로 준

---

161) 승군(僧軍) : 본래 승군은 나라의 어려움을 구하기 위해 승려들이 조직한 군대를 의미하는데, 임진왜란 때는 나라를 위기에서 구할 만큼 승군의 역할이 컸다. 나중에는 도첩승과 무도첩승을 구분하지 않고, 승군으로 만들어 배를 만들거나 성을 쌓는 일에 동원하기도 했다. 또한 산릉역(山陵役)에서도 승군의 부역 노동이 중요한 비중을 차지했다. 산릉역의 승군을 어떻게 징발할 것인지와 각 도별 징발 인원을 결정하여 배정하는 일은 산릉도감에서 맡았다. 징발 기준은 각 도별 사찰 수에 근거하여 부역 승군의 인원수를 배정했다. 1659년 영릉 산역에는 1천 명을 징발하고, 1632년 인목왕후 산역에는 1천 명을 징발했다. 아울러 1680년 인경왕후 산역에서는 『인경왕후산릉도감의궤』에 의하면, 3천 6백 명의 승군을 징발한 것으로 되어 있다.

비해 1개월 동안 부역토록 했다.

며느리의 갑작스런 죽음에 애석치 않은 시아버지가 어디 있겠냐마는, 역대 임금과 세자빈의 묘지를 택정하는 과정에서도 숙종의 처결이 다시 비교된다.

세종은 세자빈(현덕빈, 현덕왕후로 추존)이 급서하니, 장례 절차에서 자신의 딸인 정소공주(세종의 장녀로 13살에 요절)가 죽었을 때보다 1등급을 높여 장례를 치르도록 하면서 원지(園地) 선정에도 각별한 조치를 했다.

세조는 세자빈(장순빈, 장순왕후로 추존)이 갑자기 죽자 묘소지를 백방으로 찾아 나섰고, 결국은 명당자리로 알려진 남의 묘까지 이장시켜 가면서 세자빈의 원지를 정할 만큼 오히려 지나칠 정도로 며느리 사랑을 보였다.

그러나 숙종은 당시 자신의 건강이 좋지 않은 상태였기 때문일 수는 있으나, 세자빈의 묘지 택정 과정이 다른 왕들에 비해 배려가 약해 보인다.

한편 세자는 단의빈(端懿嬪)의 장지를 물색하는 틈을 이용해 아버지 숙종에게 가슴에 묻어 두었던 말을 아뢴다.

양주 인장리(仁章里 : 지금의 구리시 일원)에 있는 생모 희빈 장씨의 묘가 좋은 터가 아니라는 소문이 있었는데, 이번 기회에 생모의 묘를 천장해 줄 것을 아버지에게 간절하게 원했다. 비록 희빈의 신분으로 사약을 받고 죽었어도 엄연히 세자의 모후이고, 또한 중전의 신분으로 있었던 바인 만큼, 세자 나름대로는 어머니의 복권(復權)을 염두에 두고 아버지에게 건의했다. 세자는 자신의 부인상을 당한 경황 중임에도, 어미의 묘를 이전하겠다는 의중을 표한 것이다. 평소 세자가 얼마나 어미에 대한 사모의 정이 강했는지를 알 수 있다.

이에 숙종은 어미를 생각하는 자식의 건의를 가상히 여겨, 예조에 지사(地師)들을 불러 모아 희빈 장씨의 무덤을 천장(遷葬)하는 것이 마땅한지 간심케 하고, 결과를 아뢰도록 했다. 예조에서는 그 결과를 '여러 사람들의 의논이 하자(瑕疵)가 있다고 주장하는 사람이 한두 사람이 아닙니다.'라고 아뢰니, 숙종은 예조에 다시 이르기를 "하자가 있다고 말하는 자가 많고, 세자가 다른 데로 천장하기를 간절히 원하니 따르지 않을 수 없다." 하면서, 희빈 장씨 묘의 천장을 명했다.

숙종도 이때는 희빈 장씨에 대한 연민의 정이 일었는지 순순히 세자의 청을 들어주었다. 희빈 장씨의 묘는 이때 거론되어 열 달 이상 천장지를 물색하다가 여러 곳 중에 수원과 광주 두 군데로 좁혀졌다. 1718년(숙종 44년) 12월 23일 최종적으로 광주 진해촌(眞海村 : 지금의 경기 광주 오포 문형리)으로 결정된다.

그리고 이듬해인 1719년(숙종 45년) 3월 8일 천장을 했다. 생모의 천장을 그렇게 원하던 세자의 소원이 이루어진 것이다. 하지만 세자는 발인과 하관시에 참석할 수가 없어, 그저 궁에서 광주 쪽을 바라보며 망곡할 수밖에 없었다. 물론 양주 인장리에 처음 장사 지낼 때도 세자와 세자빈은 망곡만 했다.

뒤에서 본 혜릉

그러나 그 후 250년이 지난 1969년 이곳에 도시 개발이 되면서 지금의 서오릉 경내로 다시 천장을 하게 된다. 이로써 숙종의 비(妃)였던 4명(인경왕후, 인현왕후, 인원왕후, 희빈 장씨)이 모두 서오릉에 모여 있게 되는 계기가 된다.

한편 3월 8일에는 여러 대신들이 빈청(賓廳)에 모여 빈궁(殯宮)의 시호를 의논하여 단의(端懿), 장순(莊順), 소정(昭定)을 결정하여 올리니, 숙종이 '단의'로 하도록 하였다. 처음에 빈궁의 시호를 이미 온의(溫懿)라고 정하였었는데, 빈궁의 12대조인 심온(沈溫)의 이름을 범했다 하여 '단의'로 고치게 된 것이다.

이렇게 세자빈의 상을 치르는 시기에 온 나라는 여역병이 점점 만연해지고 있었다. 이로 인해 죽은 사람이 충청도에서 3,068명, 경상도에서 2,387명, 전라도에서 460명에 이를 만큼, 죽는 사람이 속출하여 민심이 흉흉하고 어수선한 시기였다. 게다가 마침 숙종이 가장 아꼈던 후궁 숙빈(淑嬪) 최씨(연잉군(영조)의 생모)마저도 병으로 세상을 떠났다. 숙빈 최씨의 병명에 대한 명확한 기록은 없으나 여역병일 가능성이 매우 크다. 숙종은 한꺼번에 며느리와 후궁을 잃고 장례를 치르는 슬픔을 겪는 등 왕실은 왕실대로, 백성은 백성들대로 아주 어렵고 힘든 시기였다.

이런 와중에 1718년(숙종 44년) 4월 16일 축시(丑時 : 오전 2시경)에 '단의빈'의 상여가 발인되었고, 4월 18일 숭릉(崇陵) 왼쪽 산줄기 유좌묘향(酉坐卯向 : 정동향)에 장사를 지내니, 묘소명을 단의빈묘(端懿嬪墓)라 하였다.

그리고 2년 후 1720년(경종 즉위년) 6월 15일 경종이 즉위하면서 '단위빈'을 '단의왕후'로 추봉하고 묘소도 격을 높여 능호를 혜릉(惠陵)이라고 하였고, 석물도 왕릉의 격에 맞게 설치하였다.

혜릉에서 주목할 것은 조선조 대부분의 능침 좌향(坐向)이 머리를 북쪽이나 동쪽에 두어 지형의 형세에 따라 남향이나 서향에 가깝게 조성되었다. 그러나 혜릉은 왕릉 중에서도 드물게 정동향이다. 또, 다른 능에 다 있는 장명등도 없다.

중국의 천자가 남쪽을 향하여 천하를 다스린다는 데서 영향을 받아 우리나라의 궁궐들도 남향을 하고 있듯, 왕릉도 그 영향으로 대부분 북좌에 남향을 하고 있다.

풍수에서 용혈사수(龍穴砂水)[162] 형세를 보는 것은 좋은 혈을 찾기 위함이고, 좌향은 좋은 생기를 얻기 위해 보는 것이라고 한다. 혜릉이 정동향으로 조성되었다는 것은 곧 머리를 서쪽으로 두었다는 것인데, 향법(向法)[163]상에 다른 이유가 있는지는 알 수 없으나, 조선조에서 조성된 능 42개 중 특이하게도 혜릉과 숭릉(현종)만이 정동향(酉坐卯向)으로 조성되었다.

아울러 혜릉이 다른 능에 비해 비교적 능역도 좁고 아담한 것은 세자빈의 신분으로 세상을 떠났기 때문에 세자빈 묘소로 조성되었다가 경종이 왕위에 오른 후 왕후로 추봉되면서 능으로 격상되었기 때문이다. 또한 장명등이 없는 것은 당초 설치하지 않은 것이 아니고, 관리자에 따르면 훼손(毀損)되어 따로 보관 중이며, 금명 복원할 계획이라고 한다. 조속히 복원됨이 옳을 듯하다.

---

162) 용혈사수(龍穴砂水) : 풍수에서 제일 중요한 요건인 용과 혈과 사와 수를 함께 칭하는 것이다. 용(龍)은 풍수에서 산을 용이라 칭하고, 혈(穴)은 용이 행룡(行龍)을 멈추어 생동하는 지기를 뿜어내는 곳이며, 사(砂)는 혈의 생기를 보호해 주는 혈 좌우의 보는 산과 바위 등의 형상을 이르며, 수(水)는 만물을 생성시키며 생기를 모이도록 하는 것이다. 그리고 이 모두를 이르는 말이다.

163) 향법(向法) : 우주의 좋은 기운을 취하기 위해 음양오행(陰陽五行)의 법칙에 의해 혈의 좌향을 결정하는 이론을 말한다. 용혈사수(龍穴砂水)는 땅의 형세로 지기(地氣)를 얻는 것이고, 향법(向法)은 천기(天氣)를 얻고자 하는 것이다. 용혈사수(龍穴砂水)로 좋은 혈을 좇고, 향법(向法)으로 우주의 기운을 취하는 것이다.

조선 왕릉 두 번째 동원상하릉

의릉(懿陵, 경종, 선의왕후)

의릉(懿陵)은 조선조 제20대 임금 경종(景宗, 1688~1724)과 계비 선의왕후(宣懿王后 , 1705~1730) 어씨(魚氏)의 능이다.

의릉은 동원상하릉(同原上下陵)으로, 조선 왕릉 중에서 이러한 형태의 능이 두 곳인데 영릉(寧陵), 의릉(懿陵)이다.

상하릉(上下陵)에서는 산 능선의 흐름으로 보아 뒤쪽(위쪽)이 높고, 앞쪽(아래쪽)이 낮으므로, 고상저하(高上低下), 왕상비하(王上妃下)의 기준에 따라 위쪽 곡장(曲墻)이 있는 능이 경종의 능이고, 그 밑에 있는 능이 선의왕후의 능이다.

경종은 1688년(숙종 14년) 10월 28일 숙종의 맏아들로 태어났고, 생모는 희빈 장씨이다. 1690년(숙종 16년) 3살 때 왕세자에 책봉되었다. 7살 때는 인현왕후의 복위로 왕후였던 어머니가 희빈으로 강봉되는 모습을 지켜봐야 했고, 14살 때는 어머니 희빈 장씨가 정쟁에 휘말려 사약을 마시고 죽는 모습도 목도했다.

21살 때는 와병 중인 숙종을 대신하여 대리청정을 하였으나 서인들의 압박으로 물러날 위기도 겪어야 했다. 반면에 정비(正妃) 소생이 아니라는 약점을 지녔음에도 역대 왕세자 중에서 가장 긴 기간을 세자로 있었다. 즉위 후에는 병약하고 후사가 없어 이복동생인 연잉군(英祖)을 세제(世弟)로 책봉해야 하는 심적 고통과 혼란한 정국 속에서 파란 많은 삶을 살다 갔다. 경종은 세자로 있은 지 30년만인 1720년(숙종 46년) 6월 즉위 후 4년 2개월간 재위하였다.

경종은 1724년(영조 즉위년) 8월 25일 축시(丑時)에 창경궁 환취정(環聚亭)에서 승하했다. 이때 나이는 37세였고 슬하에 자녀는 없었다.

즉시 각 도감의 책임자를 지명하고, 우의정 이광좌(李光佐)를 총호사 겸 원상(院相)으로 삼아 국장을 총괄케 했다. 총호사의 지휘 아래 산릉도감의 당상과 예조판서 등은 10여 명의 시사늘을 데리고 길지를 찾아 나섰다.

1724년(영조 즉위년) 9월 3일에는 대신들의 의견을 받아들여 대행대왕(大行大王)의 시호(諡號)를 정하면서 묘호(廟號)는 경종(景宗), 능호(陵號)는 의릉(懿陵)으로 결정했다.

9월 16일에는 능지에 대한 결정이 있었다. 총호사 등이 산릉의 길지를 두루 구하다가 여러 곳의 대상지 중에서 마침내 구영릉(舊寧陵), 중량포(中梁浦), 용인(龍仁), 교하(交河), 왕십리(往十里) 등 다섯 곳을 선정하여 아뢰었다. 이곳 중에서 총호사는 구(舊)영릉을 주장하고, 국장도감의 제조인 김일경(金一鏡) 등은 중량포를 주장하였다. 예조 판서 이진검(李眞儉)은 두 곳에 대한 주장을 가지고 망설이다가 중량포를 주장한 김일경의 편을 들었다.

총호사 이광좌는 "구영릉은 건원릉(健元陵)의 국내(局內)에 있는데, 예부터 감여가(堪輿家 : 풍수가)들 사이에 좋은 자리라고 일컬어져 왔으며, 천릉(遷陵)할 적에도 봉축(封築 : 무덤을 만들기 위해 흙을 쌓아올림)에 틈이 있다고 말하였으나 풍수(風水)가 나쁘다고는 말을 하지 아니하였으니, 신의 생각에는 구영릉이 나을 것 같습니다. 그러나 같은 왕실 내에서는 천장한 장소에 다시 쓰는 전례가 없다고 하니, 오직 성상께서 결정하실 뿐입니다."라고 하였다. 반면 김일경(金一鏡)은 "비록 사대부(士大夫)의 집안이라 하더라도 천폄(遷窆 : 묘를 옮긴 자리)한 장소에다가 그 어버이를 장사 지내려고 하지는 않는데, 하물며 국릉(國陵)임에야 … 모든 신하들은 중량포를 주장합니다."라고 했다.

이에 영조는 총호사와 도감의 여러 당상에게 명하여 다시 중량포를 살펴보게 하였는데, 모두 아름답다고 하므로 대비(大妃 : 숙종비 인원왕후 및 경종비 선의왕후)에게 아뢴 후에 마침내 중량포(지금의 서울 성북구 석관동)로 결정한 것이다.

다음 날 영조가 빈전에 들렀는데, 빈전도감의 당상 이명언(李明彦)이 고하기를 "일찍이 전하는 말을 들으니 구영릉을 옮긴 다음에 지사 반호의가 '지금은 비록 천릉을 하나 다음에 반드시 다시 쓸 것이다.'라고 했다고 하였으며, 천릉할 때 토색이 아름다웠고 당시 지사들이 감탄했는데, 지금 외부의 의견이 구영릉을 버린 것을 애석히 여기고 있습니다." 하였다. 이에 영조는 단호하게 "우리 왕실 내에서는 3백 년 동안 천릉한 곳에 다시 쓴 전례가 없다."면서, 이미 정해진 일이라고 의견을 수렴치 않았다.

이렇게 산릉지가 중량포로 정해졌지만, 그 과정에서 애매한 부분이 있다. 일반 서민들도 천장한 곳에 다시 묘를 쓰지 않는데, 하물며 왕실에서 천장한 곳에 다시 임금을 장사하겠다는 총호사 이광좌의 주장은 당시의 관습이나 상식적으로 있을 수 없는 것이다. 물론 과거 남의 묘를 이장시키고 그 자리에 능을 조성한 경우는 여러 번 있었으나, 직접 천릉지에 새 능을 쓰겠다는 것은 놀랄 일이다.

1659년(현종 즉위년) 영릉(寧陵)이 조성된 후 봉분이 무너져 내리거나 석물들이 주저앉는 현상이 빈번히 벌어지고, 매년 수리를 하는 일이 15년간 계속해서 일어나는 변고 때문에 1674년(현종 15년)에 부득이 영릉(寧陵)을 여흥 땅으로 천장했던 것이다.

그런데 지금에 와서 그때 그곳은 묘를 만들기 위해서 쌓아 올린 흙이 무너져 내렸을 뿐, 풍수적으로 나쁘다는 말이 없었다는 명분만으로 그곳에 다시 능을 조성하겠다는 주장은 어떤 의도였는가. 더욱이 총호사 이광좌는 소론(少論)으로서 경종을 옹호하는 위치에 있었는데, 그럼에도 불구하고 천장지를 능지로 건의한 것 자체가 쉽게 이해되지 않는 부분이다.

당시 노론의 지지를 받고 있던 영조(英祖)가 '정치적으로 경쟁자였던 경종(景宗)을 과연 좋은 길지에 묻어 주겠는가?'라는 생각으로 영조의 환심을 사려는 것이었을까?

한비자(韓非子)는 '군(君)과 신(臣)은 그 서 있는 곳이 다르기 때문에 마음이 있는 곳도 다르다. 즉 군은 자기 계획에서 신을 부리며, 신 또한 자기 생각에서 군을 섬기게 되는 것이다. 군신(君臣)은 각기 자기를 위하여 쓰고 쓰이는 것이다.'라고 했다. 서로가 주장하는 것이 자기를 위하여 주장하는 것이라면, 이광좌는 무슨 이유에서 세간에서 나쁘다고 하는 천장지를 굳이 추천했는지는 알 수 없는 바다. 하지만 자기 입신을 위한 정치적 의도라기보다는 길지를 확신하고 추천했을 것으로 사료된다.

괴기에는 산릉의 택지 및 조성 과정에서 왕권과 신권의 힘겨루기 또는 붕당들의 정치적 견해와 이익에 휩쓸려 좌지우지되었던 바가 있었지 않은가.

그러나 영조의 입장에서는 이미 보위에 올랐고, 경종에게는 자손도 없을 뿐 아니라 정치적 경쟁 상대가 될 수 없어 길지를 찾아 장사 지내는 것은 당연한 도리인 것이다.

하지만 모순적이면서도 역설적인 것은 이렇게 영조가 조선조 300년 동안 천릉한 곳에 다시 능을 쓴 예는 없다는 사유로, 구영릉(舊寧陵) 자리를 경종의 능지로 정하지 않았으나, 훗날 50여 년이 지난 후 영조(英祖) 본인이 자신의 손자(정조)의 결정에 바로 그 천장지에 묻힌다.

그래서 능지의 임자는 따로 있다는 것인가? 소위 천장비지(天藏秘地)라 하여 하늘이 감춰 둔 자리는 임자가 아니면 들어가지 못한다는데, 구영릉 자리야말로 천장비지였던가?

9월 24일에는 능지로 결정된 중량포에 산릉의 역사가 시작되었고, 다음 날 총호사는 새로운 능은 인근에 회묘(懷墓)[164]가 있으므로 이곳을 화소에서 제척해야 하므로 다른 능에 비해 능지가 축소될 수밖에 없음을 아뢴다.

아울러 총호사 이광좌는 능역 공사를 진행하면서 동원되는 역군의 수를 정했음에도, 산릉도감이 180명의 백성을 더 사역케 했다 하여 책임자를 조사할 만큼 엄격한 기준으로 능역 공사를 진행했다.

11월 25일에는 국장도감에서 대행대왕의 발인 때 대여(大轝)의 높이가 흥인문(興仁門)의 문 높이보다 2척(尺)이나 높으므로, 흥인문 문지방 박석(薄石 : 바닥에 까는 넓적하고 얇은 돌)을 파서 대여를 지나게 한 뒤 다시 복구하겠다는 건의를 하자 영조는 그리하도록 했다.

이리하여 1724년(영조 즉위년) 12월 15일 경종의 재궁은 축시(丑時 : 오전 2시경)에 발인하고, 물동이를 뒤집어 쏟아내는 듯 퍼붓는 빗속을 뚫고, 명정을 앞세운 대여는 흥인문에서 10리 거리에 있는 양주 중량포 능지로 향했다.

다음 날인 12월 16일 오시(午時 : 낮 12시경)까지 그치지 않고 내리는 비를 맞으며, 경종은 천장산(天藏山) 아래 신좌인향(申坐寅向 : 정동에서 북쪽으로 30°)으로 안장되었다. 능호는 의릉(懿陵)이라 했다.

---

164) 회묘(懷墓) : 성종의 왕비이자 연산군의 모후인 폐비윤씨의 묘이다. 윤씨는 연산군을 낳고 사사되었으나, 연산군이 즉위한 후 추숭하여 능으로 봉해 회릉(懷陵)이 되었다가 연산군이 물러난 후 다시 회묘로 격하되었다.

경종이 승하한 지 6년이 지난 1730년(영조 6년) 6월 29일 경순왕대비(敬純王大妃 : 선의왕후) 어씨(魚氏)가 창경궁 어조당(魚藻堂)에서 승하했다.

선의왕후는 경종의 계비로 함원부원군(咸原府院君) 어유구(魚有龜)의 딸이며, 본관은 함종(咸從 : 평안남도)이고, 1705년에 태어났다.

1718년(숙종 44년) 세자빈 심씨가 죽자 바로 그해에 14세의 나이로 세자빈에 책봉되어 가례를 올렸고, 1720년 경종이 즉위하면서 왕비가 되었지만 경종이 일찍 승하하므로 20세에 대비가 되었다. 이듬해 21살에 경순왕대비의 존호를 받았지만, 슬하에 자녀도 없이 쓸쓸히 지내다가 1730년(영조 6년) 6월 29일, 26세 이른 나이에 승하한 비운의 왕비이다.

위에서 본 의릉

특별한 병명은 없었으나 『영조실록』에는 왕대비(선의왕후)가 승하하기 전날에 구역증과 함께 몸을 떠는 등 몸 상태가 급속도로 위급해졌다고 기록하고 있다.

즉시 우의정 이집(李㙫)을 총호사로 삼고, 삼도감의 제조와 당상을 임명하여 장사 절차를 진행했다.

7월 5일에는 총호사 등이 능지를 살피고 다음 날 돌아와 산릉을 의릉(懿陵)과 동강하혈(同岡下穴 : 같은 언덕에 있는 아래쪽 혈(穴))로 복명하므로 영조는 별다른 이론 없이 그리 정했다.

그리고 다음 날에는 시임원임(時任原任) 대신들이 의논하여 시호를 선의(宣懿)로 하고, 능호는 의릉(懿陵) 그대로 사용하는 것으로 정해 올리므로 영조는 이를 따랐다.

1730년(영조 6년) 8월 6일 길일을 잡아 산릉 조성 역사를 시작했다. 그런데 발인 일을 이틀 앞두고 조그마한 변고가 생겼다. 대행대비(선의왕후)의 재궁을 홍전(紅氈 : 붉은 천)으로 싸서 밧줄로 얽어 동여매 놓은 사이로, 홍전을 쥐가 쏠아 손가락 이 들어갈 만큼의 구멍이 뚫리는 일이 발생한 것이다. 영조는 안타까워하며 대신 들과 상의했다. 한 대신이 현궁에 쓰일 물건은 조금만 불결해도 고쳐야 하나, 홍 전은 불살라 버릴 것인즉, 이미 재궁을 동여매었는데 풀어서 고치는 것보다는 바 느질 솜씨가 좋은 궁녀를 시켜 쥐가 쏠은 곳만 다른 홍전 조각으로 덧대어 꿰매 는 것이 좋겠다는 의견을 내니 영조는 그대로 따랐다.

중대한 사안은 아니지만 임금이나 신하나 쉽게 조치되는 해결 방법을 따른 것 이다. 만약 꿰매겠다는 신하나, 이리 결정한 영조나, 재위 임금의 왕후나 모후인 대비의 재궁에 이러한 일이 발생했어도, 땜질로 변통하는 방법을 택했을까? 어림 없는 일이다. 조금은 범연히 대해도 될 대상이었기에 그런 조치를 하지 않았을까 하는 생각을 하게 된다.

선의왕후의 재궁은 1730년 10월 19일 자시(子時 : 밤 12시경)에 발인을 하여 오시 (午時 : 낮 12시경)에 하관을 하면서 의릉의 동강하혈 경종의 아래쪽 같은 신좌인향 (申坐寅向)에 장사를 마쳤다.

선의왕후는 경종이 승하한 지 6년 만에 그 곁으로 따라갔지만, 바로 옆에 묻히지 못하고, 아래쪽에 떨어져 따로 묻히므로 왠지 쓸쓸해 보인다.

상하릉(上下陵)에 대해 과연 정혈이 되었는가에 대한 일부 학인들의 평(評)은, 같은 능선의 경우 지맥은 계속 흘러 내려가기 때문에, 위에 능을 쓰고 나면 밑에는 생기가 빠진 허혈(虛穴)[165]이므로, 따라서 풍수상 좋지 않은 걸로 주장하는 경우가 있다.

그러나 이러한 논리는 풍수에서 혈의 결지 원리를 간과한 소치다. 앞에서도 언급했지만 하나의 능선에서도 둘 이상의 혈(穴)을 맺는 경우가 있는데, 하나의 혈을 맺은 후 먼저 결지한 혈장 아래에 또 다른 혈을 맺는 것을 말한다. 이미 상하릉으로 조영된 영릉(寧陵 : 효종, 인선왕후)의 경우는 현종이 인선왕후의 능지를 영릉 아랫자리로 정했을 때, 이조 판서가 위를 파면 아래는 맥이 끊긴다고 주장하다가, 조금만 지식이 있어도 아는 것을 사대부가 그것도 모르냐고 현종에게 호통을 당한 바 있다. 이렇듯 혈(穴)은 하나의 능선에도 몇 개가 맺는 경우가 있다.

따라서 연주혈일 경우는 상하릉으로 조성할 때 두 곳 모두 정혈(正穴)이 될 수 있다. 오히려 쌍릉의 경우는 어느 한쪽은 정혈이 될 수가 없거나 아니면 두 곳 모두 정혈을 피하게 되는 것이다.

그렇다면 상하릉으로 조성된 영릉(寧陵 : 효종)이나 의릉(懿陵 : 경종)의 경우, 왕과 왕비의 능은 과연 연주혈이며, 그리고 정확히 혈처(穴處)에 모셔졌는지는 따로 따진다 하더라도 무조건 같은 능선상에서 아래쪽은 생기가 빠진 허혈이라고 주장하는 것은 옳지 않은 주장이라고 본다.

---

165) 허혈(虛穴) : 풍수에서 지구 에너지 작용에 의해 순화된 에너지를 생기(生氣)라 하는데 생기가 뿜어져 나오는 위치(지점)를 혈(穴)이라 한다. 여기서 허혈은 생기가 없는 곳을 이른다.

아직도 지아비를 기다리고 있는 능

홍릉(弘陵, 영조 원비 정성왕후)

홍릉(弘陵)은 조선조 제21대 영조(英祖)의 원비 정성왕후(貞聖王后, 1692~1757) 서씨(徐氏)의 능으로 단릉(單陵)이다.

홍릉은 다른 능과 달리 단릉임에도 봉분이 곡장 중앙에 위치하지 않고 좌측에 치우쳐 있다. 홍릉 조성 시 훗날 영조가 사후에 묻힐 자리인 신후지지(身後之地)로 정했기에 소위 우허지(右虛地)로 비워 두고 쌍릉 형식으로 조성하였다. 그래서 곡장과 문·무인석 등 석물들도 쌍릉 형식에 의거 설치했던 것이다.

하지만 영조가 이곳에 묻히지 못하므로, 조선 왕릉 중 유일하게 한쪽이 비워진 채로 조영된 사연이 있는 능이다. 정성왕후 입장에서는 지아비와 함께 잠들지 못한 외로운 능이다.

1757년(영조 33년) 2월 15일 신시(申時 : 오후 4시경)에 중전인 정성왕후 서씨가 창덕궁 관리합(觀理閤)에서 승하했다. 정성왕후는 1692년(숙종 18년)에 달성부원군 (達城府院君) 서종제(徐宗悌)의 딸로 태어나 13세가 되는 1704년 숙종의 둘째 아들 연잉군(延礽君)과 혼인하였다. 1721년(경종 1년)에 연잉군이 왕세제로 책봉되므로 왕세제빈(王世弟嬪)이 되었으며, 1724년 영조가 경종에 이어 왕위에 올라 33세에 왕비가 되었다.

정성왕후는 조선조 역대 왕비 중에서 가장 긴 기간인 33년을 중전으로 재위하다가 66세에 세상을 떠났으며, 소생은 없었다.

영조가 즉위할 때 정성왕후는 33세였으므로 충분히 원자를 생산할 수 있는 나이임에도, 영조는 즉위 후 6개월이 지난 1725년 3월 후궁인 정빈 이씨의 사이에서 태어난 7살 된 왕자 효장(孝章)을 세자로 책봉한다.

영조에게 정성왕후에 대한 애틋함이 조금만 있었어도 그리 단호한 조치는 안 했을 것이다. 정성왕후의 입장에서는 날벼락 같은 조치였지만, 잠저 시절부터 왕세제빈을 거쳐 중전에 이르기까지 20년간 자식이 없었으니 어쩔 도리가 없었다.

그러나 3년 후, 유일한 왕자였던 효장세자가 10살에 요절을 하는 비극이 일어난다. 영조는 물론 왕실은 대통을 이을 원자가 없어 애를 태웠다. 그러다 다른 후궁인 영빈 이씨를 통해 왕자가 태어나니 영조는 2살 된 어린아이를 정성왕후의 양자로 입적하여 다시 세자로 책봉한다. 그가 바로 사도세자다. 정성왕후는 이를 지켜보면서 자식을 낳지 못하는 스스로를 얼마나 한탄했을까.

그런데 영조는 무엇 때문에 두 살짜리 어린아이를 세자로 세울 만큼 어떤 강박감을 가지고 있었을까? 영조는 자신이 적손이 아니라는 심적 부담도 컸지만, 풍수설을 매우 신봉하는 편이었다. 그것은 영조의 장릉(長陵 : 인조) 천장에서 증명된다.

영조는 왕이 자신의 부인을 죽이는 비극(숙종의 희빈 사사), 왕의 단명(경종의 병사), 인조 이후 왕위의 적손 승계 난항 및 왕실의 미 번성(인조, 효종, 경종, 영조), 왕세자의 요절(효장세자) 등 자신이 듣고 지켜본 일련의 모든 사건이, 장릉(長陵)이 풍수적으로 불길한 흉지였기에 연유된 것으로 믿고 있었다.

장릉은 오래전부터 풍수적으로 좋지 않다는 소문이 있었다. 본격적인 천장이 건의될 때인 숙종 시기에는 천장이 언급될 때마다 죄로 다스리며 거론치 못하게 하기도 했다. 영조는 효장세자가 죽자 급히 장릉을 천릉할 만큼, 또 모든 왕실의 불행한 일들이 장릉 때문인 것으로 믿을 만큼 풍수에 대한 신봉이 유난했다.

아무튼 정성왕후는 자신에게 후사가 없어서 벌어진 일들에 대해 감수할 수밖에 없었다. 그녀는 정빈 이씨의 소생인 효장세자와 영빈 이씨의 소생인 사도세자를 무척이나 아끼고 사랑하여 어질고 너그러운 성품을 지닌 중전으로 전해진다.

이는 영조가 직접 지은 행장(行狀)에서도 '정성왕후가 항상 기쁜 얼굴과 온순한 자태로 왕실의 어른들을 잘 모시고, 왕실의 안살림을 잘했다.'는 기록에서 나타나 있다.

1757년(영조 33년) 2월 21일 대신들은 대행왕비의 시호를 정성(貞聖)으로, 능호를 홍릉(弘陵)으로 올렸다. 영조는 이에 따랐다.

그리고 2월 25일에는 능지를 창릉(昌陵 : 예종) 왼쪽 능선에 을좌신향(乙坐辛向 : 정서에서 북쪽으로 15°)으로 정했다. 영조는 26년 전인 1731년(영조 7년) 장릉(長陵 : 인조)을 교하현으로 천장할 때, 인근의 좋은 터를 마음에 둔 바 있어 그곳을 봉심하게 하였는데, 정성왕후와 년운(年運)이 맞지 않는다 하여 이를 포기하고, 즉시 창릉 주변을 살펴보라고 했다. 이에 총호사가 앵봉 아래 창릉의 청룡 줄기 세 번째 산등성이 간좌(艮坐 : 남서향)가 좋다고 보고하니, 영조는 다행으로 여기며 좋아했다. 그래서 창릉의 왼쪽 능선 산등성이로 능지를 정한 것이다.

영조는 능지 선정에서 당시 동쪽(동오릉, 지금의 동구릉)보다는 서쪽을 선호했던 것 같다. 그것은 아버지가 있는 명릉 때문이 아닐까 한다. 산릉지를 다른 지역으로는 전혀 생각지도 않고 서쪽에서 능지를 찾아 정한 것인데, 『영조실록』에서는 이를 더할 나위 없는 효성에서 나온 것이라고 기록하고 있다.

아울러 영조는 신릉(新陵)의 혈(穴)을 정하면서 조금 왼쪽으로 치우치게 하고, 그 오른쪽을 비게 하여 정혈(正穴)을 삼도록 하교하였다.

그리고 산릉도감에 명하여 오른쪽 비어 있는 곳에 숭릉(현종)과 명릉(숙종)의 예에 의거하여 돌 조각에 십자(十字) 모양을 새겨 정혈(正穴)에 묻어 두도록 하였다.

이렇듯 영조는 훗날 자신도 이곳 조강지처 곁에 묻힐 요량으로 우측 우허제로 정한 곳에 십자를 새긴 돌을 묻으며, 신후지지를 분명하고 확실하게 마련해 놓았

홍릉 전경

다. 그러면서 당시 문인석과 무인석 등 석물들의 배치를 비롯한 곡장까지도 쌍릉에 준해 설치를 했던 것이다.

영조가 이곳으로 정성 들여 신후지지를 정했던 또 다른 이유는 아버지 숙종이 그곳에 있고, 비록 계모이지만 자신을 왕이 되게 해 준 인원왕후도 그곳에 있고, 지근거리에 친모 숙빈 최씨가 있어서였다. 그러나 영조는 손자인 정조에 의해서 이곳에 묻히지 못했다.

영조가 승하하고 정조가 등극한 지 이틀째 되는 1776년(정조 즉위년) 3월 12일에 영조의 시호와 묘호, 그리고 능호를 정하면서, 능호는 장차 홍릉(弘陵)의 빈자리에 봉안할 것이기 때문에 바꾸지 않는 것으로 정한 바 있다. 이때까지만 해도 영조는 정성왕후의 곁에 안장되는 것으로 추진됐다.

그런데 별다른 변경 협의 과정 없이 갑자기 4월 11일에 영조의 능지가 건원릉 지역 구영릉 터로 정해졌다. 당시 모든 상지관들이 정조의 심기를 알아차리고, 구영릉지가 건원릉에 못지않은 최상의 길지라 하였다. 정조가 다른 신하들의 소견을 물으니 모두 이의가 없다고 영혼 없는 대답들만 했다. 영조의 능지는 이렇게 결정되었던 것이다. 그러나 3월 22일 선왕이 정해 놓은 홍릉을 두고, 구영릉 터로 정함은 부당하다는 상소가 있었던 것을 보면, 능지의 변경이 거론된 것은 적어도 3월 22일 이전일 터인데 실록에는 그 시기와 사유가 보이지 않는다.

다만 3월 24일에 어느 곳으로 정했다는 기록은 없고 '총호사와 도감의 당상, 여러 지사들을 불러 산릉지를 의논하여 정했다.'는 기록만 있을 뿐이다. 아마도 이때 구영릉지로 정했을 듯싶다. 그리고 보면 이때 상지관들은 땅을 읽고 길흉을 판단하는 지상(地相 : 땅의 형세와 모양을 관찰하고 판단하는 것)을 보는 것이 아니고, 임금의 심중을 읽거나 권력의 흐름을 읽었다고 볼 수밖에 없다.

한편, 정성왕후가 승하한 지 1달여 만에 시어머니인 인원왕후(仁元王后)가 승하하였다. 이렇게 국상이 겹치니 영조는 비용을 절약하기 위해 능에 설치되는 사방석(四方石) 등을 설치하지 말도록 명하고, 이어 산릉의 조성뿐 아니라 각종 의물에서도 형식적인 것은 줄이고 백성에게 폐단이 되는 것 역시 없애거나 줄이도록 하였다.

1757년(영조 33년) 6월 3일 대행왕비 발인 시에 영조는 대여를 따라 숙장문(肅章門) 밖까지 곡을 하며 전송하였다. 대여는 능소에 도착하여 다음 날 6월 4일 진시(辰時 : 오전 8시경)에 하현궁하면서 정성왕후를 창릉 좌측 능선 홍릉에 을좌신향(乙坐辛向 : 정서에서 북쪽으로 15°)으로 장사를 지냈다.

어질고 온순한 정성왕후는 승하 후에도 같은 능역에서 시부모들을 곁에서 홀로 모시니 정성과 효성이 지극하다고 하겠지만, 모시는 사람의 어려움과 썩는 속은 누가 알까?

시아버지 숙종을 비롯하여 5명의 시어머니 중 인경왕후(원비)와 인현왕후(제1계비)와 인원왕후(제2계비) 등 3명의 시어머니로부터 사랑은 흠뻑 받고 있겠지만 그것이 그리 쉬운 것인가. 게다가 지금은 1969년 대빈 묘(희빈 장씨)까지 서오릉으로 천장하여, 4명의 시어머니를 같은 울타리 안에서 모시고 있으니 정성왕후의 지하 시집살이는 얼마나 힘이 들겠는가. 나머지 한 분 친 시어머니 숙빈 최씨는 그곳과 멀지 않은 파주 광탄 소령원(昭寧園)에 있다.

그리고 홍릉은 단릉임에도 곡장은 쌍릉 형태로 조성되었고 지금도 유지되고 있다. 영조는 이미 정순왕후와 함께 원릉에 묻혀 있음에도 말이다. 그런데 1832년(순조 32년)과 1890년(고종 27년)에 홍릉의 곡장이 무너져 다시 개보수하는 일이 있었다. 그럼에도 곡장을 단릉의 형태가 아닌 쌍릉 형태 그대로 원형을 유지했다. 이미 단릉이고 향후 쌍릉이 될 가능성이 전혀 없음에도, 선조(先朝)가 조성한 것에 대한 원형 보존의 명분 외에 다른 그럴 만한 이유가 있는 것인지가 궁금하다.

정성왕후는 영조의 조강지처다. 영조가 지금은 계비 곁에 가 있지만, 언젠가는 자신 곁으로 돌아올 것을 기대하며, 지금도 시부모님들을 성심껏 모시고 있다.

왕릉 최초로 천장지에 조성된 능

원릉(元陵, 영조, 계비 정순왕후)

원릉은 조선조 제21대 임금 영조(英祖, 1694~1776)와 계비 정순왕후(貞純王后, 1745~1805) 김씨 능으로 쌍릉이다.

영릉(寧陵)이 여주로 천장되기 전인 구영릉지(舊寧陵地)에 조성된 능이다.

영조는 숙종의 세 아들 중 차남(次男 : 서장자(庶長子))으로 태어나 경종의 뒤를 이어 즉위했고, 조선의 역대 임금 중 가장 긴 기간을 재위했던 임금이다.

영조는 역사적으로 왕세제 시절 치열한 당쟁 속에서 생명의 위협을 느끼기도 했던 터라 붕당의 폐해를 타파하기 위해 즉위한 후에는 정파를 고르게 등용하는 등 탕평책을 쓴 것으로도 유명하다.

그리고 신문고 제도를 부활했고, 균역법으로 세금 제도를 개선하여 백성들의 세금을 줄여 주었을 뿐 아니라 강한 군대를 만들기도 했다. 검소하면서 학문도 좋아해 각종 서적 간행과 유능한 학자 발굴로 학통을 수립하는 등 조선조 제2의 부흥기를 열었다고 할 만큼 치적이 많지만, 냉혹하게 자신의 아들을 죽인 커다란 과오를 범한 임금이기도 했다.

1776년(영조 52년) 3월 5일 묘시(卯時 : 오전 6시경)에 영조는 경희궁 집경당(集慶堂)에서 승하했다. 조선조 27명의 왕 중에서 승하 당시 60세를 넘긴 왕[166]은 6명 뿐이다. 이 중에서 영조는 최고로 장수한 왕이다. 이때 영조의 나이는 83세였다. 영조의 병환이 위독하자 세손(정조)은 관원을 보내 종묘와 사직에 기도하였는데도, 높은 나이 때문에 병세를 이기지 못하고 승하한 것이다. 정비와 계비에게서는 자녀가 없었고, 후궁 4명으로부터 2남 12녀를 두었으나 이 중 4녀는 일찍 죽었다.

영조가 승하하자 내시가 곤룡포를 받들고 동쪽 낙수받이에 사닥다리를 놓고 지붕 위로 올라가 임금이 승하했음을 고했다.

다음 날 좌의정 신회(申晦)는 왕세손에게 "홍릉(弘陵)의 오른쪽은 대행대왕께서 늘 칭찬하는 말씀이 있었으니, 대개 명릉(明陵)의 예를 따르려 하신 것입니다." 하

---

166) 60세를 넘긴 왕 : 27명의 조선 왕 중에서 60세를 넘긴 왕은 모두 6명으로, 태조 74세, 정종 63세, 광해군 67세, 숙종 60세, 영조 83세, 고종 68세이다.

니, 왕세손은 "대행대왕의 뜻은 오로지 우강(右岡 : 홍릉의 오른쪽을 말함)에 두셨었다."고 할 만큼, 할아버지의 뜻을 확실히 알고 있었다.

영조가 승하한 지 5일 만인 3월 10일 세손이 경희궁 숭정문에서 즉위한 후, 곧바로 빈전·국장·산릉의 삼도감을 설치하고, 좌의정 신회(申晦)를 총호사로 삼아 국장을 위한 준비를 했다.

3월 12일에는 모든 대신들이 빈청에 모여 상의한 후 묘호는 영종(英宗)으로 하고, 능호는 이미 우허제로 정해 놓은 홍릉의 빈자리에 봉안할 것이기 때문에 장릉(長陵 : 인조)과 명릉(明陵 : 숙종)의 전례에 따라 홍릉(弘陵)이라 하기로 했다.

이렇게 묘호와 능호가 정해지고 능지도 이미 정해졌는데도 무슨 일인지 능역 조성은 즉시 시작되지 않았다. 그러면서 상지관들은 다른 곳으로 능지를 찾아 나섰다.

이 와중에 3월 19일에는 국장 추진 총책임자인 총호사 신회가 도감의 일에 정성을 다하지 않고, 추천한 상지관이 풍수에 밝지 못하다는 사유를 들어 총호사직을 파직했다. 산릉지를 변경하려는 과정에서 의견 차이가 있었을 것으로 판단된다. 그리고 놀랍게도 영의정 김상철(金尙喆)을 좌의정으로 강등시키면서 총호사로 명했다. 그러나 며칠 후 김상철마저 갈아 치운다. 이 가운데 한 달이 지난 4월 11일에 이르러 능지를 구영릉 터로 바꾸고 능호는 원릉으로 변경하였다.

정조는 산릉을 처음에는 홍릉(弘陵)으로 정했다가, 갑자기 증조할머니가 있는 소령원(昭寧園 : 숙빈 최씨의 묘) 근처에 새로운 능지를 찾으려 하였다. 그런데 옛 영릉지(寧陵 : 효종)가 길지라고 추천하는 사람이 많으므로, 여러 대신과 상지관들에게 "영릉 천장지가 길지라는 주장이 있는데, 과연 산릉지로서 어떠냐?"고 물었다. 그러자 무슨 이유에서인지 이미 풍수적으로 좋지 않다 하여 천장한 곳을 정승들이나 상지관들이 한결같이 길지라고 하는 것이었다.

총호사를 겸직한 영의정 김양택(金陽澤)과 좌의정 정존겸(鄭存謙)은 "이미 증험해 본 땅이 마치 기다리고 있는 듯합니다."라고 하고, 상지관 김기량은 "옛 영릉 자리의 체세(體勢 : 땅이 가지는 지세(地勢))는 건원릉(健元陵)과 차이가 없습니다. 또한 국세(局勢)가 비록 건원릉이 주가 되기는 하지만 정간(正幹)[167]의 정신은 모두 여기에 있습니다."라고 하였다. 상지관 유동형은 "불암산(佛岩山)의 생김새로 보아 모두 이곳을 향하고 있으니, 진실로 완전한 대지(大地)입니다."라고 하였다. 또 다른 상지관 김상현은 "온 국(局) 안의 원기가 모두 이곳에 모여 있습니다. 산을 보아 온 지 50년이지만 이와 같은 길지는 보지 못했습니다. 옛 광(壙)이라도 꺼릴 것이 없습니다."라며, 상지관들이 이구동성으로 옛 영릉지가 좋다고 하므로, 정조는 자연스럽게 이곳으로 능지를 정하고 능호도 원릉으로 정한 것이다. 영조가 살아생전 정해 놓은 신후지지를 갑자기 바꾼 연유는 추측일 뿐 그 누구도 알 수가 없었다.

1724년(영조 즉위년) 경종이 승하하면서 능지를 정할 때, 구영릉지가 거론되었다. 당시 영조는 "우리 왕조 300년 동안, 왕실 내에서는 천장한 곳에 다시 능을 쓴 예가 없다."고 하며, 다른 곳(중량포)으로 결정한 바가 있었다.

이 당시 총호사인 좌의정 이광좌는 구영릉을 주장했고, 국장도감 당상인 김일경은 중량포를 주장했는데, 그 과정에서 대사헌 이명언(李明彦)도 "신이 일찍이 전하는 말을 들으니, 1673년 구영릉(舊寧陵)을 옮긴 다음에 지사 반호의(潘好義)가 말하기를, '지금은 비록 천릉하나, 다음에 반드시 다시 쓸 것이다.' 하였다 합니다."라고 했지만, 이때 영조는 중량포로 결정을 했던 것이다.

영조는 당시 왕실 내 천릉지에 능을 쓰는 건 절대 안 된다고 했었는데, 52년이 지난 후 정작 본인이 그곳으로 가게 될 줄이야.

이를 가지고 사신은 '구영릉은 50여 년이나 아껴 두었다가, 드디어 영조(英祖)의 원릉(元陵)이 되어 한결같이 반호의(潘好義)의 말과 같이 되니, 그것이 어찌 인력으로 되겠는가? 하늘의 뜻이다.'라고 논했다.

그렇다면 정조는 할아버지 영조가 생전에 정성왕후의 능을 조성하면서 우측을

---

167) 정간(正幹) : 산맥(山脈)을 크기에 따라 위계를 나누었을 때 대간(大幹)보다는 작고, 정맥(正脈)보다는 큰 단위를 말한다.

우허지로 할 것을 천명한 바 있거늘 무슨 이유로 바꿨을까? 그것도 이미 풍수적으로 좋지 않다는 이유로 천장을 한 구영릉지로 말이다.

구영릉지는 영조에게는 증조부이고, 정조에게는 5대 조부의 능지였었는데 왜 하필이면 그곳 천장지로 변경했을까?

정말로 그 천장지가 대신들의 의견대로 천하 명당이었기에 그리 정한 것일까? 아니면 자기의 아버지를 죽게 한 할아버지가 미워서 일부러 정해 놓은 수릉지가 있었음에도 천릉지를 마다하지 않은 것일까? 아니면 생존해 있는 정순왕후의 여러 입장을 고려하여 우허지를 피한 것일까?

영조는 아버지 숙종 곁에 묻히고 싶어 홍릉에 신후지지를 스스로 마련했고, 훗날 착오가 있을까 봐 돌에 십자(十字) 모형을 새겨 그 자리에 묻어 두기까지 했는데, 왜 정조는 할아버지의 뜻을 거역했을까?

정조는 어린 나이 때 겪은 일이지만 자신이 그렇게 울부짖으며 아비를 살려 달라고 매달렸는데도, 냉정하게 아비를 죽음으로 몰아간 할아버지의 비정한 모습과 한여름 뒤주 안에서 몸부림치다 죽어간 아버지 사도세자의 모습을 뼛속 깊이 기억하고 있었던 것일까? 정조의 이러한 조치를 보면 아무리 선인이라도 마음속에 증오를 가지고 있지 않은 선인은 없다는 말 그대로다.

이에 앞서 1776년(정조 즉위년) 3월 22일 황해도사 이현모(李顯模)가 영조의 능은 생전에 우허제로 조성한 홍릉(弘陵)에 써야 한다는 상소를 올렸다. '홍릉 오른쪽의 비워 둔 자리는 곧 대행대왕께서 유언하신 곳으로, 선왕께서 오늘날의 처지를 미리 염려하여 평소에 처리해 놓기를 지극히 자세하고 원대하게 하신 것인데, 어찌 이를 버리고 다른 곳에 능지를 구할 수 있겠습니까?'라는 내용이었다.

이에 정조는 상소 내용을 보자마자 즉시 이현모에게 태거(汰去 : 필요하지 않은 관원을 쫓아냄) 조치를 내린다. 삭탈관직 처분을 내린 것이다. 영조를 두둔하는 사람들에 대한 정조의 가차 없는 처분을 보면, 아버지를 죽인 할아버지에 대한 사무친 원한을 품어 왔던 것 같다. 보위에 오른지 불과 열흘 밖에 안된 정조의 단호함을 보면서, 어쩌면 그 복수의 일환으로 천장지에 할아버지를 묻으려 하는 것은 아닌가?라는 추측도 있을 법하다.

또 한편으로는 구영릉지로 정한 것이 정순왕후를 배려하였거나, 아니면 정순왕후의 힘이 작용했을 것이라는 주장도 있다. 그러나 정조는 세손 시절부터 정순왕후와는 정치적으로 갈등 관계에 있었고, 정순왕후가 노론 세력과 함께 자신을 모해하려 했던 것을 알고 있어, 그 논리도 설득력이 적다고 본다.

그리고 또 하나는 산릉의 대상지로 소령원의 국내(局內 : 묘역 내)를 살폈는데, 의견이 일치되지 않아 다른 곳을 찾았다는 기록이 있다. 여기서 다른 곳이란 구영릉지를 말한다. 이는 다시 말해 능지로서 결정은 되지 않았지만 일부 층에서는 소령원을 능지로 추천할 의향이 있었다는 얘기다. 소령원은 바로 영조의 생모 숙빈 최씨의 묘이다. 만약에 소령원이 능지로 결정이 된다면 어떻게 되는 것인가? 어미의 무덤을 파내고 그 자리에 자식이 묻힌다는 것인데, 이는 자신의 아버지를 죽인 할아버지에 대한 원한을 갖고 있을지 모를 정조의 어심(御心 : 임금의 마음)을 떠보면서, 이를 이용해 자신들의 정치적 입지를 공고히 하려는 몸서리쳐지도록 무섭고도 간교한 일부 신하들의 모습이 엿보인다.

정조에게는 소령원이나 구영릉지나 결정권자로서 큰 부담이 있는 곳이다.

그런데 무엇 때문에 그리 결정하였을까? 능지를 변경하기까지 여러 이유가 있었겠지만 아마도 할아버지에 대한 원망이 이유 중 하나일 듯싶다.

영조는 이미 우허지까지 준비를 했지만, 역시 죽은 자가 가는 곳은 산 자가 정한다.

또한 여기서 짚어 볼 것은 구영릉지가 경종과 영조의 능지로서 거론과 결정 과정의 두 경우에서 차이점이 있다. 우선 경종의 능지를 정할 때 천릉지인 구영릉지를 주장했던 당시 총호사 좌의정 이광좌는 비록 천릉지라도 길지가 분명하다는 소신 있는 판단에 따라, 당시 정서와 윤리적인 비난을 감수하고 상상될 수도 없는 구영릉지를 신능지로 주장했다. 하지만 임금이 동의하지 않아 결정되지 않았다. 반대로 영조의 능지가 구영릉지로 결정되는 과정에서는 구영릉지가 정말로 길지이기 때문에 영의정 김양택이나 좌의정 정존겸이 주장을 했다기보다는, 길지 여부를 떠나 정조의 의중이 구영릉지에 있음을 알고, 모든 신료들이나 상지관들이 그 뜻에 순응하기 위해 영합했다는 것에 차이가 있다. 구영릉지의 길지 여부는 별론으로 하더라도, 하나는 신하의 주장에 임금이 반대한 것이고, 다른 하나는 신하들이 임금의 의중에 맞춰 의견을 낸 것이라는데 큰 차이가 있다.

1776년(정조 즉위년) 7월 26일 발인 후 영가(靈駕)가 산릉으로 떠날 때, 정조는 영가를 따라 흥인문(興仁門) 밖까지 나아가 노제(路祭)를 지낸 후 영가가 산릉으로 출발하자 환궁하고, 승지를 보내 주정소(晝停所)[168]에서 문안하고 산릉까지 가서 문안토록 했다. 다음 날인 7월 27일 영조는 증조부가 묻혔던 바로 그 자리에 다만 방향만 15° 남쪽으로 변경하여 해좌사향(亥坐巳向 : 정남에서 동쪽으로 30°)으로 안장됐다. 그리고 원릉(元陵)이라 하고, 아울러 초우제도 산릉에서 행하였다.

이때 정조는 경희궁 태령전(泰寧殿)에서 망곡례를 행하였다.

영조가 승하한 지 29년이 되는 1805년(순조 5년) 1월 12일 오시(午時)에 대왕대비 정순왕후(貞純王后)가 창덕궁 경복전(景福殿)에서 승하했다. 이때 나이는 61세였고, 슬하의 자녀는 없었다.

정순왕후는 본관은 경주이고, 오흥부원군(鰲興府院君) 김한구(金漢耉)의 딸이다. 영조는 1757년(영조 33년) 정성왕후가 승하하고, 2년 후인 1759년 정순왕후를 계비로 맞는다. 이때 정순왕후의 나이는 15세이고, 영조는 무려 66세로 51살이라는 나이 차이가 있었다. 사도세자의 내외보다도 오히려 열 살이나 적었다.

정순왕후의 친정은 노론 가문인데 반해 사도세자는 소론과 가까워 정치적 지향점이 달랐다. 때문에 갈등이 있을 수밖에 없었고, 결국 사도세자의 죽음에도 역할을 했다 하겠다.

정순왕후는 1800년 정조가 승하하고 11살의 순조(純祖)가 즉위하면서 왕실의 최고 어른인 대왕대비의 자격으로 수렴청정(垂簾聽政)을 하기도 했다. 그러면서

---

168) 주정소(晝停所) : 왕이 능행을 할 때 잠시 어가를 쉬거나 수라(水刺)를 들던 곳으로, 여기서는 영가가 잠시 머무는 곳을 말한다.

정조의 측근들을 모두 숙청하고, 또한 정조의 개혁적인 여러 정책을 폐지하거나 뒤바꿔버리는 정치를 했다. 신하들에게는 충성 서약도 받았다. 문정왕후에 버금 갈 만큼 정치적 욕구가 강했던 여인이었음을 짐작케 한다. 그런데 정순왕후가 스스로 여주(女主) 또는 여군(女君)이라 하며, 여인 군주를 자처했다는 기록도 있다. 반면에 여주, 여군은 여인 군주라는 의미가 아니라 대비(大妃)에 대한 또 다른 표현이므로, 여자 국왕을 자처했다고 해석한 것은 오류이다. 선조 때 대사간 백인걸도 인순왕후(명종비)를 여주(女主)로 칭한 바 있었다.

그런가 하면 영부사 이병모(李秉模)가 지은 정순왕후의 지문(誌文 : 죽은 사람의 행적)에서도 여군으로 칭했고, 순원왕후(순조비)도 남들이 칭하는 것을 빗대어 여군이라는 용어를 사용한 바가 있음을 볼 때, 정순왕후가 스스로 여군이라 칭한 것은 대비인 자신을 지칭한 것일 뿐인데, 이를 여인 군주를 자처했다고 해석하는 것은 잘못이다. 아마도 정순왕후가 정조가 추진하던 여러 정책들을 폐지하는 것에 대한 반발과 불만에서 나온 것으로 여겨진다.

정순왕후가 승하하자 순조는 즉시 각 도감의 제조들을 임명하고, 총호사에 좌의정 서매수(徐邁修)로 임명하여 국장 준비의 책임을 맡겼다.

이어서 1월 18일에는 시임·원임 대신들과 육조 당상(六曹堂上)이 빈청에 모여 대행대비의 시호를 정순(貞純)으로 하고, 능호는 경릉(景陵)으로 정했다.

1805년(순조 5년) 1월 20일에는 순조가 예조 판서를 비롯하여, 산릉도감과 관상감을 불러 능지에 대해 물었다. "간심은 원릉부터 시작했는가?" 하니, 관상감 조진관(趙鎭寬)이 "봉표(封標 : 능 터를 미리 정하여 봉분을 만들고 세우는 표)에 기록된 여러 곳을 봤는데, '구영릉(舊寧陵) 좌우 등성이에는 모두 길지가 있다.'고 되어 있습니다. 구영릉이라 함은 곧 원릉(元陵 : 영조)을 말하는 것입니다. 좌우 같은 등성이에 있는 다른 곳 모두 길하고 연운(年運)도 이롭다 했습니다." 하였다. 이에 순조는 "만일 명릉(明陵 : 숙종)의 전례[169]에 의거하여 원릉과 같은 등성이에 길지(吉地)

---

169) 명릉(明陵)의 전례 : 명릉은 숙종과 제1계비 인현왕후 민씨가 쌍릉으로 조영되어 있으므로, 이런 전

뒤에서 본 원릉

를 점지할 수 있게 된다면 정리(情理)와 사체(事體 : 사리와 체면)에 있어 모두 흡족하게 될 것이다." 하면서, 대행대비(정순왕후)의 능소를 원릉으로 생각하고 있음을 내비쳤다.

1월 23일에는 산릉을 간심하고 돌아온 신하들을 불러 의견을 묻는데, 예조 판서 한용구(韓用龜)는 "원릉의 국내와 각 능의 국내에 있는 여러 곳을 모두 봉심했습니다만, 모두 원릉의 국내에 비어 있는 왼쪽 땅이 혈성(穴星)[170]이 존엄하고 광

례에 따라 원릉의 경우도 영조와 계비인 정순왕후가 쌍릉으로 조성될 수 있기를 바라는 의미이다.

170) 혈성(穴星) : 혈(穴)이 결지되기 전에 만들어진 봉우리, 즉 현무봉이나 주산을 부르는 말이다. 성체가 뚜렷하면 대개는 진혈(眞穴)이 결지되는 것으로 보고 있다. 혈성은 성체를 오성(五星)으로 보는 방법도 있고, 구성(九星)으로 보는 방법도 있으나, 구성으로 보는 방법 역시 각각의 구성마다 오행을 부여하므로, 근본적으로 성체는 오성으로 구분이 되는 것이다.

명하여 원혈(原穴)과 조금도 뒤질 것이 없다고 했습니다." 하였다. 이틀 후에는 간심했던 신하들이 조속히 능지의 결정을 기다리면서, 좌향은 해좌사향(亥坐巳向)으로 하기를 원하므로, 능지는 원릉의 왼편, 좌향은 건의한 대로 결정이 되었다.

그리고 1월 28일에 순조는 "망극한 가운데 산릉을 원릉(元陵)과 같은 등성이에다 정하게 되었으니, 정리(情理)에 있어 매우 다행스럽다. 이번에는 새로 정한 능호(陵號)를 쓸 필요가 없다."고 하였다. 이리하여 경릉(景陵)의 능호는 없던 것으로 되었다.

산릉의 역사가 진행되는 5월 초에는 승지가 산릉에서 취토한 흙 색깔이 푸르기도 하고 노랗기도 하고 오색(五色)이 구비되어 아름답다고 설명하니 순조가 기뻐했다.

그리고 1805년(순조 5년) 6월 18일에는 다음 날이 발인일인데 큰비가 계속 내리므로 발인을 연기해야 할 것인지를 정하는 논의가 있었다.

좌의정과 우의정을 비롯하여 예조에서는 비가 많이 내리니 길일을 다시 잡아야 한다고 했지만, 마침 도로와 교량 상태를 점검하고 돌아온 사람이 파괴가 대단치 않다고 하니, 순조는 총호사에게 명하여 발인을 예정대로 하도록 명했다.

그리하여 예정대로 6월 19일 발인제를 마치고 영가는 능소로 출발했다. 순조는 홍화문(弘化門) 밖까지 따른 후 환궁했다.

1805년(순조 5년) 6월 20일 해시(亥時)에 재궁을 해좌사향(亥坐巳向 : 정남에서 동쪽으로 30°) 현궁에 내리므로, 정순왕후는 영조가 승하한 지 29년 만에 원비 정성왕후를 제치고 그 곁에 묻혔다.

영조(英祖)의 묘호는 본래 영종(英宗)이었다. 그러나 영조(英祖)가 승하 후 113년이 지난 1889년(고종 26년)에 업적의 재평가와 함께 태평성대를 연 임금이라 해서 조(祖)로 칭할 것을 대신들이 상소함에 영종(英宗)에서 영조(英祖)로 묘호가 바뀐 것이다.

세자에서 황제까지 오른 능
영릉(永陵, 추존왕 진종, 효순왕후)

영릉(永陵)은 영조의 장자 추존왕 진종(眞宗(효장세자), 1719~1728)과 진종의 비 효순왕후(孝純王后, 1715~1751) 조씨의 능으로 쌍릉이다.

동원이봉(同原異封)의 쌍릉으로 조성되었다. 영조는 2명의 왕비와 4명의 후궁이 있었다. 하지만 왕비에게서는 후사가 없었고, 후궁 정빈 이씨에게서 큰아들 효장세자를 두었는데, 이가 바로 추존왕 진종(眞宗)이다. 영빈 이씨에게서 둘째 아들인 사도세자를 두었는데 곧 추존왕 장조(莊祖)이다.

영조는 효장세자가 10살에 일찍 요절하자 지금의 자리에 장사하고 효장묘(孝章墓)라 했다. 그로부터 23년 후 세자빈 현빈 조씨가 세상을 떠나자, 효장묘 왼쪽에 장사를 지냈다. 이처럼 영릉은 세자와 세자빈의 묘로 조영되었다. 1776년 영조가 승하하고 정조가 즉위하면서 효장세자는 진종으로, 세자빈 조씨는 효순왕후로 각각 추존됐다. 따라서 효장묘는 능으로 승격되어 영릉(永陵)이 되었다. 그것은 정조가 효장세자의 양자로 입적하여 왕위를 계승하였기 때문이다.

영릉이 다른 능에 비해 의물이 간소한 것도 조영 당시 세자와 세자빈의 예로 조성하였다가 48년 후에 추존이 되었기 때문에 그러한 것이다.

효장세자는 1719년(숙종 45년) 한성부 순화방(順化坊)[171] 창의궁에서 정빈 이씨(靖嬪李氏)와 영조의 맏아들로 태어났다. 이때는 영조가 즉위하기 전인 연잉군(延礽君) 시절이었다. 효장세자는 아버지 영조가 즉위(1724년)하면서 경의군(敬義君)으로 봉해졌고, 이듬해 7살의 나이로 세자에 책봉되었다. 그리고 1728년(영조 4년) 10살 때 풍양 조씨 풍릉부원군 조문명(趙文命)의 딸과 가례를 올렸다.

그런데 세자는 가례를 올린 후부터 음식을 소화시키지 못하고 계속 설사를 하는 원인 모를 병에 걸렸다. 세자의 병이 점점 더 위중해지므로, 여러 신하들이 어수당(魚水堂)에 모여 대책을 강구했지만, 병세가 계속 악화되어 별다른 조치를 못

---

171) 순화방(順化坊) : 조선 시대 행정 구역으로 한성부 북부 12방(坊) 중 하나로 지금의 종로구 누하동, 체부동, 효자동 일원이다.

하고, 결국 뜸을 뜨면서 차도를 지켜보았으나 효력이 없었다.

그렇게 효장세자는 1728년(영조 4년) 11월 16일 해시(亥時 : 오후 10시경)에 창경궁 진수당(進修堂)에서 10살의 어린 나이로 세상을 떠났다.

영조는 영의정 이광좌(李光佐)를 각 도감의 도제조로 삼아 인견하면서 효장세자의 상사를 논의했다.

1728년(영조 4년) 11월 26일 영의정 이광좌가 "숭릉(崇陵 : 현종) 오른편에 쓸 만한 곳이 있었습니다. 다만 내년 정월은 마침 월극(月克 : 죽은 사람의 생년과 장사 지내는 달이 서로 상극이 됨(=月剋))에 해당합니다." 하니, 영조는 "순회묘(順懷墓 : 명종의 아들인 순회세자와 부인 공회빈(恭懷嬪) 윤씨의 묘) 청룡 밖에 혈(穴)이 있다 하는데, 그것은 어떠한가?" 하자, 이광좌는 "본디 쓸 만한 곳이 아닙니다." 하였다. 다시 영조가 "순릉(順陵 : 성종비 공혜 왕후) 왼편 혈은 어떠한가?" 하니, 이광좌가 "그 혈은 매우 좋아서 신들의 소견으로 말하더라도 조금도 미진한 데가 없었습니다. 이곳을 결정하는 외에 적합한 곳이 없을 듯합니다." 하였다. 영조가 "접때 대왕대비전께서 하교하시기를, '순회묘 근처에서 쓸 만한 혈을 잡으면 좋겠다.' 하셨으나, 내가 차마 같은 처지[172]를 따르게 할 수 없었다. 1724년에 국장(國葬 : 경종(景宗)의 국장을 일컬음)을 겪었는데, 이제 또 장사를 겪으면 백성이 감당할 수 없는 바가 많을 것이니, 이것은 실로 마음에 걸리는 것이 작지 않다. 순릉 왼편 혈은 가는 길이 명릉(明陵)을 지나므로 세자의 정리(情理)로 말하더라도 반드시 다행하고 백성의 힘도 나누게 될 것이니, 이번 세자의 묘소는 순릉 좌강(左岡)의 언덕에 을좌신향(乙坐辛向)으로 정하여 쓰도록 하라." 하였다. 이리하여 파주 순릉 능역으로 묘 터가 결정됐다.

그리고 영조는 "원량(元良 : 왕세자)의 덕이 미처 아래로 백성에게 이르지 못하였는데, 어찌 상사(喪事)로 인하여 도리어 백성에게 폐해를 끼칠 수 있겠는가? 정자각(丁字閣)의 대들보도 관동(關東 : 강원도)이 아닌 기내(畿內 : 경기도 지방을 말함)

---

172) 순회묘(順懷墓)는 순회세자의 묘이고, 명종의 아들이다. 세자에 책봉되었으나 13세에 요절했다. 효장세자 역시 10세에 일찍 요절하므로 마치 순회세자와 같은 처지인데, 묘마저 인근에 같이 쓴다는 것은 대왕대비의 뜻이라 해도 영조로서는 그렇게 할 수 없다는 것이다.

뒤에서 본 영릉

에서 구하여 관동 백성이 날아오는 폐단을 덜도록 하라."고 하였다.

영조의 이 같은 전교는 상사로 인해 무리하게 동원되는 백성들의 폐해를 줄이려는 애민 정신과 함께 불편함으로 인한 백성들의 불만이 혹시나 효장세자에 대한 원망으로 이어지지나 않을까 하는 우려로, 죽은 자식에 대한 아버지의 배려도 있었을 것으로 여겨진다.

12월 2일에는 육조 당상이 의논하여 장효(莊孝), 효장(孝章), 장헌(章獻)으로 왕세자의 시호 세 개를 정히여 올리니 영조는 효장을 취했다.

1729년(영조 5년) 1월 13일에는 효장세자의 재실 현액을 친히 써서 내릴 만큼 자식의 죽음을 아파했다. 1월 24일 효장세자의 발인 때는 영조가 직접 시민당(時敏堂)에 거둥하여, 몸소 조문하며 슬피 울면서 집영문(集英門)까지 전송했다. 이튿

후인 1월 26일 파주 순릉 왼쪽, 득수(得水)[173]가 돋보이는 언덕 을좌신향(乙坐辛向)에 효장세자의 장사를 지냈다. 이때 영조는 시민당에서 파주 쪽을 향하여 눈물을 흘렸다고 『영조실록』은 기록하고 있다.

효장세자의 장사를 마친 영조가 "아! 나의 비덕(匪德 : 덕이 박함)으로 믿는 바는 오로지 원량(元良)이었고, 성품이 또한 이와 같았기에 동방(東方) 만년의 복이 될 것을 바랐는데, 어찌 나이 겨우 10세에 이 지경에 이를 줄 생각했겠는가? 종사(宗社 : 종묘(宗廟)와 사직(社稷)이라는 뜻으로, 곧 나라를 이르는 말)를 생각하니 아픔을 더욱 억제하기가 어렵다."라고 하는 것을 보더라도 자식을 잃은 아버지의 장(腸)이 끊어질 정도의 아픈 심정이 읽혀진다.

효장세자에 이어서 세자로 책봉된 왕자는 둘째 아들로 영빈(暎嬪) 이씨 소생인데, 그가 바로 불운의 사도세자다. 사도세자가 당쟁의 희생자가 되어 뒤주에서 승하하자 영조는 사도세자의 아들 이산(李祘 : 정조의 이름)을 효장세자의 양자로 삼아 세손(世孫)으로 책봉한다. 이는 사도세자가 죄인이 되어 죽었으므로 죄인의 자식을 후사로 이을 수 없다는 뜻이었다.

효장세자가 세상을 떠난 지 23년 되는 1751년(영조 27년) 11월 14일 효장세자의 기일 하루 전날, 현빈(賢嬪, 추존 효순왕후) 조씨가 창덕궁 건극당(建極堂)의 동실(東室) 의춘헌(宜春軒)에서 지병으로 승하했다. 이때 나이 37세였다.

현빈 조씨는 1715년(숙종 15년) 2월 숭교방(崇敎坊 : 지금의 명륜동)에서 태어났으며, 1727년(영조 3년)에 세자빈으로 간택되어 이듬해 효장세자와 가례를 올렸다. 세자빈 조씨는 시집오는 날부터 병약한 세자의 병구완을 했으나 이듬해 세자는 세상을 떠났다. 세자빈은 남편 복이 없는 매우 불운하고 박복한 사람이었다. 세자가 죽고 7년 후인 1735년에 현빈(賢嬪)으로 책봉되었고, 죽을 때까지 빈궁에서 지

---

173) 득수(得水) : 산속에서 산속으로 흐르는 물을 풍수지리(風水地理)에서 일컫는 말로, 묘지(墓地)에서 보아서 처음 보이는 지점의 물이며 득수 방향이 좋아야 묏자리가 좋다고 한다.

냈다.

현빈이 죽고 며칠 후 영조는 영의정 김재로와 현빈의 시호 등을 논의하면서 말하기를 "내가 일찍이 삶은 밤을 좋아하였는데, 밤중에 내가 갑자기 삶은 밤을 먹고 싶어 하니 현빈(賢嬪)이 곧바로 진상하였다. 그 뒤에 들으니 현빈이 미처 신을 신을 사이도 없이 즉시 부엌에 들어가 친히 삶아 왔다고 하니, 이것이 효도가 아니고 무엇이겠는가? 또한 사람들의 마음은 대체로 사친(私親)이 고관(高官)이 되는 것을 기쁘게 생각하는데, 현빈은 그렇지 않았다. 여기서 그의 욕심 없고 깨끗한 성품을 알 수가 있다." 하였다. 이에 김재로가 "성복(成服)을 한 뒤에는 마땅히 시호(諡號)를 의논하여야 하는데, 효(孝) 자(字)로써 정하고자 합니다." 하니, 영조는 "경(卿)의 말이 옳다. 현빈의 시호에 어찌 효(孝) 자가 없을 수 있겠는가?"라고 하였다.

이러한 영조의 뜻에 따라 1752년(영조 28년) 1월 11일 현빈에게 효순(孝純)[174]이라는 시호가 내려진 것이다.

또한 영조는 장사를 지내는 시기가 엄동이므로, 일을 준비하는 사람들에게 추위를 방어할 수 있는 도구들을 나누어 주도록 했다. 동원되는 여사군이나 승군의 수도 줄이라고 하교했다. 아울러 영침(靈寢 : 상을 치를 때 대렴 후 시신을 두는 곳)의 소요되는 모든 도구들을 종전에는 비단(緞)으로 하던 것을 명주(紬)로 대체하도록 하는 등 세세한 것까지 챙겼다. 그리고 영조는 직접 현빈의 시호뿐 아니라 행록(行錄 : 사람의 언행을 기록한 글)과 묘지(墓誌 : 죽은 사람의 행적 등을 기록한 글)를 지을 만큼 며느리 사랑이 각별했다.

『영조실록』에서 '눈물이 뒤범벅이 되어 효장의 행록(行錄)을 지었는데, 효부의 행록을 또다시 눈물이 뒤범벅이 되어 기록하는구나.'라는 기록을 볼 때 영조는

---

174) 효순(孝純)이라는 시호를 내린 날짜 기록에 혼돈이 있다. 1751년(영조 27년) 11월 19일『영조실록』에는 '현빈의 시호를 효순으로 하였다.'로 기록하고 있고, 다시 이듬해 1월 11일에는 '현빈에게 효순이라는 시호를 내렸다.'로 기록하고 있으나, 영조가 직접 작성한 지문에서는 '정월 11일에 시호를 효순으로 내렸다.'고 기록되어 있으므로 시호를 정한 것은 1751년 11월 19일이고, 시호를 내린 시기는 이듬해 1월 11일로 봄이 타당하다.

영릉 전경

효장세자와 며느리 현빈의 죽음에 대해 너무나 안타까워 했고, 그 사무친 마음이 실로 절절하였다. 행록에는 이어서 '효장의 기일을 하루 사이에 두고, 창덕궁 의춘헌에서 죽으니 내가 예전에 거처하던 곳이다. 불쌍한 나의 효부(孝婦)여! 내가 이제 노쇠한 나이에 전후 아들과 며느리의 행록을 지으니, 슬픔과 아픈 마음 어떻게 비유할 수 있겠는가? 눈물을 흘리고 오열하면서 쓰노라.' 하면서, 며느리의 죽음에 시아버지의 슬픈 유감을 담았다.

현빈의 묘는 따로 마련하지 않고 효장묘에 합장하기로 하여 1752년(영조 28년) 1월 21일 발인을 했고, 다음 날인 1월 22일 효장세자의 좌측 을좌신향(乙坐辛向 : 정서에서 북쪽으로 15°)에 묻으면서 효순현빈(孝純賢嬪)의 장례를 마쳤다.

그 후 24년이 지나 영조가 승하하고 정조가 즉위한다. 정조는 영조의 유지에 따라 즉위한 지 열흘도 안 된 1776년 3월 19일 양부인 효장세자를 진종(眞宗)으로 추숭(追崇)하고, 효순현빈(孝純賢嬪)을 효순왕후(孝純王后)로 추숭하면서 능호를 영릉(永陵)이라 했다. 그런데 다른 추존 사례와 추진 시기를 비교해 보면, 진종과 효순왕후의 추존 시기는 정조 즉위 9일 만에 이루어졌다. 국상(國喪) 중이라는 점에서 다른 추존 사례와 비교된다. 문종은 즉위 후 4개월 만에 현덕왕후를 추존했다. 물론 세종의 장례를 마친 후이다. 성종은 덕종(의경세자)과 인수왕비, 장순왕후(예종비)를 즉위 54일 만에 추존했다. 이때는 국상 중이었다. 인조는 원종(정원대원군)과 인헌왕후를 10년 만에 추존했다. 물론 이 경우는 추존의 필수 요건이라 할 수 있는 세자와 세자빈으로 책봉이 있었는가에서, 신료들과의 대립으로 10년이 걸렸다. 인조의 강권으로 추존은 됐지만, 원종은 세자 책봉 없이 왕으로 추존된 유일한 사례이다.

효장세자는 이렇게 정조 즉위 즉시 추존은 되었지만, 종묘에 봉안할 때는 선후의 차이를 두어, 영조의 3년 상이 지나고 영조와 정성왕후를 부묘한 후에 진종과 효순왕후를 부묘했다.

그 후 다시 1908년 7월 대한제국 순종 때, 진종은 진종소황제(眞宗昭皇帝), 효순왕후는 효순소황후(孝純昭皇后)로 다시 한 번 추존되었다.

파주에는 파주삼릉(三陵)이라는 왕릉군(王陵群)이 있다. 공릉(恭陵), 순릉(順陵), 영릉(永陵) 등 세 능이 있는데 묘하게도 삼릉에는 공통점이 있다.

공릉의 장순왕후는 예종의 원비이며 한명회의 셋째 딸이다. 16살에 해양대군과 혼인하여 세자빈이 되었으나, 산후병으로 17살에 죽어 이곳에 묻혔다. 9년 후 성종이 즉위하면서 왕후로 추존되면서 공릉이 되었다.

순릉의 공혜왕후는 한명회의 넷째 딸로 11살에 자을산군과 혼인하였고 자을산군이 등극하면서 왕후가 되었으나 득병하여 19살에 죽어 이곳 언니 곁에 묻혔다.

영릉 역시 효장세자가 10살에 요절하면서 이곳에 묻힌 것이다.

세 능이 모두 어린 나이에 일찍 죽어 이곳에 묻혔다는 공통점이 있고, 공릉과 순릉은 자매 지간이며, 공릉과 영릉은 모두 추존된 왕과 왕비다.

아버지 때문에 못한 왕, 자식 덕분에 오른 능

융릉(隆陵, 추존왕 장조, 헌경왕후)

융릉(隆陵)은 조선조 제21대 임금 영조의 아들이자 22대 임금인 정조의 친부인 추존왕 장조(莊祖, 1735~1762)와 그의 비 헌경왕후(獻敬王后, 1735~1815) 홍씨의 능으로 합장릉이다. 다시 말하면 우리에게 익숙한 뒤주 속에서 승하한 비극의 주인공 사도세자(思悼世子)와 그의 부인 혜경궁 홍씨(惠敬宮洪氏)의 능이다.

융릉은 1762년 사도세자가 승하하면서는 수은묘(垂恩墓)라 했는데 1776년 정조 즉위 후에 영우원(永祐園)으로 격상되었다. 1789년 영우원을 수원으로 천장하면서 원호를 현릉원(顯隆園)으로 개칭하였으며, 1899년 고종에 의해 장조(莊祖)로 추증되면서 융릉이 되었다.

사도세자는 후궁 영빈 이씨(暎嬪李氏)가 낳은 영조의 둘째 아들이다. 영조가 연잉군 시절 혼례를 하여 정실(正室 : 본처)이 된 서씨는 영조 즉위 후 정성왕후(貞聖王后)가 되었으나 소생이 없었고, 후실인 이씨에게서 아들이 있었다. 훗날 영조 즉위 후 이씨는 후궁인 정빈(靖嬪)에 봉해졌고, 그 아들은 경의군(敬義君)이 된다. 경의군은 영조의 유일한 아들이었으므로, 7살 되던 해에 세자로 책봉된다. 그가 바로 효장세자이다.

그러나 효장세자가 10살에 일찍 죽고, 계속 왕실에 후사가 없다가 7년 후 영조가 42살이 되던 해에 후궁 영빈 이씨(暎嬪李氏)가 왕자를 낳으니 그가 바로 사도세자이다.

사도세자는 태어난 지 1년 만에 왕세자로 책봉되었다. 겨우 두 살이었다. 그만큼 영조는 후사를 세우는데 큰 부담을 가지고 있었다.

사도세자는 15살에 아버지 영조를 대신해 정무를 볼만큼 영특했으며 능력도 인정받았다. 그러나 자신보다 10살이나 어린 계모 정순왕후와 후궁인 숙의 문씨의 시기에 시달렸고, 거기다 노론 세력의 경계와 무고에 시달려 화병까지 얻을 만큼 힘든 나날을 보냈다.

사도세자는 1743년(영조 19년) 홍봉한의 딸 홍씨(혜경궁 홍씨)와 혼인하여 두 아들을 두었는데, 첫아들은 일찍 요절하고 둘째 아들이 바로 현군으로 칭송을 받는 정조(正祖)다.

1762년(영조 38년) 윤5월 21일 사도세자가 캄캄한 뒤주 속에서 세상을 떠났다. 세자 책봉 26년이 지난 28세의 젊은 나이에 아버지 영조의 명에 의해 뒤주 속에 갇힌 지 8일 만에 비참하게 죽었다.

뒤주에 갇힌 1762년(영조 38년) 윤5월 13일 『영조실록』에 '임금이 창덕궁에 나아가 세자를 폐하여 서인으로 삼고, 안에다 엄히 가두었다(上幸昌德宮, 廢世子爲庶人, 自內嚴囚).'는 실록의 기록을 보아도, 세자를 가둔 곳이 뒤주였는지는 실록에는 명확한 기록이 보이지 않는다.

그렇지만 『한중록(閑中錄)』에서 '당신의 용력과 장기(壯氣 : 왕성한 원기)로 궤에 들어가라 하신들 아무쪼록 들어가지 마실 것이지 왜 필경 들어가셨는가. 처음엔 뛰어나오려 하시다가 이기지 못하여 그 지경에 이르시니, 하늘이 어찌 이토록 하였는가. 만고에 없는 설움뿐이며, 내 문 밑에서 통곡하여도 응하심이 없더라.'라고 기록하고 있다. 여기서 '궤'라는 기록이 곧 뒤주인 것으로 보인다. 어쨌든 사도세자가 뒤주에 갇혀 죽었다는 것은 사실로 전해진다.

이러한 왕실 최대 비극을 두고 역사는 임오화변(壬午禍變 : 사도세자가 뒤주에 갇혀 죽임을 당한 사건)이라고도 하는데, 이는 노론(老論) 세력의 사주를 받은 나경언(羅景彦)이 사도세자의 허물에 대해 상소하니, 영조가 상소 내용을 보고 대노하여 세자에서 폐함과 동시에, 서인으로 강등시켜 뒤주에 가둬 죽게 한 것이 임오년(壬午年)이었으므로 그리 불리는 것이다.

사건이 일어나게 된 원인은 우선 그 책임이 사도세자 본인에게 있다. 자신의 후궁(은전군의 생모)을 죽인 행위, 궁녀를 후궁으로 삼는 행위, 또 다른 궁녀를 임신시킨 행위, 내관과 궁녀를 매질하여 죽인 행위 등 사도세자의 기행에 영조는 매우 분개했다. 그에 앞서 영조는 사도세자의 동생 화환옹주와 숙의 문씨의 참언에 노여움이 일던 터였다. 사실 영조는 수년 전부터 세자의 진현(進見 : 왕세자가 임금께 나아가 문안인사를 하는 것)이 없음을 불편해 했다. 그러다 보니 때로 세자가 진현을 올 때면 거절하는 등 사이가 좋지 않았다. 한 달 전쯤부터는 아예 세자의 진현을 거절할 만큼, 세자에 대한 영조의 미움과 불편함은 극에 이르렀다.

때문에 세자의 허물을 고하는 상소가 있자 그 내용에 대한 사실 여부도 확인하지 않고 비정한 처분을 한 것으로 여겨진다. 한 예로 정성왕후와 인원왕후의 국상 후에 세자가 홍릉(정성왕후)에 참배치 못하였으므로, 영조는 홍릉 참배 길에 세자를 수행시켰다. 함께 거둥하는 그때 마침 큰비가 쏟아지니 영조는 날씨가 이런 것이 세자를 데려온 탓이라 했다. 영조는 세자에게 "도로 들어가라." 하고 혼자만 가므로, 사도세자는 자신을 친아들처럼 아껴 준 정성왕후의 능 전알(展謁 : 능침을 참배하는 것)도 못한 바가 있었다. 그만큼 영조는 세자를 싫어했다고 『한중록』에 기록하고 있다.

그래서 임오화변은 단순한 진현(進見)으로 빚어진 사건이라기보다는 사도세자가 영조 몰래 관서 지방을 순회한 데서부터 발단이 되었고, 많은 사람을 죽이는 사건과 진현(進見) 사건이 심화시켰으며, 허물을 고하는 상소가 결정적으로 작용한 것으로 전해진다. 거기다 오래된 부자간 갈등을 부추기며 정치적 이익을 탐하는 붕당 무리들의 요설이 더해져 만들어진 사건이다.

영조는 세자가 죽었다는 비극적 소식을 듣고 자신의 조치를 후회하면서 다시 세자로 복권을 하고, 애도의 뜻을 담아 시호를 사도(思悼)라 했다. 그렇지만 장례에 관한 일련의 조치를 보면 후회하는 등의 진심을 전혀 찾아볼 수가 없다.

사도세자가 세상을 떠나자 영조는 즉시 세자의 장인인 좌의정 홍봉한(洪鳳漢)을 예장도감 도제조(禮葬都監都提調)로, 예조 판서, 호조 판서, 도승지, 대사헌 등을 각 도감 당상(墓所都監堂上)으로 삼아 장례를 관장케 했다. 과거 인현왕후(숙종 계비)가 승하했을 때 왕후의 동생을 장례의 모든 과정에 참여시킴은 물론, 산릉의 봉심까지도 하도록 한 바 있었다. 하지만 이번엔 세자의 장인에게 사위의 장례를 책임지도록 한 것이다. 보통 국상(國喪)을 당하면 항상 좌의정이 총호사가 되었는데, 마침 장인인 홍봉한이 좌의정이었기에 책임을 지웠을 수도 있다. 그러나 이는 홍씨(洪氏) 문중이나 당파적 반감을 차단하는 방패로 삼으려는 영조의 정치술로 보아야 할 것이다.

사도세자가 죽은 지 사흘째 되는 날 영조는 지관 안재경(安載經)에게 묘지를 잘 선정하라고 명하였다. 그리고 따로 좌의정 홍봉환에게 "오릉(五陵)에 들어가서는 안 된다."라는 각별한 전교를 내렸다. 오릉(五陵)이란 어떤 곳인가? 오릉은 영조에게는 매우 특별한 곳이다.

여기서 영조가 지칭한 오릉이란 과연 어느 곳을 말하는 것이며, 왜 굳이 오릉을 지목했을까? 당시 동쪽에 동오릉(東五陵 : 현재의 동구릉)으로 불리는 오릉과 서쪽에 서오릉(西五陵 : 현재의 서오릉)으로 불리는 오릉이 있었다. 우선 동오릉에는 건원릉(태조), 현릉(문종), 목릉(선조), 휘릉(장렬왕후), 숭릉(현종) 등이 오릉으로 불리다가 경종의 원비 단의왕후가 왕후로 추숭되기 전 세자빈의 신분으로 돌아가 원(園)으로 조성되었다. 경종 즉위 후 추봉되어 혜릉이 되었지만 당시에는 오릉으로 불렸다.

한편 서오릉은 경릉(추존왕 덕종), 창릉(예종), 명릉(숙종), 익릉(인경왕후), 홍릉(정성왕후)이 있는데 이 다섯 능 또한 오릉이라 불렸다.

융릉

그렇다면 영조가 말한 오릉은 어느 곳을 말한 것일까? 또 어떤 의중으로 자신의 아들 장사에 오릉은 절대 불가하다는 전교를 내렸을까? 우선 동오릉일 것으로 가정해 보면 1746년(영조 22년) 11월 21일 『영조실록』에 영조가 호조, 예조 당상에게 "장릉(長陵)에 석물을 세운 뒤에 휘릉(徽陵)에는 석물을 세우지 않았으니, 같은 오릉(五陵) 안에 있는데도 거행치 않는다면……." 하며, 하교하는 기록에서 오릉은 동오릉을 말하는 것이라는 생각을 해 볼 수 있다.

또 서오릉일 것으로 가정해 보면, 서오릉에는 영조의 아버지 숙종과 왕통으로 볼 때 어머니가 되는 인경왕후, 인현왕후, 인원왕후가 있고, 그리고 영조 자신의 원비인 정성왕후가 있는 곳이다. 게다가 정성왕후 옆에는 자기가 묻힐 우허지까지 마련해 놓은 곳으로, 서오릉은 어쩌면 영조에게 존엄의 구역이기도 하다.

그런 맥락으로 보면 오릉은 바로 서오릉일 수도 있다. 그런 존엄의 구역에 자신이 죽인 자식을 아버지 어머니 곁에 묻히게 할 수는 없다는 생각으로 절대 안 된다는 전교를 내린 것 같다.

그렇지만 분명한 것은 영조가 특별히 상지관에게는 묘지를 잘 선정하라고 해놓고, 따로 좌의정에게 "오릉은 안 된다."라고 하교를 한 것은, 동오릉이든 서오릉이든 어디가 됐던 선왕들의 능역은 절대 안 된다는 뜻으로 묘지 선정 기준을 못 박은 게 아닌가 싶다. 오릉은 선왕들을 배알하기 위해 늘 찾는 곳인데 그곳에 자신이 죽인 자식의 묘를 둘 수가 없었던 것이다.

이리 보면 영조가 사도세자를 폐서인시켜 죽음에 이르게 한 것을 후회하고, 다시 세자로 복권시켜 시호까지 내렸다지만, 이런 것으로 볼 때 그 후회는 진정한 후회일까?라는 생각이 든다.

그리하여 사도세자는 1762년(영조 38년) 7월 23일 양주 중랑포에 위치한 야트막한 배봉산 아래(지금의 서울 휘경동)에 갑좌경향(甲坐庚向)으로 안장된다.

이때 영조는 친히 장지를 찾아 묘소를 돌아보며 자식이 떠나는 길을 애도했다고 한다. 그런데 묘소 선정 과정에 이곳이 흉지라는 소문이 돌아 신하들도 반대를 했다는데 영조는 그냥 추진을 했다.

감여를 상당히 신봉했던 영조가 풍수가와 대신들의 장지에 대한 의견을 무시하고 강행을 했던 점과, 발인 때 세손의 참석을 용납하지 않아 자식이 아버지에게 마지막 배웅도 못하게 한 점, 그리고 사도세자의 죽음을 애도하기 위해 인근 고을 백성들이 장지로 몰려들자 경기도 관찰사를 잡아들이라는 명을 내리기도 한 점 등 일련의 조치를 볼 때, 영조는 자식을 죽인 것에 대해 후회는커녕 단지 자식을 죽인 아비의 비정함이 백성들에게 비춰지지 않게 하려 했던 것은 아니었나?라는 생각을 떨칠 수가 없다.

이렇게 무려 26년간이나 세자로 있었던 사도세자는 아버지의 용렬(庸劣)함과 당쟁이라는 권력 투쟁의 제물이 되어 비참하고도 쓸쓸하게 스러져 갔다.

그런데 『홍재전서(弘齋全書)』[175]에 다음과 같은 충격적인 기록이 나온다.

'어버이의 원소(園所 : 왕세자나 세자빈 및 후궁 등 왕의 친속(親屬) 등의 산소)를 처음에는 건원릉의 오른쪽 능선에 가려 정하려 했는데, 곧 그곳은 영릉의 옛 자리이고 지금의 원릉이다.'라는 내용이다. 이것으로 보면 사도세자가 죽었을 때 묘소로 처음에는 옛 영릉 자리가 거론되었음을 알 수 있다.

따라서 유추해 보면 옛 영릉지가 사도세자의 묘소로도 물망에 오르자, 영조는 선왕들의 능역 내에는 절대 안 된다는 뜻으로 오릉을 거론하며 불가 의사를 내비친 것은 아닌가라는 생각도 해 볼 수 있을 것 같다.

그 후 2년이 지난 1764년(영조 40년) 5월 영조는 사도세자의 사당(祠堂)을 세우라 하고, 묘호(廟號)를 수은(垂恩)이라고 내리고, 사도세자의 묘를 수은묘(垂恩墓)라고 했다.

사도세자 사후 24년이 지난 1776년(정조 즉위년) 3월 10일, 영조가 승하하고 5일 만에 사도세자의 아들 정조가 사도세자의 아들이 아니라 효장세자의 아들 자격으로, 경희궁에서 조선조 제22대 임금으로 등극한다.

---

175) 『홍재전서(弘齋全書)』: 홍재(弘齋)는 정조의 호(號)이고, 정조가 동궁 시절부터 재위 기간 동안 지었던 시(詩)와 산문, 신하나 백성들에게 내리는 지시나 훈령, 왕명서 등을 편집한 문집이다. 정조의 사상과 조선 후기의 정치, 사회를 이해하는 중요 자료로 평가된다.

이날 정조가 빈전에서 대신들을 소견(召見 : 윗사람이 아랫사람을 불러 만나 보는 것)하는 자리에서 한 충격적인 첫마디는 "과인은 사도세자의 아들이다."였다.

그리고 이틀 후 3월 12일 정조는 수은묘 개건도감(改建都監)을 설치한다. 이어서 3월 19일에는 양아버지인 효장세자를 진종(眞宗)으로 추숭하고, 그의 비는 효순왕후로 추숭한다.

다음 날에는 사도세자의 존호를 장헌(莊獻)으로 하고, 수은묘를 영우원(永祐園)으로 격상하여 봉호(封號 : 왕이 내려준 호(號))를 올리고, 사당을 경모궁(景慕宮)이라 하면서 억울하게 승하한 아버지에게 자식으로서의 도리를 다하고자 했다. 지금까지 세자를 비롯한 왕자나 공주의 묘(墓)를 모두 묘라 했는데, 왕세자의 묘를 원(園)이라 칭한 것은 영우원이 최초이다.

그 후 13년이 지난 1789년(정조 13년) 7월 11일 금성위 박명원(朴明源)[176]이 영우원의 천장을 상소함에 따라, 정조는 "어리석게도 지금까지 밤낮으로 가슴속에 담아 두고 답답해하기만 하였는데 여러 신하들에게 물어 결정하겠다."라고 말한다.

이에 앞서 정조는 소위 '5월과 9월의 변고'라 하여, 1786년(정조 10년) 5월에 하나밖에 없는 아들 문효세자가 요절하고, 9월에는 후궁이자 세자의 친모인 의빈 성씨(宜嬪成氏)도 세상을 떠나는 변고를 당하자, 영우원의 묘 터가 좋지 않아서 생긴 우환으로 생각하고 내심 천장의 의지를 갖고 있었던 터였다.

정조는 즉시 원소도감(園所都監), 천원도감(遷園都監)[177]을 설치토록 전교하고, 영의정 김익(金熤)을 총호사로 삼아 그 일을 관장케 했다.

이날의 『정조실록』에는 임금이 "내가 즉위한 이후로 14년 동안에 오직 금년만이 연운(年運)·산운(山運)·원소(園所) 본인의 명운(命運)이 아주 길하니, 나의 마음

---

176) 금성위 박명원(朴明源) : 영조의 사위인 부마로서 영조의 셋째 딸 화평옹주와 혼인하여 금성위(錦城尉)에 봉해졌다. 조선 후기 학자로 글씨에 능했다.

177) 원소도감(園所都監), 천원도감(遷園都監) : 의빈 성씨(宜嬪成氏)의 장사와 영우원의 천장을 맡아보기 위한 임시 기구들로서 천장의 모든 절차와 그리고 천장지를 정하고 조성하며, 모든 공역을 담당하는 곳이다. 능(陵)의 경우 산릉도감, 천릉도감인데, 원(園)의 천원(遷園)이므로 천원도감이다.

이 더욱더 안정을 찾지 못했다. 그런데 지금 금성위의 소를 보고 여러 경들의 말을 듣건대 숙원(宿願)을 이룰 수 있게 됐으니 어찌 하늘의 뜻이 아니겠는가."라고 기록하고 있다.

아울러 정조는 이날의 상황을 『홍재전서』에서 "원침을 옮기는 의논은 이미 결정되었다. 가장 좋은 대지(大地)를 구하려 한다면 수원의 화산만 한 곳이 없다. … 금년에 만약 수원에 옮겨 모시면 연운(年運)과 산운(山運)이 현재 원침의 본명운(本命運)과 맞아 길하지 않음이 없다. 수원의 한 구역을 하늘과 땅이 아껴 두었다가 오늘을 기다렸으니 어찌 인력으로 할 수 있는 일이겠는가?"라고 기록을 하고 있다.

이렇게 정조는 수원 화산을 영우원의 천장지로 정하고 닷새 후에는 천장의 길일을 택일하도록 했다. 돌이켜 보면 천장지로 정해진 곳은 선조와 효종의 능침으로 거론되었던 곳이기도 하다. 『홍재전서』에 의하면 정조는 사실 능지를 이곳으로 정하기 전에 50여 곳을 선정해 비교 분석하는 작업을 거쳤다.

정조는 평소 풍수지리에 상당한 관심과 지식을 갖고 있었을 뿐만 아니라, 이름난 지사(地師)인 홍여박, 박세욱, 반호의 등이 이미 화산에 대해 "나라에서 쓸 만한 대지(大地)임이 분명하다.", "진룡(眞龍)이 맺혀 만들어진 땅이니 바로 나라에서 쓰기에 적합하다.", "천자가 남쪽을 향하여 천하를 다스리는 형상이니 국가에서 써야 할 대지이다." 등의 하나같이 최상의 평을 했던 것들도 감안하여 결정을 내린 것이다.

일부 반대 의견도 있었다. 능역은 도성에서 '10리 밖 100리 안에 두어야 한다.'는 기준에 맞지 않는다는 이유였다. 정조는 키 큰 장정의 한 걸음을 크게 잡은 뒤 100리 이내라고 반박했다. 왕의 지극한 효심에 의한 결심을 꺾을 수는 없었다.

1789년(정조 13년) 8월 9일에는 영우원 천장을 결정한 후 원호(園號)를 새로 정할 필요에 따라 육조의 참판 이상 모든 대신들과 의논하여 거론된 현륭(顯隆), 태륭(泰隆), 희륭(熙隆), 덕륭(德隆), 헌륭(獻隆), 계륭(啓隆) 중에서 현륭으로 정했다.

1789년(정조 13년) 10월 2일 천장을 위해 땅을 파고 현궁을 꺼내는데 한 길쯤 파

뒤에서 본 융릉

천회(天灰 : 광중에 관(棺)을 넣고, 관의 주변과 관 위를 다지는 석회)를 깨고 관을 꺼내니 관에서 물이 쏟아졌다. 관(棺)에 물이 찼다 함은 당연히 묘 자리로서는 흉지(凶地) 이자 가장 나쁜 곳에서 나타나는 현상이다. 꺼낸 관을 길유궁(吉帷宮 : 영구(靈柩)를 광중으로 옮길 때 혼백(魂帛)을 모시기 위해 임시로 가설하는 장막(帳幕))에 안치시키고 의식의 예를 거행했다.

10월 5일에는 관을 영여(靈轝)로 옮겨 싣고 구원(舊園 : 영우원을 일컬음)을 떠나 신원(新園 : 현륭원을 일컬음)을 향해 출발했다. 도중에 과천에서 하루를 지낸 후 다음 날 천장지에 도착했다.

10월 7일에는 천장에 따른 예를 행한 다음 해시(亥時 : 오후 10시경)에 계좌정향(癸坐丁向 : 정남에서 서쪽으로 15°)으로 미리 파 놓은 광중에 재궁을 내려 흙을 덮고, 정자각에서 우제를 지낸 후 다음 날 각 석물들을 설치하면서, 정조가 그리 갈망하던 아버지 장헌세자의 천장을 마쳤다. 이때 정조는 어머니 혜경궁을 위해 합분

(合墳)할 수 있게 왼쪽을 비워 두도록 각별히 일러 나중을 대비하기도 했다. 그리고 인근의 용주사(龍珠寺)를 원찰(願刹 : 원소(園所) 가까운 곳에 죽은 사람의 명복을 비는 절)로 정하여 아버지 장헌세자의 명복을 빌게 했다.

1815년(순조 15년) 12월 15일 신시(申時)에 혜경궁(惠景宮)이 창경궁 경춘전에서 승하했다. 이때 나이는 81세였으며 자녀는 2남 2녀를 두었다.

혜경궁은 본관은 풍산이고 영풍부원군 홍봉한의 딸이다. 10살이 되는 해인 1744년(영조 20년) 1월 11일 동갑내기 사도세자와 혼인하여 세자빈에 책봉된 후 70년을 궁에서 지냈다. 혜경궁은 16세에 아들을 낳았지만 3살 때 일찍 요절하고, 그 해에 둘째 아들을 낳았는데 이가 바로 훗날의 정조이다.

혜경궁이라는 궁호는 정조가 즉위 후 혜빈에서 진봉(進封)된 것이다. 혜경궁은 시아버지 영조와 남편 사도세자 사이에 빚어진 갈등과 불화로 모진 인고의 세월을 보내야 했지만, 아들을 왕위(정조)에 올려놓은 어머니였다. 사도세자가 폐서인(廢庶人)이 될 때는 세자빈 홍씨도 따라서 세자빈에서 물러나 친정으로 갔다가, 세자가 복위될 때 다시 세자빈이 되었다.

혜경궁은 자신의 한 많은 일생을 『한중록(閑中錄)』에 기록한 것으로도 유명하다. 혜경궁은 남편인 사도세자가 죄인이 되어 뒤주에 갇혀 죽었지만, 영조의 눈치 때문에 묘에도 가지 못했다. 그러다가 정조가 즉위하고 아버지 사도세자와 어머니 혜경궁이 회갑이 되던 해인 1795년, 그러니까 33년 만에 남편의 무덤인 현륭원을 찾게 되는데, 그 모습을 그림으로 담은 것이 바로 오늘날 전해지는 「화성능행반차도(華城陵幸班次圖)」[178]이다.

순조는 즉시 원소도감(園所都監)을 설치하고, 영의정 김재찬(金載瓚)을 총호사로

---

178) 「화성능행반차도(華城陵幸班次圖)」: 정조가 재위 20년, 어머니 혜경궁 홍씨의 회갑을 맞아 잔치를 벌이고, 현륭원을 참배하기 위해 화성을 왕래한 행차를 담은 기록이다. 능행반차도는 추후에 붙여진 명칭이고, 원래는 원행반차도(園幸班次圖)이다. 『원행을묘정리의궤(園幸乙卯整理儀軌)』에 기록된 내용이다. 화성 건설의 명분과 왕권 강화를 위한 행사의 일환으로 이뤄진 행사로 평가된다.

삼아 장의(葬儀)를 총괄케 했다. 사흘째 되는 날 묘소 선정과 관련하여 영의정이 정조의 어제(御製 : 임금이 몸소 짓거나 만든 글이나 물건)를 살펴보고 나서, 영우원(永祐園)을 천장할 때 허좌(虛左)[179]의 제도로 쓰신 것이 분명하므로, 이번의 원소(園所)는 현륭원(顯隆園)에 합부(合祔 : 합장)하는 예로 결정하여 시행하여야 할 것을 아뢰니 순조는 그대로 따랐다. 그리고 1815년(순조 15년) 12월 25일에는 혜경궁의 시호를 헌경(獻敬)으로 올렸다.

아울러 원소도감에서는 길일을 잡아 발인은 1816년(순조 16년) 3월 1일, 현궁을 내리는 날은 3월 3일에 하는 것으로 정했다. 이로서 1816년 3월 1일 발인제를 마친 혜경궁의 상여는 원소로 향했고, 다음 날인 3월 2일에는 화성행궁에 머물렀다. 그리고 3월 3일 해시(亥時 : 오후 10시경)에 혜경궁은 현륭원 계좌정향(癸坐丁向 : 정남에서 서쪽으로 15°)에 장헌세자 곁에 묻히므로, 억울하게 헤어진 지 54년 만에 남편 곁으로 돌아가면서 혜경궁의 장례가 끝난다.

이로부터 사도세자 사후 137년, 혜경궁 사후 84년이 지난 1899년(고종 36년) 고종에 의해 사도세자는 장종(莊宗)으로 혜경궁 홍씨는 헌경왕후로 추존되었고, 능호도 현륭원에서 융릉(隆陵)으로 격상된다. 다시 장종에서 장조로 묘호를 진봉했는가 하면, 대한제국에서 장조는 장조의황제(莊祖懿皇帝)로, 헌경왕후는 헌경의황후(獻敬懿皇后)로 추존된다.

---

179) 허좌(虛左) : 합장을 할 때 나중에 배우자를 묻기 위해 무덤의 왼쪽을 비워 두는 것을 뜻한다. 즉, 여자가 먼저 죽었을 경우 오른쪽을 비워 두는 것을 허우(虛右)라 하고, 남자가 먼저 죽었을 경우 왼쪽을 비워 두는 것을 허좌(虛左)라 말한다.

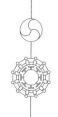

흉지에서 겨우 벗어나 천릉한 능

건릉(健陵, 정조, 효의왕후)

건릉(健陵)은 조선조 제22대 임금 정조(正祖, 1752~1800)와 효의왕후(孝懿王后, 1753~1821) 김씨의 합장릉(合葬陵)이다.

건릉은 1800년 정조가 승하하면서 처음에는 융릉의 오른쪽 능선에 조성되었는데, 풍수상 좋지 않은 자리라고 하여 21년 후 1821년 효의왕후가 승하하자 지금의 자리로 천장하면서 합장을 한 것이다.

정조는 1752년(영조 28년) 창경궁 경춘전(景春殿)에서 사도세자와 혜경궁 홍씨의 둘째 아들로 태어났다. 정조는 형인 의소세손이 3살에 요절함으로 인해 태어나자마자 원손(元孫)이 되었다. 할아버지 영조는 1759년(영조 35년) 원손이 8세가 되자 왕세손(王世孫)으로 책봉하였다.

11살이 되는 1762년(영조 38년)에는 청원부원군 김시묵(金時黙)의 딸과 가례를 올렸다. 바로 그 해에 어린 정조는 아버지 사도세자가 할아버지 영조에 의해 뒤주에 갇혀 처절하게 죽어 가는 모습을 지켜봤다.

정조는 성장하면서 아버지 사도세자가 당파 싸움에 휘말려 세상을 떠난 것을 알고, 세손 시절에는 일체의 정견을 피력하지 않았다. 당시 노론 세력을 비롯하여 영조의 계비 정순왕후를 등에 업은 세력들에게 엄청난 공격을 당하는 등 세손의 위치에서도 많은 고비가 있었다.

1775년에는 영조가 대리청정(代理聽政)을 맡기려 하자 많은 반대도 있었지만, 결국 영조는 세손에게 대리 정사를 보도록 하면서 심지어 병권(兵權 : 군(軍)을 지휘할 수 있는 권한으로, 군의 편제나 통수하는 권력)까지도 이양할 만큼 강한 신뢰를 보냈다.

정조는 1776년(영조 52년) 3월 영조가 승하한 지 5일 만에 영조의 맏아들 효장세자(孝章世子)의 후사 자격으로 25살에 왕위에 올랐다.

정조의 즉위 일성으로 "나는 사도세자의 아들이다."라고 명백히 밝힐 만큼 아버지를 위해서는 무슨 일이라도 할 수 있다는 의지를 보였다.

정조는 영조의 유지에 따라 양부인 효장세자를 진종(眞宗)으로 추숭하면서 생부인 사도세자에 대해서도 장헌(莊獻)이란 존호를 올렸다.

흔히들 정조에 대해서는 조선 후기의 중흥기를 이끈 군주로, 역대 임금 중 가장 위대한 임금으로 꼽는 세종(世宗)에 견줄 만한 임금으로 보기도 한다.

그만큼 정치와 학문 발전을 위한 업적이 크기 때문이다. 물론 화성(華城 : 수원성)을 건설하는데 엄청난 재원이 들어가서 민궁재갈(民窮財竭) 즉, '백성들은 궁핍해지고 나라의 재정은 고갈됐다.'라는 시각이 있는가 하면, 정조 재위 기간 중 아버지의 추숭을 관철시키지 못한 것을 큰 흠으로 여기는 학자들이 있기도 하다.

영조는 사도세자를 복권시키면서 정조에게 "나는 네 애비에게 할 만큼 했다. 단 한 글자라도 높인다면 할아비를 잊은 것이다."고 엄히 일렀다.

하지만 정조는 사도세자에게 장헌(莊獻)이란 존호를 올리고 수은묘를 영우원(永祐園)으로 격상시켰을 뿐 아니라, 천장하여 현륭원(顯隆園)으로 단장하기까지 하였다.

정조는 효의왕후 사이에 소생이 없었고, 4명의 후궁 중 의빈 성씨(宜嬪成氏)와의 사이에서 1남 1녀, 수빈 박씨(綏嬪朴氏) 사이에서 1남 1녀 등 2남 2녀를 두었다.

1800년(정조 24년) 6월 28일 정조가 창경궁 영춘헌(迎春軒)에서 승하했다. 야사에서는 독살설도 있으나 여기서는 언급할 사항이 못 된다.

『정조실록』에서는 이날 삼각산이 울고, 양주와 장단에서는 잘 자라던 벼가 하얗게 말라 죽었다고 기록하고 있다.

정조가 승하하고 6일 후인 7월 4일 순조가 즉위하면서 곧바로 좌의정 이시수(李時秀)를 총호사로 하여 국상을 관장케 했다.

이틀 후 7월 6일에는 대행대왕의 시호를 정하면서 묘호는 정종(正宗)으로 하고, 능호는 건릉(健陵)으로 정했다.

7월 10일에는 능지를 정함에 있어 도승지 윤행임(尹行恁), 산릉 당상 서유린(徐有隣), 예조 판서 이만수(李晩秀) 등이 "신 등이 현륭원(顯隆園)에 가서 국내(局內)에 있는 강무당(講武堂 : 군사의 훈련이나 대오의 점검, 집결하는 병영 시설)의 구기(舊基 : 옛터)를 간심했는데, 상지관 6명의 말이 한결같은 내용이었습니다. 모두들 용혈(龍穴)[180]에 사수(砂水)[181]가 더할 수 없이 좋고 아름다워, 실로 대길지(大吉地)라고 했습니다. 처음의 간심에서 이런 완전한 길지(吉地)를 얻었으니 다시 누차 간심할 것을 기다릴 필요가 없을 것 같습니다." 하였다.

며칠 후 다시 총호사 이시수(李時秀), 우의정 서용보(徐龍輔), 관상감 제조 윤행임(尹行恁) 등이 "신 등이 상지관을 데리고 현륭원 국내 강무당에 산릉을 새로 점유할 곳으로 달려가서, 주봉(主峯)에서부터 혈처(穴處)에 이르기까지 다시 상세히 간심하였습니다. 또 안산(案山)과 용호(龍虎) 등 여러 곳을 두루 살펴보았는데, 여러 지사(地師)들이 모두 더없이 좋고 아름답다고 했습니다. 신 등은 우선 산릉으로 정한다는 하교를 기다리겠습니다."라고 했다.

7월 15일에도 산릉을 다시 간심한 총호사 이시수 이하 여러 신하를 불렀는데, 총호사가 말하기를, "산릉의 대길지(大吉地)를 원소(園所)에서 지극히 가까운 곳에 완정(完定 : 완전히 정함)하고 봉표했습니다. 여러 지사(地師)들도 같은 소리로 칭찬하지 않는 이가 없었으며, 비록 신 등의 범안(凡眼)으로 보아도 십분 흡족하고 좋았습니다."라고 하였다. 순조가 함께 자리했던 사도세자의 사위인 김기성에게도 물으니 역시 "사방의 산이 감싸 안아 좋은 기운이 모여 있어, 참으로 국릉(國陵)의 골격을 갖추고 있었습니다." 하였다.

이리하여 강무당(講武堂) 옛터 해좌(亥坐)로 능지가 결정됐다.

하지만 이날 능지 결정 과정을 보면, 총호사의 보고 내용에서 '산릉을 정한다는 하교를 기다리겠습니다.'라는 말은 이미 산릉지로 정했으니 그리 알라는 얘기이고, 또 '능지를 정하고 봉표했습니다.'라고도 했는데, 봉표란 산릉지가 결정된 후

---

180) 용혈(龍穴) : 풍수 용어로서 용(龍 : 산)과 혈(穴)을 말하는 것으로, 풍수지리에서 산을 용이라 하고, 그 용맥을 통해서 생기가 모여 있는 곳을 혈이라 하는데, 용맥을 통해 공급되는 생기가 지맥을 통해 흐르다가 용진처에서 더 이상 나가지 못하고 위로 생기가 분출되는 곳이다. 따라서 용혈이란 곧 혈을 말하는 것이다. 옛부터 혈의 중요성을 강조하여 '천리를 행룡한 용도 겨우 한 자리 혈을 맺을 따름이다(千里來龍 僅有一席之地).'라고 하였다.

181) 사수(砂水) : 풍수 용어로 사격(砂格)과 수세(水勢)를 통틀어 말하는 것으로, 사격은 혈을 중심으로 전후좌우에 위치한 산과 바위 등 소위 사신사(四神砂 : 청룡, 백호, 주작, 현무)를 말함이고, 수세는 용맥을 보호하고 인도하는 물을 일컫는 것이다.

에 능역의 범위를 정하기 위해 시행하는 것이다. 그러나 임금의 능지 결정이 있기도 전에 총호사는 봉표를 마쳤다는 것이다.

이것은 이미 수렴청정으로 모든 권력을 장악한 대왕대비(정순왕후)의 결정이 있었기에, 그 결과를 임금에게 알리는 것으로 보아야 할 것이다.

한편 산릉 주변에 거주하는 백성들에게는 집을 이전할 수 있도록 돈을 지급하면서 춥기 전에 옮기도록 조치했다.

11월 3일에는 발인제를 올리고 정조의 영가가 능소로 출발했다. 11월 3일 저녁에는 시흥 행궁에서 머물고, 4일에는 화성 행궁에서 머문 후, 5일 능소에 도착하였다. 그리고 11월 6일 자시(子時)에 해좌사향(亥坐巳向)으로 하현궁을 하면서 정조의 장례를 마쳤다.

그러나 그로부터 20일이 지난 11월 26일 정자각이 파손되는 불미스런 일이 벌어져, 당시 건립 책임을 맡았던 산릉도감 당상들을 삭탈관직을 시키고, 수릉관 역시 파직시키는 사건이 발생하였다. 4년 후에는 능의 봉분이 무너지는 일이 발생하여 건릉을 개보수하기도 했다.

과연 정조가 묻힌 강무당 터란 어떤 터인가?

옛 강무당 터를 능지로 선정하게 된 것은, 겉으로는 대행대왕(正祖)의 유명(遺命)이 있었다 하여 그곳으로 결정을 전제로 간심을 하였고, 모든 상지관들이 길지라고 하고 대신들이 이에 동조하면서 결정되었던 것이다. 하지만 이곳은 정조가 결정해 놓은 곳이 아니었다.

정조는 매년 현륭원에 거둥했었는데, 어느 때에 수원에 사는 어떤 풍수가 현륭원 동쪽 청룡 자락에 옛 군기고 터가 있는데, 그 자리가 묘 터로 좋다고 해서 정조가 직접 거둥한 적이 있다.

나무가 너무 빽빽하게 들어서서 지적을 분별할 수가 없으므로, 몇 그루의 나무를 베어 낸 뒤 잠깐 살펴보았으나 촘촘히 자란 나무 때문에 지세(地勢)를 두루 살필 수가 없었다.

이에 정조는 "사방이 잘 보이게 하려면 많은 나무를 베어야 할 것이니 우선 풋 말을 세워 놓고 다시 살펴보자."고 한 적이 있었다.

그러나 다시는 그곳에 가지 못하고 승하했으므로 그곳은 엄밀히 말하면 정조가 능지로 정해 놓은 곳이라 할 수 없었다.

그런데도 능지로 정한 이 강무당 터는, 총호사를 비롯한 대소 신료들과 모든 상지관들이 칭찬할 만큼 풍수적으로 과연 대길지(大吉地)인가?

풍수에서 가장 중요한 것은 혈(穴)이다. 혈에서 만물을 생하게 해 주는 생기(生氣)가 분출되기 때문에 예부터 혈처를 찾아 음택으로 사용해 온 것이다. 또한 풍수에서 혈이 맺히지 않는 지역이거나 묘를 써서는 안되는 지역을 기혈지(忌穴地)[182]라고 한다. 풍수지리학의 경전으로 불리는 『청오경(靑烏經)』[183]이나 『금낭경(錦囊經)』[184]에서 전해지는 불가장지(不可葬地), 그리고 양균송(楊筠松 : 풍수학에 정통한 중국 당나라 때 사람) 등이 언급하는 불가장지 외에도, 수렴·충렴지(水瀸·蟲瀸地)[185], 신당(神堂) 터, 병영(兵營) 터 등도 풍수에서는 흉지로 보고 있다.

강무당이 바로 그런 곳이다. 기혈지 즉, 묘 터로서는 흉지로 불리는 병영 터이건만, 그럼에도 불구하고 이 터가 능지가 된 것이다.

또 하나 주목할 것이 능지 선정에 관여했던 사람들의 면모이다. 우선 강무당 터를 간심했던 상지관 6명 모두가 풍수에서 기혈지로 알려진 강무당 터를 한결같

---

182) 기혈지(忌穴地) : 혈(穴)을 결지하지 못하는 곳으로, 지형지세가 평온한 조화가 이루어지지 않아 묘를 쓸 수 없는 지역이므로, 묘를 쓰면 안 되는 곳을 말한다.

183) 『청오경(靑烏經)』: 묘 터를 정하는데 필요한 사항을 정리한 책자로 알려져 있으나, 작자 미상의 책이고 후대의 위작(僞作)이라는 설도 있다. 『청오경』이라는 책 이름을 따서 편의상 작자를 청오자(靑烏子)라고 하기도 했다. 책 내용은 음양이법과 생기, 그리고 산의 형상에 대해서 기술하였다. 가장 오래된 책으로 장경(葬經)으로 불리며, 이후 당나라 양균송(楊筠松)이 주석을 달아 해석했다.

104) 『금낭경(錦囊經)』: 중국 진나라 때 곽박(郭璞 : 276~324)이 청오경을 인용하여 저술한 것으로 알려지고 있다. 역시 곽박이 아니라는 주장도 있다. 『청오경』을 장경(葬經)이라 하고, 『금낭경』은 장서(葬書)라고 부른다. 풍수지리에 대한 구체적인 해석과 풍수의 이론과 실천을 전체적으로 기술하여 풍수지리학 발전에 기여하므로, 풍수 고전 중에서 최고로 친다.

185) 수렴·충렴지(水瀸·蟲瀸地) : 묘지의 땅속이 좋지 않은 곳을 병렴(病瀸)이라 하는데, 무덤 안에 물이 괴거나, 벌레 또는 뱀 등으로 송장이 해를 입는 곳을 말한다. 그 종류는 수렴(水瀸), 충렴(蟲瀸), 풍렴(風瀸), 목렴(木瀸), 사렴(蛇瀸) 등이 있다.

건릉 초장지

이 풍수적 대길지라고 했다.

　그런데 상지관이 소속된 관상감(觀象監 : 천문, 지리, 기후 등에 관한 일을 보는 관청)의 제조(提調 : 기관의 우두머리)는 다름 아닌 정조의 정적인 정순왕후의 심복 도승지 윤행임(尹行恁)이었다.

　순조가 즉위한 당일 정순왕후는 대리청정(代理聽政)을 시작하면서 제일 먼저 자기 심복을 도승지로 임명하면서 관상감의 최고 우두머리인 관상감 제조를 겸하게 했던 것이다.

　다시 말해 기혈지인 강무당 터가 정조의 능지로 결정된 것은 정조의 유명에 의해서가 아니라, 간사한 자들의 그릇된 보고와 정조에 대한 정순왕후의 편치 못한 감정이 작용되었다는 것이다. 1468년 세조의 능지를 정할 때 영의정을 지낸 정창손의 부 정흠지의 묘 터를 두고 대신들과 상지관들이 능지로 좋다, 나쁘다 의견이 분분했었다. 그중 예빈시정(禮賓寺正) 최호원은 처음에 능지에 합당하다고 하다가 뒤에 나쁘다고 의견을 바꾸었다. 이에 예종은 처음부터 좋지 않다고 한 사람은 나두고 최호원은 압력을 받았다고 의금부에 명해 추국한 바가 있었다. 상지(相地)하는 사람들은 풍수서에 가장 좋지 않은 곳으로 분류되는 강무당 터가 흉지라는 것은 기초 상식임에도, 총호사를 비롯해 우의정, 관상감 제조, 상지관 6명 모두가 더없이 좋은 길지라고 했다. 상지하는 사람은 풍수 이론에 입각해 땅의 형세가 보여 주는 대로 보아야 하고, 겁박이던 회유이던 사심이던 왜곡된 해석을 해서는 안 되는데, 이때의 총호사를 비롯한 상지관들은 힘에 굴복되었다고 봄이 옳다.

당시는 최고의 권력을 거머쥔 정순왕후의 뜻에 거슬리는 주장이나 의견을 개진할 수가 없었던 것이다.

이렇게 정조가 승하하고 21년이 지난 1821년(순조 21년) 3월 9일 정조 비 효의왕후가 경복궁 자경전(慈慶殿)에서 승하한다. 정조와의 사이에 자녀가 없어서 외로이 승하했다. 이때 나이는 67세였다. 1762년(영조 38년)에 세손빈으로 책봉되어 가례를 올렸고, 1776년 정조가 즉위하면서 왕비가 되었다.

순조는 즉시 우의정을 총호사로 삼아 장사를 주관케 했다.

이어서 3월 17일에는 대행왕대비의 시호를 효의(孝懿)로 하고, 능호는 정릉(靜陵)이라 했다.

총호사는 건릉의 합장을 전제로 년운(年運)에 맞는지를 논하는 과정에서 3월 22일 국구(國舅 : 임금(순조)의 장인) 김조순(金祖淳)이 상소를 한다.

상소의 내용을 요약해 보면, '옛날 사람들은 장사 지낼 적에 반드시 땅을 고르는데, 혹시 땅을 정밀하게 고르지 못하여 땅이 좋지 못할 경우 죽은 이의 형체와 정신을 불안하게 하고 자손들도 사망하여 후손이 끊어지는 근심이 있으니, 매우 두려운 일이다. 건릉(健陵)의 자리가 대단히 근심스럽고 두려워서 천만년의 계획이 될 수 없는 단서가 매우 많았다. 산기슭이 약하고 질고 습하여 사철 내내 마르지 않으며, 좌청룡(左青龍)과 우백호(右白虎)가 갖추어지지 않고 안산(案山)이 참되지 않는가 하면, 넓은 들판이 바로 연하고 큰 시내가 바로 흘러 달아나고, 능의 잔디가 항상 무너져 줄어드는 것과 습한 곳에서 벌레가 생기어 서식하는 것은 다만 미세한 근심이다. 밖으로 나타나 쉽게 볼 수 있는 것이 이와 같다면, 안에 숨겨져 볼 수 없는 것은 말할 것도 없다.

또한 본 능의 자리를 잡은 까닭에서, 모르는 사람은 선대왕께서 정하신 땅이라고 의심할 것이나 사실은 그렇지 않다. 현륭원을 옮긴 뒤에도 성상께서 원침에 참배하실 때마다 향교의 옛터와 용주사(龍珠寺) 뒤의 산기슭을 순행하셨는데, 향교 터는 촉박하고 좁아서 맞지 않는다고 한탄하고 용주사 뒤의 산기슭은 기울고 드러나서 안 된다고 하였으므로 걱정하셨고, 승하한 해의 봄에 비로소 지금의 자리를 살펴보셨는데, 이는 어떤 풍수가 말한 것으로서, 이른바 옛 군기고(軍器庫)의 터이다. 그때 나무가 빽빽하고 우거져 촘촘한 안에서 돌아볼 수 없었다. 몇 그루를 베어 낸 뒤에 겨우 잠깐 살펴보셨는데, 그때 하교하시기를, '사방이 잘 보이게 하려면 많은 나무를 베어야 할 것이니, 우선 푯말을 세워 놓고 다시 살펴보자.'고 하셨다. 신이 이날 모시고 일의 자초지종을 보았고 직접 말씀을 들었다. 이 뒤로 다시 왕림하지 못하시고 마침내 승하하셨다. 만약 구애 없이 다니고 마음대로 바라보실 수 있었더라면, 항상 말씀과 행동을 신중히 하신 선왕께서 한두 번만 살피지 않고 반드시 해를 지내고 달을 지내면서 정중히 선택하였지, 어찌 두어 걸음의 땅에 서서 이야기하는 사이에 결정하셨겠는가? 그런데 승하하신 초기에 간사한 사람이 마음대로 유명(遺命)이라고 하면서 능 자리로 정하였던 것이다. 설사 참으로 선왕의 유명이라고 하더라도 길지(吉地)가 아닐 경우 마땅히 계획을 바꾸어야 할 것인데, 더구나 땅이 유감스러운 점이 많고 또 절대로 선왕의 뜻이 아닌데 말할 것이 있겠습니까?'라는 내용이었다.

이에 순조는 비답하기를 "대행대비께서 평소 이 일을 매우 근심하여 여러 번 소자(小子)에게 하교하신 적이 있는데 즉시 대신들과 의논하겠다."고 하면서, 당일로 조정의 의견을 물어 천장을 결정했다.

그리고 순조는 건릉의 천장을 이제 정했으니, 산릉의 좋은 자리를 잡도록 하라고 명하였다. 이리하여 건릉(健陵)은 21년 만에 옮겨지게 된다.

그런데 김조순의 상소 내용 중에 정조가 '향교 터는 촉박하고 좁아서 맞지 않는다고 한탄했다.'는 내용이 있는데, 오히려 정조는 『홍재전서(弘齋全書)』에서 '옛 향교 터는 중요한 곳이다. 원소(園所)를 받드는 것에 비하면 그만 못하지 않다.'고 했다. 즉, 지금의 건릉 자리를 좋은 자리라고 이미 평한 바가 있는 것으로 볼 때 상소 내용은 일부 사실과 좀 다른 내용인 것으로 보인다.

당시 천장지는 교하 장릉 재실 뒤쪽과 수원 향교 터가 거론되었는데, 수원이 더 길지라는 대신들과 상지관의 의견에 따라 1821년(순조 21년) 4월 21일 수원의 향교 터로 정했다. 능은 자좌오향(子坐午向)으로 효의왕후와 함께 합장릉으로 정하면서 효의왕후의 능호인 정릉(靜陵)을 없애기로 했다.

그리고 천릉도감의 총호사는 처음에는 우의정으로 했다가 나중에 영의정으로 하여 천릉을 진행했다. 아울러 이장과 장례의 길일을 9월 13일로 정했다. 7월 중에는 적합한 날이 없어 부득불 대왕과 대비의 두 재궁을 동시에 모실 수 있는 날이라 하여 그리 정한 것이고, 따라서 발인은 9월 10일에 하기로 정했다.

1821년(순조 21년) 9월 6일 건릉 천장을 위해 21년 만에 재궁을 들어내니 끔찍하게도 재궁 속에서 검은 물이 쏟아졌고, 물거품이 둘러 있어 그 빛깔이 소금발과 같았다. 고인 물을 기울여 쏟아 냈으나 남아 있는 물이 질펀하여 마치 진흙이 깔려 있는 듯했다. 심지어 재궁이 오른쪽으로 옮겨져 있었다. 그야말로 묘 터로서는 가장 나쁘다는 흉지에서 나타나는 현상들이었는데 천릉으로 이를 벗어난 것은 참으로 다행이 아닐 수 없었다.

9월 10일에 효의왕후의 발인제를 마치고 영가가 수원으로 출발했고, 9월 13일에는 정조와 왕후의 재궁을 향교 터 자좌오향(子坐午向 : 정남향)에 봉안하여 21년 만에 함께하는 합장릉을 조성하면서 건릉의 천장과 효의왕후의 장례를 모두 마쳤다. 이리하여 효성이 지극한 정조는 승하 후에도 아버지 사도세자 곁에 영원히 머물게 된다.

한편 위에서도 언급했듯이 정조의 묘호가 처음에는 정종(正宗)이었으나 대한제국이 선포되면서 1899년 고종에 의해 정조선황제(正祖宣皇帝)로 추존되었고, 효의왕후도 효의선황후(孝懿宣皇后)로 추존되었다.

세도정치의 희생물로 천릉된 능

인릉(仁陵, 순조, 순원왕후)

인릉(仁陵)은 조선조 제23대 임금 순조(純祖, 1790~1834)와 순조비 순원왕후(純元王后, 1789~1857) 김씨의 능으로 합장릉이다.

인릉은 처음에는 파주 장릉(長陵 : 인조)의 왼쪽 능선에 있었으나 풍수지리상 길지가 아니라는 이유로 1856년(철종 7년)에 지금의 자리로 천릉을 한 것이다.

풍수상 좋지 않다는 명분을 붙였지만 실제 천릉 동기는 안동 김씨와 풍양 조씨 간의 정치적 싸움에서 빚어진 결과라고 전해 온다.

순조는 정조의 둘째 아들로 어머니는 수빈 박씨(綏嬪朴氏)이다. 순조는 정조의 첫째아들 문효세자가 일찍 요절하자 11살의 나이에 왕세자로 책봉되었고, 그 해 6월 갑작스럽게 정조가 승하하면서 즉위하였다. 그러나 나이가 어려 정사를 볼 수가 없어 수렴청정이 불가피했다. 당시 정순왕후(영조 계비), 혜경궁 홍씨(사도세자빈), 효의왕후(정조비) 등 3대에 이르는 왕후와 친모 수빈 박씨가 있었으나 왕실의 가장 어른인 정순왕후가 수렴청정을 맡았다. 정순왕후는 수렴청정을 하는 동안 친정인 경주 김씨의 세력을 등에 업고, 정조 때의 집권 세력들을 처형하거나 유배를 보내는 등 정치 보복을 하면서 세도정치의 서막을 열었다.

순조는 1802년(순조 2년) 안동 김씨인 영안부원군 김조순(金祖淳)의 딸을 왕비로 맞이한다. 그로 인해 3년간 수렴청정을 해 온 정순왕후는 국구 김조순에 의해 실각됐다. 1년 동안 김조순이 섭정(攝政)[186]을 한 후 1804년부터는 순조가 친정을 했으나, 권력은 이미 안동 김씨 일문에게 넘어간 상태였다.

부정부패가 만연했고, 삼정(三政)[187]의 문란으로 곳곳에서 봉기가 일어났다.

1819년 순조는 안동 김씨를 견제하기 위해 풍양 조씨 문중에서 효명세자의 세자빈을 간택한다. 그리고 1827년에는 갓 19세인 효명세자(추존왕 익종, 후에 문조로 추숭)에게 대리청정을 맡기면서 새로운 정치 구도를 구축했지만 세자가 일찍 죽

---

186) 섭정(攝政) : 임금이 직접 통치가 어려운 여건일 때 임금을 대신하여 정사를 보는 행위를 말하며, 또한 그런 행위를 하는 사람을 말하기도 한다.

187) 삼정(三政) : 나라 운영에 필요한 전정(田政), 군정(軍政), 환정(還政, 還穀이라고도 함)의 통칭으로, 즉 세금, 군역, 양곡 대여 및 환수를 말한다.

는 바람에 무위가 돼버렸다. 그리고 결국 순조는 김조순, 김좌근, 김문근으로 이어지는 안동 김씨 60년 세도정치의 길을 열어 준 왕이 되었고, 역사적으로 명군(明君)보다는 혼군(昏君)[188]의 평가를 받는 왕이라 할 것이다. 명군(明君)은 민란(民亂)의 빌미를 주지 않는다 했는데, 홍경래의 난(1811년)도 이 시기에 일어났다.

1834년(순조 34년) 11월 13일 순조는 승하하는 순간 대보를 왕세손(헌종)에게 전할 것을 명하고, 경희궁 회상전(會祥殿)에서 45세를 일기로 승하했다.

재위 기간은 34년 4개월이었고, 슬하에는 순원왕후에서 2남 3녀, 후궁 숙의 박씨에서 1녀 등 모두 2남 4녀를 두었다.

순조가 승하한 다음 날 좌의정 홍석주(洪奭周)가 총호사가 되어 세 도감의 책임자를 정하면서 국장 준비에 들어갔다.

11월 17일 순원왕후는 시임·원임 대신들이 수렴청정할 것을 건의하니 수차례 거절하다가 드디어 응낙했다. 다음 날인 11월 18일 헌종이 즉위하면서 왕대비인 순원왕후의 수렴청정이 시작되는데 그 첫마디는 "주상이 대위(大位)에 올랐으니 효명세자를 추숭하라."는 것이었다. 효명세자는 바로 순원왕후의 아들이자 헌종의 아버지 아닌가. 아들을 일찍 보내면서 마음에 담아 두었던 어머니의 가슴 시린 애통의 한을 뿜어내는 지시였다.

그리고 하루만인 1834년(헌종 즉위년) 11월 19일 대행대왕의 시호와 함께 묘호는 순종(純宗)이라 하고, 능호는 인릉(仁陵)으로 정하였다. 아울러 효명세자도 추숭하여 묘호를 익종(翼宗)이라 하고, 능호는 수릉(綏陵)이라 하였다.

1834년(헌종 즉위년) 12월 21일 대행대왕의 산릉을 파주의 운천리 옛 장릉 왼쪽 언덕에 정하라는 명이 있었다. 산릉지 택지와 관련한 어떤 진행 과정이나 공론화 절차도 없이 하명된 것이다. 의례적으로 능지를 선정할 때는 생존 시 미리 수릉

---

188) 명군(明君), 혼군(昏君) : 명군은 훌륭한 인재를 얻는 일을 서두르며 나라를 잘 다스린 임금을 말하며, 반대로 혼군은 세를 불리는 일을 서두르며 사리에 어둡고 어리석거나 신하에게 휘둘린 임금을 말한다.

을 조성하였거나 아니면 유지로 능지를 지정해 놓지 않은 다음에야 총호사가 상지관을 대동하고 여러 곳을 간심한 후에 가장 길지라고 하는 곳을 몇 번의 간심(看審) 과정을 거쳐 최종적인 결정을 하게 마련이다. 특별한 사유 없이 특정한 곳을 지정하여 능지로 정할 것을 명하는 경우는 매우 드문 일이다.

그러나 이때는 동짓달이라 날씨가 춥고 땅이 얼어 작업이 어려운 관계로 이듬해 우수 절기가 지난 1월 20일 산릉 조성을 맡은 당상들이 헌종을 알현하고 현지로 떠났다. 그리고 환곡을 감해 주는 조건으로 파주 지역의 백성들을 사역에 동원하면서 능역 조성을 시작했다. 한 달여에 걸쳐 능지는 물론 정자각 터도 다지고, 장명등, 망주석 등 능상에 설치될 각종 석물들도 만들어 놓았는데, 2월 그믐날 갑자기 수렴청정을 하는 대왕대비 순원왕후로부터 산릉의 역사를 중지하라는 하교가 내려졌다. 순원왕후가 직접 능지를 지정하는 하교로 공사가 시작됐는데, 느닷없이 중지하라는 것이었다.

그 이유가 조성하고 있는 산릉의 흙 빛깔이 흡족하지 않고, 뇌석이 깨져 재궁이 상할 염려가 있다는 것이었다. 역사를 시작할 때 그곳의 흙빛이 나빠 불길했음에도, 상지관이 푯말을 옮겨 가면서 사실을 은폐하고 속였다는 것이 이유였다. 아울러 총호사에게는 다른 곳에 다시 길지를 잡도록 하고, 공역에 참여한 상지관 이시복(李時復)을 잡아 가두도록 하였고, 결국에는 참형(斬刑)에 처했다. 미관말직 상지관 1명의 작은 흠을 트집 잡아서 조정의 전 권력자들이 나서서 죽게 한 것이다.

그런데 이러한 사태 역시 안동 김씨와 풍양 조씨 간의 세력 다툼에서 파생된 사건 중 하나라고 할 수 있다. 안동 김씨인 순원왕후가 순조의 능지를 정해 능역 공사까지 진행 중이었는데, 마침 상지관 1명이 풍양 조씨와 가깝다는 이유만으로 정치 쟁점화해서 능역 공사마저 중지시킴과 동시에 국상 중인데도 반대 세력을 제거하는 일이 거침없이 자행됐다. 보통 능지 선정과 산릉 조성 때 상지관이나 지사들이 5~6명 이상 참여하는데, 내 편이 아니라는 이유만으로 구차한 책임을 덮어 씌워 참하는 일이 벌어졌으니, 당시의 비열한 정치 행태가 엿보인다.

그리고 마치 보이지 않는 손에 의해 조종되는 것처럼 1835년(헌종 1년) 3월 7일 장례일을 불과 한 달 남겨 놓고, 산릉을 교하의 장릉 국내로 콕 집어서 택하도록 하는 명이 또 대왕대비를 통해 내려졌다. '조종되는 것처럼'이 아니고, 안동 김씨 세력에게 조종을 당한 것이었다.

이때도 역시 교하 지역 공역 참가 백성들에게 세금 등의 부담을 탕감해 주는 조치가 있었지만, 불과 장사 한 달을 앞둔 시점이라 능역 조성 공사 기간이 촉박해 주야를 가리지 않고 공역이 이루어졌다. 이때 산릉 조성 책임자인 산릉도감 제조 이면승(李勉昇)이 작업장에서 과로로 쓰러져 죽는 일도 발생했다. 이렇게 장사 일에 맞춰 능역 조성은 대강이나마 완성된다.

그리하여 1835년(헌종 1년) 4월 17일 발인제를 행하고, 4월 19일 순조는 교하 땅 장릉 좌측 능선(지금의 파주시 탄현면 갈현리)에 안장되면서 장사를 마쳤다.

그런데 장릉(인조)과 인릉(순조)의 조영 과정에서 비슷한 것이 있다. 인조는 순조의 7대 조부가 되는데, 장릉은 처음 초장지가 파주 북쪽 운천리였다. 그러나 이곳이 풍수적으로 길지가 못 된다 하여 묻힌 지 82년만인 1731년(영조 7년)에 지금의 위치로 천릉을 한다.

인릉도 처음에는 장릉의 초장지인 좌측 능선으로 정했으나, 능역 조성을 하는 과정에서 흙 빛깔이 나쁘다 하여 중지하고, 지금의 장릉 국내로 능지를 바꿔 조성되었다. 능지가 바뀐 원인도 풍수적으로 좋지 않다는, 또는 흙 빛깔이 좋지 않다는 이유에서였다. 초장지부터 천릉지까지 두 번씩이나 같은 곳에 능이 조성되는 우연이 중복된다. 하지만 순조는 21년 후, 1856년(철종 7년)에 또다시 세도정치의 제물이 되어 7대 조부 인조의 곁을 떠난다.

인릉의 능지가 풍수적으로 좋은 곳이 아니라는 얘기가 저잣거리에서 들리던 때쯤인, 1855년(철종 6년) 1월 18일 철종이 시임·원임 대신들과 영의정 김문근(金汶根)을 만나서 "인릉(仁陵)의 능침(陵寢)을 봉안(奉安)한 지 21년이나 되었다. 들리는 바에 의하면 세상 사람들이 비평하고 서로 논쟁하고 있다고 하니, 나의 마음이 송구스럽다. 마땅히 어떻게 하면 좋겠는가? 자성(慈聖)께서도 이런 내용으로 하교하셨지만, 일이 지극히 중차대한 데에 관계되므로, 경등과 상의하여 결정해서 행하려 한다."고 했다. 그러자 영부사 정원용(鄭元容)과 지중추부사 서희순(徐憙淳) 등이 천릉을 건의했다.

철종은 즉시 "조정의 의논이 또 이와 같으니, 인릉(仁陵)의 천봉(遷奉)은 내년을 기다려 거행하고, 수릉(綏陵 : 추존왕 익종)과 휘경원(徽慶園 : 정조의 후궁 수빈 박씨)의 천봉은 길일(吉日)을 가려서 거행하도록 하라."고 하면서 일사천리로 천장이 결정된다.

그리고 1855년(철종 6년) 2월 1일 철종은 인릉의 천릉지를 봉심한 대신들과 지관들로부터 "인릉은 청룡이 낮고 혈의 전순이 길며 … 창릉(예종)과 장릉(인조)의 왼쪽 등성이가 좋으나 … 희릉(장경왕후), 후릉(정종)의 오른쪽만 못합니다."라는 보고에 아무런 답이 없었다. 아마 그것은 인릉과 수릉의 천장이 함께 진행되고 있지만 수릉의 천장을 먼저 했으면 하는 마음인데, 보고하는 대신들이 인릉을 먼저 얘기하고 있는 탓으로 보여진다.

수릉은 헌종의 아버지 효명세자(추존왕 : 익종)의 능이다. 처음에는 연경묘라 했는데, 헌종이 즉위하면서 효명세자는 익종으로 추존되고 연경묘는 수릉으로 추봉되었다. 그러나 왕실에 후사가 없자 이것이 수릉 터가 좋지 않아서라는 소문 때문에, 1846년(헌종 12년)에 용마봉으로 천장을 한다. 그러나 비만 오면 재실 앞까지 물에 잠기므로 익종비 신정왕후가 다시 천장을 원하였다. 때문에 수릉의 재천장이 먼저 진행되고 있었던 것이다.

이른바 천릉과 관련되는 저잣거리의 풍문에서부터 철종의 천릉 의사나 대신들의 천릉 건의 등 모든 것들은 대왕대비(순원왕후)의 의중에서 비롯되었다. 철종도 "자성께서 하교가 있었다."고 밝혔던 것처럼 순원왕후의 허락 없이는 가당치도 않은 것이었다. 여인은 지아비보다는 자식에게 더 깊고 큰 측심(惻心 : 측은지심)을 갖게 마련이다. '지아비의 묘와 자식의 묘 중에서 누구의 묘를 먼저 이장을 해야 하는가?'에서 당연히 자식의 묘를 택한 것도 순원왕후다. 게다가 신정왕후의 입김도 강해지는 시기에서 도출된 결론일 것이다.

그래서 인릉보다 수릉의 천장을 먼저 하려는 것은 결코 우연이 아닌 것이다.

이리하여 인릉 천릉에 대해서는 별다른 추진 없이 시간이 지나갔다. 1년이 지난 1856년(철종 7년) 2월 20일 『철종실록』에서는 철종이 헌릉 참배를 하고, 간심할 곳을 간심한 후에 돌아오다가 과천 행궁에서 유숙했다고 기록하고 있다. 여기서 '간심할 곳을 간심한 후'란 이미 헌릉의 능역 안에 인릉의 천릉지를 잠정으로 택지해 놓았던 것으로 보인다. 그리고 궁으로 돌아온 다음 날 철종은 "인릉을 천봉하되 헌릉의 오른편 언덕으로 정하라."고 하교한다. 이렇게 인릉은 충분한 의견 수렴 절차가 생략된 채 정권 주도 세력에 의해 임금의 명을 빌어 천장과 천장지가 결정된 것이다.

그런데 그 자리가 어떤 자리인가? 바로 세종의 영릉을 천장한 초장지가 아닌가. 길지가 못 된다 해서 아니, 몹쓸 자리라고 해서 천릉을 했는데 바로 그 자리에 다시 능을 쓰자는 것은 무엇인가. 인릉 자리가 영릉(世宗)의 초장지라는 것에는 세종대왕 초장지에 대한 연구 논문에서도 확신하고 있다. 구리시청 문화 관광 자료집에 수록된 내용에서는 '인릉의 새 능역을 조성하는 과정을 지켜본 이조참판 이유원은 『임하필기(林下筆記)』에서 인릉을 교하로부터 광주에 천봉했는데 곧 영릉의 구광이다. 그 일을 시작할 때 봉심해 보니 광중은 석곽을 썼고……'라며, 당시 상황을 기록하고 있다.

문제는 그것이 '왕실의 의도였는지? 아니면 강했던 신권의 의도였는지?'인데, 당시 세도정치에 의한 권력은 못할 일이 없었고, 또 어떠한 결정을 해도 아무도 토를 달 수 없었다.

이리하여 1856년(철종 7년) 10월 11일 순조의 인릉을 교하에서 광주의 헌릉 오른쪽 등성이 자좌오향(子坐午向 : 정남향) 지금의 자리로 옮기면서 천릉을 마쳤다. 이렇듯 순조는 죽어서까지도 외척 세력에 의해 휘둘렸다.

어찌 보면 붕당(朋黨)의 폐단은 앞다투어 빼앗는 것도 부족하여 살육하는 데까지 이르렀고, 그 살육도 부족하여 이용 가치가 있다고 판단되면 죽은 선왕의 재궁마저도 이용물로 삼는데 주저하지 않았다.

이때까지만 해도 순조의 묘호는 순종(純宗)이었다. 그러나 1857년(철종 8년) 8월 순종비 순원왕후가 승하하고 능지를 택정하는 과정에서 바뀐다. 8월 9일에는 지돈녕 이학수(李鶴秀)가, 다음 날에는 영부사 정원용이 순종의 묘호를 순조로 해야 한다고 상소한 것이다. 그 명분이 '순종조 때에는 나라를 다스리고 백성을 가르치는 일이 깨끗하고 선명했으며, 학문의 올바름이 더욱 빛났고, 이단(異端)인 천주교를 배척했으며, 홍경래의 난을 진압하여 나라의 기반을 공고히 함으로서 온 나라 백성들이 그 공을 잊지 못한다.'는 것이었다.

딱 부러지게 별로 일치하는 부분이 없는 명분들이었지만 철종은 그날로 묘호를 올리는 절차를 취하면서 불과 1달도 안 되는 기간에 묘호를 순종(純宗)에서 순조(純祖)로 바꾸었다.

1857년(철종 8년) 8월 4일 순조비 순원왕후가 창덕궁 양심합(養心閤)에서 승하했다. 순원왕후의 본관은 안동(安東)이다. 영원부원군 김조순(金祖淳)의 딸로 1800년 정조에 의해서 세자빈으로 간택되었다. 정조가 갑자기 승하하고 세자(純祖)가 즉위하였지만, 정순왕후가 수렴청정하면서 최종 간택을 미루다가 1802년(순조 2년) 왕비로 책봉되었다.

14살 어린 나이에 궁으로 들어와 왕실과 친정의 권력 쟁투 틈새에서 56년을 살다가 70세에 승하했다. 슬하에는 2남 3녀를 두었다.

1809년(순조 9년)에 효명세자를 낳았으나, 자식이 왕위에 오르기도 전에 22세 젊은 나이로 요절하는 것을 지켜보는 아픔을 겪기도 했다. 순조가 승하하고 효명세자의 아들이자 왕세손인 헌종이 8살에 할아버지의 뒤를 이어 즉위하므로, 할머니인 순원왕후가 수렴청정을 했다.

말이 수렴청정이지 당시는 안동 김씨의 세도정치가 판을 칠 때다. 헌종도 역시 후사 없이 세상을 떠나자 사도세자의 증손자인 철종을 보위에 올리면서 다시 순헌왕후는 수렴청정을 하게 된다. 순원왕후는 조선 왕조를 통틀어 유일하게 두 번씩이나 수렴청정을 한 왕후였다. 거기다 철종비(哲宗妃)마저도 안동 김씨 문중에서 간택됨으로 인해, 순원왕후는 철저하게 안동 김씨 세력의 뒷배가 됐다. 그것은 순원왕후가 승하하기 직전, 왕명으로 특별히 별도 입직하라는 사람들의 면면만 봐도 나타난다.

뒤에서 본 인릉

　당시 특별히 대기시킨 8명은 김좌근(金左根, 영의정), 김병기(金炳冀, 호조 판서), 김병주(金炳澍, 대사성), 김병지(金炳地, 홍문관 부제학), 김병국(金炳國, 병조 판서), 김병필(金炳弼, 규장각대교), 김현근(金賢根, 부마), 윤의선(尹宜善, 부마)으로 부마를 빼면 한결같이 안동 김씨였다.

　순원왕후의 병세가 악화되자 철종은 종묘(宗廟)와 사직(社稷), 그리고 사도세자의 사당인 경모궁(景慕宮)과 여러 산천(山川)에 날을 가릴 것 없이 기도제를 지내도록 했지만 기도제를 지낼 겨를도 없이 순원왕후가 승하한다.

　철종은 순원왕후가 승하한 다음 날 우의정 조두순(趙斗淳)을 총호사로 명하여, 장례 절차를 진행하게 했다. 그리고 나흘 후인 8월 9일 능소는 순조의 인릉(仁陵)

국내(局內)부터 찾도록 하면서, 호조 판서 김병기(金炳冀)[189]와 병조 판서 김병국(金炳國)에게 직접 나가 보도록 명했다.

산릉과 관련된 일이라면 장례를 직접 총괄하는 총호사나 예조 판서에게 명하는 것이 옳을 터인데, 안동 김씨인 호조와 병조 판서에게 명을 내린 것만 보더라도, 세도정치의 위세가 어느 정도였는지 가늠된다.

다음 날에는 대행왕후의 시호는 순원(純元)으로, 능호는 문릉(文陵)으로 정했다.

1857년(철종 8년) 8월 12일 철종은 인릉을 간심하고 돌아온 김병기로부터 금년의 산운과 부합하니 합봉(合封 : 한 묘에 같은 봉분으로 두 사람을 나란히 묻는 형태)을 해도 좋을 것 같다는 보고를 받는다. 8월 18일 다시 간심하고 돌아온 시임·원임 대신들과 총호사를 비롯해 영부사 정원용(鄭元容)과 상지관들이 "합봉이 대길하다."고 하므로, 순원왕후의 산릉을 인릉에 합봉하도록 결정하고 문릉으로 정했던 능호는 사용치 않았다.

1857년(철종 8년) 12월 16일 발인제를 마친 순원왕후의 영가는 궁을 떠나 산릉에 도착하고, 다음 날인 12월 17일 23년 만에 순조의 곁으로 돌아갔다. 순원왕후의 승하는 안동 김씨의 60년 세도정치와 정치 독점도 서서히 기울어 가는 계기가 된다.

그리고 1899년(광무 3년)에 순조는 순조숙황제(純祖肅皇帝)로, 순원왕후는 순원숙황후(純元肅皇后)로 추존된다.

---

189) 김병기(金炳冀) : 김조순의 손자이자 김영근의 아들이고, 영의정 김좌근에 입양된 양아들로서 안동 김씨 세도정치 시대의 실력자 중 한 명이다.

두 번 천장한 유일한 능

수릉(綏陵, 추존왕 문조, 신정왕후)

수릉(綏陵)은 추존왕 문조(文祖, 1809~1830, 처음 익종으로 추존되었다가 이후 황제로 추존됨)와 신정왕후(神貞王后, 1808~1890, 이후 황후로 추존) 조씨의 합장릉이다. 수릉은 다른 왕릉과 달리 우실이 신정왕후이고 좌실이 문조다.

수릉은 1830년 효명세자가 세자의 신분으로 죽자 연경묘(延慶墓)로 조성했으나, 1834년 헌종이 즉위하면서 익종으로 추존, 수릉으로 추봉되었다.

그러나 풍수적으로 좋지 않은 자리라 하여 1846년 용마봉 아래로 천장을 한다. 이렇게 천장한 능이 비만 오면 재실 앞까지 물이 차므로 1855년 다시 지금의 장소로 천장했다. 조선 왕릉 중에서 유일하게 두 번 천릉한 능이다.

문조는 순조와 순원왕후 사이의 첫째 아들로 1809년(순조 9년)에 태어났다. 4살이 되던 1812년(순조 12년) 왕세자로 책봉됐고, 11살이 되던 1819년(순조 19년) 10월에 풍양 조씨 조만영(趙萬永)의 딸을 세자빈으로 맞았다.

효명세자는 순조가 19살의 세자에게 대리청정을 맡길 만큼 명민했고 효성도 지극했다. 효명세자는 대리청정을 하는 동안에 당시 세도정치로 파탄 난 민생을 구하고, 왕권 회복과 왕실의 중흥을 위해 세도정치의 주 세력들을 타파하려 노력했지만, 22살 젊은 나이에 별안간 급서(急逝)한다.

효명세자는 왕위에 오르지 못하고 왕세자의 위치에서 세상을 떠났으나, 그의 아들(헌종)이 즉위하면서 익종(翼宗)으로 추존되었다.

효명세자는 1830년(순조 30년) 5월 6일 묘시(卯時 : 오전 6시경)에 창덕궁 희정당에서 세상을 떠났다. 이때 나이는 22살이었고, 슬하에 자녀는 1남이었는데 순조에 이어 보위에 오르게 되는 헌종이다.

즉시 빈궁·장례·묘소 도감을 설치하고, 세 도감의 도제조로 영의정을 거치고 영중추부사로 있는 남공철(南公轍)을 임명하여 왕세자의 장례를 관장하도록 했으나, 3일 후 우의정 정만석(鄭晩錫)으로 바뀐다.

그리고 6일째 되는 5월 12일 빈청에서 왕세자의 시호를 효명(孝明)으로, 묘호(墓號)는 연경묘(延慶墓)로 정하였다.

오직 하나뿐인 자식을 잃은 순조는, 묘소 제조(墓所提調)와 관상감 제조에게 묘소 조성과 단장에 각별히 신경을 쓰도록 주문을 했다. 묘소의 위치를 마지막으로 간심을 할 때는, 장인인 영돈령부사 김조순과 세자의 장인인 훈련대장 조만영에게 함께 나가 보도록 당부를 했다.

그리고 순조는 최종적으로 1830년(순조 30년) 5월 30일 산세를 살펴본 대신들의 의견을 수렴하여 묘소를 능동(陵洞 : 지금의 서울어린이대공원 지역)의 도장곡(道莊谷)으로 정하고, 곧바로 내일부터 공역을 실시하라고 명했다.

그런데 작업이 시작된 지 열흘쯤 된 1830년(순조 30년) 6월 10일과 11일 연이어 묘소도감과 도제조 우의정이 장계를 올렸다.

묘역 조성을 하는데 묘소로 정한 주위의 아래위에 다섯 개의 무덤이 있고, 파낸 흙에서 뼈가 노출되어 놀랍고 두려우니, 역사를 정지했으면 한다는 것이었다. 이러한 정결치 못한 곳에 묘소를 쓸 수 없으니 길지를 다시 가렸으면 좋겠다는 내용이었다.

이에 순조는 "더 깊이 파 보라."고 했지만 계속 도감에서 지극히 소중한 일을 불길한 곳으로 강행하는 것은 불가하다고 하자, 결국 순조는 다른 길지를 정하도록 했다.

1830년(순조 30년) 6월 27일 도제조 정만석이 양주 천장산 유좌(酉坐 : 정동향)의 땅(의릉(懿陵)의 좌측 능선)은 삼각산에서부터 나누어진 맥의 기세가 용이 내려오는 것처럼 변화가 무쌍하여 호랑이가 날아가는 형국에다 청룡과 백호가 겹으로 감싸고 있어 실로 크게 쓸 곳이라는 보고를 하자, 순조는 그곳으로 묘소지를 정하도록 했다. 아울러 묘소도감에서는 장례 일정을 다시 잡으며, 발인일과 하관일을 정했다.

그러나 발인일을 이틀 앞둔 8월 1일에 갑자기 창경궁에 큰불이 나서 효명세자의 빈궁이 있는 환경전마저도 불길에 쌓였다. 워낙 큰불이라 환경전을 비롯해 함인전, 경춘전, 숭문당, 영춘헌 등의 전각들을 모두 태웠다. 연기와 화염 가운데서도 환경전에서 재궁을 겨우 꺼내 그을린 관은 다른 관으로 바꾸고, 위안제를 지낸 후 환취정(環翠亭)에 임시로 안치했다.

그리고 예정된 대로 8월 3일 발인하여 왕세자의 영여는 묘소로 출발했고, 다음 날인 8월 4일 양주 천장산 아래 묘소지에 하관을 함으로써 장례를 마쳤다. 묘호는 연경묘(延慶墓)라 했다. 이리하여 효명세자는 당초 예정지였던 능동 도장곡에 묻힐 뻔하다가 천장산 아래 의릉 좌측 능선에 묻히게 된 것이다.

그 후 4년이 지난 1834년(헌종 즉위년) 11월 13일 순조가 승하하고, 효장세자의 아들이 즉위하는데 그가 바로 헌종이다. 헌종은 바로 다음 날 효명세자를 익종(翼宗)으로 추존하고, 연경묘는 수릉(綏陵)으로 추봉했다. 조선 왕조에서 추존된 왕은 모두 5명이다. 추존은 후사 왕이 등극하면서 추숭이 이루어졌는데, 그 시점은 모두 다르다. 최초의 추존 왕인 성종의 생부 덕종(德宗)은 성종 즉위 후 54일 만에 추존됐다. 인조의 생부 원종(元宗)은 즉시 추존되지 못하고, 선조의 생부 덕흥대원군도 추숭하지 않았다는 사유로 신하들의 반대에 부딪치다가 인조 즉위 후 10년이 지나서야 추존되었다. 정조의 양부 진종(眞宗)은 영조의 유지에 따라 정조 즉위 후 9일 만에 추존됐다. 정조의 생부 장조(莊祖)는 사후 148년이 지나서 고종 때 추존되었다. 그러나 익종(翼宗 : 1899년 문조(文祖)로 추존)은 헌종 즉위 다음 날인 하루 만에 추존한 것이다.

그로부터 다시 12년이 지난 1846년(헌종 12년) 2월 14일 왕실에 후사가 없음은 수릉 터가 좋지 않아서라는 소문이 시정에 나돌았다. 그때까지 헌종이 후사가 없었던 것이다. 헌종은 수릉을 천장하는 일에 대해 몇 번을 대신들과 상의 끝에 하교하기를 "수릉을 옮겨 봉안하는 의논은 이미 두 분 자전(慈殿 : 순조비 순원왕후, 익종비 신정왕후)에게 아뢰고 친히 봉심을 하였는데, 감여(堪輿 : 풍수지리의 다른 말로, 여기서는 풍수가를 말함)의 말과 조정의 논의가 동일해 내 뜻도 이미 정해졌으니, 모든 의절(儀節 : 예에 맞는 절차)을 빨리 거행하라."고 했다.

이렇게 헌종이 천장을 서두르는 데는 묘 사리가 좋고 나쁨에 따라 좋은 기운과 나쁜 기운이 후손들에게 영향을 끼친다는 소위 풍수지리의 영향을 믿고 있었다고 볼 수 있다. 왜냐하면 헌종은 원비 효현왕후가 일찍 승하하여 계비 효정왕후를 맞이했고, 또 여러 명의 후궁이 있었음에도, 후사가 없어 종묘사직의 위태로움을 늘 걱정하고 있었기 때문이다. 그것은 소문도 소문이지만 지관들의 의견을 종합해 볼 때 아버지 익종의 묘 터가 나쁘기 때문이 아닌가 생각하고 있었던 것이다. 물론 표면적인 이유는 "수릉의 국세(局勢)가 산만하다."는 것이었다.

1846년(헌종 12년) 3월 2일 헌종은 여러 곳의 천장지를 간심하고 돌아온 대신들을 불러 다짜고짜로 "천장할 산릉은 용마봉 아래로 정하라."고 명했다. 논의 절차도 없이 용마봉(龍馬峰 : 지금의 광진구 용마산)으로 결정하여 하교한 것은, 아마도 후사가 없음을 걱정하고 있는 순원왕후나 신정왕후도 달리 능지 물색을 해 왔던 것으로 보여진다. 헌종은 4월 9일 용마봉 아래 새 능소에 친히 거둥해 공역 진행 사항을 확인하면서 간심을 했다. 능역 공사는 빨리 진행되었다.

드디어 윤5월 20일 구릉지에서 16년 만에 파낸 재궁을 용마봉 신릉지에 하현궁하면서 양주 천장산에 있던 수릉의 천장을 마쳤다.

다시 9년이 지난 1855년(철종 6년) 1월 18일 인릉(仁陵 : 순조)의 천릉과 함께 수

뒤에서 본 수릉

릉의 천릉이 또다시 거론되었다. 철종은 "수릉을 천봉하는 일은 이미 자교(慈敎 : 왕대비의 지시나 분부)를 받들었으니 길일을 가려 거행하라."고 하교한다.

자교를 받든다 함은 순원왕후를 비롯해 신정왕후 조대비가 천장을 원한다는 뜻이다. 9년 전 용마봉으로 천릉할 당시에도 헌종은 자전(慈殿)의 뜻이라며 천릉을 했는데, 이번에도 역시 자전의 뜻이라는 것이다.

신정왕후는 정조, 순조, 익종, 헌종에 이르기까지 후사가 귀했거나 없었던 것은 오로지 능 자리가 나쁜 탓이라고 믿고 있었다. 게다가 수릉은 나중에 자신도 묻혀야 할 곳인데, 9년 전 천장된 수릉은 정릉(靖陵 : 중종)처럼 비만 오면 재실 앞까지 물이 차오르기 때문에 수릉의 천릉을 철종에게 당부했던 것이다.

천릉 대상지로 양주의 녹양역, 광릉 달마동, 건원릉 재실 뒤편, 건원릉 우강, 헌릉 우강, 용인읍 뒤편, 수원 용주사 뒤편 등이 거론되었다.

한 달쯤 지난 1855년(철종 6년) 2월 21일 영부사 정원용이 "여러 지사들과 세 번이나 간심하였는데, 건원릉 재실 뒷산의 형세가 좋아 지사들이 입을 모아 칭찬했습니다." 하니, 철종은 날짜를 가려서 천릉(遷陵)을 거행하라고 명했다.

3월 11일에는 철종이 천릉지를 간심한 후에 수릉 천릉을 위한 본격적인 능역 작업이 시작되었다. 그리고 반년이 지난 1855년(철종 6년) 8월 16일 수릉의 현궁을 열었으며, 8월 26일에는 건원릉의 재실 뒷산 지금의 자리에 임좌병향(壬坐丙向 : 정남에서 동쪽으로 15°)으로 익종의 재궁을 하현궁하면서 수릉의 재천릉을 마쳤다. 이리하여 수릉은 조선조 왕릉 중에서 유일하게 두 번 천릉한 능이 되었다.

익종이 세상을 떠난지 60년이 되는 1890년(고종 27년) 4월 17일 추존왕 익종의 비(妃)인 대왕대비 신정왕후가 경복궁 흥복전(興福殿)에서 승하했다.

신정왕후는 풍양 조씨로 풍은부원군(豊恩府院君) 조만영(趙萬永)의 딸이다. 영조 때 통신사로 일본에 갔다가 고구마 종자를 가지고 온 조엄(趙曮)은 곧 신정왕후의 증조부가 된다.

1819년(순조 19년) 효명세자의 빈으로 책봉되었으나, 효명세자가 일찍 요절하고 아들이 세손이 되어 1834년 헌종으로 즉위하므로, 효명세자와 함께 익종과 신정왕후로 추숭되면서 왕대비가 되었다. 헌종마저 후사 없이 일찍 승하하자 철종이 왕위를 계승하면서 대왕대비가 되었다.

그런데 철종 또한 후사 없이 승하하므로, 왕실의 제일 어른인 대왕대비(신정왕후)는 흥선군의 둘째 아들 명복(命福)을 양자로 삼아 왕위(고종)를 계승토록 하였다. 이를 두고 안동 김씨를 비롯한 모든 대신들이 나서서 반대했으나, 단호히 물리치는 강기(剛氣)를 보이기도 했다. 그리고 고종이 나이가 어려 3년간 수렴청정을 하기도 했다. 슬하에는 1남(헌종)을 두었으며, 1890년 조선조 말의 만고풍상을 지켜보다가 83세를 일기로 승하했다. 왕실 생활만 71년을 함으로써 조선조 왕비 중에서 가장 오랜 기간을 궁에서 지내기도 했다.

신정왕후의 장례를 위한 준비는 즉시 진행되었다. 판중추부사 김병시(金炳始)를 총호사로 하여 각 도감의 제조가 임명되었다. 4월 22일 대행대왕대비의 시호를 신정(神貞)으로 하고, 능호는 홍릉(洪陵)으로 정했다.

4월 23일 고종은 능지를 정함에 있어 수릉의 국내(局內)부터 간심하라고 전교하면서, "이번에 거행하는 모든 일은 일체를 '정축년'과 '정사년'의 전례에 준하여 거행하라."고 했다.

이때 『고종실록』의 원문(原文)에는 '정축년'과 '정사년'으로만 기록했는데, 실록의 번역서에서는 '정축년(丁丑年 : 1817년)'과 '정사년(丁巳年 : 1857년)'으로, 시점을 짚어서 번역이 되어 있다.

아마도 '정축년'과 '정사년'의 전례에 준하라는 것은 대왕대비가 승하했으니 과거 대왕대비의 장례를 거행한 전례를 참작하라는 의미일 것으로 짐작된다.

그런데 정사년(1857년)의 전례라는 것은 당시의 대왕대비인 순조비 순원왕후가 승하하여, 인릉(仁陵)에 순조와 합장했던 예를 말하는 것으로 보인다.

그러나 '정축년(1817년)'의 전례는 당년도의 실록에서나 다른 자료에서도 장례의 절차나 전례로 참작할 만한 것이 발견되지 않는다.

전교 내용대로라면 '정축년'에는 1757년(영조 33년) 7월 숙종의 제2계비 인원왕후가 승하했을 때 명릉(明陵)에 산릉을 조성한 전례와 같은 해 6월 영조의 원비 정성왕후가 승하해서 홍릉(弘陵)을 조성한 전례가 있으나, 굳이 번역서에 '정축년(1817년)'으로 시점을 못 박아 번역된 것에 다른 사례가 있는지 궁금하다.

또한 1890년(고종 27년) 4월 28일 『고종실록』에는 다시 총호사 김병시의 보고에 고종은 "정축년의 전례대로 하라고 영(令)을 내렸으나, 정축년의 의례 규범을 보관하여 둔 데가 없다고 한다."라고 하교하면서 정축년을 언급했는데, 실록의 번역에서는 다시 '정축년(1877년)'으로 년도를 표기한 부분에서이다. 1817년(정축년)이나 1877년(정축년)에는 국상과 관련하여 합장의 전례를 찾기 어려운데, 굳이 년도를 삽입하여 정축년을 1817년이나 1877년으로 번역됨에 좀 더 자료를 파악해야 할 부분이다. 감히 필자가 생각해 보는 것은 혹시 '대왕대비의 장례'와 '수릉에 합장'을 전제로 한 전례라면, 아마도 '을축년(1805년)'에 당시 대왕대비였던 영조 비 정순왕후의 장례를 행하면서 원릉(元陵 : 영조)에 합장했던 전례를 말함이 아닌지? 아니면 '을해년(1815년)'에 승하한 혜경궁 홍씨(사도세자빈, 헌경왕후로 추존)의 장례를 행하면서 현릉원(장조 추존 후 융릉으로 격상)에 합장했던 예를 전례로 말함이 아닌지? 하는 추측을 해 본다.

1890년(고종 27년) 4월 28일 고종이 산릉을 다시 간심하고 돌아온 총호사 이하 시임·원임 대신들을 불러 만나니, 영의정 심순택(沈舜澤)은 "수릉에 나아가 간심을 하였는데 지관들이 모두 용혈(龍穴 : 혈을 말함)이 길하다고 했습니다." 하고, 총호사 김병시, 판중추부사 김홍집(金弘集), 우의정 조병세(趙秉世) 등도 같은 의견이었으므로, 상지관들에게 하문하니 역시 최상의 길지라고 하므로, 고종은 "1855년(철종 6년)에 수릉을 여기에 옮겨 모셨는데 그것은 경릉(景陵 : 헌종)이 가깝기 때문이었다. 이곳은 자전(慈殿)이 늘 마음속에 두고 있었던 곳이다." 하며, "산릉은 수릉에 합장하는 것으로 정하라."고 하였다. 아울러 홍릉(洪陵)으로 정한 능호도 쓰지 말노록 전교했다.

이렇게 산릉지가 결정되면서 역사는 5월 13일에 시작하도록 했고, 찬궁(攢宮)[190]

---

190) 찬궁(攢宮) : 장례를 지낼 때까지 임금의 관을 두던 곳을 일컫는데, 여기서 '찬궁을 연다.' 함은 합장

을 여는 것은 8월 28일, 발인은 8월 29일, 하현궁은 8월 30일에 하는 것으로 길일을 잡았다.

1890년(고종 27년) 8월 29일 발인제를 지낸 후 대행대왕대비의 영가가 산릉으로 떠나는데, 고종은 광화문 밖까지 나아가 영가에 하직하고, 왕세자가 따라 나가 예를 행했다. 그리고 다음 날인 8월 30일 인시(寅時 : 오전 4시경) 수릉에 하현궁하면서 신정왕후의 장례를 마쳤다.

세자 시절 일찍 세상을 떠나면서 먼 길을 돌고 돌아 이곳에 묻힌 익종과 60년 만에 함께한 것이다. 수릉은 이렇게 동구릉에 조성된 마지막 아홉 번째 능이 되었다.

그런데 다른 능과 달리 수릉은 신정왕후가 오른쪽, 익종(문조)이 왼쪽에 묻혀 위차를 달리한 것이 특별하다.

모든 예(禮)에서는 위계(位階)가 있게 마련이다. 일반적으로 사가(私家)에서도 묘를 쓰거나 사당에 신주를 모실 때도 '생자이동위상 사자이서위상(生者以東爲上 死者以西爲上)'이라 하여, '살아 있는 사람은 동쪽이 상석이고, 죽은 사람은 서쪽이 상석'이라는 기준과 원칙이 준수되고 있으니, 왕릉 조성에서야 말할 나위도 없는 것 아닌가.

따라서 왕릉은 '우상좌하(右上左下)', '우왕좌비(右王左妃)' 원칙에 따라, 왕은 오른쪽(정면에서 볼 때 왼쪽), 왕비는 왼쪽(정면에서 볼 때 오른쪽)에 조성되어 왔다. 이는 합장릉이나 쌍릉의 경우는 물론이고, 동원이강에 단릉으로 조성하는 경우라 하더라도 이 원칙에 따랐던 것이다. 그럼에도 불구하고 수릉의 경우는 반대로 모셔져 있는 것이다.

조선의 왕릉 중에서 이 기준이 지켜지지 않은 예가 있다. 동원이강릉으로 조영된 능으로서는 경릉(敬陵)과 명릉(明陵)이 있고, 합장릉으로서는 수릉(綏陵)이 유일하다. 그 이유를 설명함에 있어 학인들마다 차이가 있다. 세상을 떠날 때의 신

을 위해 능의 봉분을 헐어 내는 것을 뜻한다.

수릉 전경

분 차이라는 것이다. 즉 승하 당시의 시점에서 볼 때 익종은 왕세자의 신분이었고, 신정왕후는 대왕대비의 신분이었으므로, 세자와 대왕대비의 신분 차이 때문에 대왕대비를 상석에 모셨다는 시각이다. 그러나 필자는 그 논리에 동의하지 않는다. 또 이 논리는 경릉의 경우는 적용될 수 있으나 명릉에서는 적용이 불가하다. 위에서 이미 언급했다시피 우상좌하, 또는 우왕좌비의 구분은 남존여비나 신분의 차이로 정해지는 것이라기보다는 양과 음의 기준에 의한 것이기 때문이다.

수릉(綏陵)의 경우에서는 신정왕후가 승하하고 2주일이 되는 5월 1일 고종은 능지 선정과 관련하여 총호사를 비롯한 시·원임 대신들과 상지관들을 소견한다. 이 자리에서 영의정 심순택(沈舜澤)은 "합봉을 하는데 왼쪽이 좋은가 오른쪽이 좋은가 하는 것은 단지 주산(主山)에 달렸습니다. 상지관을 소견하여 하문하시고 전하의 생각으로 판단하시는 것이 좋겠습니다." 하였고, 판중추부사 김홍집(金弘集)은 "산릉에서 혈(穴)을 잡는 것은 묘중(廟中)의 위차(位次)와는 다르니, 합장을 왼쪽에 하는가, 오른쪽에 하는가에 대해서는 예법을 잘 아는 사람들의 설도 한결같지 않습니다. 헤아려서 결정하기 바랍니다." 하였다. 총호사 김병시도 "합부하는 절차는 왼쪽에도 하고 오른쪽에도 하여 일정한 의논이 없고 단지 형국이 융합되고 단정한 데 따라서 혈(穴)을 잡는 것이니, 전하가 재량하시기에 달렸습니다." 하였다. 한결같이 책임에서 회피하는 말들만 하는 것이었다.

이에 고종은 "옛날에 우리 인원왕후(仁元王后)를 명릉(明陵) 오른쪽 언덕에 장사 지내고, 정자각의 신위는 대왕(大王)의 신위가 가운데에 있고 인현왕후(仁顯王后)의 신위는 대왕 신위의 왼쪽에 있으며, 인원왕후의 신위는 대왕 신위의 오른쪽에 있었다. 우리 영조(英祖)께선 효성으로 선대 임금에 대한 예를 정성을 다해 했을 것이다. 신위의 손차(位次를 뜻함)를 이렇게 정했으니 어찌 오늘 본받을 일이 아니겠는가?" 하면서, 오른쪽으로 모시고 싶은 의중을 비췄다. 이에 김홍집이 "사가에서는 전처와 후처를 같이 합장하게 되면 언제나 좌·우 쪽에 묻는 경우가 많습니다." 했다. 고종이 다시 상지관들에게 산릉의 왼쪽과 오른쪽 어느 쪽이 나은지 설명해 보라고 하니, 상지관 모두의 공통된 의견이 "왼쪽은 흙을 메운 바가 있으니 오른쪽이 낫다."는 것이었다. 이에 고종은 "오른쪽으로 합장을 결정하니, 경들은 그렇게 알도록 하라." 하여, 신정왕후는 오로지 고종의 의중에 따라 오른쪽에 묻힌 것이다.

능 조성의 일반 원칙에서 어긋나는 것은 오로지 고종이 특별하게 자기를 왕으로 만들어 준 분에 대한 보은 차원에서 더 낮다는 자리로 정한 것으로 보인다. 승하 당시의 신분 때문이 아닌 것이다.

명릉의 인원왕후 능의 경우는 역시 영조가 등극하는데 인원왕후의 절대적인 지원이 있었다. 그러나 인원왕후 승하 시 능지를 잡을 때 영조는 의도적으로 우상(右上)의 자리로 택정한 것이 아니다. 마침 정성왕후(영조 원비)와 국상이 겹친 시기였고, 처음 잡았던 곳에 어려움이 생기자 대안으로 잡은 자리였다. 이때는 능위의 좌우에 대한 논의가 전혀 없었다. 1757년(영조 33년) 6월 『영조실록』에서 '왼쪽 오른쪽에 구애될 필요가 없고, 옛날 유교(遺敎)에 목릉(穆陵)의 예에 따르라.'고 한 것은, 앞에서도 잠시 언급했듯이 능위(陵位)의 배치를 염두에 두었다기보다는 정자각과 가정자각의 신로(新路)와 정자각에 신위를 모시는 순서에 관한 언급이다. 고종은 명릉의 신위에 대한 위차(位次)를 빗대서 신정왕후의 능위를 명한 것으로 이해된다.

그리고 1899년 고종이 대한제국을 선포하고, 5대 윗대까지 황제로 추존하면서, 익종은 문조익황제(文祖益皇帝), 신정왕후는 신정익황후(神貞益皇后)로 추존된다. 그 이후부터 익종은 문조(文祖)로 호칭된다.

목릉 천장지에 조영된 삼연릉

경릉(景陵, 헌종, 원비 효현왕후, 계비 효정왕후)

경릉(景陵)은 조선조 제24대 임금 헌종(憲宗, 1827~1849)과 원비 효현왕후(孝顯王后, 1828~1843) 김씨 및 계비 효정왕후(孝定王后, 1831~1904) 홍씨의 능으로, 조선 시대 왕릉 중에 독특한 형태의 유일한 삼연릉(三連陵)이다.

앞에서 볼 때 왼쪽이 헌종의 능이고, 가운데가 효현왕후의 능이며, 오른쪽이 효정왕후의 능이다. 이 능은 선조(宣祖)의 초장지인 구목릉지(舊穆陵地)에 조성된 능이다.

중국의 삼연릉은 가운데가 왕의 능인데 비해 조선조에서는 왕의 봉분을 서쪽에 둔 것이 차이점이다.

많은 학자가 조선의 역사에서 부정부패, 매관매직, 백성 수탈 등 가장 사회가 문란했던 시기를 순헌철(純憲哲 : 순조, 헌종, 철종) 시대로 꼽는데, 그중에서도 세도정치가 절정이던 헌종 때가 가장 문란했다고 평한다.

헌종은 효명세자(익종으로 추존되고 다시 문조로 추존)와 세자빈 조씨의 아들로 태어났으며, 4살에 왕세손으로 책봉되었고 4년 후 순조가 승하하므로 8살에 왕위에 올랐다. 조선의 역대 임금 중에서 최연소 나이에 왕이 되었다. 할아버지에서 손자로 계승된 왕위는 정조에 이어 두 번째다. 따라서 할머니인 순원왕후(순조비)가 왕실 최고 어른으로서 수렴청정을 했다.

이때는 안동 김씨의 세상이었다. 7년간의 수렴청정을 끝내고 헌종이 15살이 되자 친정을 시작했지만, 실권은 역시 순원왕후가 가지고 있었다.

그러나 차차 헌종의 어머니인 익종 비 신정왕후(神貞王后)가 영향력을 발휘하면서 정치 세력이 안동 김씨에서 풍양 조씨로 기울어지자 세력 다툼이 극심해졌고, 그에 따라 왕권은 약화될 대로 약화된다.

이때 조선은 부패한 세도정치에 삼정은 더욱 문란해지고 민심 이반을 알리는 모반 사건이 연이어 벌어지고, 천주교 확산과 이양선 출현 등 문명의 충돌이 겹치면서 변화와 혁신의 물결에 몸살을 앓았다. 그런데도 헌종은 세도정치에 휘둘려 국내외 정세에 대처할 생각도 못했다. 그에 따라 백성들의 고통은 이루 말할 수 없을 만큼 컸다.

방랑 시인으로 세상을 비웃으며 주유천하(周遊天下)를 했던 김삿갓(1807~1863)도 바로 이 시기의 인물이다.

1843년(헌종 9년) 8월 25일 헌종의 원비 효현왕후가 창덕궁 대조전에서 승하하였다.

효현왕후는 안동 김문의 영흥부원군(永興府院君) 김조근(金祖根)의 딸로 1828년(순조 28년)에 태어나 10살이 되는 1837년(헌종 3년) 3월에 왕비에 책봉되었다. 그 후 4년이 지난 1841년(헌종 7년)에 헌종과 가례를 올렸다. 하지만 2년 뒤 16살의 나이에 소생도 없이 세상을 떠났다.

효현왕후가 승하한 지 7일 후, 9월 2일에는 대행왕비의 시호를 효현(孝顯)으로 하고, 능호를 경릉(景陵)이라 정했다.

9월 18일 헌종은 충분한 능지 선정 절차와 길지를 택지하기 위한 여러 과정을 생략한 채 "산릉은 목릉의 옛터로 하라."는 하교를 내렸다.

목릉의 옛터라 함은 1608년, 그러니까 당시로부터 235년 전 선조가 묻혔던 자리였는데, 목릉이 조성되고 12년이 지난 1630년(인조 8년) 그곳이 풍수적으로 좋지 않다 하여 천릉한 곳이다. 바로 그 자리로 효현왕후의 능지를 정한 것이다.

당시 헌종은 대왕대비인 순원왕후의 수렴청정이 끝나 친정을 하고는 있었으나, 안동 김씨와 풍양 조씨의 세도가 판을 치던 때인지라 대왕대비의 그늘에서 벗어나지를 못했다. 그렇다면 어떤 목적에서든 목릉의 천장지로 중전의 산릉지를 택한 것은 17살인 헌종의 뜻일까? 안동 김씨의 뒷배인 할머니 순원왕후의 뜻일까? 풍양 조씨의 뒷배인 어머니 신정왕후의 뜻일까? 과거 천릉지를 신능지로 정한 사례(구영릉지(舊寧陵地)에 원릉(元陵) 조영)가 있었으나, 당시는 정조(正祖)의 강한 의지로 진행되었다. 이제 와서 별 사유 없이 천릉지로 정한 것은, 적어도 왕실의 의도는 아닐 듯하다. 무소불위 세도정치의 산물로 봐야 할 것 같다.

이때로부터 243년 전으로 거슬러 올라가 보면, 선조는 1600년(선조 33년) 원비 의인왕후가 승하하자 산릉지를 찾기 위해 무려 5개월 동안 공을 들인다. 소위 중국의 풍수라는 사람들까지 동원해 가며 수십 군데의 능지를 물색한 후, 결국 건원릉의 동쪽 세 번째 산등성이로 택지하여 의인왕후를 장사(裕陵) 지냈다. 그리고 선조 자신도 차후 그 옆에 묻힐 의향을 가지고 있었다.

그러나 1608년(선조 40년) 막상 선조가 승하하니, 광해군은 그곳에 능지를 정하지 아니하고, 건원릉 오른쪽 다섯 번째 산등성이로 능지를 정하여 장사(穆陵)를 지냈다.

그런데 목릉을 조성한 후, 장마 때마다 봉분이 훼손되거나 병풍석이 물러나는 등 문제가 생겨 수차례 보수를 거듭했다. 그럼에도 혼유석이 밀려나거나 정자각에 비가 새고 월대의 벽돌까지 파손되는 등 문제가 끊이질 않았다. 그래서 당시 산릉도감에서 관여했던 사람들이 파직되는 일도 있었다.

그런가 하면 1624년에 또다시 능이 심하게 훼손되자 풍수적으로 흉지라는 판단이 내려졌고, 1630년(인조 8년) 건원릉 동쪽 둘째 능선으로 천장을 했던 것이다. 그러나 천장을 할 때 바닥을 보니 물기는커녕 건조하고 토색도 좋았다 하여 그때 천장을 상소했던 사람들의 처벌을 논한 적도 있던 자리였다.

사실 천장지에 다시 사체(死體)를 묻는다는 것은 일반 사가에서도 꺼리는 일이다. 아주 드물게 왕실에서 왕이나 왕후의 능을 천장지로 택한 경우는 쉽게 이해되는 사례는 아니다.

그 당시는 세도정치가 극도로 위세를 부리던 때인지라, 확증된 바는 없으나 어쩌면 명당 발복으로 견고한 왕실이 되는 것을 원치 않았기에 그런 조치가 있었던 것은 아닐까. 소위 풍수적으로 좋지 않다 하여 천릉한 자리에다 왕후의 능을 쓴다는 것은 어떤 명분으로도 설명이 안 되는 조치였다. 이러한 행태에 대해 백성들 사이에서 비난의 소리가 높았지만, 신권(臣權)[191]이 왕권(王權)보다 강한 상태에서, 그리고 전례를 들어 밀어붙이는 데는 별도리가 없었다. 임금과 신하의 예는 이미 부너진 상태다.

---

191) 신권(臣權) : 여기서는 신하의 권세를 의미하나, 본디 신권이란 덕망이 있는 신하가 권력을 장악하여 정치를 이끌어야 한다는 정치 이론이다.

1843년(헌종 9년) 10월 18일에는 헌종이 산릉을 간심한 대신들을 만나는 자리에서 총호사 조인영이 "다른 곳으로 논한다면 산릉을 고쳐 잡는 것이 당연하겠습니다만, 이곳은 이미 증험(證驗 : 사실을 경험하거나, 증거로 삼을 만한 경험)한 길지이고, 또 원릉(元陵)의 전례가 있으므로 이번에 인용할 수 있는데, 지사(地師)들의 말은 왼쪽으로 넉자쯤 되는 곳에 물려 잡으면, 또한 길하다고 합니다." 하면서, 처분을 어떻게 하겠느냐에 달렸다며, 마치 임금의 의견은 필요 없다는 식의 보고였다.

여기서 헌종이 할 수 있는 일은 아무것도 없었다. 다만 상지관들의 말대로 "조금 왼편으로 하라."는 헌종의 하교는 안타까울 수밖에 없다.

이렇게 하여 12월 2일 건원릉 서쪽 산줄기, 선조가 묻혔던 구목릉지에서 넉 자(1미터 20센치) 정도 왼쪽에 경좌갑향(庚坐甲向 : 정동에서 북쪽으로 15°)으로 하현궁을 하면서 효현왕후의 장례를 마치고 경릉이라 했다.

효현왕후가 승하한 지 6년이 지난 1849년(헌종 15년) 6월 6일 헌종이 창덕궁 중희당(重熙堂)에서 후사도 없이 23세의 젊은 나이에 승하했다.

재위 기간은 14년 7개월로, 7년의 수렴청정 기간을 거쳐 8년의 친정이 있었지만, 진외가 안동 김씨와 외가 풍양 조씨가 휘둘러대는 세도 권력의 등쌀에 왕권은 제대로 행사하지도 못하고 승하한 것이다.

대왕대비 순원왕후는 손자의 죽음에 왕실의 최고 어른으로서 즉시 영부사 조인영(趙寅永)을 총호사로 삼아 국상 절차를 준비토록 했다. 아울러 강화의 이원범(철종)을 후사로 잇도록 정하고, 판부사 권돈인(權敦仁)을 원상으로 삼았다.

1849년(철종 즉위년) 6월 14일 대행대왕의 시호를 올리면서 묘호는 헌종(憲宗)으로 하고, 능호는 숙릉(肅陵)으로 정했다.

그리고 7월 6일 대왕대비 순원왕후에게 산릉도감 당상 조학년(趙鶴年)이 아뢰기를 "산릉으로 좌향(坐向)이 길한 열세 곳을 간심(看審)한 뒤에 그중에서 다섯 곳을 골랐고, 그림으로 보고를 드렸다."고 하니, 대왕대비가 "다섯 곳 중에 어느 곳이 가장 좋은가?" 물었다.

조학년은 "다섯 곳 가운데 경릉(景陵)의 능상(陵上)을 살펴보니, 십전 대길(十全

大吉)의 땅이었고, 숭릉(崇陵)의 우강(右岡)도 역시 대길한 곳이나 경릉의 다음입니다.”라고 했다. 이미 정해 놓은 곳의 꿰맞추기식 보고를 하는 것이었다.

이에 대왕대비는 상지관의 보고도 같았는지라 그리 정할 것에 의중을 굳혔다.

7월 30일에는 영부사 조인영(趙寅永)이 ‘역대의 능침(陵寢)으로 합봉(合封)한 전례를 상고해 보니, 후릉(厚陵), 헌릉(獻陵), 영릉(英陵), 명릉(明陵)의 네 곳은 왕비의 장례가 앞에 있었고 대왕의 장례가 뒤에 있었으나, 능호는 모두 그대로 본릉의 호를 썼으니, 오늘날 원용하기에 합당할 듯합니다. 오직 선조 대왕의 목릉(穆陵)만은 의인왕후(懿仁王后)와 합봉(천릉을 하면서 동원이강릉으로 조영)하였는데, 초호(初號)는 유릉(裕陵)이라 하였는 바, 유릉을 목릉으로 고쳤다.’고 하자, 대왕대비가 그리하도록 하므로 합봉하는 것으로 정했다. 그런데 이때 총호사인 조인영은 ‘목릉의 경우 선조와 의인왕후가 합봉(合封)을 했다.’고 했다. 합봉이라 함은 합장릉이나 쌍릉처럼 같은 능상에서 봉분을 같이하거나 각봉(各封 : 따로따로 봉분을 만드는 것)으로 조영하는 경우를 말한다. 직접 사례를 든 것처럼 후릉, 헌릉, 영릉, 명릉은 쌍릉 및 합장릉의 형태다. 사실 목릉은 선조의 능을 천릉하면서 의인왕후와 동원이강릉으로 조영됐다. 동원이강릉을 합봉이라 한 것이다. 광의(廣義)로 동원이강릉도 같은 능역이므로 합봉이라고 할 수 있을지는 모르겠다. 하지만 실록에서 동원이강릉을 합봉이라 칭한 것은 이 경우가 유일함을 볼 때 총호사의 보고는 웃전의 판단을 오도하려는 의도로 의심 받기에 충분하다. 그러면서 숙릉(肅陵)으로 정했던 능호는 쓰지 않고 그대로 경릉으로 하기로 했다.

이 모든 것을 대왕대비 순원왕후가 결정했다.

이렇게 하여 1849년(철종 즉위년) 10월 26일 발인제를 지낸 후 헌종의 영가는 홍화문 밖에서 철종의 하직을 받으면서 떠나 산릉에 도착했다.

그리고 10월 28일 경릉(景陵) 효현왕후의 오른쪽에 유좌묘향(酉坐卯向 : 정동향)으로 하현궁하면서, 효현왕후의 능과 동영이장(同塋異藏)[192]으로 헌종의 장례를 마

---

192) 동영이장(同塋異藏) : 묘역은 같이하고 무덤은 달리하는 것으로, 쌍릉의 형식을 이르는 것이다. 동영이봉(同塋異封), 영이이봉(塋而異封)이라고도 한다.

쳤다.

헌종이 승하한 지 55년이 지난 1904년(고종 41년) 1월 2일(양력) 헌종의 계비 효정왕후가 덕수궁 수인당(壽仁堂)에서 슬하에 자녀도 없이 73세에 승하했다.

효정왕후 홍씨의 본관은 남양(南陽)이고 익풍부원군(益豊府院君) 홍재룡(洪在龍)의 딸이다. 1831년(순조 31년)에 태어났고 효현왕후가 승하한 지 1년 후인 1844년(헌종 10년) 11살에 헌종의 계비로 궁으로 들어왔으나, 5년 만에 헌종이 승하하고 철종이 즉위하면서 19살에 왕대비가 되었다. 효정왕후는 따뜻한 성품에다 현숙한 덕과 아름다운 예의범절로 웃전으로부터는 칭찬을 받고, 궁인들에게도 존경을 받았다.

고종(高宗)은 즉시 총호사로 특진관 윤용선(尹容善)을 명하고 장례를 준비하게 하면서, 능 자리를 살피는 일행들에게 우선 경릉(景陵) 구역부터 간심하도록 했다. 사실 이때 고종은 청량리의 명성왕후 능(洪陵)을 향후 자신도 함께할 신후지지로 하기 위해, 천릉을 하려고 새 능지를 찾아 몇 번을 정하고 바꾸던 시기였다. 효정왕후의 능지로 특정 지역을 지정해 주는 것은, 능 조성의 경향일 수도 있겠으나 상대적으로 소홀했다는 생각도 할 수 있을 듯하다.

그리고 7일 후 의정부에서 올라온 대행대비의 시호를 효정(孝定)으로 하고, 능호는 정릉(正陵)으로 정했다. 1904년(고종 41년) 1월 9일 고종은 산릉지를 처음으로 간심하고 돌아온 산릉도감 제조 김세기(金世基)와 상지관을 소견했다. 김세기가 "경릉(景陵) 구역을 간심했는데 능의 왼편이 둥그렇게 트여 보통 사람의 눈에도 좋아 보였습니다." 하였다. 그럼에도 고종이 직접 상지관에게 어떠냐고 하문하니 "경릉은 내룡(來龍 : 풍수지리에서 종산(宗山)에서 뻗어 내려 온 산줄기를 말함)의 지맥이 와서, 좋은 자리라는 것은 말할 것도 없고, 능의 왼편도 역시 기(氣)가 모여드는 길한 땅입니다." 하였다. 고종은 다행이라며 두 번째 간심을 할 때는 시임, 원임대신들과 총호사 이하가 모두 나가 보라고 했다. 며칠 후 두 번째로 간심하고 돌아온 총호사 윤용선을 비롯해 대신들과 각 도감의 제조의 보고에서도 "용혈이 넓게 감싸 안고 구획이 둥글고 원만해서 좋아보였다."며, 풍수적으로는 상지관이 답변토록 했다. 상지관 최헌규가 전문적 풍수 용어를 섞어 가며 "만년이 편안한 자리"라고 하자, 고종은 흡족해하며, 세 번째 간심할 때는 표식을 하도록 일렀다.

1904년(고종 41년) 1월 18일 세 번째로 산릉을 간심하고 돌아온 시임·원임 대신들이 모인 자리에서, 총호사(總護使) 윤용선(尹容善)이 "신 등이 명령을 받고 급히 경릉(景陵)에 가서 세 번째로 간심한 후 왼쪽 편의 자리에 산릉 자리 표식을 하는 예식을 가졌는데, 다시 자세히 살펴보니 구역과 혈(穴)이 넓고 윤택하게 감싸 안은 것이 보통 사람의 눈으로 보기에도 아주 좋은 자리라는 것을 알 수 있었습니다. 여러 상지관(相地官)도 모두 좋은 자리라고 칭찬하니, 이것이야말로 천만다행입니다."라고 하니, 고종은 "정말 천만다행이다." 하며 능지를 경릉의 왼쪽으로 하면서 합봉하는 것으로 정했다. 그러면서 빈청(賓廳 : 고위 관료들이 정무를 보는 곳)

뒤에서 본 경릉

에서는 산릉의 땅을 파는 날을 비롯해 발인은 3월 14일(陽) 인시(寅時 : 오전 4시경)에, 하현궁은 3월 15일 묘시(卯時 : 오전 6시경)에 하는 것으로 정했다.

아울러 새롭게 능호를 정할 필요가 없다 하여, 정릉(正陵)으로 정했던 능호는 쓰지 않기로 했다.

이런 능지 택정 과정을 들여다보면 임금에게 아뢰는 신하들이 말하는 혈(穴)의 개념은, 풍수에서 말하는 혈의 개념과는 사뭇 다르다. 혈의 본 개념과 달리 혈을 말하면서 허울 좋고 그럴듯이 꾸며대는 것이 임금에게 그릇된 보고의 모습으로 읽힌다.

여기서 총호사나 상지관이 말하는 혈의 의미는 소위 능의 영역(塋域 : 봉분이 있는 곳) 혹은 광중(壙中) 즉 무덤의 구덩이 부분을 말하는 것으로 보인다.

앞에서 이미 언급한 바 있지만 풍수에서 말하는 혈(穴)의 규모는 눈으로 볼 수도 없고, 확인될 수도 없는 것이라 풍수가들마다 주장이 다르다. 얼마나 상대를 잘 설복시키는가에 따라 명풍수가 될 법하다. 만약 혈의 크기를 2~2.5m라고 주장하는 사람의 주장을 따르면, 묘를 쓸 경우 겨우 1기만 쓸 수 있을 뿐이다. 그렇다면 앞서 헌종과 효현왕후의 능이 이미 조성되어 있는데, 이 두 능 중에서 어느 곳이 정혈(正穴)로 모셔져 있는가? 아니면 이번에 모시는 효정왕후의 능이 정혈인가?는 논외로 하더라도, 간심을 했던 사람들과 소위 풍수 전문가라는 상지관들은 풍수에서 추구하는 혈과는 전혀 다른 얘기를 하는 것이다. '혈이 넓고 윤택하게 감싸 안고 있다.'거나, '기복(起伏)이 음양(陰陽)에 맞고 둘레와 넓이가 척도(尺度)에 맞아 한 가지도 흠될 것이 없다.' 등의 교묘하면서도 난이한 말로, 풍수 상식이나 상장(喪葬 : 장사 지내는 일)의 지식이 부족한 임금을 현혹케 하여 정해진 결론 쪽으로 판단을 끌어낸 것이다. 그러니 어떻게 정혈로 추구하려는 음덕을 기대할 수 있단 말인가?

이리하여 1904년(고종 41년) 3월 14일 효정왕후의 발인제가 끝나고 영가가 산릉으로 떠나는데, 고종은 영성문(永成門)에서 하직하고 황태자가 따랐다.

영가가 산릉에 도착하여 다음 날인 3월 15일 재궁을 하현궁하니, 55년 만에 헌종 곁에 경좌갑향(庚坐甲向 : 정동에서 북쪽으로 15°)으로 묻히면서 효정왕후의 장례가 끝났다. 결국 선조(宣祖)가 묻혔던 옛 목릉 자리에 헌종과 두 왕비가 함께 묻힌 것이다.

이렇게 경릉은 왕릉 중에서 유일하게 삼연릉(三連陵)으로 조성되었다.

그런데 여기서 눈여겨볼 것은 1849년에 승하한 헌종의 현궁 좌향은 유좌묘향(酉坐卯向 : 정동향)이고, 1843년과 1904년에 승하한 효현왕후와 효정왕후의 현궁 좌향은 경좌갑향(庚坐甲向 : 정동에서 북쪽으로 15°)이다. 하지만 봉분은 모두 경좌갑향이다.

1684년 숭릉(현종, 명성왕후) 조성 당시에 일부 구기(拘忌)가 있다 하여, 광중(壙中)의 분금(分金)을 달리 했던 바가 있었다. 명성왕후 시신을 조금 틀어 놓아 봉분의 방향과는 일치하지 않으나, 겉의 봉분의 형태는 현종과 명성왕후가 같은 방향이 되도록 한 바가 있다.

경릉의 경우도 삼연릉으로 봉분의 외면은 같으나, 실제 광중의 시신 위치는 약간의 좌향 차이가 있다는 것, 즉 나란하지 않고 약 15° 가량 어긋나게 묻혔다는 것을 알아 두면, 경릉의 다른 진면(眞面)을 보는 것이라고 생각된다. 또한 이렇게 동구릉(東九陵)의 능역에 경릉이 조성되고 1904년 효정왕후가 마지막으로 묻히면서, 건원릉이 처음 조성된 후 총 9개의 능이 조성되었고, 모두 17위의 왕과 왕비가 모셔짐으로, 조선 왕릉군 중에서 제일 규모가 큰 왕릉군(王陵群)을 이루게 되었다.

고종은 1897년 대한제국을 선포한 후, 1899년에 5대 윗대까지의 임금을 황제로 추존하면서 헌종은 헌종성황제(憲宗成皇帝), 효현왕후는 효현성황후(孝顯成皇后), 효정왕후는 효정성황후(孝定成皇后)로 추존하였다.

318년 전 구정릉(舊靖陵) 자리에 조성된 능

예릉(睿陵, 철종, 철인왕후)

예릉은 조선조 제25대 임금인 철종(哲宗 : 1831~1863)과 그의 비(妃) 철인왕후(哲仁王后, 1837~1878) 김씨의 능으로 쌍릉 형식이다.

이 능은 중종(中宗)의 초장지였던 구정릉지(舊靖陵地)에 조성된 능이다.

철종은 사도세자(추존왕 장조)의 서(庶)증손자로서, 사도세자와 숙빈 임씨(궁녀로 입궁했다가 후궁이 되었으나, 사도세자 사후 폐출되었다가 정조가 즉위하면서 복작됨) 사이에서 태어난 은언군(恩彦君 : 정조의 이복동생)의 손자가 된다.

철종은 은언군 아들인 이광(李瓛 : 철종 즉위 후 전계대원군으로 추봉)과 후실인 염씨 사이에서 1831년(순조 31년) 6월 한성부에서 태어났으나 역모 사건에 연루됐다 하여 가족들이 강화도로 유배되었다. 그 때문에 그곳에서 농사를 짓고 장사꾼으로 지내다가 그야말로 얼떨결에 왕위에 올랐다.

사가로 치면 헌종과는 7촌 재당숙지간으로 철종이 오히려 웃 항렬이 되어, 따지고 보면 철종은 헌종의 후사가 될 수 없었는데, 순조의 양자 자격으로 왕위에 올랐다.

철종은 1849년 헌종이 23세에 후사도 없이 갑자기 승하하자, 순원왕후(순조비)의 명에 의해 19살에 왕위에 올랐다. 그러나 정치 소양 부족을 이유로 순원왕후가 수렴청정을 하다가 1852년부터 친정을 하게 됐지만 실권은 역시 안동 김씨의 수중에 있었다.

철종은 1863년(철종 14년) 12월 8일 묘시(卯時 : 오전 6시경)에 창덕궁 대조전에서 후사도 없이 33살을 일기로 승하했다. 철종은 1851년(철종 2년) 김조순의 7촌 조카인 김문근(金汶根)의 딸을 왕비로 맞이하였다. 왕비를 간택하는 것도 안동 김씨 세도가에서 결정하는 시기였던지라 다른 가문에서는 감히 꿈도 꾸지 못했다. 시대적으로는 빈번한 민란이 발생하고, 동학(東學)이 싹튼 것도 이때이다.

철종은 14년 6개월간 재위하면서 철인왕후 사이에서 원자를 낳았으나 일찍 요절했고, 7명의 후궁에게서 4남 6녀 등 총 11명을 두었지만 모두 일찍 죽고, 다만 옹주(영혜옹주) 한 명만 생존했는데, 유일한 혈육 옹주마저도 조선의 개화를 주장했던 박영효와 혼인한 지 3개월 만에 죽는다.

왜 철종의 자손은 옹주 1명을 제외한 10명이 모두 돌을 넘기지 못하고 죽었는가? 11명 중 10명이 어떻게 모두 병사할 수 있는가? 철종은 자기 자식이 모두 일찍 죽는 것에 사인 규명도 못했다는 건가? 그저 의관이 병약해서 죽었다고 하면 그만인가? 그 당시의 왕후들은 왕실의 번창이나 왕권의 강화보다는 친정 족속들에게 권력을 누리게 하는 것이 앞섰던 것인가? 절대로 임금은 명민해서는 안 되는 것이고, 그 자식들은 그리 중하지 않은 존재들이었나? 좀처럼 풀리지 않는 수수께끼다.

철종이 승하하자 대왕대비(익종비 신정왕후)는 흥선군의 둘째 아들 명복(命福)을 익종의 양자로 삼아 대통을 잇게 했다.

한편 영의정 김좌근(金左根)을 총호사로 삼고, 빈전·국장·산릉 도감의 제조를 임명했다. 그리고 1863년 12월 15일에는 빈청에서 대행대왕의 시호를 정하면서 묘호를 철종(哲宗), 선종(宣宗), 장종(章宗)으로 올리니 철종(哲宗)으로 정하고, 능호는 예릉(睿陵), 헌릉(憲陵), 희릉(熙陵)으로 올리니 예릉(睿陵)으로 정했다.

12월 17일 대왕대비는 산릉은 제일 좋은 자리로 잡도록 명하면서, 12월 20일에는 능지를 보러 갔던 당상들을 불러서 "다섯 곳의 능 자리가 좋다고 했는데, 그중에 어느 곳이 가장 길한가?"라고 물으니, 산릉도감 당상 임백경(任百經)이 "수국사(守國寺)의 뒷산과 고양의 안산(案山) 등 모두 여덟 곳을 둘러보았습니다. 상지관이 말하기를 서너 곳이 매우 좋은 곳이라 했습니다. 신이 본래 풍수에 어둡지만 비록 보통 사람의 눈으로 보기에도 희릉(禧陵 : 중종 계비 장경왕후)의 오른쪽 산등성이가 용세(龍勢)와 사격(砂格)이 지극히 귀하고 크게 길한 자리라고 생각됩니다. 창릉(昌陵 : 예종)의 왼쪽 산등성이와 소령원(昭寧園 : 영조의 생모 숙빈 최씨 묘)의 오른쪽 산등성이도 모두 길지이며, 의소묘(懿昭墓 : 사도세자의 큰아들로 정조의 형)의 오른쪽 산등성이도 또한 괜찮은 땅입니다." 하였다.

대왕대비가 직접 상지관들에게도 물었다. 상지관들도 모두 같은 의견이므로, 대왕대비는 빈전도감과 국장도감의 제조 김병학(金炳學)과 김병국(金炳國)에게도 재차 삼차 간심할 때 함께 나가도록 했다.

또한 12월 24일에는 재차 간심하고 돌아온 총호사를 비롯한 각 도감의 제조 당상들을 불러 하교하기를 "희릉의 오른쪽 산등성이가 제일 길하다고 한다." 하며 대행대왕의 산릉지가 대왕대비의 결정에 따라 확정됐다.

이렇게 능지가 결정되고, 산릉의 조성이 진행되는 도중에 의외의 사건이 발생한다.

산릉도감에서 보고하기를 산릉 조성 공사를 하는데, 그곳에서 정릉(靖陵 : 중종)을 천봉할 때 매몰했던 석물들을 비롯하여, 애책문과 증옥백(贈玉帛 : 유택에 넣었던 옥과 비단) 60조각을 발견되었으니 어찌하면 좋으냐는 것이었다.

1864년(고종 1년) 2월 10일 왕대비는 곧바로 어떻게 해야 할지를 시임·원임 대신들과 의논하라는 전교를 내렸다.

이에 예조에서 의견을 수렴한 결과 애책문과 증옥백은 파낸 다음 그것을 정릉(靖陵) 곡장 밖 근처에 고유 절차를 거쳐 파묻고, 석물들은 과거에도 옮겨다 쓴 전례가 있었지만 감히 재사용하겠다는 말을 하지 못하므로, 대왕대비가 과거에 다시 사용한 예가 있다면 그리하도록 했다.

다시 말하면 예릉의 능지로서 처음 정할 때는 미처 모르고 있다가 예릉 조성 공사 과정에서 이곳이 바로 318년 전인 1545년에 중종의 정릉이 있던 곳이고, 1562년 정릉을 지금의 곳으로 천장하면서, 당시에 설치되었던 석물들을 모두 매몰시켰었는데, 이번 공사 과정에서 발굴되어 그곳이 바로 정릉의 초장지였음을 알게 된 것이다. 그리 보면 능지 선정 시 산릉도감이나 상지관들은 희릉과 효릉 사이 또는 희릉의 오른쪽 산등성이라고 한다면, 과거 기록을 보더라도 구 정릉지라는 것을 능히 알 수 있었을 터이다. 하지만 전혀 거론 없이 능지로 결정된 것이 과연 우연일까?라는 생각은, 당시의 정황으로 보아 지나친 것은 아닐 것 같다.

그렇지만 옛 능 터를 산릉으로 사용한 전례가 수차례 있었으므로, 재빨리 산릉 공사를 지속하고, 석물들은 사용할 수 있는 것들은 그대로 사용하고, 기타 없는 것들만 제작하도록 조치를 내렸다. 3백여 년 전에 땅속에 묻었던 석물들을 꺼내어 재사용한다는 것은, 어쩌면 국장에 동원되는 백성들의 어려움을 덜고, 나라의 재정 부담도 줄이는 것이다. 하지만 직계에서 사왕(嗣王)이 되고 왕권이 강했을 때 발생된 일이라면 그렇게 쉽게 결정 내릴 조치는 아닌 것 같다. 왕권이 얼마나 약했는지를 여실히 보여 주는 것이다.

1864년(고종 1년) 3월 15일 대왕대비는 산릉 조성 공사가 어느 정도 되었는지와, 발굴 석물 외에 더 필요한 의물을 다듬는 공사는 잘되고 있는지 진행 사항을 물었다.

특히나 산릉의 산세와 토질이 좋다는 보고에 기뻐했다. 또한 이미 정자각은 기와를 올렸고, 문무석의 돌도 품질이 좋고 거의 공사가 마무리 단계임을 총호사 김좌근이 보고하니 대왕대비는 매우 만족해했다.

그리고 드디어 1864년(고종 1년) 4월 6일 축시(丑時 : 오전 2시경)에 발인제를 마친 후 철종의 영가는 홍화문을 떠나서 산릉에 도착했다.

다음 날 4월 7일 희릉의 오른쪽 산등성이 자좌오향(子坐午向 : 정남향)으로 재궁을 내리면서, 강화도에서 농사꾼, 장사꾼으로 살다가 별안간 왕이 된 철종의 장례

창경궁 양화당

를 마쳤다.

능호는 예릉이라 했다. 이 시간에 고종은 선정전 뜰에서 망곡을 했다.

철종이 승하한 지 15년이 지난 1878년(고종 15년) 5월 12일 대비 철인왕후가 창경궁 양화당(養和堂)에서 42세를 일기로 승하한다. 철인왕후의 본관은 안동이고, 영돈녕부사 김문근(金汶根)의 딸로 1837년(헌종 3년)에 태어나, 1851년(철종 2년)에 순원왕후의 천거로 왕비에 책봉되었다. 안동 김씨가 세도정치를 이어 가기 위해 정략적으로 맞아들인 왕비로 알려져 있으나, 사실은 정치를 멀리한 인물이다.

1858년에 원자를 낳았지만 6개월 만에 요절하여 슬하에 자녀가 없었다.

여러 기록에는 철종과 사이가 가깝지 않았던 것으로 전해지고 있다. 고종이 즉위하면서 대비(大妃)가 되었다.

철인왕후가 승하하자 즉시 영의정을 지냈던 영돈녕부사 김병학(金炳學)을 총호사로 하고, 이조 판서 김병덕(金炳德)과 병조 판서 민겸호(閔謙鎬) 등을 빈전도감 제조로, 호조 판서 민치상(閔致庠)과 예조 판서 윤자승(尹滋承) 등을 국장도감 제조로, 공조 판서 김보현(金輔鉉)과 형조 판서 김유연(金有淵) 등을 산릉도감의 제조로 임명하여 상례를 관장케 했다.

닷새 후인 5월 17일에는 빈청에서 논의를 거쳐 예조에서 시호와 능호를 올렸다. 시호는 철인(哲仁)으로, 능호는 헌릉(憲陵), 희릉(熙陵), 숙릉(肅陵)으로 올리니, 고종은 헌릉으로 결정했다. 그러고는 즉시 전교하기를 "이번에 산릉을 간심하러 갈 때 우선 예릉의 구역 안부터 하라."고 하며, 능지 선정에서 간심 지역을 정해 택지 선정의 범위를 명했다.

이것은 왕실의 어른인 대왕대비(익종비 신정왕후)와 왕대비(헌종비 효정왕후)가 모두 생존해 있을 때였기 때문에, 어찌 보면 윗분들 앞에서 아랫사람의 능지 선정에 면서롭지 않게 하려는 것과, 당시 국내외 정치적 상황의 고려도 있었겠으나, 무엇보다도 그 시대의 능 조성 경향을 고려하였을 것으로 사료된다.

조선조의 왕릉 조성 형식은 시대에 따라 바뀌었다. 조선조 초기부터 중기까지는 단릉과 쌍릉에서 합장릉과 동원이강릉 형식의 흐름이었다. 후기에 들어와서는 의릉(경종)의 동원상하릉을 끝으로 다시 쌍릉과 합장릉의 형식으로 바뀌었다. 이번 철인왕후의 경우도 산릉의 간심을 예릉 구역부터 하도록 하는 기준도 무관치 않다고 본다.

물론 추후에 조치되는 바이지만, 1890년(고종 27년) 4월 신정왕후(익종비)가 승하했을 때에도 고종은 능지를 수릉(綏陵) 국내부터 간심하도록 하교를 하면서, 아울러 거행하는 절차도 전례를 제시하며 이에 준하도록 했다. 결국 수릉에 합장이 이루어졌다. 1904년(고종 41년) 1월 효정왕후(헌종 계비)의 승하 때에도 역시 능지를 살피는 사람들에게 경릉부터 간심을 하도록 함으로써, 경릉에 합장을 한 바가 있다. 왕릉의 조성 형태와 규모는 시대의 흐름이나 왕권과도 관련이 있음을 알 수 있다.

다음 날 간심을 하고 돌아온 산릉도감의 당상들과 상지관들이 "신들이 명령을 받고 우선 예릉에 가서 국내(局內)를 간심하였는데, 능 위의 왼쪽이 둥글고 넓으며, 풍만하여 길지라는 것을 알았습니다. 상지관도 길지일 뿐 아니라 올해 운수도 역시 크게 좋으리라 하였으니 만 번 다행한 일입니다." 하였다. 이에 고종은 시임·원임 대신들과 총호사가 나가 보라고 전교했다. 5월 20일에는 다시 간심을 다녀온 총호사와 시임·원임 대신들도 예릉의 왼쪽이 길지라고 하자, 고종은 예릉의 같은 언덕을 산릉지로 정하면서, 새 능호는 사용할 필요가 없음을 전교했다.

5월 24일에는 산릉의 봉표를 마친 후 고종은 여차(廬次 : 무덤 가까이 지어 놓고 상제가 거처하는 초막)에서 시임, 원인대신들과 총호사 등을 만났다. 이때 영의정을 역임했던 영중추부사 이유원(李裕元)이 "이곳은 철종께서 직접 간심을 했던 곳입니다." 하였다. 무슨 말인지 고종도 관심 있게 물었다. 그것은 1855년(철종 6년) 인릉과 수릉의 천장을 추진하면서, 천릉 대상지로 창릉과 장릉의 왼쪽 등성이와, 희릉과 후릉의 오른쪽 등성이가 물망에 오른 적이 있었는데, 그 후 이곳을 철종이 직접 간심했었다는 것이다. 선왕(先王)의 능지를 잡고자 찾았던 곳에 훗날 자신이 묻히고, 또 그곳은 318년 전에 선대왕(先代王)이 묻혔던 바로 그 자리라고 한다면, 이것은 어떤 인연(因緣)이고 무슨 조화(造化)인가?

조선 왕릉 중에서 과거 천장한 천릉지에 다시 조성한 능은 모두 세 곳이다.

제일 먼저 영릉(寧陵 : 효종) 천릉지에 천장 103년 후인 1776년에 원릉(元陵 : 영조, 정순왕후)이 조성됐다. 두 번째가 목릉(穆陵 : 선조) 천릉지에 천장 213년 후인 1843년에 경릉(景陵 : 헌종, 효현왕후, 효정왕후)이 조성되었고, 마지막 세 번째가 정릉(靖陵 : 중종)의 천릉지에 천장 302년 후인 1864년에 예릉이 조성되었던 것이다. 그러나 최근에 와서 1856년 천릉한 인릉(仁陵 : 순조, 순원왕후)도 영릉(英陵 : 세종, 소헌왕후)의 초장지였음을 발표하는 논문이 있음을 볼 때, 천릉지에 조성된 능은 네 곳일 가능성이 크다는 생각도 든다. 이 모두가 조선 후기에 들어오면서 이루어졌다는 것에 흥미를 더한다.

이리하여 1878년(고종 15년) 9월 16일 발인제를 마친 철인왕후의 영가가 출발하여 산릉에 도착하고, 이틀 후인 9월 18일 인시(寅時 : 오전 4시경)에 계좌정향(癸坐丁向 : 정남에서 서쪽으로 15°)으로 하현궁하면서 철종의 왼쪽에 장사를 마쳤다.

이때 봉분을 조성하면서 철종은 좌향을 자좌오향(子坐午向)으로 정했는데, 철인왕후는 약간 달리 계좌정향(癸坐丁向)으로 정했다. 왕후의 좌향을 달리 정한 이유는 자료에서 찾지 못했다. 아마도 숭릉(현종)이나 경릉(헌종)의 경우처럼 묻히는 사람과 운세에서 좋지 않거나 꺼려야 할 사유가 있어, 좌향을 달리한 것이 아닌가 추측된다. 하지만 봉분의 외향은 같이 자좌오향이다.

또한 이렇게 예릉이 조성되면서, 장경왕후의 희릉이 처음 조성된 후 총 3개의 능에 모두 5위의 왕과 왕비가 모셔져, 이곳은 서삼릉(西三陵)으로 불리는 왕릉군(王陵群)이 되었다.

아울러 대한제국이 선포된 후, 1908년(융희 1년)에 철종은 철종장황제(哲宗章皇帝)로, 철인왕후는 철인장황후(哲仁章皇后)로 추존된다.

초혼장 능을 천장하여 합장한 능

홍릉(洪陵, 고종, 명성황후)

홍릉은 조선의 제26대 임금 고종황제(高宗皇帝, 1852~1919)와 명성황후(明成皇后, 1851~1895) 민씨의 합장릉이다.

홍릉의 규모나 석물들이 다른 능에 비해 비교적 크게 조성된 것은, 황제 능의 양식을 따라 명나라 효릉을 참고하여 만든 것이기 때문이다.

능의 형태만 보더라도 웅장할 뿐 아니라 정자각도 정자(丁字)형에서 일자(一字)형으로 바뀌고, 정자각의 명칭도 침전(寢殿)으로 바뀌었다. 능상의 석물들도 양과 호랑이 대신 기린과 코끼리 등이 설치된 데서 차이점이 나타난다.

고종 때가 조선 500년 역사에서 가장 어렵고 힘든 격동의 시대였다 해도 과언이 아닐 것이다. 밀려오는 외래 문명을 받아들이지 않는 쇄국 정책으로 빚어진 병인양요, 신미양요, 운양호 사건 등 외부적 충격과 임오군란, 갑신정변 등의 내부적 혼돈도 있었다. 조선은 결국 청·일본·러시아의 각축장이 되었고, 끝내 을사조약을 거쳐 한일합병으로 이어지면서 국권 피탈의 시기였다.

홍릉도 이곳에 능이 조성되기까지 많은 일화를 남기고 있다. 조정에서 1895년 시해를 당한 명성황후의 장례를 지내지 못하고 있다가, 2년이 지난 1897년에 가서야 양주 천장산 아래 청량리 홍릉에 장사를 지낸다. 하지만 몇 년 후 홍릉이 풍수적으로 좋지 않아 천릉을 해야 한다는 건의에 따라 고종은 천릉지를 물색하면서 몇 번의 변경 끝에 1902년에 양주 묘적산 아래 금곡으로 천릉지를 정한다. 그러나 여러 사유로 이마저 중지됐다. 그 후 1919년 고종이 승하하면서, 과거 홍릉의 천릉지로 정했던 금곡에 고종의 능지를 정하고, 홍릉의 천장이 함께 이루어지며 고종과 합장된다. 따로 능호는 정하지 않고 그대로 홍릉의 능호를 따라 썼고 지금에 이른다.

1895년(고종 32년) 8월 20일 묘시(卯時 : 오전 6시경)에 명성왕후가 경복궁 곤녕합(坤寧閣)에서 일본국 군대와 낭인(浪人)들에 의해 시해(弑害)를 당해 세상을 떠났다. 이때 나이 45세였다. 명성왕후는 고종과의 사이에서 4남 1녀를 두었고 순종(純宗)을 제외하곤 모두 일찍 죽었다.

『고종실록』에서는 자세히 기록되지는 않았으나 다른 자료에 의하면, 왕후는 이 날 곤녕합에서 시해를 당하고, 건청궁 녹원(鹿園) 숲에서 장작더미에 태워지면서 증거가 인멸되었고, 겨우 뼈 몇 조각과 잔재만을 오운각(五雲閣)[193] 서봉 밑에 묻었다고 한다.

명성왕후는 1851년(철종 2년) 경기도 여주에서 여성부원군(驪城府院君) 민치록(閔致祿)의 딸로 태어났다. 8살에 아버지를 여의고 어머니와 살다가 16살이 되는 1866년에 흥선대원군의 부인 민씨의 천거로 고종의 비(妃)로 간택되었다. 그렇지만 시아버지 흥선대원군의 10년 섭정이 끝나고 고종의 친정이 시작되면서, 매사 국정에서 갈등을 빚을 정도로 대원군과 대립했다.

1895년(고종 32년) 10월 15일 명성왕후가 시해로 승하한 지 55일 만에 왕후의 서거(逝去)를 알리라는 조령(詔令 : 임금의 명령)이 내려졌다. "지난번 변란(變亂)[194] 때 왕후의 소재를 알지 못했으나, 날이 점차 오래되니 그날에 세상을 떠난 증거가 정확하였다. 개국 504년 8월 20일 묘시에 왕후가 곤녕합에서 승하하였다."는 것이었다.

실록에 의하면 이렇게 1895년(고종 32년) 10월 15일에 지난 8월 20일 왕후가 승하했다는 발표문이 내려지고, 이틀 후인 10월 17일에는 건청궁 녹원인지, 오운각 밑인지 위치에 대해서는 밝히지 않았으나, 대행왕후의 유골을 수습하여 목욕시키고, 소렴과 대렴을 한 후 입관하여 경복궁에 마련된 빈전에 안치했다.

하지만 유골이 정말 수습되었는지는 학자들 간에 이견이 있다. 『고종실록』에는 수습했다고 기록하고 있으나, 당시 일본의 전횡으로 보아 실록을 사실과 다르게 기록했을 것이라는 견해도 있다.

이에 앞서 고종은 명성왕후가 승하한 이틀 뒤인 8월 22일 일본의 강압에 굴복

---

193) 오운각(五雲閣) : 현재는 존재하지 않는 지금의 청와대 뒤편에 있던 정자로 알려지고 있다. 일제 강점기 때 없어졌다. 이곳은 왕의 휴식과 소요를 위한 곳으로 전해 온다.

194) 변란(變亂) : 사변이 일어나 세상이 어지럽고 소란스러움을 뜻하는데, 여기서는 1895년 10월 8일 (양력, 음력으로는 8월 20일)에 일어난 을미사변(乙未事變)을 말한다. 일본 공사 미우라고로(三浦梧樓)가 일본군과 낭인들을 경복궁에 난입시켜 명성왕후를 시해한 사건을 말한다.

하여 명성왕후를 폐하고 서인으로 강등시킨다는 명령을 내렸다. 그 사유가 참 해괴하다. 왕후가 자기의 가까운 무리들을 조정에 끌어들이고, 백성을 착취하고 벼슬을 팔아먹었으며, 왕명을 위조해 나라의 군대를 해산한다고 하고 또 변란까지 일으켰다. 그런데 변란 중에 몸을 피한 후, 찾아도 나타나지 않았다는 것이 그 이유였다. 이때 이미 명성왕후는 승하한 상태였음에도 일본은 물론 국내 일본 동조자들도 고종에게 왕후가 시해된 사실을 숨겼던 것이다.

그런데 명성왕후를 폐서인 시킨 다음 날 8월 23일에는 왕세자의 친모라는 정리(情理)를 고려하여, 폐서인 민씨에게 빈(嬪)의 칭호를 내린다는 전교를 내린다. 다시 10월 10일에는 왕후의 위호를 회복시키면서, 지난 8월 22일 내렸던 명령(폐서인으로의 강등 조치)을 취소한다는 조령을 내리기도 했다. 고종은 이때서야 명성왕후의 죽음을 공식적으로 발표한 것이고, 비로소 장례 절차를 밟게 된 것이다.

1895년(고종 32년) 10월 22일에는 대행왕후의 시호를 순경(純敬)으로 하고, 능호는 숙릉(肅陵)으로 정했다. 이어 왕후의 장례 진행을 위한 삼도감의 책임자가 계속 바뀌다가 11월 3일에 되어서야 확정되었는데, 총호사에 궁내부 대신(宮內府大臣) 이재면(李載冕)을 임명하고, 궁내부 특진관 민영규를 빈전제거(殯殿提擧 : 빈전도감의 개칭), 왕태자궁 대부 홍순형을 국장제거(國葬提擧 : 국장도감의 개칭), 궁내부의 이재완과 김종한을 산릉제거(山陵提擧 : 산릉도감의 개칭)에 임명했다.

그리고 11월 4일에는 '산릉은 숭릉(崇陵 : 현종)의 오른쪽 산등성이로 정하라.'는 조령이 내려졌다. 이렇게 산릉지가 정해졌음에도 불구하고, 무슨 이유에서인지 산릉의 능역 공사가 일부 진행되는 듯하다가 중지되면서 모든 장례 절차가 일체 진행되지 않았다.

그리고 무려 10달이 지난 이듬해 8월에 대행왕후의 빈전을 경복궁에서 고종이 거처하는 경운궁(지금의 덕수궁) 별전으로 이전했다. 1896년(고종 33년) 9월 27일(음력 8월 20일) 왕후 승하 1년이 되었음에도 임금이나 신하들 모두 원통하다는 말만 하고, 어서 능지를 마련하여 장례를 지내겠다는 의지를 보이지 않았다.

고종은 이미 1년 전부터 대행왕후의 능지를 숭릉(崇陵)의 오른쪽 능선으로 정했으면서도, 다른 능지를 찾고 있었다. 왕후는 왜인들에게 그야말로 참변을 당했는데, 고종은 1년이 넘도록 길지 여부를 따지며 왕후의 능지를 계속 고르고만 있었던 것이다.

그러다가 명성왕후가 승하한 지 15개월이 되는 1896년(고종 33년) 12월 9일 고종은 산릉을 1차로 간심하고 돌아온 대신들을 소견하면서, "어느 곳이 길하던가?" 하니, 궁내부 대신 이재순이 27곳을 보았는데 그중에서 양주에 안감천(安甘川 : 지금의 서울 성북천)과 회암(檜巖), 고양에 창릉 왼쪽 능선과 교하 등의 7곳이 좋았다고 하고, 상지관 주운환도 같은 의견이었다.

12월 18일에는 7곳에 대해 재간심을 하고 돌아온 총호사 조병세(趙秉世 : 총호사가 李載冕 → 趙秉世 → 金炳始 → 다시 趙秉世로 바뀌었다)를 비롯한 상지관들에게 고종은 "과연 딱 좋은 길지가 있던가?" 하니, 총호사는 상지관에게 답변을 미루었다. 이에 상지관 주운환(朱雲煥) 등이 "회암이 제일 좋고, 창릉이 그다음입니다." 하였다. 1차 간심을 할 때와 의견이 달랐다. 그렇지만 이 두 곳도 모두가 연운(年運)이 맞지 않는다는 것이었다. 설사 좌향을 변경시켜도 구기(拘忌)가 있다는 것이었다. 그래서 고종은 며칠이 걸리더라도 다른 길지를 구하는 것이 좋겠다고 했다. 이리하여 능지 선정 문제가 다시 원점으로 돌아갔다.

1896년(고종 33년) 12월 31일 고종은 다시 산릉을 간심한 대신과 상지관들로부터 "연희궁(延禧宮)은 길이 번창할 땅이고, 청량리(淸涼里)는 더없이 편한 곳."이라는 보고를 받는다. 다음 날에는 총호사 조병세가 내일 다시 간심을 하려 한다고 하자 고종은 군부 대신 민영환과 특진관 이헌직, 탁지부 대신 심상훈도 함께 가라고 명한다.

해가 바뀌어 1897년(고종 34년) 1월 3일 다시 그들을 불러, 청량리가 편하고 길한 땅이라는 것을 확인한 후에, 고종이 "산릉을 청량리로 정하라."고 명한다.

드디어 명성왕후의 산릉지가 바뀌어서 결정되었다. 왕후가 승하하고 서거 사실이 반포된 지 15개월이 되서야 비로소 능지가 결정된 것이다. 이어서 고종은 "청량리는 동구릉과 거리가 멀지 않기 때문이다."라는 말을 덧붙였다.

그런데 여러 자료에서는 동구릉의 숙릉(肅陵)에 장례를 지냈다가 1897년에 청량리 홍릉으로 천장됐다고 기록하고 있다. 그러나 이는 사실이 아니다. 앞서 언급했듯이 1895년(고종 32년) 11월 4일 『고종실록』에서 산릉은 숭릉(현종) 오른쪽 산등성이로 정했으나 무슨 이유에서인지 공사가 중단됐고, 1년이 훨씬 지난 1897년 1월에 가서야 능지가 다시 청량리로 결정되어 1897년 11월에 장례를 지냈다. 그때까지 명성황후의 빈전은 경복궁에서 경운궁으로 이전하여 마련되었다는 기록이다. 그러므로 "1895년 11월 4일 숭릉의 오른쪽 산등성이로 정했다."고 한 것만으로 '숙릉에 장사를 지냈다.' 또는 '1987년 홍릉으로 천장하였다.'라고 주장하는 것은 잘못된 것일 뿐 아니라 그러한 자료 또한 오류인 것으로 사료된다.

다시 말해 명성황후를 숭릉 오른쪽에 장례 지낸 바가 없다. 일부 자료에서는 잡목 속에서 석물 수 점이 발견된 것을 두고 명성황후의 초장지로 설명하는데, 능역 공사는 진행 중에 중지됐고, 중지되면서 이미 만들어진 석물들은 매몰했으므로 발견된 석물들은 당시 매몰했던 것으로 보아야 한다.

1897년(고종 34년) 1월 6일에는 시호와 능호를 바꾸도록 함에 따라 의정부에서

뒤에서 본 홍릉

의논하여 대행왕후의 시호를 순경(純敬)에서 문성(文成)으로 바꾸고, 능호도 숙릉(肅陵)에서 홍릉(洪陵)으로 변경했다. 시호는 3월 2일 다시 명성(明成)으로 바꿨다.

그리고 봄이 됐다. 능역 공사가 한창 진행되는 과정에서 기초 공사를 하는데, 그곳에서 해골이 나왔다는 장계가 올라왔다. 그러나 괴이할 것이 없고, 또 그곳이 가까운 지점이 아닌 만큼 구애될 것이 없다고 산릉도감에 분부가 내려져 공사는 계속되었다.

공사가 지지부진하더니 11월에 가서야 총호사가 "금정을 파는데 흙의 색깔이 좋았으며, 점점 파들어 갈수록 윤기 도는 자황색이 처음보다 좋았습니다." 하니, 고종은 "흙의 색깔이 좋다니 매우 다행이다. 염려스러웠는데 마음이 놓인다." 하며 흡족해 했다.

이리하여 1897년(고종 34년, 광무 1년) 11월 21일이 되어서야 왜인들에게 시해를 당해 겨우 수습된 명성황후(대한제국의 선포로 황후에 추존됨으로 이하 황후라 한다.)의 유해는 경복궁과 경운궁 별전에 모셔졌다 영가에 실려 산릉으로 떠났고, 다음 날 11월 22일 진시(辰時 : 오전 8시경)에 하현궁을 하면서 장례를 마쳤다. 이렇게 명성황후는 시해를 당한지 2년이 넘어서야 양주 천장산 아래 청량리 간방(艮方 : 북동쪽)의 언덕 홍릉에 비로소 잠들 수 있었다.

그런데 여기서 짚어 볼 것이 있다. 우선 고종은 명성황후의 시해 사실을 언제 알았을까? 시해 당한 황후의 시신은 이미 불에 태워졌는데, 어떻게 누구에 의해서 수습되었을까? 타다 남은 몇 개의 유골만으로 어떻게 장례를 하였을까? 그리고 황후가 승하했다는 것을 반포한 것은 1895년 10월 15일이고, 장례를 위한 도감 설치를 비롯 시호와 능호까지 정했음에도, 능지 선정과 장례까지 2년이 넘게 걸린 고종의 처분에는 또 다른 이유가 있지는 않았을까?이다.

첫째, 명성황후가 시해된 지 6일 만에 뜬금없이 조령(詔令)으로 중전을 다시 간택하는 절차를 거행하라는 명이 내려졌고, 자초지종은 생략됐지만 궁내부에서 15세부터 20세까지 처녀들의 명단을 올리도록 지시도 내려졌다. 결국 고종에 의해서 받아들여지지는 않았으나, 조정에서는 승하 사실을 속이고 있었고, 또 고종은 여러 정치적 이유로 표현을 안했지만, 모르지는 않았을 것으로 판단된다. 그러나 그 와중에 갑자기 중전 간택을 언급해야 했던 당시 조정의 의도가 풀리지 않는다.

둘째, 여러 자료에서 종합해 보면 황후는 곤녕합에서 시해를 당했고, 시체는 건청궁 녹원(鹿園) 숲에서 태워졌다. 타다 남은 유골은 증거 인멸을 위해 일본군 조력자 우범선(禹範善)[195]의 지시로 윤석우(尹錫禹)에 의해 수습되었다. 오운각(五雲閣) 서쪽 봉우리 밑에 몰래 암매장(일부 경복궁 정전 근처라는 말도 있음)되었다는 기록 등을 볼 때, 어쨌든 타다 남은 뼈 몇 조각만 겨우 수습해 땅에 묻었을 것으로 추측된다. 그러나 이는 수습이라기보다는 행위자들의 남아 있는 만행 흔적을 은폐하려는 행위로 보아야 할 듯하다.

셋째, 『고종실록』에 의하면 대행왕후의 유골을 수습하여 염을 한 후 입관하여 빈전에 안치했다고 기록하고 있다. 타고 남은 유골의 형태는 알 수 없지만, 보통 시신이 없는 경우의 장례는 초혼장(招魂葬)이라 하여 나무로 신주(神主 : 죽은 사람의 위패)를 만들어 신주를 묻거나, 평소 착용하던 옷가지 등 유품을 묻는다.

그러나 유골의 일부가 존재할 경우는 유골에 석회나 진흙을 발라 인체 형상을 만들어 옷을 입히고, 염을 한 후 입관하여 육신이 있는 경우와 똑같이 장례를 지내는 풍습이 있었다.

명성황후의 경우도 명확한 기록은 찾지 못했으나, 이러한 예에 의했을 것으로 추측된다. 간혹 명성황후는 송장 없이 장례를 치뤘으므로, 홍릉에는 사실상 고종 혼자 묻혀 있는 단릉이라는 주장이 있기도 하다. 유골을 수습하여 초혼장으로 지낸 장사라 하더라도 시신이 없기 때문에 단릉이라는 주장이 틀렸다고는 할 수 없

---

195) 우범선(禹範善) : 조선군 훈련대 대대장으로 황후 시해 모의 단계부터 참여한 조선 협력자로 알려졌고, 이 사건(을미사변) 후 일본에 망명하여 최상의 대우를 받고 일본 여자와 결혼하였다. 그의 아들이 우장춘(육종학자)이다. 우범선은 일본에서도 숨어 살다 만민 공동회장이었던 고영근에 의해 살해되었다. 고영근은 살인범으로 사형 선고를 받았지만 송환되었고, 나중에 고종이 묻힌 홍릉의 능참봉을 자처하여 지켰다고도 전해진다.

으나, 그렇다고 맞는 주장도 아닌 듯싶다. 일부 뼈를 수습하여 장사 지냈기 때문이다.

넷째, 그 당시는 단발령(1895년), 아관파천(1896년), 대한제국 선포(1897년) 및 대외 세력에 대항하는 여러 정황과 영향으로 국내외 정세가 불안하긴 했다. 그러나 고종은 1897년 11월 22일 명성황후의 지문(誌文 : 죽은 사람의 행적과 무덤의 위치 좌향 등을 기록한 글)을 지어 내리면서 '홍릉의 능역 공사를 하면서 석물을 세우고 오른쪽을 비워 놓는 제도를 쓴 것은 짐의 의도가 있어 한 것이다.'라고 했다. 이것은 곧 신후지지 수릉지로 밝히지는 않았지만 향후 자신이 갈 자리임을 말하는 것이라고 볼 수 있는 것이다. 그렇다면 육신도 없는 장례를 준비하면서 수십 곳에 걸쳐 길지를 찾도록 한 것은 결국 본인이 향후에 묻힐 능 자리를 찾기 위한 것은 아닌가?라는 생각이 든다. 그것은 아래에서 언급하겠지만 홍릉을 천장하면서 천장지를 수차례 바꾸는 과정에서도 나타난다.

그 후 3년이 지난 1900년(고종 37년·대한 광무 4년) 6월 21일 홍릉 자리가 좋지 못하니 천릉을 하는 것이 좋겠다는 특진관 이재순(李載純)의 상소가 있었는데, 고종은 여러 신하에게 물어서 결정하겠다고 했다. 다음 날에는 의정부의 의정 윤용선(尹容善)이 의정부의 의견을 수렴한 결과 천봉하는 것이 마땅하다는 의견이었다고 보고하니 고종은 "그 당시는 시한을 넘기게 되기 때문에 임시로 그곳에 썼다." 하며, 천장 명령을 내리면서 천봉도감을 설치하라고 하고 특진관 심순택(沈舜澤)을 총호사로 명했다.

1900년 8월 24일 산릉을 세 번째 간심하고 온 총호사를 비롯한 산릉도감 제조와 상지관 등을 불러 의견을 들었다. 최종적으로 양주 불암산 화접동, 양주 금촌면 군장리, 양주 묘적산 금곡 등이 거론되었는데, 상지관 오성근이 아뢰기를 "화접동(花蝶洞)은 뒤로 뻗어 내린 산줄기가 맥이 끊어졌으므로 쓸 만한 데가 못 되고, 군장리(軍藏里)에 옛 능(陵)을 쓴 자리가 있는데 모두 크게 쓸 만한 자리이며, 금곡(金谷)은 진방(辰方 : 남동쪽에서 동쪽으로 15°)을 등지고 자리 잡은 곳이 합당합니다." 하였다.

이에 고종이 이르기를 "군장리에는 옛날에 장릉(章陵 : 추존왕 원종)을 쓴 일이 있으나 금곡에는 애초에 이런 일이 없다. 이것으로 보더라도 금곡으로 정하는 것이 좋을 듯하다." 하므로, 홍릉의 천장지로 묘적산 아래 금곡으로 정해졌다.

1900년 9월 1일 총호사 심순택이 능을 옮기는 구체적인 일정을 정하면서, 혈의 좌향을 을좌신향(乙坐辛向)으로 하는 것으로 하여 역사가 시작됐다. 그러면서 총호사를 윤용선으로 바꿔 임명했다.

그런데 10월 9일 갑자기 홍릉의 새 자리가 좋지 못하여 다시 다른 곳으로 옮겨야 한다고 특진관 박정양(朴定陽)이 상소를 올린다. '홍릉(洪陵)을 천봉(遷奉)하는 새 자리가 정해졌고, 여러 길일(吉日)을 이미 모두 받아 놓았으며, 역사(役事)도 역시 시작하였으니 누가 감히 이견(異見)을 내겠습니까? 그러나 만약 털끝만치라도 좋지 않은 점이 있다면 … 장사 지내는 법에, 자년(子年)에는 자년에 출생한 사람을 꺼리는데, 올해의 간지에 '자(子)' 자가 들어 있으니 꺼리는 법을 어겨서는 안 될 것 같습니다. … 지금 만약 지역 안에 자세히 찾아본다면 격식에 맞고 안전한 좋은 자리가 없지 않을 것이며, 금곡보다 나은 곳이 있을 것입니다.' 하였다. 이에 고종이 비답하기를, "일이 매우 중대한 문제와 관계되므로 마땅히 묻고 의논해서 처리하겠다." 하였다.

자년(子年)에 자년생(子年生)이 좋지 않다니까 향후 자신도 갈 곳이니만큼 자년생인 고종(壬子年생)은 마음이 흔들리지 않을 수 없었다. 이리하여 진행되는 모든 역사를 중지토록 하고, 홍릉의 자리를 다시 간심하게 된다.

1900년 10월 18일에는 산릉을 재간심하고 돌아온 총호사 등이 "신들이 명을 받고 상지관을 거느리고 가서 두 번째로 간심하였는데, 군장리(群場里)는 형국과 지세가 볼수록 더욱 좋으므로 이보다 나은 데는 없을 것 같습니다." 하고, 상지관 이병헌(李秉憲) 등도 "두 번째로 간심한 결과 군장리는 청룡과 백호에 정감이 있고, 조산(祖山)이 매우 빼어나므로 참으로 대길(大吉)한 자리입니다." 하니, 고종은 "군장리는 반드시 좋은 자리일 것이다." 하면서 홍릉의 천장지가 양주의 군장리로 다시 바뀌었다. 두 번째 바뀐 것이다.

그리고 능을 옮기는 날짜를 정하는데, 역사의 시작은 다음 해 봄인 1901년 4월

홍릉 침전

6일로, 능소의 찬궁을 열고 새릉(新陵)으로 하관은 9월 28일에 하는 것으로 했다. 이리하여 다음 해 봄에 양주 군장리에서 역사가 시작되었는데, 4월 12일 능역에서 바위 흔적이 발생되었다는 보고가 올라오자, 고종은 공사를 중지시키고 다시 다른 길지를 찾도록 하면서, 당시 간심했던 상지관들을 붙잡아다 징계하라는 명령을 내렸다. 이어서 1901년(고종 38년·대한 광무 5년) 4월 21일 고종은 "홍릉을 옮겨 봉안하는 것은 다시 묘적산의 금곡으로 정한다." 하였다.

이렇게 하여 홍릉의 천장지는 또다시 바뀌게 된다. 세 번째 바꾼 것이다. 아울러 역사를 시작하는 길일을 1년 후인 1902년 4월 11일 정했으나, 그날이 다가와도 천릉은 전혀 진행되지 않았다. 1897년부터 5년간에 걸쳐 천릉지를 세 번이나 바꿔 가며 수차례의 천릉 시도가 있었으나 모든 것이 중단됐다. 그간의 진행됐던 것들이 다 허사가 된 것이다. 그 사유에 대해서는 자료상으로 특별한 것을 발견치 못했으나, 격변하는 정세 때문이 아니었나 유추해 본다.

다만 2년 후인 1904년 11월 13일에 내린 "홍릉(洪陵)을 아직 미처 옮기지 못한 것은 본래 신중을 기하기 위해서 그런 것이다. 연이어 운수가 맞지 않는 해를 만난데다 갑자기 의논할 수도 없는 상황이니 두 도감(都監)을 우선 없앨 것이다. 금곡(金谷)을 지키는 일은 장례원(掌禮院 : 궁중의 모든 의식을 관장하던 관서)을 시켜 지방관에게 신칙(申飭 : 단단히 타일러서 경계함)하여, 전례대로 거행하게 하라."라는 고종의 조령(詔令)만 있을 뿐이다.

그러나 이때 두 도감을 폐지한 사유 중에 하나는, 때마침 황태자비가 죽어 그 장례 절차 진행을 위한 도감을 새로 만들었던 것이다. 또 홍릉의 천릉이 여러 번 거론만 되었지 실행되지 못한 제일 큰 이유는 나라가 일제에 의해서 무척이나 어려운 상황에 처해 있던 터라, 천릉을 할 만큼 왕실의 재정이 여의치 못했을 것이고, 그보다 민심이 천릉을 용납할 만큼 녹녹치 않았을 것이라고 분석하는 학자도 있다. 이후로는 홍릉의 천릉은 다시 거론되지 않은 채 잠잠해졌다.

그로부터 15년이 지난 1919년(순종 12년) 1월 21일 고종 황제가 67세를 일기로 덕수궁 함령전(咸寧殿)에서 승하했다. 이때는 1907년 일본의 강압으로 순종에게 양위하고 태황제로 물러나 있을 때다.

고종은 남연군(南延君)의 아들 흥선대원군 이하응(李昰應)의 둘째 아들이다. 철종이 승하하자 조 대비(익종비 신정왕후)에 의해 1863년 왕위에 올라 재위 기간은 43년 7개월이다.

슬하에는 명성왕후와 10명의 후궁에게서 9남 7녀를 두었으나 4남 1녀 외에는 모두 일찍 죽었다. 정조 이후 철종까지의 왕통은 줄곧 사도세자의 자손이 왕위를 이어왔다. 그런데 고종은 사도세자(장조로 추존)의 직계 후손이 아니다. 인조의 셋째아들 인평대군의 후손이다. 할아버지 남연군이 사도세자의 서자 은신군의 양자가 되면서, 후사 없이 세상을 떠난 철종의 뒤를 이을 왕위 계승자 범주에 들 수 있었고, 다시 고종을 익종(추존왕 : 효명세자)의 양자로 입적하게 하여 왕위에 올린 것이다. 마치 철종을 순조의 양자로 입적하여 즉위하게 했듯 말이다.

어쩌면 이 모든 것은 흥선대원군이 오랜 기간에 걸쳐 철저하고 치밀하게 준비한 작업에 의한 것이라고 볼 수 있다.

고종이 승하한 다음 날 총호원(摠護員 : 총호사의 개칭)으로 자작(子爵) 민영규(閔泳圭)를 임명하고, 빈전주감(殯殿主監 : 빈전도감의 개칭), 어장주감(御葬主監 : 국장도감의 개칭), 산릉주감(山陵主監 : 산릉도감의 개칭)도 각각 임명했다.

1919년(순종 12년) 1월 25일에 이왕직 장관(李王職長官)[196]이 인산지에 대해 아뢰니, 순종은 "양주의 금곡은 태황전하가 살아 계실 때 예정해 놓은 땅이니, 산릉주감 제조가 간심하고 오라." 하였고, 다음 날 1월 26일 간심 후 금곡을 능지로 결정했다.

홍릉(명성황후)도 옮겨 합장하는 문제에 대해서도 전교를 내렸다. "홍릉(洪陵)을 천봉하는 문제는 앞서 태왕전하(太王殿下)가 여러 해 동안 마음을 쓰셨으나 겨를이 없었던 유지(遺志)이다. 내가 어찌 감히 우러러 본받지 않겠는가? 인산(因山)이 이미 금곡(金谷)으로 정해졌으니 천봉하는 날짜도 인산일 전에 잡도록 하라."고 하며, "허우(虛右)의 제도는 공경하게 명릉(明陵 : 숙종)의 예에 따라 하도록 하라." 하였다.

다음 날 홍릉의 천봉 일자와 인산 일자를 정했는데, 명성황후의 천봉일은 2월 16일, 고종황제의 인산일은 3월 3일 발인하여 3월 4일을 장례일로 정했다. 황후를 미리 천봉한 후에 황제를 나중에 합장하는 형식이다. 국상에서 장례일을 정하거나 천장을 할 때는 반드시 길일을 택일하게 마련인데, 명성황후의 천장일이나 고종의 장례일을 논의 없이 이왕직에서 일방적으로 정했다.

나라의 정세가 혼란스럽고 일제의 강압에 의해서인지 장례 절차나 일정을 정함에서 조정 안팎에서 중히 여기지 못한 듯하다. 장례 기간과 절차를 정한 것만 보아도 그렇다. 그도 그럴 것이 장례 절차에 일본이 개입하여 장례위원회를 일본 도쿄에 두고, 조선총독부가 일본 칙령에 따라 치르도록 했기 때문이다.

---

196) 이왕직 장관(李王職長官) : 일본이 강제로 한일합병조약을 체결하고, 대한제국의 황제는 이왕(李王/이씨의 왕)으로, 황실은 이왕가(李王家)로 격하하면서, 기존의 황실 업무를 담당하기 위해 이왕직(李王職)이라는 기구를 설치하였고, 이왕직의 최고 책임자를 이왕직 장관이라 했다. 또한 일본은 한일합병이 되면서 대한제국의 황실을 일본의 천황가의 하부 단위로 편입하여, 고종황제와 순종황제를 이왕으로 칭했다. 『고종실록』과 『순종실록』을 편집하기도 했다.

능호도 마찬가지다. 홍릉은 명성황후의 능호이다. 1910년 한일합방이 되면서 일본은 조선을 이왕가(李王家)로 격하시켰던지라 고종의 능호를 따로 정하는 것 자체를 용인하지 않았다. 그래서 고종은 따로 능호가 정해지지 않았기에 명성황후의 홍릉을 천장하면서 고종과 합장을 하고, 능호를 그대로 홍릉이라 한 것이다. 과거 왕비의 능호를 그대로 쓴 경우가 있었기 때문에 이를 따른 것이다.

1919년 2월 12일 구홍릉을 열어 명성황후 재궁을 꺼내 빈전에 안치 후 2월 15일 황후의 영여(靈輿)가 금곡의 산릉으로 떠났고, 다음 날인 2월 16일 황후의 재궁을 하현궁하면서 홍릉의 천봉을 마쳤다.

3월 3일에는 훈련원에서 고종의 국장식을 거행했다. 이때 장례식의 분위기가 짐작된다. 1919년 3월 1일 전국 방방곡곡에서 '삼일 독립 만세 운동'이 일어나면서, 연이어 전국에서 만세 운동이 벌어지고 있는 때였다. 이런 와중에 고종황제의 장례는 일제의 삼엄한 경비 속에서 이뤄졌다. 국장식을 행한 후 순종과 왕세자의 호종을 받으며 영여는 금곡으로 향하여 마련된 빈소에 도착했다.

다음 날인 3월 4일 해시(亥時)에 묘적산 아래 을좌신향(乙坐辛向)으로 하현궁하면서 고종 황제의 장례를 마쳤다.

1901년 고종 스스로 홍릉의 천릉을 위해 몇 번을 바꿔 가며 정했던 지금의 장소에 묻힌 것이다. 명성황후가 승하한 지 24년 만이었다.

일제가 정한 삼합장릉
유릉(裕陵, 순종, 원비 순명효황후, 계비 순정효황후)

유릉(裕陵)은 조선의 마지막 임금인 순종황제(純宗皇帝, 1874~1926)와 원비 순명
효황후(純明孝皇后, 1872~1904) 민씨와 계비 순정효황후(純貞孝皇后, 1894~1966) 유
씨의 능으로 조선 왕릉 중 유일한 삼합장릉(三合葬陵)이다.

유릉은 순명황후가 황태자비일 때 조성된 유강원(裕康園)이 순종 등극 후 유릉
으로 추봉되었다가, 유릉을 지금의 곳으로 천장한 후 순종과 합장한 능이다.

순종은 고종과 명성황후의 장남으로 태어났다. 1875년(고종 12년) 2월에 왕세자
로 책봉되었고, 1897년 대한제국 수립과 동시에 황태자가 되었다.

1907년에는 고종이 일본에 의해 강제로 체결된 '을사조약'의 불법성과 강제성
을 폭로하기 위해, 네덜란드 헤이그에서 열린 만국 평화 회의에 이준, 이상설, 이
위종 등 3인의 밀사를 비밀리에 파견한 것이 발각되었는데, 이에 따라 고종이 강
제로 퇴위되고, 순종이 황제로 즉위되었다. 하지만 1910년 한일합방이 되면서 조
선 왕조와 대한제국의 문이 닫힌다.

순종은 1926년 승하할 때까지 명목상 황제 직위만 유지했을 뿐이다. 일본은 이
왕(李王)으로 격하했고, 창덕궁에 거주한다 하여 '창덕궁 이왕'으로 불렀다. 순종
으로서는 말할 수 없는 굴욕의 세월을 보내야 했다.

1904년(고종 41년) 11월 5일 술시에 황태자비 민씨가 경운궁 강태실(康泰室)에서
세상을 떠났다. 이때 나이는 33세였고 슬하에 자녀는 없었다.

황태자비 민씨는 여은부원군 민태호(閔台鎬)의 딸로 1872년(고종 9년) 11월 20일
태어났다. 본관은 여흥이다. 1882년(고종 19년) 왕세자빈으로 책봉되어 순종과 가
례를 올렸으며, 1897년 대한제국이 선포되면서 황태자비가 되었지만 1904년(고
종 41년) 승하했고, 1907년 고종의 뒤를 이어 순종이 황제위에 오르자 황후로 추
존되었다.

고종은 황태자비 민씨가 갑자기 죽으니, 즉시 의정 이근명(李根命)을 총호사로
삼고, 삼도감의 제조를 임명하여 장례를 관장케 했다.

그리고 닷새 뒤인 11월 10일에는 황태자비의 시호를 순열(純烈)로 정했는데, 며

칠 후 총호사 이근명이 시호와 관련하여 '열(烈)' 자가 시원스럽지 못하니, 과거 시호를 고친 예도 있는 만큼 고쳤으면 좋겠다고 하여, 다시 시호를 순명(純明)으로 고쳤다.

1904년(고종 41년) 11월 18일 고종은 도감의 당상과 상지관을 불러 "돌아본 여러 곳들 중에서 용마봉(龍馬峰) 아래가 과연 좋은 자리던가?"라고 황태자빈의 묘 자리에 대해서 물었다. 용마봉 아래에 좋은 터가 있다는 말을 들은 바 있어, 특히 그곳을 지명하여 물은 것이다.

원소도감의 당상 이주영은 "보통 사람의 눈에도 매우 좋은 자리라는 것은 의심할 여지가 없습니다." 하니, 고종은 만족해하고 시·원임 대신들이 나가 보도록 했다.

다음 날 황태자비의 장지에 대해서, 두 번에 걸쳐 원소(園所) 자리를 돌아보고 돌아온 총호사 이하 각 도감의 제조들을 불러 묻는다. 총호사 이근명이 용마산 아래를 가서 본 다음 숭릉(崇陵) 오른쪽 산과 태릉(泰陵) 구역을 보고, 다시 홍릉(洪陵) 왼쪽 산을 차례로 보았는데, 상지관들은 용마산 아래가 주산의 혈이 순하고 좋아 흠잡을 데가 없는 좋은 자리라고 한다. 상지관 최헌규(崔巘圭) 역시 그곳을 첫 번째로 여긴다고 하니, 고종은 황태자비의 원소를 용마산 아래(지금의 광진구 서울어린이대공원)로 정했다.

그리고 11월 22일 총호사 이근명이 고종에게 아뢰기를 "상사(喪事)와 관련하여 일관을 시켜 좋은 날을 잡았더니 장례를 지낼 달이 1월이나, 1월에는 워낙 좋은 날이 없고, 12월은 토왕(土王, 土旺)[197]이 권세를 누리는 때이므로 안 되고, 11월에 좋은 날이 있다고 합니다. 전례도 있는 만큼 앞당겨서 장례를 지냈으면 좋겠습니

---

197) 토왕(土王, 土旺) : 토용(土用)이라고도 하는데, 오행설(五行說)에서 토기(土氣 : 흙의 기운)가 가장 왕성하다는 시기를 이른다. 오행설은 천지(天地) 일체의 만물은 다섯 가지(木, 火, 土, 金, 水)의 원소의 성질에 근원을 두었다는 것을 뜻한다. 이를 4계절에 적용하여 봄은 木, 여름은 火, 가을은 金, 겨울은 水라 하며, 각 계절의 끝에서 18일은 土에 해당한다. 따라서 土에 해당되는 시기는 한해에 4번이 오는데, 이를 토왕지절(土旺之節)이라 한다. 4계절은 4립(四立 : 입춘, 입하, 입추, 입동)에 시작하므로, 4립 전의 18일이 土가 되는 것이다. 미신에서는 토왕용사(土旺用事)라 하여 이 시기에 흙일을 하면 해롭다고 전해 온다.

다."라고 하므로, 고종은 "전례도 있다 하니, 11월로 하여 좋은 날을 정해 시행하라."라고 했다.

그런데 여기서 시행을 명령하는 날이 『고종실록』에는 1904년(고종 41년) 11월 22일로 기록되어 있지만, 총호사 이근명이 말하는 11월과 고종이 이를 승낙하는 11월은 음력을 말하는 것이다.

따라서 음력 11월은 양력으로 환산하면 1904년 12월 7일에서 1905년 1월 5일이 되는 것이다. 이것은 순명비의 묘지문(墓誌文)에서도 '이제 11월 29일 계묘일 묘시에 양주 용마산 내동의 묘좌원(卯坐原 : 묘좌유향으로 서쪽 언덕을 말함)에 장사를 지내려 한다.'고 한 기록에서도 알 수 있다.

이러한 일정에 따라 1905년 1월 3일 순명비(純明妃)의 영가는 원소(園所)로 떠났고, 다음 날 1월 4일 용마산 아래 조영된 광중에 하현궁하면서 순명비의 장례를 마쳤다. 원호는 유강원(裕康園)이라 했다.

그리고 1907년 순종이 즉위하면서 순명비를 순명황후(純明皇后)로 추숭하고 능호는 유릉(裕陵)으로 추봉되었다.

이로부터 21년이 지난 1926년(순종 19년) 4월 25일 순종황제가 52세를 일기로 창덕궁 대조전에서 승하했다. 순종은 조선조 마지막 임금이지만 1910년 한일합병으로, 일본은 순종황제를 황제로 인정하지 않고 이왕(李王)으로 칭했다.

『순종실록』에서도 순종이 승하한 날의 기록은 거두절미하고 '묘시에 창덕궁 대조전에서 훙(薨)하였다.'라고만 기록하면서, 누구인지에 대한 언급을 의도적으로 뺀 것이다.

다음 날 궁내부에서는 일본이 칙령으로 이왕전하(李王殿下)가 승하했음을 알리고, 황태자의 황제위(皇帝位) 계승도 '왕세자 이은전하(李垠殿下)[198]의 칭호를 창덕

---

198) 이은전하(李垠殿下) : 이은(李垠)은 고종의 일곱째 아들로, 순종의 이복동생이다. 이름이 이은(李垠)으로 영친왕으로도 불리었다. 순종이 후사가 없자 이복동생을 황태자로 삼았다. 순종 승하 후 이왕으로 승계되었다. 일본은 고종을 덕수궁 이태왕(德壽宮李太王), 순종을 창덕궁 이왕(昌德宮李王)으로 봉작하기도 했다. 영친왕 역시 일본에서 창덕궁 이왕(昌德宮李王)이라 칭했다.

궁 이왕 은전하(李王 垠殿下)로 제정하였다.'는 칙령을 받았다고 공포하고 있다. 일본의 칙령으로 순종의 후계를 정한 것이다.

　그리고 총호원(摠護員 : 총호사의 변경 명칭)은 후작(侯爵) 윤택영(尹澤榮)으로 삼고, 각 주감(主監 : 도감의 변경 명칭)의 책임자를 임명하여, 어장(御葬 : 국장의 변경 명칭)의 장례를 행하도록 했다. 또한 이왕직(李王職)에서는 장례 관련 사무는 일본 사람을 임명하여 실무를 보도록 했다.

　흔히 역사학자들은 『조선왕조실록』에서 『철종실록』까지는 우리가 기록한 것

뒤에서 본 유릉

이기 때문에 정통성을 인정하고 있다. 허나 『고종실록』의 일부 및 『순종실록』은 일본에 의해서 통제되거나 감수되었고, 심지어 총독부 산하 이왕직(李王職)에서 찬술한 것을 일본 사람이 편수해서 간행했으므로, 왜곡은 물론 일제의 위치에서 기술되었으니 사료로서 가치를 인정할 수 없다고 한다.

조선의 국왕은 27대로 끝나지만, 학계에서는 『고종실록』과 『순종실록』은 『조선왕조실록』에 포함하지 않는다고 여러 자료에서 주장한다. 그것은 두 실록은 1927년부터 1932년까지 조선총독부 산하 조선사편수회가 편찬한 것으로 실록 편찬 주체에 신빙이 어렵고, 각종 기록에 왜곡이 많아 신뢰성이 낮으며, 실록 편찬 기준에 맞지 않아 사료 가치가 낮기 때문이라는 것이다. 따라서 두 실록의 역사는 참고하거나 인용하는데 주의가 필요함을 지적하고 있기 때문에 양종(兩宗 : 고종과 순종을 말함) 실록에 기록된 능 조성과 관련한 내용들에 대해서도 역시 소홀히 작성되었거나, 사실 여부의 확신이 부족하다.

1926년(순종 19년) 5월 1일에는 이왕직 장관 민영기(閔泳綺)가 시호를 올렸는데, 이때 묘호는 순종(純宗)으로 정한다는 것을 황태자인 영친왕(『순종실록』에서는 은전하(垠殿下)로 기록)이 결정을 했다. 이날로 총호원 윤택영은 산릉주감과 이왕직 장관, 그리고 상지원(相地員 : 상지관의 변경 명칭)을 대동하고, 홍릉(洪陵) 국내로 가서 간심을 하고 돌아와 산론(山論)을 올렸고, 영친왕은 "이번 장례를 지내는 것은 이미 홍릉 국내로 정했으므로, 유릉을 먼저 옮기고, 부의(祔儀 : 옆으로 모시는 것)를 편하게 하는 것이 합당할 것이다."라고 하며, 장례일과 천장일을 택일하도록 하였다.

아울러 천릉에 대한 장의 절차도 총호원과 세 주감이 겸하여 거행하도록 하면서, 생존해 있는 순정효황후(純貞孝皇后)의 장래까지 고려하여 동혈삼분제(同穴三墳制)[199]로 조영하도록 명하였다. 조선의 능 조성 전례로 보아 전무후무한 능제인

---

199) 동혈삼분제(同穴三墳制) : 동혈삼분은 동봉삼실(同封三室)이라고도 한다. 하나의 봉분에 삼위(三位)를 각각 실(室)만 달리하여 합장하는 것을 말한다. 조선 왕릉 중에서는 유릉(裕陵)이 유일하게 동봉삼실의 합장릉이다.

동혈삼분제를 명령한 것이다. 장례에 필요한 비용도 일본에서 전해졌다.

그리고 5월 5일 총호원 윤택영이 상지원을 거느리고 가서 홍릉 왼쪽 언덕에 혈을 정하고 좌향을 정했다. 같은 날 이왕직 장관이 인산 및 천릉을 할 때에 순종의 발인은 6월 10일에, 하현궁은 6월 11로 하며, 순명황후의 천릉 시 재궁을 꺼내는 것은 6월 4일에, 하현궁은 6월 5일로 하도록 하여, 먼저 황후를 부장한 후에 순종의 장례를 진행하는 것으로 하였다.

이리하여 6월 3일에 유릉(유강원)의 찬궁을 열고, 다음 날 진시(辰時 : 오전 8시경) 순명황후의 영여가 용마봉을 떠나 금곡의 산릉으로 출발하고, 그다음 날 묘시(卯時 : 오전 6시경)에 하현궁을 하면서 순명황후의 천장을 먼저 마쳤다.

이어 6월 10일에는 순종황제의 발인제를 지낸 후 훈련원 광장에서 봉결식(奉訣式=영결식)을 거행한 후 영여가 금곡으로 향했다. 그리고 6월 11일 해시(亥時 : 오후 10시경)에 묘좌유향(卯坐酉向)으로 조선조 마지막 임금 순종의 재궁이 하현궁됨으로써 조선이라는 나라는 물론 대한제국이라는 나라도 함께 묻힌다. 능호는 그대로 유릉(裕陵)이라 하였다.

순종황제의 봉결식이 있는 이날에 맞춰 일본의 침략과 탄압에 항거하는 역사적인 '6·10 만세 운동'이 일어났다.

조선의 마지막 황후인 순정황후가 1966년 2월 3일 창덕궁 낙선재(樂善齋)에서 승하했다. 73세를 일기로 세상을 떠난 것이다. 슬하에는 자녀가 없었다.

순정황후는 1894년(고종 31년) 9월 해풍부원군 윤택영의 딸로 경기도 양평에서 태어났다. 13살이 되는 1907년(고종 44년) 1월 황태자와 가례를 올려 황태자빈이 되었다. 바로 그해에 을사조약이 무효임을 알리는 밀사를 헤이그 만국 평화 회의에 보낸 것이 빌미가 되어, 일본은 강압적으로 고종황제를 퇴위시키고, 황태자를 즉위시키니 이가 바로 순종황제이다. 따라서 황태자빈은 황후가 되었다.

순정황후는 1910년 일본의 강압에 의해 한일합방 조약을 체결할 때 나라를 잃는 비운을 안타깝게 여겼고, 조약 문서에 날인할 옥새(玉璽)를 치마 속에 감추었는데, 아비 윤택영이 황후의 치마 속에서 탈취해 갔다는 일화는 유명하다.

한일합방이 되면서 대한제국은 없어지고, 대한제국의 황제는 이왕(李王)으로 격하되었다. 따라서 황후도 이왕비(李王妃)로 격하되는 수모를 겪게 된다.

여기에 왕이나 왕비가 승하하면 시호를 올리게 마련인데, 당시 대한민국에서는 시호를 내리는 제도가 없어서, 황후임에도 불구하고 정식 시호가 없다. 다만 전주 이씨 대동종약원에서 올린 시호가 순정황후이다.

산릉에서도 이미 1926년 순종황제 승하 시 순명황후의 천장과 순정황후의 장래까지를 고려하여 동혈삼분제를 정한 바 있어, 대한민국 정부에서는 별도의 검토 없이 유릉에 합장하는 것으로 정하고, 마지막 황후 순정황후의 장례를 치르기로 하였다.

그리하여 1966년 2월 13일 10시에 낙선재에서 발인제를 지내고, 오후 1시에 유릉에 하관을 함으로 대한제국 마지막 황후 순정황후는 순종 옆에 안장되었다.

조선에서 대한제국, 대한제국에서 일제 강점기를 거쳐 대한민국, 대한민국에서도 제3공화국에 이르기까지, 나라의 체제가 몇 번을 바뀌는 변혁기를 모두 지켜보며, 파란만장한 삶을 살아온 순정왕후는 이렇게 잠들었다.

변고를 겪은 선릉과 정릉

임진왜란 때 왜병들에 의해 왕릉이 파헤쳐지거나 화재를 당하고, 시신이 훼손되는 사건이 발생했다. 능에 귀한 보물들이 묻혀 있다는 소문이 있어 이를 탈취할 목적으로 자행되었는데, 특히 선릉과 정릉이 많이 훼손되었다. 헌릉이나 태릉 등은 도굴에 실패하여 다행히 심한 훼손은 면했다.

역사적으로 보면 1592년(선조 25년) 4월 13일 임진왜란이 일어난 지 불과 보름 만에 왜군이 충주까지 올라오고 한양도성 함락이 시간문제가 되자, 4월 28일 선조는 대신들을 불러 놓고 파천 의사를 비쳤다. 그러자 대신들이 부당함을 말하며 통곡하니 선조는 얼굴빛이 변했다.

다음 날인 4월 29일 선조는 광해군을 세자로 세우고 결코 파천은 하지 않겠다는 약속을 신하들 앞에서 했다. "당여경등 효사물거(當與卿等 效死勿去)."라 하여, 이는 '가지 않고 마땅히 경들과 더불어 목숨을 바칠 것이다.'라는 말이다. 결단코 한양을 지키겠다고 한 것이다.

그래 놓고 다음 날인 4월 30일 새벽 선조는 백성들과 도성(都城)을 버리고 몰래 몽진(蒙塵 : 임금이 난리를 피해 안전한 곳으로 떠남)을 했다. 임금이 도망을 했다는 소문이 퍼지면서 도성 안의 민심이 흉흉해졌다. 곧바로 왜군이 진주하면서 민심은 극도로 악화되었다.

이때 왕실의 능침(陵寢) 안에 금은보화가 묻혀 있다는 소문에, 왜군들과 일부 어리석은 백성들에 의해 능(陵)이 훼손되는 일이 벌어진 것이다. 주로 도성 근처에 있는 능으로 헌릉(獻陵 : 태종), 선릉(宣陵 : 성종), 정릉(靖陵 : 중종), 태릉(泰陵 : 문정왕후), 강릉(康陵 : 명종)이 훼손되었다. 특히 선릉과 정릉의 경우는 능을 파헤치고 시신까지 태워 버리는 악행이 자행되었으니 이 무슨 천인공노할 일인가.

1593년(선조 26년) 1월 22일 몽진한 의주에서 선조는 의병장 김천일(金千鎰)[200]로부터 왜적이 강릉(康陵)과 태릉(泰陵)을 도굴하려다 실패했다는 보고를 접한다.

'지난해 12월 16일에 왜적 50여 명이 주민 50명을 뽑아 강릉과 태릉에 가서 능을 팠지만, 능 위에 회(灰)가 단단하게 막혀서 깨뜨리지 못했다. 이는 사포서(司圃署 : 왕실 소유의 원포와 채소 재배 등을 관장하던 하급 기관)의 종(奴)이 능침에 금은보화가 매장되었다고 사주하고, 사헌부 서리(司憲府書吏) 하나가 왜(倭)의 앞잡이가 되어 주민을 뽑아 능을 파는 일을 도왔다.'는 치계(馳啓 : 말을 타고 달려와서 보고서를 올리는 것)를 보고, 선조는 놀라움을 금치 못하면서 운천군(雲川君) 이신(李愼)으로 하여금 직접 가서 봉심(奉審 : 임금의 명으로 능의 이상 유무를 살피고 점검하는 일)하도록 했다.

한 달 후 이신이 태릉과 강릉을 봉심하고 돌아와 "강릉의 대왕 능은 여기저기 불탄 흔적이 있고, 왕후의 능은 모두 불에 탔습니다. 태릉은 능 전면이 반쯤 파헤쳐졌고 난간석의 전면도 역시 반쯤 파손되었으며, 정자각은 소실되었습니다."라고 보고했다. 선조는 왜적들이 진주해 있는 상태라 이렇다 할 해결책을 못 찾고 통분만 할 뿐이었다. 그러던 차에 4월 13일 경기좌도 관찰사 성영(成泳)으로부터 또다시 왜적들이 선릉과 정릉을 파헤쳤다는 치계가 올라온다. '지난겨울에 흉적들이 태릉과 강릉을 범하는 변고가 있었는데, 이제 선릉(宣陵)과 정릉(靖陵)에 변고가 있다 하니, 온 나라의 신민(臣民)들이 왜적들과는 한 하늘 아래 살 수가 없습니다.'라는 보고를 받은 선조는 곧 영의정 최흥원(崔興源) 등을 보내 선릉과 정릉을 봉심(奉審)하게 했다.

그 결과가 보고되기에 앞서 4월 26일 유성룡(柳成龍) 등에게서 선릉과 정릉의

---

200) 김천일(金千鎰) : 문신으로서 수원부사를 지냈고, 왜란이 일어나자 의병을 모아 지휘하면서 권율의 행주산성 전투에도 참여했고, 진주전투에서 순사하였다.

상태가 보고된다.

'선릉과 정릉의 변고에 대해서 지금 도체찰사 유성룡과 순령군(順寧君) 이경검 (李景儉)의 장계를 보건대, 정릉의 옥체(玉體)는 이미 양주의 송산(松山)에 있는 인 가(人家)에 옮겨 모셨고, 선릉은 두 능을 판 구덩이가 현궁까지 이르지는 않았다 고 합니다. 이것에 대한 명확한 보고는 반드시 재신(宰臣)이 몸소 살펴보고 보고 하기를 기다린 뒤에야 알 수 있을 것입니다.' 하였다.

그리고 4월 28일에는 각 대신들이 선릉과 정릉의 훼손에 대해 개장(改葬 : 다시 장사를 지내는 것)해야 하는 문제가 거론되었다. 선릉의 변고에 대해서는 개장에 별다른 의견이 없었으나, 정릉의 변고로 인한 개장은 지금의 능역에 개장하기보 다는 천릉 이전의 옛 능지로 다시 정해야 한다고 선조에게 아뢴다.

좌의정 윤두수는 "희릉(禧陵)이 있는 곳은 바로 고양군으로 당초 중종(中宗)께서 수장(壽藏)[201]할 곳으로 삼으려 했던 곳입니다. … 이제 흉변(凶變)이 이에 이르렀 으니 다시 옛 정릉으로 안장(安葬)하는 것이 합당한 듯합니다." 하고, 우의정 유홍 (兪泓)은 "능을 옮긴 일은 애당초 명종의 뜻이 아니었습니다. 요즘 산릉에 변이 생 겨 다시 길한 곳으로 안장한다면, 구정릉(舊靖陵)[202]으로 정하는 것이 인정으로 보 나 예(禮)로 보나 합당하다고 생각합니다." 하였다. 좌찬성 정탁(鄭琢)도 "새로운 정릉은 지역이 때로 물이 불어나면 침수되고, 구릉(舊陵)은 본래 수해 염려도 없 고 길하다고 합니다." 판돈녕부사(判敦寧府事) 정곤수(鄭崐壽)도 "정릉을 이장함에 있어 다시 구릉을 사용하자는 것은 모든 이의 의견입니다."

우찬성 성혼(成渾)은 "이제 신정릉(新靖陵)은 적화(賊禍)가 이와 같고 아울러 홍

---

201) 수장(壽藏) : 수릉(壽陵)과 비슷한 의미로 임금이 죽기 전에 미리 자신이 들어갈 곳을 마련하는 것을 뜻한다.

202) 구정릉(舊靖陵) : 중종 제1계비인 장경왕후 능인 희릉(禧陵)은 본래 헌릉(獻陵) 우측에 있었다. 그러 나 1537년(중종 32년) 당시 좌의정 김안로가 정치적으로 정적(政敵) 제거 수단을 위해 희릉이 지금 의 능역으로 천장되었다. 중종이 승하하자 희릉 옆에 안장되면서 희릉은 폐하고 정릉(靖陵)으로 능 호가 바뀌었다. 제2계비 문정왕후는 중종이 장경왕후 곁에 있는 것을 탐탁히 여기지 않고, 지금의 정릉의 능역으로 천장을 하면서 옛 희릉은 다시 능호를 희릉으로 하였다. 구정릉은 희릉 옆에 본래 중종이 묻혀 있던 능역을 말하는 것이다.

수의 염려까지 있으니 그곳을 그대로 사용할 수는 없습니다."

영돈녕부사(領敦寧府事) 정철 또한 "신정릉은 절대로 그대로 사용할 수 없습니다. 지금 같은 상황에 이른바 구릉으로 다시 모심이 이치에 맞는 듯합니다." 하였다. 이외에도 병조 판서 이항복, 아천군(鵝川君) 이증(李增), 예조 판서 김응남(金應南), 호조참판 윤자신(尹自新), 이조 참판 구사맹(具思孟), 지중추부사(知中樞府事) 윤우신(尹又新) 등 모든 대신들이 구릉으로 다시 모시는 것이 사리에 합당하다고 하였다.

이처럼 대신들의 의견이 이번 기회에 정릉만큼은 구정릉으로 다시 옮겨 개장해야 함을 건의했음에도 선조는 "경솔히 할 수 없다. 다른 대신들도 있으니 그들에게도 물어보고, 조정에 있는 제신들도 빠짐없이 의견을 개진하게 하라." 하였다. 대신들의 일치된 의견에도 선조는 결정을 하지 못한다. 그리고 봉심을 위해 떠난 영의정 최흥원에게 다시 사람을 보내 재궁(梓宮)을 자세히 조사하게 하라고 한다.

그로부터 50여 일이 지난 1593년(선조 26년) 6월 28일 선릉과 정릉의 상태를 직접 봉심했던 대신들인 영의정 최흥원, 형조 판서 이덕형, 공조 판서 권징, 대사헌 이제민, 지중추부사 성혼 등의 봉심 결과는 이러하다.

'선릉·정릉을 봉심하여 보니 3릉(성종, 정현왕후, 중종)의 재궁이 모두 불에 탔고 불탄 재의 색깔은 초목의 재와 달랐으며, 재의 무게 또한 보통 재보다 배나 무거웠는데 이것이 선릉의 유체에서 나온 것인지는 알 수 없으나, 전혀 아니라고 할 수도 없다. 송산(松山)은 선왕의 옥체를 기억하는 사람들로 하여금 옥체의 모습을 그려 내도록 하여 봉심할 때에 자료로 삼았는데, 그 기록에는 선왕의 옥체는 마른 편이고 수염도 자색이었으며 두 눈 사이에 녹두만 한 점이 있었다 하였으나, 이른바 옥체는 비만하였고 모발은 모두 빠졌고 콧등은 깨지고 이지러졌으며, 면상의 피부도 모두 녹아 없어져 한 곳도 알아볼 만한 곳이 없었다. 시신의 모습도 50년이 지난 오래된 시체는 아닌 듯했으며, 가슴에는 칼자국이 있었다.'는 것이었다.

다시 말하면 선릉의 3릉은 모두 파헤쳐지고 불에 타 재만 남았고, 정릉의 옥체라 판단하여 양주 송산에 모셨다는 시체는 정릉의 시신이 아닐 수도 있다는 것이었다. 그리고 대신들의 봉심과는 별도로 우부승지 정희번에게 선릉·정릉을 봉심하도록 했는데 7월 4일 보고되는 그 결과도 다를 바가 없었다. 그럼에도 불구하고 선조는 조치에 대해서 아무런 하교가 없었다.

다음 날도 아무런 결정이 나지 않자 7월 6일에 선·정릉 개장도감(宣靖陵改葬都監)에서 아뢰기를 "지금 총호사 최흥원의 장계를 보니, 정릉의 개장(改葬 : 다시 장사를 지내는 것)은 아직 의논을 정하지 못하였고, 선릉의 개장은 이달 21일에 하고자 하는데 날짜를 당길 수는 있으나 물릴 수는 없다고 하였습니다."라고 아뢰니, 그제서야 선조가 장계 내용에 따르면서, 마침내 선릉의 개장일이 정해진다.

다음 날 대신들이 모두 모여 "신들이 정릉의 흉변(凶變)을 들은 뒤에 새 능(陵)자리를 구릉(舊陵)으로 정하자고 청했던 것은 전일에 천장(遷葬)한 것을 미안하게 여겼기 때문에 그렇게 말씀드렸던 것입니다. 그러나 지금은 지난날의 의관(衣冠)마저도 찾을 길이 없으니 애통한 마음이 어찌 끝이 있겠습니까. 그러니 종전에 체백(體魄)[203]을 봉안(奉安)했던 곳이나마 그대로 봉안하는 것이 좋을 듯합니다. 전일에 이 능을 개장(改葬)하는 일에 이런 의외의 변고가 있을 것을 알지 못하고 함부로 의논한 바가 있었으므로 감히 아룁니다." 하니, 선조는 비로소 아뢴 대로 하라고 했다.

그래서 일부 파괴된 헌릉과 태릉, 강릉은 장마 전 개수하고, 심히 훼손된 선릉과 정릉의 개장 방향이 결정된 것이다. 능이 훼손됐다고 보고된 것이 1월인데 7월이 돼서야 조치 결정이 된 것이다. 이것만 보더라도 선조의 결단력을 능히 짐작할 수 있는 것이었다. 그리고 이때는 이미 도성이 수복되었음에도 선조는 환도하지 않고 의주에서 그대로 머물러 있었다.

임진왜란이라는 변란 속에 파헤쳐지고 불에 타는 흉변을 겪은 선릉은 1593년(선조 26년) 7월 27일에, 정릉은 같은 해 8월 15일에 본래의 능소에 각각 개장함으로써 지금의 모습이 되었다. 그런데 이런 여러 상황에 대해 『운암잡록(雲巖雜

---

203) 체백(體魄) : 죽은 사람의 시신과 혼백을 일컫는 말로 무덤의 송장을 말한다.

錄)』[204] 기정릉사(記靖陵事) 편에서는 이렇게 기록하고 있다. 요약을 하면 다음과 같다.

계사년(선조 26년, 1593년) 4월 초순에 선릉(宣陵)과 정릉이 왜적에게 도굴되었다. 경기 좌감사(京畿左監司) 성영(成泳)의 급보가 왔다. 능침(陵寢)에 변고가 생겼다는 보고였다. 두 능의 상황을 알아보고자 하니, 군관 이홍국(李弘國)이라는 자가 "소인은 바로 양녕대군(讓寧大君)의 후예입니다. 비록 죽을지라도 가겠습니다." 하여 가도록 했다.

이홍국이 떠난 며칠 뒤에 돌아와 보고하기를 "배 한 척을 구하여 밤중에 삼전도(三田渡)를 거쳐서 능에 올라가서 보니, 능은 이미 파헤쳐져 있었습니다. 어두운 밤이었으므로 손으로 더듬으니, 시신은 덮은 것이 없이 알몸으로 재와 흙 속에 누워 있는데, 손가락에 끈적끈적 묻어 모든 사람들이 굴 밖으로 도로 나왔습니다. 또 선릉에 도착하니 능은 이미 도굴되었고, 아무 것도 없었습니다." 하였다.

내가 "옥체(玉體)가 광중(壙中)에 그대로 드러나 있다고 하니, 정리(情理)상 애통하여 참을 수가 없다. 만일 적이 우리 사람들이 가서 탐지했다는 것을 알고 다시 불측한 짓을 한다면 어찌하겠는가? 몰래 업고 나와서 다른 곳에 안치(安置)하였다가, 평정되기를 기다려서 능을 복구하게 하는 것만 못하다." 하니, 모두들 "그렇다."고 하였다.

다시 이홍국으로 하여금 길을 인도하게 하고 시신을 남여 속에 싣고 나와서 물을 거슬러 올라왔으나, 봉안할 만한 곳이 없으므로 부득이 양주(楊州) 송산리(松山里)로 가서 파괴된 민가 두어 칸을 찾아서 봉안하였다고 보고하여, 나는 즉시 장계를 올려 상황을 보고하였다.

---

204) 『운암잡록(雲巖雜錄)』: 조선 중기 선조 때 중신 서애(西厓) 유성룡(柳成龍)이 여러 가지 정치적인 사건 등을 다뤄 기록한 잡록이다. 이 기록의 기정릉사(記靖陵事) 편에서 선·정릉(宣·靖陵)이 일본에 의해 파헤쳐진 것에 대한 정황을 상술하고 있다.

5월에 들으니, 영의정 최흥원(崔興源), 예조 판서 김응남(金應南), 좌참찬 성혼(成渾), 예조 참판 이관(李灌) 등 5~6인이 행재소에서 차례로 명을 받들고 두 능을 봉심하려 한다고 하였다. 또 들으니, 성혼은 도중에서 사람을 보고 정릉에서 발견된 시신의 진위가 어떠냐고 많이 물어 그의 말이 의심할 만한 것이 많이 있었다 한다. 그때 조신(朝臣) 중에는 중종(中宗)을 섬겼던 사람이 없었고, 오직 동지(同知) 송찬(宋贊)이 나이 84세로 중종 때에 한림(翰林)을 지냈는데, 피난하여 충청도에 있다는 말을 듣고 역마(驛馬)로 불러왔다.

6월 18일에 여러 신하들이 모두 송산에 모였다. 또 예양부인(豫陽夫人)이 평양에서 왔다. 예양은 바로 중종의 왕자인데, 그 부인이 궁중에 있어서 일찍이 중종의 용안을 알고 있기 때문에 온 것이다. 이불을 들치고 시신을 보니, 체구는 보통 사람 정도이고, 머리카락은 적고, 콧대는 꺾였으며, 수염은 약간 그 흔적이 보였는데, 자세히 보니 자줏빛이었다. 양쪽 어깨는 밖으로 펴졌으며, 가슴은 매우 높고 정강이에는 뼈만 있고 살은 없었으며, 힘줄이 서로 이어져 있었다. 가슴과 배에 칼자국이 두 군데 있었으니, 아마 왜적이 찌른 것인 듯하다.

그러나 이 시체의 진위가 분명치 않다 하는 성혼의 주장이 있었다. … 하루 뒤에 나는 남쪽 경상도에 내려갔다. 종사관 신경진이 나에게 말하기를 "들으니, 제공의 논의가 송산의 시체는 진짜가 아니라 하여 버리고자 한다는데 천하에 어찌 그런 일이 있을 수 있겠습니까?" 하였다.

내가 말하기를 "진짜를 가짜라 하는 것이나 가짜를 진짜라 하는 것은 똑같이 지극히 중대한 일이다. 이미 우리가 직접 허실을 알지 못하니 어찌 감히 그 옳고 그름을 단정할 수 있겠는가?" 하였다. 얼마 뒤에 내가 남쪽에 있으면서 들으니, 선릉(宣陵)과 정릉(靖陵)에 모두 능 옆에 있던 잡회(雜灰) 조금씩을 관에 넣어서 비어 있는 채로 장사 지내고, 송산의 시체는 진짜가 아니라 하여 버렸다고 했다.

한편 이로부터 10년이 지났을 때 상황을 『운암잡록』에서는 또 이렇게 기록하고 있다.

갑진년(선조 37년, 1604년) 봄에 예안(禮安) 사람 생원 아무개가 정릉 참봉(靖陵參奉)이 되었는데, 이 사람은 정릉의 시말을 모르는 사람이었다. 고향에 돌아와 그의 친구에게 말하는데 "능에서 밤중이면 매양 울음소리가 끊어지지 않자 늙은 수호군(守護軍)들이 모두 말하기를, '전에 옥체를 버리고 장사 지내지 않고 잡회(雜灰)를 넣어서 빈 채로 장사 지냈기 때문에 그때부터 지금까지 밤마다 곡성(哭聲)이 이렇게 나는 것이오. 오늘 밤만이 그런 것이 아니다.' 하므로, 슬픈 마음을 금할 수 없었다." 하였다. 나는 이 말을 듣고 골수에 사무쳤다. 그때의 일을 자세히 적어서 신하의 지극한 원통함을 표시한다.

이상을 보면 유성룡은 선릉(宣陵)을 의대(衣襨)로서 개장을 한 것에 이론이 없으나, 정릉(靖陵)의 경우는 양주 송산으로 모신 시신이 중종의 옥체로 확신을 하고 있었던 듯하다. 유성룡의 판단이 옳았는지 아니면 봉심했던 대신들의 판단이 옳았는지는 모른다. 지금에 와서 어떤 것이 사실인지 달라질 것이 없다.

하지만 가장 좋은 무덤의 자리는 죽은 사체가 흙으로 돌아갈 때까지 평온 무탈한 곳이 최고의 길지가 아닐까?라는 생각을 하게 된다. 선릉은 최상의 길지라고 해서 광평대군의 묘까지 이장시키고 조성한 능이다. 정릉 역시도 좋은 자리라고 해서 천릉을 했다. 조성한 지 100년도 안되고 천장한 지 30년도 안 되서, 파헤쳐지고 시신이 불태워지는 곳이, 과연 좋은 자리이고 명당자리인가?

결과적으로 보면 "일찍이 많은 산을 봐 왔는데 건원릉이라 할지라도 광평대군의 묘만은 못합니다.", "주산(主山)이 좋지 않다.", "국세(局勢)가 산만하고 쓰지 못할 땅이다."라며, 땅속과 지리(地理)를 꿰뚫고 있는 양 떠들던 사들의 말은 모두가 요설(妖說)이었던 것이다.

조정에서는 일반적으로 능지를 선정할 때 술관들을 통해 왕실의 무궁함을 위해 좋은 터를 잡는다. 선릉은 1494년 성종이 승하하자 능지를 선정할 때 풍수적으로 광평대군의 묘 자리가 더할 수 없이 좋다 하여, 종조부(從祖父 : 할아버지의 동생)인 광평대군의 묘를 이장하게 하고, 그 자리를 능지로 정했다. 선릉의 터는 과연 좋은 묘 자리였는가?

선릉을 장사한 이듬해인 1496년(연산 2년) 1월 선릉을 천장해야 한다는 상소가 있었다. 충청도 서산 향교의 심부름꾼 유승양(柳承陽)이 "선릉의 풍수가 불길하니 부디 금년에 천장을 해야 합니다."라고 글을 올렸으나 오히려 요망한 말이라고 의금부에서 국문을 하는 일이 있었다.

선릉이 100년 뒤 엄청난 변고를 당했으므로 선릉지는 결코 길지는 아니었던 것 같다. 유승양의 말대로 어쩌면 천릉을 했어야 하는 것 아니었나?라는 생각을 해 본다.

정릉 역시 구정릉에 안장되고 무탈하게 18년이 되었으나 단지 문정왕후가 그 자리는 불길한 땅이라는 이유를 들어 천장을 하였는데, 그 좋다던 능지는 지대가 낮아 장마 때면 홍살문과 재실까지 물이 차서, 천장을 주도한 문정왕후 본인도 그곳으로 가지 않았고, 또 30년 만에 이리도 엄청난 변고를 당한 것은 과연 선릉과 정릉이 풍수적으로 좋은 터였던가? 다시 한 번 짚어 보게 된다. 대체 묘 터의 좋고 나쁨은 무엇을 기준으로 판별되는가?

나름대로 풍수에 많은 관심과 조예(造詣)를 가지고 있다고 스스로 자처하던 선조 자신이나, 또 당시의 책임 있는 조정 대신들은, 능지의 좋고 나쁨을 깊이 판단하여 그 결과에 따라 개장을 했어야 함에도 그런 흔적은 찾을 수가 없었고, 그 자리에 그대로 개장한 것은 과연 옳았는가? 난중(亂中)이었다는 이유만으로는 변명이 미약하다.

임진왜란이 끝난 후 몇 년이 지나 단절된 국교 재개를 위한 협상을 하는데 협상 내용 중에 하나가 왜왕의 사과와 선·정릉(宣·靖陵) 도굴범의 압송이었다. 그래서 일본은 침략을 사과하는 국서(國書)와 함께 능 도굴범을 잡아 보내왔다. 여러 과정은 생략하고 결과를 언급하면, 왜국왕의 사과 국서는 가짜였고, 도굴범이라고 보낸 2명은 잡범으로 역시 가짜였다. 이에 대해 선조의 처결 내용과 대신들의 행태가 매우 부끄럽다.

1606년(선조 39년) 11월 19일 선조는 "교활한 자들이라 이런 일이 있을 줄 알았다. 지금 이 적을 진범이라 할 수는 없으나 그렇다고 진범이 아니라고 할 수도 없다. 진범이 아니더라도 대마도 왜인으로서 우리의 적이 아닌 자 누구이겠는가? 네거리에서 효수(梟首)하여도 의심할 것은 없다. 그러므로 진범이면 묘사에 고하고, 진범이 아니면 곧 처단하라는 뜻을 이미 알렸다. … 이번에 능적(陵賊 : 도굴범)을 결박하여 바친다는 것으로 이미 명분을 삼았으니, 죽이기만 하고 헌부례(獻俘禮)[205]는 하지 않는다면 우리에게 있어 기만을 당했어도 혐의도 적의한 처리가 될 것이다."라고 했다.

나라의 군왕으로 왜인에게 기만당한 것을 알았으면서 다시 침입할 것을 두려워하고, 종묘나 왕실의 조상에게 고하지도 못하게 하는 소위 불위헌부(不爲獻俘 : 헌부례를 못하게 함)를 하게 하는 선조로부터 용렬(庸劣)한 군주의 모습을 본다.

선왕들이 하늘 위에서 이를 바라본다면 질색할 노릇 아닌가? 이런 선조의 모습은 어쩌면 백성을 버리고 의주로 도망갈 때의 모습보다 더 비참하지 않은가?

---

205) 헌부례(獻俘禮) : 전쟁에서 승리하거나 반란을 진압한 후 돌아와서 생포한 포로를 종묘(宗廟)나 조상의 영묘(靈廟)에 바치고 승전을 고하는 의식이다.

조선 왕릉 조성 경위와 변천 일람

대	묘호(본관)	능 형태	능		출생			즉위			자녀	승하(서거)			능(원·묘) 택지		소요일
			능호	위치	부	모	출생일	일자	장소	재위 기간		일자	장소	나이	일자	위치	
	태조고황제	단릉	건원릉(建元陵)	구리시 인창동(동구릉)	이자춘	의혜왕후	1335. 10. 11	1392. 7. 17	개경 수창궁	6년 2월		1408. 5. 24	창덕궁 광연루	74	1408. 6. 28	양주 검암산	34일
1	신의고황후 (안변 한씨)	단릉	제릉(齊陵)	개성	안천부원군 한경						6남 2녀	1391. 9. 23	동북면	55			
	신덕고황후 (곡산 강씨)	단릉	정릉(貞陵)	성북구 정릉동	상산부원군 강윤성						2남 1녀	1396. 8. 13	이득분 집	?	1396. 8. 23	취현방	10일
2	정종	쌍릉	후릉(厚陵)	개풍 (개성)	태조고황제	신의고황후	1357. 7. 1	1398. 9. 5	경복궁 근정전	2년 2월		1419. 9. 26	인덕궁 정침	63		후릉	
	정안왕후 (경주 김씨)	쌍릉			월성부원군 김천서						0명	1412. 6. 25	인덕궁	58		해풍군 백마산	
3	태종	쌍릉	헌릉(獻陵)	서초구 내곡동 (헌인릉)	태조고황제	신의고황후	1367. 5. 16	1400. 11. 13	개경 수창궁	17년 10월		1422. 5. 10	연화방 신궁	56	1422. 5. 10	헌릉	0일 (수릉)
	원경왕후 (여흥 민씨)	쌍릉			여흥부원군 민제						4남 4녀	1420. 7. 10	수강궁 별전	56	1420. 7. 10	광주 대모산	0일 (수릉)
4	세종	합장릉	영릉(英陵)	여주시 능서면 (영녕릉)	태종	원경왕후	1397. 4. 10	1418. 8. 10	경복궁 근정전	31년 6월		1450. 2. 17	영응대군 집	53	1450. 2. 17	영릉	0일
	소헌왕후 (청송 심씨)	합장릉			청천부원군 심온						8남 2녀	1446. 3. 24	수양대군 집	52	1446. 3. 24	헌릉 우측 능선	0일 (수릉)
5	문종	동원 이강릉	현릉(顯陵)	구리시 인창동 (동구릉)	세종	소헌왕후	1414. 10. 3	1450. 2. 22	영응 대군 집	2년 3월		1452. 5. 14	경복궁 강녕전	39	1452. 8. 3	양주 검암산	78일
	현덕왕후 (안동 권씨)	동원 이강릉			화산부원군 권전		1441. 7. 23				1남 1녀	1441. 7. 24	경복궁 자선당	24	1441. 8. 25	안산 고읍	31일
6	단종	단릉	장릉(莊陵)	영월군 영월읍	문종	현덕왕후	1441. 7. 23	1452. 5. 18	경복궁 근정문	3년 2월		1457. 10. 21	영월 청령포	17		영월 동을지	
	정순왕후 (여산 송씨)	단릉	사릉(思陵)	남양주시 진건면	여량부원군 송현수						0명	1521. 6. 4	동대문 밖 초가집	82		양주 해주 정씨 선산	
7	세조	동원 이강릉	광릉(光陵)	남양주시 진접읍	세종	소헌왕후	1417. 9. 29	1455. 6. 11	경복궁 근정전	13년 3월		1468. 9. 8	수강궁 정침	52	1468. 10. 4	풍양현 정흠지 묘 터	26일
	정희왕후 (파평 윤씨)	동원 이강릉			파평부원군 윤번						2남 1녀	1483. 3. 30	온양 행궁	66	1483. 4. 9	광릉 동쪽 능선	9일
추존	덕종 (의경세자)	동원 이강릉	경릉(敬陵)	고양시 덕양구 (서오릉)	세조	정희왕후	1438. 9. 15					1457. 9. 2	경복궁 정실	20	1457. 10. 13	고양군 경역 묘 터	41일
	소혜왕후 (청주 한씨)	동원 이강릉			서원부원군 한확						2남 1녀	1504. 4. 27	창덕궁 경춘전	67	1504. 4. 29	경릉 우측 능선	2일
8	장순왕후 (원비) (청주 한씨)	단릉	공릉(恭陵)	파주시 조리읍 (파주 삼릉)	상당부원군 한명회						1남	1461. 12. 5	녹사 안기 집	17	1462. 1. 5	파주 강회백 묘 터	30일
	예종	동원 이강릉	창릉(昌陵)	고양시 덕양구 (서오릉)	세조	정희왕후	1450. 1. 15	1468. 9. 7	수강궁 중문	1년 2월		1469. 11. 28	경복궁 자미당	19	1469. 12. 12	의경 세자 묘 북쪽	13일
	안순왕후 (계비) (청주 한씨)	동원 이강릉			청천부원군 한백륜						1남 1녀	1498. 12. 23	창경궁	54	1499. 1. 2	창릉 동쪽 능선	9일
9	공혜왕후 (원비) (청주 한씨)	단릉	순릉(順陵)	파주시 조리읍 (파주 삼릉)	상당부원군 한명회						0명	1474. 4. 15	창덕궁 구현전	19	1474. 4. 22	파주 공릉 좌측 능선	7일
	성종	동원 이강릉	선릉(宣陵)	강남구 삼성동 (선정릉)	덕종 (의경세자)	소혜왕후	1457. 7. 30	1469. 11. 28	경복궁 근정전	25년 1월		1494. 12. 24	창덕궁 대조전	38	1495. 1. 10	광주 광평 대군 묘 터	16일
	정현왕후 (계비) (파평 윤씨)	동원 이강릉			영원부원군 윤호						1남 1녀	1530. 8. 22	경복궁 동궁	69	1530. 8. 28	선릉 좌측 능선	6일

최초 능호	발인		장례			천릉(이장)				추존(추복)			능(원·묘) 변천		좌향	비고(기타)
	일자	일진	일자	일진	소요일	사유	일자(시기)	당초	변경	일자(시기)	당초	변경	당초	변경		
건원릉	1408. 9. 7	壬子	1408. 9. 9	甲寅	104일 (3/14)										癸坐 丁向	·대한제국 수립 후 황제 추존
															?	
정릉	1397. 1. 3	丙辰	1397. 1. 3	丙辰	128일 (4/8)	도성 안 위치	1409. 2. 23 (태종 9년)	정릉	민묘	1669. 1. 23 (현종 10년)	서인	신덕왕후		정릉	庚坐 甲向	·강제 이장 후 260년 만에 추복
후릉	1419. 12. 27	丁酉	1420. 1. 3	壬寅	94일 (3/4)					1681. 12. 7 (숙종 7년)	공정왕	정종			癸坐 丁向	·262년 만에 추봉
후릉	1412. 8. 4	丙辰	1412. 8. 8	庚申	42일 (1/12)											
헌릉	1422. 9. 4	戊午	1422. 9. 6	庚申	114일 (3/24)										乾坐 巽向	·최초 우허제 능
헌릉	1420. 9. 16	辛巳	1420. 9. 17	壬午	67일 (2/7)											
영릉	1450. 6. 6	戊申	1450. 6. 12	甲申	115일 (3/25)	풍수적 불길	1469. 3. 6 (예종 1년)	영릉	영릉						子坐 午向	·이계전 묘 터로 천장
영릉	1446. 7. 16	壬午	1446. 7. 19	乙酉	114일 (3/24)											
현릉	1452. 8. 28	丁巳	1452. 9. 1	庚申	105일 (3/15)										癸坐 丁向	
현덕빈 묘	1441. 9. 16	己酉	1441. 9. 21	甲寅	57일 (1/27)	문종과 함께 안장	1513. 4. 21 (중종 8년)	소릉	현릉	1450. 7. 1 (문종 즉위년) / 1513. 3. 12	현덕빈 / 서인	현덕왕후 / 현덕왕후	현덕빈 묘 / 민묘	소릉 / 현릉	寅坐 申向	·1457년 세조 때 폐위 ·1513년(중종 8년) 추복
										1698. 11. 6 (숙종 24년)	노산군	단종	노산군 묘	장릉	辛坐 乙向	·엄흥도가 매장 ·1581년(선조 14년) 왕자 묘로 봉
										1698. 11. 6 (숙종 24년)	노산군 부인	정순왕후	민묘	사릉	癸坐 丁向	·해주 정씨 문중에서 7대 동안 신위 봉안
태릉 → 광릉	1468. 11. 24	庚辰	1468. 11. 28	甲申	80일 (2/20)										子坐 午向	
광릉	1483. 6. 3	甲子	1483. 6. 12	癸酉	71일 (2/11)										丑坐 未向	
의묘	1457. 11. 18	戊寅	1457. 11. 24	甲申	82일 (2/22)					1470. 1. 22 (성종 1년) / 1475. 10. 9 (성종 9년)	의경세자 / 회간왕	의경왕 / 덕종	의묘	경릉	艮坐 坤向	·서오릉 첫 번째 묘 ·의경왕 → 회간왕 → 덕종
경릉	1504. 5. 1	庚寅	1504. 5. 1	庚寅	33일 (1/3)					1470. 1. 22 (성종 1년)	수빈	인수왕후			癸坐 丁向	·인수왕후 → 소혜왕후 ·右王左妃에 배치
장순빈 묘	1462. 2. 21	丙戌	1462. 2. 25	庚寅	80일 (2/20)					1470. 1. 22 (성종 1년)	장순빈	장순왕후	장순빈 묘	공릉	戊座 辰向	
창릉	1470. 2. 3	壬子	1470. 2. 5	甲寅	67일 (2/7)										艮坐 坤向	·계비와 동원이강릉
창릉	1499. 2.		1499. 2. 14	甲辰	51일 (1/21)										艮坐 坤向	
순릉	1474. 6. 2	乙酉	1474. 6. 7	庚寅	81일 (2/21)										卯坐 酉向	
선릉	1495. 4. 2	乙卯	1495. 4. 6	己未	101일 (3/11)										壬坐 丙向	·광평대군 묘 터 ·계비와 동원이강릉 ·임진왜란시 훼손
선릉	1530. 10. 24	庚辰	1530. 10. 29	乙酉	66일 (2/6)										丑坐 未向	·1593. 7. 27 개장

대	묘호(본관)	능형태	능호	위치	부	모	출생일	일자	장소	재위 기간	자녀	일자	장소	나이	일자	위치	소요일
10	연산군	쌍분묘	연산군묘	도봉구 방학동	성종	폐비윤씨	1476. 11. 6	1494. 12. 29	경복궁 근정전	11년 9월		1506. 11. 6	강화 교동도 (유배지)	31		강화 교동	
	폐비 신씨 (거창군 부인)				거창부원군 신승선						3남 1녀	1537. 4. 8	친정집	61		연산군묘	
11	중종	단릉	정릉 (靖陵)	강남구 삼성동 (선정릉)	성종	정현왕후	1488. 3. 5	1506. 9. 2	경복궁 근정전	38년 2월		1544. 11. 15	장경궁 환경전	57	1544. 12. 13	희릉 서쪽 능선	27일
	단경왕후 (원비) (거창 신씨)	단릉	온릉 (溫陵)	양주시 장흥면	익창부원군 신수근						0명	1557. 12. 7	사저	71		친정 묘역	
	장경왕후 (제1계비) (파평 윤씨)	단릉	희릉 (禧陵)	고양시 덕양구 (서삼릉)	파원부원군 윤여필						1남 1녀	1515. 3. 2	경복궁 별전	25	1515. 3. 12	헌릉 우측 능선	10일
	문정왕후 (제2계비) (파평 윤씨)	단릉	태릉 (泰陵)	노원구 공릉동 (태강릉)	파산부원군 윤지임						1남 4녀	1565. 4. 6	창덕궁 소덕당	65	1565. 5. 30	양주 대방동	53일
12	인종	쌍릉	효릉 (孝陵)	고양시 덕양구 (서삼릉)	중종	장경왕후	1515. 2. 25	1544. 11. 20	창경궁 명정전	8월		1545. 7. 1	경복궁 자경전	31	1545. 7. 11	정릉 (靖陵) 우측 능선	10일
	인성왕후 (나주 박씨)				금성부원군 박용						0명	1577. 11. 29	경복궁 자선당	64	1577. 12. 6	효릉	7일
13	명종	쌍릉	강릉 (康陵)	노원구 공릉동 (태강릉)	중종	문정왕후	1534. 5. 22	1545. 7. 6	경복궁 근정전	21년 11월		1567. 6. 28	경복궁 양심당	34		양주 태릉 복측 능선	
	인순왕후 (청송 심씨)				청릉부원군 심강						1남	1575. 1. 2	창경궁 통명전	44	1575. 1. 16	강릉	14일
14	선조	동원 이강릉 (삼강)	목릉 (穆陵)	구리시 인창동 (동구릉)	덕흥대원군	하동부 대부인 정씨	1552. 11. 11	1567. 7. 3	경복궁 근정전	40년 7월		1608. 2. 1	정릉동 행궁	57	1608. 4. 1	건원릉 우측 능선	60일
	의인왕후 (원비) (나주 박씨)				반성부원군 박응순						0명	1600. 6. 27	황화방 별궁	46	1600. 11. 13	건원릉 좌측 능선	135일
	인목왕후 (계비) (연안 김씨)				연흥부원군 김제남						1남 1녀	1632. 6. 28	인경궁 흠명전	49	1632. 7. 10	건원릉 좌측 능선	12일
15	광해군	쌍분묘	광해군묘	남양주시 진건읍	선조	공빈 김씨	1575. 4	1608. 2. 2	경운궁 서청	15년 1월		1641. 7. 1	제주도	67		양주 적성동	
	폐비 유씨 (문성군부인)				문양부원군 유자신						3남	1623. 10. 8	강화 (귀양지)	48	1623. 10. 16	양주 적성동	8일
추존	원종	쌍릉	장릉 (章陵)	김포시 풍무동	선조	인빈 김씨	1580. 6. 22					1619. 12. 29	한성부 호현방	40		양주 군장리 처가 선산	
	인헌왕후 (인성 구씨)				능안부원군 구사맹						3남	1626. 1. 14	경덕궁 회상전	49	1626. 2. 9	김포 성산	24일
16	인조	합장릉	장릉 (長陵)	파주시 탄현면	원종	인헌왕후	1595. 11. 7	1623. 3. 13	경운궁 서청	26년 2월		1649. 5. 8	창덕궁 대조전	55	1649. 5. 18	파주 장릉	10일
	인렬왕후 (원비) (청주 한씨)	합장릉			서평부원군 한준겸						4남	1635. 12. 9	창경궁 여휘당	42	1636. 2. 9	파주	59일
	장렬왕후 (계비) (양주 조씨)	단릉	휘릉 (徽陵)	구리시 인창동 (동구릉)	한원부원군 조창원						0명	1688. 8. 26	창경궁 내반원	64	1688. 9. 18	건원릉 우측 능선	22일
17	효종	동원 상하릉	영릉 (寧陵)	여주시 능서면 (영녕릉)	인조	인렬왕후	1619. 5. 22	1649. 5. 13	창덕궁 인정문	10년		1659. 5. 4	창덕궁 대조전	41	1659. 7. 11	건원릉 우측 능선	66일
	인선왕후 (덕수 장씨)				신풍부원군 장유						1남 6녀	1674. 2. 23	경희궁 회상전	57	1674. 3. 6	영릉 (여주)	32일
18	현종	쌍릉	숭릉 (崇陵)	구리시 인창동 (동구릉)	효종	인선왕후	1641. 2. 4	1659. 5. 9	창덕궁 인정문	15년 3월		1674. 8. 18	창덕궁 재려	34	1674. 9. 13	건원릉 능역 내	25일
	명성왕후 (청풍 김씨)				청풍부원군 김우명						1남 3녀	1683. 12. 5	창경궁 저승전	42	1683. 12. 11	숭릉	6일
19	인경왕후 (원비) (광산 김씨)	단릉	익릉 (翼陵)	고양시 덕양구 (서오릉)	광성부원군 김만기						2녀	1680. 10. 26	경덕궁 회상전	20	1680. 11. 15	경릉 북쪽 능선	19일
	숙종				현종	명성왕후	1661. 8. 15	1674. 8. 23	창덕궁 인정문	45년 10월		1720. 6. 8	경덕궁 융복전	60	1720. 6. 15	명릉	7일
	인현왕후 (제1계비) (여흥 민씨)	동원 이강릉	명릉 (明陵)	고양시 덕양구 (서오릉)	여양부원군 민유중						0명	1701. 8. 14	창경궁 경춘전	35	1701. 8. 14	경릉 동쪽 능선	0일
	인원왕후 (제2계비) (경주 김씨)				경은부원군 김주신						0명	1757. 3. 26	창덕궁 영모당	71	1757. 4. 4	명릉 우측 능선	8일

최초 능호	발인		장례			천릉(이장)				추존(추복)			능(월·묘) 변천		좌향	비고(기타)
	일자	일진	일자	일진	소요일	사유	일자(시기)	능호 당초	능호 변경	일자(시기)	묘호 당초	묘호 변경	당초	변경		
연산군묘						폐비 신씨 요청	1513. 2. 11 (중종 8년)								壬坐 丙向	·강화에서 이장
연산군묘																
희릉 → 정릉	1545. 2. 3	丙寅	1545. 2. 9	壬申	82일 (2/22)	풍수 빙자한 투기	1562. 9. 4 (명종 17년)	정릉	정릉						乾坐 巽向	·임진왜란시 훼손 ·1593. 8. 15 개장
										1739. 3. 28 (영조 15년)		단경 왕후	민묘	온릉	亥坐 巳向	
희릉	1515. 윤4. 2	己未	1515. 윤4. 4	辛酉	63일 (2/3)	풍수 빙자 정적 제거	1537. 9. (중종 32년)	희릉	정릉 → 희릉						艮坐 坤向	·희릉 → 정릉 → 희릉
신정릉 → 태릉	1565. 7. 13	丁未	1565. 7. 15	己酉	97일 (3/7)										壬坐 丙向	·임진왜란시 일부 훼손
효릉	1545. 10. 12	辛丑	1545. 10. 15	甲辰	103일 (3/13)										艮坐 坤向	·왕후 장례일 차이 선조실록 : 2. 15 선조수정실록 : 2. 1
효릉	1578. 2. 9	庚寅	1578. 2. 15	丙申	76일 (2/16)											
강릉	1567. 9.		1567. 9. 22	癸酉	82일 (2/22)										亥坐 巳向	·임진왜란시 일부 훼손
강릉	1575. 4. 1	己巳	1575. 4. 28	丙申	144일 (4/24)											
숙릉 → 목릉	1608. 6. 11	丙寅	1608. 6. 12	丁卯	129일 (4/9)	풍수상 부적지	1630. 11. 21 (인조 8년)	목릉	목릉						壬坐 丙向	
유릉	1600. 12. 21	庚寅	1600. 12. 22	辛卯	173일 (5/23)								유릉	목릉	壬坐 丙向	·선조 천릉으로 유릉을 목릉으로 변경
혜릉	1632. 10. 4	戊辰	1632. 10. 6	庚午	96일 (3/6)								혜릉	목릉	甲坐 庚向	·혜릉을 목릉으로 변경
			1641. 10. 4	丙午	91일 (3/1)										亥坐 巳向	·유배지 제주에서 서거
			1623. 윤10. 29	乙卯	50일 (1/20)											
정원군 묘			1620. 1			계운궁 합장	1627. 8. 27 (인조 5년)	정원 군묘	홍경 원	1632. 3. 11 (인조 10년)	정원 대원군	장릉 대왕	홍경원	장릉	子坐 午向	·1634. 7. 14 장릉대왕 → 원종 ·육경원 → 홍경원 → 장릉
육경원	1626. 5. 17	戊午	1626. 5. 18	己未	121일 (4/1)					1632. 3. 11 (인조10년)	연주부 부인	인헌 왕후	홍경원	장릉	癸坐 丁向	
장릉	1649. 9. 11	丁卯	1649. 9. 20	丙子	130일 (4/10)	풍수적 불길	1731. 8. 30 (영조 7년)	장릉	장릉						子坐 午向	·당초 쌍릉에서 천릉시 합장
장릉	1636. 4. 9	癸未	1636. 4. 11	乙酉	120일 (4/0)											
휘릉	1688. 12. 15	甲寅	1688. 12. 16	乙卯	110일 (3/20)										辛坐 乙向	
익릉 → 영릉	1659. 10. 28	乙卯	1659. 10. 29	丙辰	171일 (5/21)	풍수적 불길	1673. 10. 7 (현종 14년)	영릉	영릉						子坐 午向	·당초 거론되던 홍제동으로 천장
영릉	1674. 5. 28	辛卯	1674. 6. 4	丁酉	100일 (3/10)											
숭릉	1674. 12. 11	庚子	1674. 12. 13	壬寅	113일 (3/23)										酉坐 卯向	
숭릉	1684. 4. 3	戊戌	1684. 4. 5	庚子	118일 (3/28)											
익릉	1681. 2. 20	甲辰	1681.	丙午	115일 (3/25)										丑坐 未向	
명릉	1720. 10. 20	癸丑	1720. 10. 21	甲寅	130일 (4/10)										甲坐 庚向	·제1계비 인현왕후와 쌍봉릉
명릉	1701. 12. 8	庚申	1701. 12. 9	辛酉	112일 (3/22)											
명릉	1757. 7. 11	辛巳	1757. 7. 12	壬寅	105일 (3/15)										乙坐 辛向	·우왕좌비(右王左妃)에 배치

대	묘호(본관)	능 형태	능		출생			즉위			자녀	승하(서거)			능(원·묘) 택지		
			능호	위치	부	모	출생일	일자	장소	재위 기간		일자	장소	나이	일자	위치	소요일
20	단의왕후(원비)(청송 심씨)	혜릉(惠陵)	구리시 인창동(동구릉)	단릉	청은부원군 심호						0명	1718. 2.7	창덕궁 장춘헌	33	1718. 2.24	숭릉 서쪽 능선	17일
	경종	의릉(懿陵)	성북구 석관동	동원 상하릉	숙종	희빈 장씨	1688. 10.28	1720. 6.13	경덕궁 숭정전	4년 2월		1724. 8.25	창경궁 환취정	37	1724. 9.16	중랑포	21일
	선의왕후(계비)(함종 어씨)				함원부원군 어유구						0명	1730. 6.29	창경궁 어조당	26	1730. 7.5	의릉 동강 하혈	6일
21	정성왕후(원비)(달성 서씨)	홍릉(弘陵)	고양시 덕양구(서오릉)	단릉	달성부원군 서종제						0명	1757. 2.15	창덕궁 관리합	66	1757. 2.25	창릉 좌측 능선	10일
	영조	원릉(元陵)	구리시 인창동(동구릉)	쌍릉	숙종	숙빈 최씨	1694. 9.13	1724. 8.30	창덕궁 인정문	51년 7월		1776. 3.5	경희궁 집경당	83	1776. 4.11	구 영릉지	37일
	정순왕후(계비)(경주 김씨)				오흥부원군 김한구						0명	1805. 1.12	창덕궁 경복전		1805. 1.25	원릉	13일
추존	진종소황제	영릉(永陵)	파주시 조리읍(파주삼릉)	쌍릉	영조	정빈 이씨	1719. 2.15					1728. 11.16	창경궁 진수당	10	1728. 11.26	순릉 좌측 언덕	10일
	효순소황후(풍양 조씨)				풍릉부원군 조문명						0명	1751. 11.14	창덕궁 건극당	37	1751. 11.16	효장묘	2일
추존	장조의황제	융릉(隆陵)	화성시 안녕동(융건릉)	합장릉	영조	영빈 이씨	1735. 1.21					1762. 윤5.21	창덕궁	28		양주 배봉산	
	헌경의황후(풍산 홍씨)				영풍부원군 홍봉한						2남 2녀	1815. 12.15	창경궁 경춘전	81	1815. 12.18	현륭원	3일
22	정조선황제	건릉(健陵)	화성시 안녕동(융건릉)	합장릉	장조	혜경궁 홍씨(효의왕후)	1752. 9.22	1776. 3.10	경희궁 숭정문	24년 3월		1800. 6.28	창경궁 영춘헌	49	1800. 7.15	수원 강무당 옛터	17일
	효의선황후(청풍 김씨)				청원부원군 김시묵						0명	1821. 3.9	경복궁 자경전	67	1821. 4.21	수원 향교 터	41일
23	순조숙황제	인릉(仁陵)	서울 서초구 내곡동(헌인릉)	합장릉	정조	수빈 박씨	1790. 6.18	1800. 7.4	창덕궁 인정문	34년 4월		1834. 11.13	경희궁 회상전	45	1835. 3.7	교하 장릉 국내	112일
	순원숙황후(안동 김씨)				영안부원군 김조순						2남 3녀	1857. 8.4	창덕궁 양심합	70	1857. 8.18	인릉 합봉	14일
추존	문조익황제	수릉(綏陵)	구리시 인창동(동구릉)	합장릉	순조	순원왕후	1809. 8.9					1830. 5.6	창덕궁 희정당	22	1830. 6.27	양주 천장산 의릉 좌측 능선	51일
	신정익황후(풍양 조씨)				풍은부원군 조만영						1남	1890. 4.17	경복궁 흥복전	83	1890. 4.23	수릉 국내	6일
24	헌종성황제	경릉(景陵)	구리시 인창동(동구릉)	삼연릉	문조	신정왕후	1827. 7.18	1834. 11.18	경희궁 숭정문	14년 7월		1849. 6.6	창덕궁 중희당	23	1849. 7.30	경릉 합봉	53일
	효현성황후(원비)(안동 김씨)				영흥부원군 김조근						0명	1843. 8.25	창덕궁 대조전	16	1843. 9.18	목릉 옛터	22일
	효정성황후(계비)(남양 홍씨)				익풍부원군 홍재룡						0명	1904. 1.2	덕수궁 수인당	73	1904. 1.18	경릉 합봉	16일
25	철종장황제	예릉(睿陵)	고양시 덕양구(서삼릉)	쌍릉	전계대원군		1831. 6.19	1849. 6.9	창덕궁 인정문	14년 6월		1863. 12.8	창덕궁 대조전	33	1863. 12.24	희릉 우측 능선	16일
	철인장황후(안동 김씨)				영은부원군 김문근						1남	1878. 5.12	창경궁 양화당	42	1878. 5.20	예릉	8일
26	고종태황제	홍릉(洪陵)	남양주시 금곡동(홍유릉)	합장릉	흥선대원군	여흥부대부인	1852. 7.25	1863. 12.13	창덕궁 인정문	43년 7월		1919. 1.21	덕수궁 함령전	67	1919. 1.26	양주 금곡	5일
	명성태황후(여흥 민씨)				여성부원군 민치록						4남 1녀	1895. 8.20	경복궁 곤녕합	45	1897. 1.3	청량리	484일
27	순종효황제	유릉(裕陵)	남양주시 금곡동(홍유릉)	삼 합장릉	고종	명성황후	1874. 2.28	1907. 8.27	덕수궁 돈덕전	3년 1월		1926. 4.25	창덕궁 대조전	52	1926. 5.1	양주 금곡	6일
	순명효황후(여흥 민씨)				여은부원군 민태호						0명	1904. 11.5	경운궁 강태실	33	1904. 11.19	양주 용마봉	14일
	순정효황후(해평 윤씨)				해풍부원군 윤택영						0명	1966. 2.3	창덕궁 낙선재	73	1966. 2.3	유릉	0일

최초능호	발인 일자	발인 일진	장례 일자	장례 일진	장례 소요일	천릉 사유	천릉 일자(시기)	천릉 능호 당초	천릉 능호 변경	추존 일자(시기)	추존 묘호 당초	추존 묘호 변경	능(원·묘) 변천 당초	능(원·묘) 변천 변경	좌향	비고(기타)
단의빈묘	1718.4.16	甲午	1718.4.18	丙申	70일(2/10)					1720.6.15(경종 즉위년)	단의빈	단의왕후	단의빈묘	혜릉	酉坐卯向	
의릉	1724.12.15	甲申	1724.12.16	乙酉	110일(3/20)										申坐寅向	·구영릉지로 능지 거론됐으나 영조가 반대
의릉	1730.10.19	甲寅	1730.10.19	甲寅	108일(3/18)										申坐寅向	
홍릉	1757.6.3	癸亥	1757.6.4	甲子	106일(3/16)										乙坐辛向	·영조가 우허지로 조성했으나 단릉으로 존재
홍릉→원릉	1776.7.26	乙未	1776.7.27	丙申	140일(4/20)										亥坐巳向	·영릉(효종) 천장지 ·계비와 쌍릉
경릉→원릉	1805.6.19	辛未	1805.6.20	壬申	155일(5/5)											
효장묘	1729.1.24	己巳	1729.1.26	辛未	69일(2/9)					1776.3.19	효장세자	진종	효장세자묘	영릉	乙坐辛向	·정조 즉위 즉시 추존 ·대한제국 황제 추존
										1908.7.30	진종	진종소황제				
효장묘	1752.1.21	癸未	1752.1.22	甲申	68일(2/8)					1776.3.19	효순현빈	효순왕후				
										1908.5.11	효순왕후	효순소황후				
수은묘	1762.7.23	甲申	1762.7.23	甲申	61일(2/1)	풍수적 불길	1789.10.7(정조 13년)	영우원	현륭원	1776.3.20	사도세자	장헌세자	영우원	현륭원	癸坐丁向	·수은묘→영우원→현륭원→융릉 ·대한제국 황제 추존
										1899.9.1	장헌세자	장종	현륭원	융릉		
										1901.10.17	장종	장조의황제				
현륭원	1816.3.1	辛巳	1816.3.3	癸未	78일(2/18)					1899.9.1	혜경궁	헌경왕후	현륭원	융릉		
										1901.10.17	헌경왕후	헌경의황후				
건릉	1800.11.3	辛巳	1800.11.6	甲申	126일(4/6)	풍수적 불길	1821.9.13(순조 21년)	건릉	건릉	1899.12.7	정조	정조선황제			子坐午向	·정종→정조→정조선황제 ·향교 터로 천릉
정릉→건릉	1821.9.10	丁巳	1821.9.13	庚申	180일(6/0)					1899.12.7	효의왕후	효의선황후				·건릉을 먼저 천장 후 합장
인릉	1835.4.17	丙午	1835.4.19	戊申	158일(5/8)	풍수적 흠결	1856.10.11(철종 7년)	인릉	인릉	1899.12.7(고종 36년)	순조	순조숙황제			子坐午向	·옛 장릉 국내 조성 중단 교하 장릉 국내로 변경 ·영릉 초장지로 천릉 ·대한제국 황제 추존
문릉→인릉	1857.12.16	癸亥	1857.12.17	甲子	133일(4/13)					1899.12.7	순원왕후	순원숙황후				·인릉 천릉 후 합봉
연경묘	1830.8.3	戊子	1830.8.4	己丑	86일(2/26)	1차:풍수불길 2차:풍수불길	1846.윤5.20(헌종12년) 1855.8.26(철종6년)	수릉	수릉	1834.11.19	효명세자	익종	연경묘	수릉	壬坐丙向	·왕릉 중 유일하게 2회 천장 ·대한제국 황제 추존
										1899.12.7	익종	문조익황제				
홍릉→수릉	1890.8.29	丙寅	1890.8.30	丁卯	130일(4/10)					1834.11.19	효명세자빈	신정왕후				·우왕좌비(右王左妃)에 배치
										1899.12.7	신정왕후	신정익황후				
숙릉→경릉	1849.10.26	庚寅	1849.10.28	壬辰	140일(4/20)					1908.5.11(순종 1년)	헌종	헌종성황제			酉坐卯向	
경릉	1843.11.28	丙午	1843.12.2	庚子	95일(3/5)					1908.5.11	효현왕후	효현성황후			庚坐甲向	·목릉(선조) 천장지 유일한 삼연릉 ·대한제국 황제 추존
정릉→경릉	1904.3.14	癸巳	1904.3.15	甲午	73일(2/13)					1908.5.11	효정왕후	효정성황후			庚坐甲向	
예릉	1864.4.6	丙子	1864.4.7	丁丑	117일(3/17)					1908.5.11	철종	철종장황제			子坐午向	·정릉(중종) 천장지 ·대한제국 황제 추존
예릉	1878.9.16	壬戌	1878.9.18	甲子	123일(4/3)					1908.5.11	철인왕후	철인장황후			癸坐丁向	
홍릉	1919.3.3	甲寅	1919.3.4	乙卯	42일(1/12)										乙坐辛向	·대한제국 수립
숙릉→홍릉	1897.11.21	癸未	1897.11.22	甲申	776일(25/26)	고종과 합장	1919.2.16	홍릉	홍릉							·홍릉 천릉 후 고종과 합장
유릉	1926.6.10	庚午	1926.6.11	辛未	42일(1/12)										卯坐酉向	
유강원	1905.1.3	壬寅	1905.1.4	癸卯	60일(2/0)	순종과 합장	1926.6.5	유릉	유릉	1907.7.23(순종 즉위년)	순명비	순명황후	유강원	유릉	卯坐酉向	·유릉 천릉 후 순종과 합장
유릉	1966.2.13	癸卯	1966.2.13	癸卯	10일(0/10)											·대한민국은 시호 제도가 없어 전주 이씨 종약원에서 정한 시호

참고문헌

사료

『승정원일기』/『연려실기술』/『운암잡록』/『조선왕조실록』/『홍재전서』

논문 및 자료

「17세기 후반 산릉역의 승군 징발」 윤용출 지음, 경남사학회, 2009
「구희릉(장경왕후) 초장지 보존 정비 보고서」 문화재청, 2008
「근대 사건으로 본 조선 초기 왕릉의 원형」 전나나 지음, 조선시대사학회, 2014
「문화관광자원의 풍수지리적 입지요인에 관한 연구」 윤여송·최규식 지음, 한국여행학회, 1999
「세종대·단종대의 정치 변동과 풍수지리」 이정주 지음, 한국역사민속학회, 2011
「세종대왕 舊英陵에 대한 再論 세종대왕 초장지에 대한 재론」 안경호 지음, 한국학중앙연구원, 2008
「조선 전기 遷陵의 과정과 정치적 성격(조선 전기 천릉의 과정과 정치적 성격)」 신재훈 지음, 조선시대사학보, 2011
「朝鮮時代 王陵에 관한 風水信仰 硏究(조선시대 왕릉에 관한 풍수신앙연구)」 김임규 지음, 단국대, 1976
「조선왕릉 조영형식의 변천과 왕릉 입지 고찰 -조선초 건원릉~광릉을 중심으로-」 이덕형 지음, 한성대학교 인문과학연구원, 2012
「조선왕릉종합학술조사보고서[I - V]」 이창환 외 4인, 국립문화재연구소, 2009-2013
「조선왕릉 擇地와 山論(조선왕릉 택지와 산론)」 이덕형 지음, 한성대학교, 2013
「朝鮮王陵의 風水地理的 解釋과 計量的 分析 硏究(조선왕릉의 풍수지리적 해석과 계량적 분석연구)」 이재영 지음, 동방대학원대학교, 2010
「파주실록」 파주시·파주문화원, 2001
「파주의 역사와 문화」 파주문화원, 2005
「파주의 인물」 파주문화원, 2005
「풍수사상에서 본 조선왕릉원묘 조성기법에 관한 연구」 김영빈 지음, 대구가톨릭대학교 인문과학연구소, 1989
「風水原理에 따른 都市評價 모형에 관한 硏究(풍수원리에 따른 도시평가 모형에 관한 연구)」 엄기헌 지음, 嘉泉大學校(가천대학교), 2014
「顯隆園 遷園과 華城건설을 통해 본 正祖의 風水地理觀(현릉원 천원과 화성건설을 통해 본 정조의 풍수지리관)」 성동환 지음, 한국사상사학회, 2001

단행본

『광명의 뿌리』 광명문화원, 1997
『국역 소문쇄록』 조신 원작, 정용수 번역, 국학자료원, 1997
『규장각에서 찾은 조선의 명품들』 신병주 지음, 책과 함께, 2007
『김병조의 마음공부』 김병조 지음, 청어람M&B, 2014
『능묘와 풍수 文化』 구중회 지음, 국학자료원, 2008
『뜻밖의 한국사』 김경훈 지음, 오늘의책, 2004
『명당찾는 풍수비법』 김종철 지음, 삶과 벗, 2005
『상소문을 읽으면 조선이 보인다』 구자청 지음, 역사공간, 2013
『손감묘결』 고재희 지음, 다산초당, 2008
『시원하게 나를 죽여라』 이덕일 지음, 한겨레출판, 2008
『신들의 정원 조선왕릉』 이정근 지음, 책보세, 2010
『신봉승의 조선사 나들이』 신봉승 지음, 답게, 1996
『실록이란 무엇인가?』 오항녕 지음, 역사비평사, 2018
『쑹내관의 재미있는 왕릉 기행』 송용진, 지식프레임, 2011
『여기자가 파헤친 조선왕릉의 비밀』 1, 2, 한성희 지음, 솔지미디어, 2006
『역사가 보이는 조선왕릉 기행』 황인희 글, 윤상구 사진, 21세기북스, 2010
『역사의 숲, 조선왕릉』 국립문화재연구소 엮음, 눌와, 2007
『왕 곁에 잠들지 못한 왕의 여인들』 홍미숙 지음, 문예춘추사, 2015
『왕과 아들』 강문식·한명기·신병주 지음, 책과 함께, 2013
『왕릉풍수와 조선의 역사』 장영훈 지음, 대원미디어, 2000
『왕으로 산다는 것』 신병주 지음, 매일경제신문사, 2017
『왕을 낳은 후궁들』 최선경 지음, 김영사, 2007
『왕을 위한 변명』 신명호 지음, 김영사, 2009
『왕의 하루』 이한우 지음, 김영사, 2012
『원당, 조선왕실의 간절한 기도처』 탁효정 지음, 은행나무, 2017

『원본 한중록』, 혜경궁 홍씨 지음, 정병설 주석, 문학동네, 2010
『이산 정조대왕』, 이상각 지음, 추수밭, 2007
『임진록』, 정출헌 주해, 마당미디어, 1998
『정경연의 부자되는 양택풍수』, 정경연 지음, 평단문화사, 2005
『정조 조선의 혼이 지다』, 이한우 지음, 해냄, 2007
『정조시대 현륭원 조성과 수원』, 정해득 지음, 신구문화사, 2009
『정조의 화성행차 그 8일』, 한영우 지음, 효형출판, 1998
『정통 풍수지리』, 정경연 지음, 평단문화사, 2003
『조선 500년 신통방통 고사통』, 조성린 지음, 동서문화사, 2007
『조선 국왕 장가보내기』, 임민혁 지음, 글항아리, 2017
『조선 왕을 말하다』 1, 2, 이덕일 지음, 역사의아침, 2010
『조선국왕 이야기』, 임용한 지음, 혜안, 1989
『조선국왕의 상징』, 정재훈 지음, 현암사, 2018
『조선국왕전』, 이성무 지음, 청아출판사, 2012
『조선사 진풍경』, 이성주 지음, 추수밭, 2011
『조선시대 왕릉의 조성 및 그 문헌』, 이범직 지음, 수덕문화사, 2007
『조선왕들의 생로병사』, 강영민 지음, 이가출판사, 2009
『조선왕릉 풍수』, 임학섭 지음, 대흥기획, 1997
『조선왕릉, 잠들지 못하는 역사』, 이우상 글, 최진연 사진, 다할미디어, 2009
『조선왕릉실록』, 이규원 지음, 글로세움, 2012
『조선왕릉제향』, 전주 이씨 대동 종약원, 2012
『조선왕비 실록』, 신명호 지음, 역사의아침, 2007
『조선왕비 오백년사』, 윤정란 지음, 이가출판사, 2008
『조선왕실의 상장례』, 이현진 지음, 신구문화사, 2017
『조선왕조사』, 이성무 지음, 수막새, 2011
『조선의 방외지사』, 이수광 지음, 나무처럼, 2008
『조선의 왕릉』, 이호일 지음, 가람기획, 2003
『조선의 왕비로 살아가기』, 심재우 외 6명 지음, 돌베개, 2012
『조선이 버린 왕비들』, 홍미숙 지음, 문예춘추사, 2016
『조선초기의 풍수지리사상 연구』, 강환웅 지음, 한국학술정보, 2006
『종묘와 사직』, 강문식·이현진 지음, 책과 함께, 2011
『징비록』, 류성룡 지음, 김흥식 옮김, 서해문집, 2006
『택리지』, 이중환 지음, 허경진 옮김, 서해문집, 2007
『풍수의 定石』, 조남선 지음, 청어람M&B, 2010
『풍수잡설』, 최창조 지음, 모멘토, 2005
『한국 유교건축에 담긴 풍수 이야기』, 박정해 지음, 씨아이알, 2014
『한국의 명당』, 김호년 지음, 동학사, 1990
『韓國의 風水(한국의 풍수)』, 촌산지순 저, 정현우 역, 명문당, 1991
『한국의 풍수와 비보』, 최원석 지음, 민속원, 2004
『한권으로 읽는 조선왕실계보』, 박영규 지음, 웅진지식하우스, 2008
『한중록』, 혜경궁 홍씨 시름, 무애 김선오, 마령미디어, 1990
『후대가 판단케 하라』, 오항녕 지음, 역사비평사, 2018

웹 사이트

네이버(https://www.naver.com)
다음(https://www.daum.net)
나무위키(https://namu.wiki)
문화재청(www.cha.go.kr)
위키백과(https://ko.wikipedia.org)
한국민족문화대백과사전(https://encykorea.aks.ac.kr)

461

이미지 출처

p. 16, 건원릉, 문화재청 궁능유적본부 / p. 23, 건원릉 전경, 문화재청 궁능유적본부

p. 26, 정릉, 문화재청 조선왕릉 중부지구 관리소 / p. 29, 뒤에서 본 정릉, 문화재청 궁능유적본부

p. 34, 후릉, 국립문화재연구소, 조선왕릉종합학술조사보고서[I], 2009, 국립문화재연구소

p. 41, 후릉 동측 석물 전경, 국립문화재연구소, 조선왕릉종합학술조사보고서[I], 2009, 국립문화재연구소

p. 44, 헌릉, 문화재청 궁능유적본부 / p. 46, 헌릉 전경, 문화재청 궁능유적본부

p. 50, 위에서 본 헌릉, 문화재청 궁능유적본부

p. 54, 뒤에서 본 영릉, 문화재청 궁능유적본부 / p. 59, 위에서 본 영릉, 여주시

p. 66, 현릉 문종 능, 문화재청 궁능유적본부 / p. 75, 현덕왕후 능, 문화재청 궁능유적본부

p. 78, 장릉, 문화재청 궁능유적본부

p. 83, 성주 선석산 세종의 왕자들 태실, 성주군 / p. 85, 뒤에서 본 장릉, 문화재청 궁능유적본부

p. 86, 사릉, 문화재청 궁능유적본부 / p. 90, 사릉 전경, 문화재청 궁능유적본부

p. 92, 뒤에서 본 사릉, 문화재청 궁능유적본부

p. 94, 광릉 세조 능, 문화재청 궁능유적본부 / p. 101, 정희왕후 능, 문화재청 궁능유적본부

p. 103, 향어로가 보이는 광릉 정자각(1917년 촬영),「근대 사건으로 본 조선 초기 왕릉의 원형」전나나, 조선시대사학회

p. 104, 경릉 덕종 능, 문화재청 궁능유적본부 / p. 113, 뒤에서 본 소혜왕후 능, 문화재청 궁능유적본부

p. 116, 공릉, 문화재청 궁능유적본부 / p. 120, 공릉 전경, 문화재청 궁능유적본부

p. 123, 뒤에서 본 공릉, 문화재청 궁능유적본부

p. 124, 창릉 예종 능, 문화재청 궁능유적본부

p. 129, 뒤에서 본 창릉, 문화재청 궁능유적본부 / p. 132, 창릉 전경, 문화재청 궁능유적본부

p. 134, 순릉, 파주시 / p. 138, 뒤에서 본 순릉 전경, 정재안

p. 140, 선릉 성종 능, 정재안 / p. 147, 선릉 정현왕후 능, 문화재청 궁능유적본부

p. 152, 연산군묘, 국립문화재연구소, 조선왕실 원묘 종합학술조사보고서 II, 2018, 국립문화재연구소

p. 158, 연산군 묘역 전경, 정재안

p. 162, 온릉, 문화재청 궁능유적본부 / p. 167, 뒤에서 본 온릉, 문화재청 궁능유적본부

p. 170, 희릉, 문화재청 궁능유적본부 / p. 174, 뒤에서 본 희릉, 문화재청 궁능유적본부

p. 180, 정릉, 문화재청 궁능유적본부 / p. 185, 정릉 전경, 정재안

p. 190, 태릉, 문화재청 궁능유적본부 / p. 197, 태릉 전경, 정재안

p. 200, 효릉, 국립문화재연구소, 조선왕릉종합학술조사보고서[IV], 2013, 국립문화재연구소

p. 205, 효릉 전경, 문화재청 궁능유적본부 / p. 208, 뒤에서 본 효릉, 문화재청 궁능유적본부

p. 210, 강릉, 문화재청 궁능유적본부 / p. 215, 창경궁 통명전, 정재안

p. 220, 목릉 선조 능, 정재안 / p. 228, 목릉 전경, 정재안

p. 236, 인목왕후 능, 문화재청 궁능유적본부

p. 238, 광해군묘, 문화재청 궁능유적본부 / p. 244, 뒤에서 본 광해군묘, 문화재청 궁능유적본부

p. 248, 장릉, 문화재청 궁능유적본부 / p. 251, 뒤에서 본 장릉(章陵), 문화재청 궁능유적본부

p. 255, 장릉(章陵) 전경, 문화재청 궁능유적본부

p. 258, 장릉, 파주시 / p. 265, 장릉 정자각 앞 향어로, 문화재청 궁능유적본부

p. 270, 휘릉, 문화재청 궁능유적본부 / p. 273, 휘릉 전경, 정재안

p. 276, 영릉(寧陵) 효종 능, 여주시 / p. 287, 영릉(寧陵) 전경, 문화재청 궁능유적본부

p. 289, 위에서 본 영릉(寧陵), 여주시

p. 292, 뒤에서 본 숭릉, 문화재청 궁능유적본부 / p. 297, 숭릉 전경, 문화재청 궁능유적본부

p. 300, 뒤에서 본 익릉, 문화재청 궁능유적본부 / p. 304, 익릉 전경, 문화재청 궁능유적본부

p. 308, 명릉, 문화재청 궁능유적본부부 / p. 313, 뒤에서 본 명릉, 문화재청 궁능유적본부

p. 316, 뒤에서 본 인원왕후 능, 문화재청 궁능유적본부

p. 320, 혜릉, 문화재청 궁능유적본부 / p. 325, 뒤에서 본 혜릉, 문화재청 궁능유적본부

p. 328, 뒤에서 본 의릉 경종 능, 문화재청 궁능유적본부 / p. 333, 위에서 본 의릉, 문화재청 궁능유적본부

p. 336, 뒤에서 본 홍릉 전경, 문화재청 궁능유적본부 / p. 339, 홍릉 전경, 문화재청 궁능유적본부

p. 342, 원릉, 국립문화재연구소, 조선왕릉종합학술조사보고서(Ⅶ), 2014, 국립문화재연구소

p. 350, 뒤에서 본 원릉, 문화재청 궁능유적본부 / p. 352, 영릉, 문화재청 궁능유적본부

p. 355, 뒤에서 본 영릉, 문화재청 궁능유적본부 / p. 358, 영릉 전경, 문화재청 궁능유적본부

p. 360, 융릉, 문화재청 궁능유적본부 / p. 364, 융릉, 문화재청 궁능유적본부

p. 369, 뒤에서 본 융릉, 문화재청 궁능유적본부

p. 372, 건릉, 문화재청 궁능유적본부 / p. 378, 건릉 초장지, 정재안

p. 382, 인릉, 정재안 / p. 390, 뒤에서 본 인릉, 문화재청 궁능유적본부

p. 392, 수릉, 문화재청 궁능유적본부 / p. 396, 뒤에서 본 수릉, 문화재청 궁능유적본부

p. 401, 수릉 전경, 한국민족문화대백과사전

p. 404, 경릉, 문화재청 궁능유적본부 / p. 411, 뒤에서 본 경릉, 문화재청 궁능유적본부

p. 414, 뒤에서 본 예릉, 문화재청 궁능유적본부 / p. 418, 창경궁 양화당, 정재안

p. 422, 홍릉, 문화재청 궁능유적본부 / p. 427, 뒤에서 본 홍릉, 문화재청 궁능유적본부

p. 432, 홍릉 침전, 문화재청 궁능유적본부

p. 436, 유릉, 문화재청 궁능유적본부 / p. 440, 뒤에서 본 유릉, 문화재청 궁능유적본부

왕릉, 왜 그곳인가?

왕릉 조성 경위를 통해 본 조선 왕릉 비사

초판 1쇄 찍은날 2021년 3월 15일
초판 1쇄 펴낸날 2021년 3월 30일

글 황용선
펴낸이 서경석
편집 김진영, 박고은 | **디자인** 박호준, 권서영
마케팅 서기원 | **영업, 관리** 서지혜, 이문영

펴낸곳 청어람M&B
출판등록 2009년 4월 8일(제313-2009-68)
주소 경기도 부천시 부일로483번길 40 (14640)
전화 032)656-4452
팩스 032)656-9496

ISBN 979-11-86419-70-0